Liebe Leserin, lieber Leser,

vielen Dank, dass Sie sich für ein Buch von SAP PRESS entschieden haben.

SAP PRESS ist eine gemeinschaftliche Initiative von SAP und Galileo Press. Ziel ist es, qualifiziertes SAP-Wissen Anwendern zur Verfügung zu stellen. SAP PRESS vereint das fachliche Know-how der SAP und die verlegerische Kompetenz von Galileo Press. Die Bücher bieten Expertenwissen zu technischen wie auch zu betriebswirtschaftlichen SAP-Themen.

Jedes unserer Bücher will Sie überzeugen. Damit uns das immer wieder neu gelingt, sind wir auf Ihre Rückmeldung angewiesen. Bitte teilen Sie uns Ihre Meinung zu diesem Buch mit. Ihre kritischen und freundlichen Anregungen, Ihre Wünsche und Ideen werden uns weiterhelfen.

Wir freuen uns auf den Dialog mit Ihnen.

Ihre Wiebke Hübner
Lektorat SAP PRESS

Galileo Press
Gartenstraße 24
53229 Bonn

wiebke.huebner@galileo-press.de
www.sap-press.de

 **PRESS**

SAP PRESS wird herausgegeben von
Bernhard Hochlehnert, SAP AG

Rüdiger Buck-Emden, Peter Zencke
mySAP CRM
Kundenbezogene Geschäftsprozesse mit SAP CRM 4.0
2003, 480 Seiten, geb.
ISBN 3-89842-380-8

Hertel-Szabadi, Häberle, Przewloka
mySAP Professional Services
Professional Services Automation und Dienstleistungsmanagement
mit der integrierten Lösung von SAP
2003, 297 Seiten, geb.
ISBN 3-89842-369-7

Jochen Scheibler
Vertrieb mit SAP
Prozesse, Funktionen, Szenarien
2002, 426 Seiten, geb.
ISBN 3-89842-169-4

Rainer Scheckenbach, Alexander Zeier
Collaborative SCM in Branchen
B2B-Strategien: Standards und Technologien, Branchenanforderungen
an SCM, Realisierung mit mySAP SCM
2002, ca. 429 Seiten, geb.
ISBN 3-89842-311-5

Gerd Hartmann, Ulrich Schmidt
mySAP Product Lifecycle Management
Strategie, Technologie, Implementierung
3. Quartal 2004, 2., akt. u. erw. Aufl., ca. 600 Seiten, geb.
ISBN 3-89842-372-7

Aktuelle Angaben zum gesamten SAP PRESS-Programm finden Sie unter
www.sap-press.de.

Rüdiger Buck-Emden, Jochen Böder

Kundenbeziehungs-
management mit
SAP-Branchenlösungen

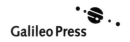

Galileo Press

Bibliografische Information Der Deutschen Bibliothek

Die Deutsche Bibliothek verzeichnet diese Publikation in der Deutschen Nationalbibliografie; detaillierte bibliografische Daten sind im Internet über http://dnb.ddb.de abrufbar.

ISBN 3-89842-458-8

© Galileo Press GmbH, Bonn 2004
1. Auflage

Der Name Galileo Press geht auf den italienischen Mathematiker und Philosophen Galileo Galilei (1564–1642) zurück. Er gilt als Gründungsfigur der neuzeitlichen Wissenschaft und wurde berühmt als Verfechter des modernen, heliozentrischen Weltbilds. Legendär ist sein Ausspruch **Eppur se muove** (Und sie bewegt sich doch). Das Emblem von Galileo Press ist der Jupiter, umkreist von den vier Galileischen Monden. Galilei entdeckte die nach ihm benannten Monde 1610.

Lektorat Wiebke Hübner **Korrektorat** U. Hübner, Lüneburg **Einbandgestaltung** Silke Braun **Herstellung** Iris Warkus **Satz** SatzPro, Krefeld **Druck und Bindung** Bercker Graphischer Betrieb, Kevelaer

Inhalt

5 Prozessindustrie

6 Pharmabranche 157

7 Konsumgüterbranche 181

8 Medien- und Unterhaltungsbranche 217

9 Transport- und Logistikunternehmen 235

10 Telekommunikations- und Versorgungsunternehmen 263

11 Professional Services 295

12 Finanzdienstleister 311

13 Öffentlicher Sektor 359

14 Serviceorientierte Softwarearchitektur als Basis für unternehmensindividuelle Anwendungen 379

Geleitwort: SAP in Branchen

Verglichen mit den fünf größten Anbietern von unternehmensweiten Geschäftsanwendungen steht SAP heute mit deutlichem Abstand als unangefochtener Marktführer da. Dieser Erfolg stellt für SAP eine große Anerkennung dar, ist aber ebenso Herausforderung, Kundenanforderungen auch in Zukunft durch kontinuierlich weiterentwickelte und verbesserte Angebote optimal zu erfüllen.

Worin liegen die Ursachen für die hohe Akzeptanz der SAP-Produkte? Als Antwort auf diese Frage sind neben den Softwarelösungen selbst, die sich durch umfassende betriebswirtschaftliche Funktionalität, durchgängige Prozessintegration und eine führende Plattformtechnologie auszeichnen, die kundennahen Serviceleistungen der SAP und ganz besonders die konsequente Ausrichtung der gesamten SAP auf die speziellen Anforderungen und Belange einzelner Branchen zu nennen.

Für SAP ist es selbstverständlich, dass kleine und mittelständische Firmen ebenso wie Großunternehmen branchenspezifische Lösungen benötigen, wenn es darum geht, ihre Profitabilität zu verbessern, die Betriebskosten zu senken, Kunden zufrieden zu stellen und einen schnellen Return on Investment zu erzielen. Dabei gilt es zu berücksichtigen, dass sich die Anforderungen der Märkte, die Zusammenarbeit mit Kunden und Partnern, die Produkt- und Dienstleistungsangebote sowie die Unternehmensprozesse von Branche zu Branche zum Teil erheblich unterscheiden und sich zudem kontinuierlich weiterentwickeln. So lassen technische Innovationen, veränderte (gesetzliche) Rahmenbedingungen und Vorschriften sowie alternative Formen der Zusammenarbeit in einzelnen Branchen immer wieder neue Geschäftsmodelle entstehen, die erweiterte Anforderungen an die betriebswirtschaftliche Software stellen. Beispielsweise haben die Deregulierung und die damit verbundene Wettbewerbsintensivierung die Versorgungsunternehmen in vielen Ländern gezwungen, sich viel stärker um ihre individuellen Kunden zu kümmern. Neue Projekte, in denen Softwarelösungen für die Versorgungsindustrie um spezifische, kundenbezogene Geschäftsprozesse ergänzt wurden, waren die Folge. Eine ähnliche Entwicklung, ausgelöst durch die Privatisierung öffentlicher Betriebe, lässt sich im Telekommunikationssektor beobachten.

Um Firmen vor diesem Hintergrund branchenspezifische Gesamtlösungen anbieten zu können, hat SAP das branchenübergreifende Angebot der mySAP Business Suite, z.B. mySAP CRM (Customer Relationship Management), mySAP SCM (Supply Chain Management) und mySAP PLM (Product Lifecycle Management), und die Branchenlösungen »SAP for Industry« im intensiven Dialog mit SAP-Kunden kontinuierlich weiterentwickelt. Die enge Nähe zu weltweit über 19 600 Kunden stellt sicher, dass die 23 Branchenlösungen der SAP, unter anderem für die Bereiche Automobil, High Tech, Maschinen- und Anlagenbau, Chemie, Öl und Gas, Pharma, Versorgung, Banken, Leasing, Versicherungen, Professional Services, Behörden, Konsumgüter, Handel, Medien und Telekommunikation, ein wesentlich tieferes Verständnis der praktischen Anforderungen unterschiedlicher Branchen widerspiegeln als die Produkte vieler Wettbewerber.

Kundenbeziehungsmanagement als Unternehmensphilosophie hat in den vergangenen Jahren erheblich an Bedeutung gewonnen, gibt es doch den Firmen die Möglichkeit, Kunden in globalisierten Märkten mit hohem Wettbewerbsdruck stärker an sich zu binden und sich durch größere Kundennähe von anderen Anbietern zu differenzieren. Letztendlich ist der Kunde bzw. die Interaktion mit dem Kunden der Ursprung aller Geschäftsprozesse im Unternehmen und Quelle des Unternehmenserfolgs. Gerade das macht Lösungen für das Kundenbeziehungsmanagement so wertvoll, die sich nicht nur als reine Frontoffice-Anwendungen verstehen, sondern die kundenbezogene Geschäftsprozesse durchgängig vom ersten Kundenkontakt über alle nachfolgenden Abwicklungsschritte bis hin zum Service unterstützen und gezielt die besonderen Anforderungen der einzelnen Branchen berücksichtigen.

Das vorliegende Buch hat die Zielsetzung, Branchen speziell unter dem Gesichtspunkt kundenbezogener Geschäftsprozesse zu betrachten und aufzuzeigen, wie jede einzelne Firma Nutzen aus dem Zusammenspiel von mySAP CRM und SAP-Branchenlösung ziehen kann. Ein besonderes Gewicht legen die Autoren dabei auf die tatsächlichen Einsatzmöglichkeiten im Unternehmen, die im Rahmen praxisnaher Geschäftsszenarios und realisierter Kundenprojekte diskutiert werden.

Walldorf, April 2004

Claus Heinrich
SAP Business Solution Group »Manufacturing Industries«

Peter Kirschbauer
SAP Business Solution Group »Service Industries«

Jim Hagemann Snabe
SAP Business Solution Group »Financial and Public Services«

Vorwort

Jeder Kunde erwartet von einem Unternehmen, dass es individuell auf seine Bedürfnisse eingeht. Ganz offensichtlich sind die Bedürfnisse von Kunde zu Kunde aber in jeder Branche unterschiedlich. Kundenbeziehungsmanagement bedarf zusätzlich zu allen generellen Anforderungen einer branchenspezifischen Ausprägung. Dieses Buch stellt für 19 Branchen die speziellen Herausforderungen kundenorientierter Geschäftsprozesse dar und zeigt auf, wie SAP-Branchenlösungen dazu beitragen, diese Prozesse in Unternehmen effizient und kundenfreundlich abzuwickeln. Die Vorstellung erfolgreicher CRM-Projekte und die beispielhafte Schilderung von Geschäftsszenarios helfen, das Wertschöpfungspotenzial der SAP-Branchenlösungen praxisnah darzustellen.

Ohne das Engagement zahlreicher SAP-Kollegen wäre die Realisierung dieses Buches nicht möglich gewesen. Ein spezieller Dank gilt Dietmar Saddei, Leiter der Business Unit CRM, und Nils Herzberg, Leiter des Solution Management der Business Service Group Manufacturing, für die intensive Unterstützung dieses Buchprojekts und die vielen inhaltlichen Anregungen. Nils Herzberg hat dankenswerterweise auch das einleitende Kapitel verfasst. An der Konzeption des Buches haben Tom Shirk und Karl Kesselring wesentlich mitgewirkt. Daneben gilt unser Dank allen Mitautoren, die immer wieder, auch über ihre vielfältigen Aufgaben des Arbeitsalltags hinaus, mit hohem Engagement zur Entstehung des Buches beigetragen haben: Dorothee Andermann, Sameer Agrawal, Felix Diepenbrock, Martin Ebert, Guido Eichmann, Anja Engelhardt, Manfred Gärtner, Uwe Grigoleit, Werner Huff-Huebner, Gaby Klaas, Oliver Nürnberg, Michael Ott, Martin Przewloka, Eva-Maria Roe, Gabriele Roth, Edda-Leonore Seitz, Frank Scholl, Kai Schwiebert, Tom Shirk, Joachim Stiehl, Jürgen Weiner und Thorsten Wenzel.

Zusätzlich möchten wir denjenigen danken, die auf weitere vielfältige Weise zum Gelingen dieses Buches beigetragen haben, insbesondere: Gary Adams, Barbara Althoff-Simon, Irene Berger, Ulf Bettinger, Stefan Borgerding, Sabine Brändle, Gabi Braun, Björn Buchholz, Carmen Coll-Ibanez, Sandra Cote, Hans David, Florian Decker, Patrick Flohr, Reinhild Gefrerer, Alireza Ghasemi, Denis Gönner, Alexandra Gogolin, Petra Grewenig, Frank Harter, Martin Hertel-Szabadi, Thorsten Holtfurth, Peter Kulka, Peter Lehr, Jean McGrath, Thomas Mattern, Sabine Reich, Christoph Resch, Norman Rothe, Serge Saelens, Frank Schendel, Jürgen Schroth, Bernhard Schweizer, Simone Sorge, Mischa Stamm, Perry Stensland, Timmo Axel Sturm, Frank M. Vollmer, Martin Weick, Eva Witkowski, Michael Zylstra. Besonderer Dank gilt auch Ben Callard und den SAP-Übersetzern, die immer wieder kurzfristig für die Übersetzung von Texten gesorgt haben.

Für die Bereitstellung von Informationen und Abbildungen aus der Praxis bedanken wir uns bei Andrea Bongiovanni (Stadt Biel), Rolf Brun (Neue Züricher Zeitung), Marcus Gerke (Germanwings), Frank Halwaß (ratiopharm), Heiko Hörburger (KSB), Joachim Recktenwald (Schneidersöhne), Albrecht von Truchseß (Metro), Mike Whitehead (Millennium Chemicals), Rolf Zeller (Coop). Des Weiteren bedanken wir uns bei den Firmen adidas-Salomon, Audi, AOK, Austrian Airlines, Banco Urquijo, Brother International, Canada Post, EnBW und Engen Petroleum. Ohne die Bereitschaft dieser Unternehmen, Details ihrer SAP-Projekte zu veröffentlichen, wäre dieses Buch nicht so praxisnah geworden.

Schließlich gilt unser Dank dem Verlag Galileo Press und speziell Wiebke Hübner für die angenehme und konstruktive Zusammenarbeit.

Walldorf, April 2004

Rüdiger Buck-Emden   **Jochen Böder**

1 Warum Kundenbeziehungsmanagement für Branchen?

1.1 Kundenbeziehungsmanagement ist keine Erfindung der Softwareindustrie

Ein Blick in die Vergangenheit macht deutlich, dass Kundenbeziehungsmanagement (Customer Relationship Management, CRM) ein schon lange bekanntes und bewährtes Konzept ist. Es handelt sich weder um ein Produkt noch um eine Erfindung der Softwareindustrie – auch wenn die Informationstechnologie die Möglichkeiten und die Art und Weise, Kundenbeziehungsmanagement praktisch umzusetzen, tiefgreifend verändert hat [Buck-Emden/Zencke 2003].

Das Konzept »Kundenbeziehungsmanagement« ist so alt wie die Idee des Wirtschaftens selbst. Kundenbeziehungsmanagement taucht in der Geschichte gleichzeitig mit dem wirtschaftlichen Wettbewerb auf. Bereits die Ägypter haben vor 4 000 Jahren die Grundprinzipien von Kundenbetreuung, Kundenzufriedenheit, Auftragsabwicklung und den Wert langfristiger Handelsbeziehungen verstanden. Einige der heutigen großen kommerziellen Imperien – wie zum Beispiel die Banken-Dynastie der Rothschilds – sind zu ihrem Vermögen gekommen, indem sie langfristige Beziehungen mit den Präsidenten und Königen ihrer Zeit aufgebaut und gepflegt haben. Obwohl für den nachhaltigen kommerziellen Erfolg noch weitere Faktoren relevant sind, wie zum Beispiel Produktüberlegenheit, Innovation, Umsetzbarkeit oder die Fähigkeit, kommerzielle Risiken zu meistern, ist es offensichtlich, dass der Kunde und die Pflege der Beziehung zum Kunden die Voraussetzung für wirtschaftlichen Erfolg sind. Ein Vorstandsmitglied einer großen High-Tech-Firma drückte das so aus: »Der Kunde ist nicht alles, aber ohne den Kunden ist alles nichts!«

Unternehmen investieren in Kundenbeziehungsmanagement angetrieben von dem Wunsch oder der Notwendigkeit, dem Kunden eine höherwertige Dienstleistung über den gesamten Kundeninteraktionszyklus – Marketing, Verkauf und Service – zu bieten. Angesichts eines scharfen Wettbewerbs versuchen Verkäufer und Händler kontinuierlich, die Zufriedenheit ihrer Kunden zu erhalten oder zu verbessern, um so deren Loyalität zu steigern. Denn das grundsätzliche Problem der Kundenbindung ist: »Ein Kunde ist immer treu, nur nicht immer dem selben Händler oder Hersteller!«

Die Grundidee von Kundenbeziehungsmanagement hat sich im Lauf der Zeit kaum gewandelt. Die Ägypter mussten sich noch stark auf ihr eigenes Gedächtnis verlassen, das möglicherweise von Notizen auf Papyrus unterstützt wurde. Für viele Generationen war das Erinnerungsvermögen der treibende Faktor des Kundenbeziehungsmanagements, aber auch des Auftragsmanagements. Dementsprechend sind auch die Anfänge der industriellen Revolution noch sehr stark von den Fähigkeiten des menschlichen Gehirns geprägt, zum Teil auch beschränkt. Erst der Beginn der Massenalphabetisierung ermöglichte eine breit angelegte und systematische Dokumentation kundenbezogener Vorgänge. Eine nach Kunden sortierte Ablage der Geschäftsunterlagen könnte als erster bedeutender Schritt zum Kundenbeziehungsmanagement angesehen werden.

Trotzdem waren Unternehmen immer noch in ihrer Fähigkeit begrenzt, kompliziertere »facettenreiche« Beziehungen zu steuern. Die Erfindung des Telegrafen und anschließend von Telefon, Telex und Telefax haben zwar die Möglichkeiten der Firmen, mit ihren Kunden zu kommunizieren, enorm erweitert, sie jedoch keinen Schritt weitergebracht bei der Ablage von Kundendaten und der nachfolgenden Auftragsabwicklung. Erst die Erfindung des Computers ermöglichte einen Quantensprung auf dem Gebiet der Transaktionsverarbeitung: Die computergestützte Bearbeitung von Geschäftsprozessen bietet eine Alternative zur aufwendigen Bürokratie mit Bergen von Papier und Aktenschränken. Außerdem bringt sie bedeutende Verbesserungen in Bezug auf die Genauigkeit der Geschäftsverarbeitung und eine fast unbegrenzte Skalierbarkeit.

Allerdings führen die Fortschritte in der Informationstechnologie auch zu einer starken Beschleunigung aller Geschäftsprozesse. In den vergangenen Jahrhunderten führten die langsamen Transportmittel wie Pferd, Kutsche oder Schiff zu Verzögerungen während der Kaufverhandlungen, der Bestellannahme und beim Versand. Typische Kennzahlen – wie die Zeit von der Bestellung zur Lieferung – wurden in Wochen und Monaten gemessen. Die Antwortzeiten für eine Angebotsanforderung in einer mittelgroßen Organisation wurden wahrscheinlich in Wochen gemessen, wobei die Angebotsgenauigkeit bei ca. 10 % lag. Dank der Erfindung von E-Mail, elektronischem Datenaustausch und integrierten Geschäftsanwendungen ist es Unternehmen heute möglich, fast in Echtzeit zu konkurrieren. Von der Bestellung zur Lieferung vergehen mittlerweile in manchen Branchen nur einige Minuten oder Sekunden und eine schlechtere Angebotsgenauigkeit als 99 % kann den wirtschaftlichen Ruin bedeuten.

Früher unterschied sich ein Unternehmen von einem anderen häufig nur durch das angebotene Produkt. Ziel fast aller Investitionen und entsprechend des Interesses des Managements waren das Produkt und dessen Herstellung. Anders gesagt, es wurde – und zum Teil wird – geglaubt, dass Wettbewerb hauptsächlich auf Produkten, Produkteigenschaften, -funktionen oder -spezifikationen basiert. Angesichts des Wachstums der Dienstleistungsbranchen und der Herausforderungen des Wettbewerbs in Echtzeit sind die »traditionellen« Denkweisen zu überprüfen. Im 21. Jahrhundert hängt der Wettbewerb ebenso von der unmittelbaren

Verfügbarkeit von zuverlässigen und genauen Informationen ab. Unternehmen kämpfen weltweit in einem vernetzen Echtzeitmarkt, dem Internet, um die Gunst des Kunden. Im B2C-Bereich (Business to Customer) basieren Entscheidungen und Produktauswahl oft auf der Qualität und der sofortigen Verfügbarkeit von Informationen auf einer Website. Zwar entscheidet nach wie vor die Qualität des Produktes oder der Dienstleistung am Ende über Kundenzufriedenheit und Loyalität. Aber die Fähigkeit, erfolgreich um den Kunden und den nächsten Abschluss zu werben, wird im Informationszeitalter entscheidend vom Informationsangebot des Unternehmens beeinflusst.

Ein weiterer, in Zeiten immer ähnlich werdender Produkte zunehmend wichtiger und mit der Qualität des Informationsangebots eng verbundener Aspekt ist die Frage, wie komfortabel Unternehmen ihren Kunden den Zugang zu allen entscheidungsrelevanten Informationen machen und wie einfach Kauf- und Serviceprozesse abgewickelt werden können. »Easy to do business with« wird so zu einem entscheidenden Differenzierungsmerkmal.

Die andauernde Anstrengung von Unternehmen, sich in den Augen der Kunden von anderen zu unterscheiden und dabei gleichzeitig Kundenzufriedenheit und -loyalität zu steigern, erfordert auch höhere Effizienz und Effektivität bei der Interaktion mit dem Kunden. Unternehmen sind darauf angewiesen, die Methoden, Werkzeuge und Möglichkeiten, die für das Kundenbeziehungsmanagement verfügbar sind, voll auszuschöpfen.

1.2 Kundenbeziehungsmanagement als Wettbewerbsvorteil

In der Vergangenheit fokussierte sich Wettbewerb mit seinen drei Dimensionen – Zeit, Kosten und Qualität – primär auf das Produkt- oder das Leistungsangebot der Unternehmen. Heutzutage, wo Wettbewerbsvorteile stark auf der besseren Informationslage basieren, müssen weitere Aspekte berücksichtigt werden. Was sind die Zeit-, Kosten- und Qualitätsparameter einer Entscheidung, eines Abwicklungs- oder eines Problemlösungsprozesses? Diese Fragen werden dann besonders spannend, wenn man bedenkt, dass Kunden kürzere Abwicklungszeiten und gesenkte Stückpreise bei erhöhter Qualität erwarten.

Es ist allgemein bekannt, dass es weniger kostet und rentabler ist, eine Beziehung mit einem vorhandenen Kunden zu pflegen, als eine neue aufzubauen. In vielen Branchen sind die Kosten, die mit dem ersten Geschäft verbunden sind, oft höher als die innerhalb des ersten Jahres der Beziehung zu erwartenden Einnahmen von diesem Kunden. In einigen Industriezweigen, z. B. im Aufzugbau oder in der Flugzeugmotorenherstellung, wird das erste Geschäft oft als ein Lockvogelangebot betrachtet: Es soll die Tür zu einer längerfristigen, ertragskräftigen Beziehung öffnen, die auf dem Bereitstellen von Serviceleistungen und Ersatzteilen basiert. Ein vorzeitiges Scheitern einer Kundenbeziehung macht jegliche Annahme zur Rentabilität des Kunden, die dem Geschäft ursprünglich zu Grunde lag, zunichte. Außerdem öffnet ein solches Scheitern dem Wettbewerber die Tür, der dann vielleicht von der rentablen Phase der Kundenbeziehung profitieren kann, ohne vorher investieren zu müssen. Deshalb brauchen Unternehmen Methoden, Möglichkeiten und Mittel, um durch die Kenntnis von Kundenverhalten und -wünschen die Kundentreue zu erhalten und positiv zu beeinflussen. Das Ziel von Unternehmen ist es, den Kunden auf der Basis echter oder empfundener Bedürfnisse zu dienen und die Erwartungen der Kunden über lange Zeit zu erfüllen oder sogar zu übertreffen.

Das Ziel der Kunden – vor allem der Einkaufsabteilungen großer Firmen – ist es darüber hinaus, Produkte oder Dienstleistungen zu vereinheitlichen und damit austauschbar zu machen. Einheitsware ist in Bezug auf Größe, Qualität, Kosten usw. quantifizierbar und vergleichbar. Mit dieser Zielsetzung richten Firmen auch Marktplätze für den Einkauf ein. Produkte und Dienstleistungen, die in einem gemeinsamen Katalog verschiedener Hersteller stehen, können als Einheitsware betrachtet werden. Bei einer Einkaufsauktion geht man normalerweise davon aus, dass die gewünschten Dienstleistungen oder Produkte von unterschiedlichen, miteinander konkurrierenden Händlern bezogen werden können, ohne ernsthaftes Risiko für das daraus resultierende Produkt oder das Ansehen des Käufers. Demgegenüber werden innovative CRM-Konzepte meist als ein Gegenmittel zu Homogenisierungsversuchen eingesetzt. Sie erlauben dem Verkäufer, zusätzliche Dienstleistungen, die vom Kunden als wertvoll eingeschätzt werden, anzubieten und die – wirklichen oder empfundenen – Kosten zu erhöhen, die mit einem Anbieterwechsel verbunden sind.

Der Wettbewerb zwischen Unternehmen ist auch ein fortwährender Kampf gegen Homogenisierung. In manchen Fällen bedeutet dieser Kampf eine ständige Änderung der »Spielregeln«. Neue Geschäftsmodelle (wie z. B. Leasen, Mieten, Bezahlung nach Nutzung, die Auslagerung von Geschäftsvorgängen) werden benötigt, um der Homogenisierung entgegenzuwirken und einen Wechsel der Kunden zu erschweren. Lieferanten versuchen, das Abhängigkeitsverhältnis zwischen sich und ihren Kunden zu festigen und gleichzeitig als hoch geschätzte und vertraute Partner angesehen zu werden.

Kunden – sowohl die, die eine B2B- (Business to Business) als auch die, die eine B2C-Beziehung (Business to Consumer) mit ihren Lieferanten haben – werden hinsichtlich ihrer Bedürfnisse immer anspruchsvoller: »Ich will, was ich will, wann ich es will!«. Während sich Henry Ford noch eine »Nimm es oder lass es!«-Einstellung gegenüber seinen Kunden erlauben konnte, indem er genau ein Karosseriemodell und eine Farbe für seinen Ford Modell T anbot, steht sein Enkel nun vor einer Vielzahl von Ford-Fahrzeugmodellen und -ausführungen. Kunden haben zudem neben Ford eine Vielzahl alternativer Wahlmöglichkeiten unter weiteren Herstellern. Die Steigerung der Anzahl von Produkten, Modellen und Ausführungen – sowohl in Bezug auf Güter als auch Dienstleistungen – erhöht den Druck auf Unternehmen, zusätzliche Flexibilität und erhöhtes Reaktionsvermögen in ihre internen Prozesse und ihre Leistungsfähigkeit einzubauen.

1.3   Softwarelösungen für das Kundenbeziehungs- management

Für das Kundenbeziehungsmanagement stehen heute leistungsfähige CRM-Softwarelösungen zur Verfügung, die von Unternehmen und Organisationen mit der Zielsetzung eingeführt werden, neue Kunden effektiver und effizienter zu identifizieren und zu gewinnen, die Bindung von Kunden durch an individuellen Bedürfnissen orientierte Maßnahmen langfristig sicherzustellen und die Unternehmensprofitabilität durch Optimierung jeder einzelnen Kundenbeziehung zu erhöhen [Buck-Emden/Zencke 2003]. Funktionalität und Geschäftsszenarios derartiger CRM-Softwarelösungen lassen sich grob in die Bereiche operatives CRM, analytisches CRM und unternehmensübergreifendes (kollaboratives) CRM aufteilen.

Operatives CRM verbessert und automatisiert die unmittelbar am Kunden ausgerichteten Geschäftsabläufe in den Unternehmensbereichen Marketing, Vertrieb und Service. Neben dem direkten Online-Zugang zum CRM-System werden auch alternative technische Interaktionskanäle wie Telefon, Internet, mobile Geräte und Interaction Center unterstützt.

Analytisches CRM dient der Vorbereitung, Unterstützung und Optimierung von kundenorientierten Entscheidungsprozessen auf der Grundlage einer detaillierten Kundendatenbasis und unter Ausnutzung von Data Warehouse- und OLAP-Funktionen (OnLine Analytical Processing) sowie gegebenenfalls weiterer Planungs-, Optimierungs- und Simulationsfunktionen.

Unternehmensübergreifendes CRM ermöglicht eine langfristige Zusammenarbeit zwischen Unternehmen und Geschäftspartnern mit dem Ziel einer optimierten Kundenbetreuung. Ein wichtiger Bestandteil des unternehmensübergreifenden CRM ist die Einbindung von Geschäftspartnern des indirekten Vertriebskanals (Channel Management).

Die Einführung einer leistungsfähigen CRM-Softwarelösung kann erheblich dazu beitragen, Unternehmensziele wie Umsatzsteigerung, Verbesserung der Profitabilität und höhere Kundenloyalität zu erreichen [Buck-Emden/Zencke 2003]. Dies allerdings nur im Zusammenspiel mit einer unternehmensweiten Strategie zum Kundenbeziehungsmanagement, die – zunächst ganz unabhängig von der Einführung einer Softwarelösung – die Definition adäquater, kundenbezogener Ziele und Geschäftsabläufe sowie die Schulung der Mitarbeiter in kundenorientierter Denkweise umfasst. Isolierte und nicht in eine ganzheitliche Strategie zum Kundenbeziehungsmanagement eingebundene CRM-Softwareprojekte bringen dagegen in der Regel nicht den gewünschten Nutzen.

1.3.1 Branchenaspekte des Kundenbeziehungsmanagements: »One size does not fit all«

Bei der Auseinandersetzung mit dem Thema »Kundenbeziehungsmanagement« und der Entwicklung entsprechender Softwarelösungen tauchen immer wieder diese Fragen auf: Wer ist der Kunde? Was will der Kunde? Was wollen Unternehmen mit dem Kunden erreichen? Weitere Frage, die sich sofort ergeben, sind dann: Wie erfolgt die Auftragsabwicklung? und Wie wird abgerechnet? Bei der Beantwortung dieser Fragen kommt man schnell zu dem Ergebnis, dass es nicht *das* Kundenbeziehungsmanagement schlechthin gibt, das auf alle Branchen passt.

Wer ist der Kunde?

Branchen müssen sich auf ganz unterschiedliche Kunden einstellen. Bürger sind zum Beispiel die »Kunden« der öffentlichen Verwaltung, die pharmazeutische Industrie interagiert mit Ärzten und Apothekern, Handelsunternehmen bedienen Einzelhändler, die Konsumgüterindustrie pflegt Beziehungen sowohl zu Händlern als auch zu Verbrauchern. Schon allein diese vielfältige Differenzierung entscheidet darüber, wie die Konzepte für das Kundenbeziehungsmanagement aussehen.

Betrachten wir zunächst den privaten Verbraucher als Kunde – das bekannte B2C-Szenario. Für Kunden, die über einen Webshop einkaufen oder einen Self Service nutzen, ist eine intuitiv zu bedienende Benutzungsoberfläche von hoher Wichtigkeit. Außerdem geht es neben den grundsätzlichen kundenbezogenen Prozessen wie Auftragserfassung und Rechnungsstellung im Wesentlichen darum, die unterschiedlichen Kundenkontaktkanäle zu synchronisieren und das Verhalten der einzelnen Kunden zu verfolgen, um deren Wünsche besser zu verstehen. Der wesentliche Unterschied zwischen den B2C-Szenarios und den B2B-Szenarios besteht darin, dass der Kunde kein Buchhaltungssystem hat. Doch die Benutzung von Software zur Verwaltung der eigenen (privaten) Finanzen (wie Quicken) ebnet den Weg zu B2B-artigen Beziehungen im B2C-Bereich.

Neben den traditionellen, dem Wettbewerb unterworfenen Beziehungen zwischen Lieferanten und Kunden gibt es noch zwei weitere wichtige Gebiete, in denen Organisationen direkt mit Einzelpersonen interagieren. Dies ist erstens die Interaktion zwischen Staats-, Landes- und Lokalregierung und dem Rest der Bevölkerung und zweitens die Interaktion von Unternehmen mit ihren Angestellten. Beide Szenarios zeichnen sich durch einen mangelnden Wettbewerb um die Gunst der einzelnen Personen aus. Konzepte wie E-Government oder Business-to-Employee werden zum einen vom Bedürfnis nach Prozessoptimierung angetrieben, zum anderen auch dadurch, dass Regierungen wiedergewählt werden wollen und Konzerne auch auf die Zufriedenheit ihrer Angestellten achten müssen, um auf Dauer zu überleben.

Demgegenüber hängen die meisten Interaktionen zwischen Unternehmen, also die CRM-Szenarios in B2B-Umgebungen, letztendlich von der Fähigkeit der Organisationen ab, miteinander Geschäftsvorgangsdaten auszutauschen. Weitere Einflussfaktoren auf Größe und Komplexität von CRM-Szenarios sind die relative Größe der Kunden im Vergleich zum Hersteller oder Dienstleistungsanbieter, die Anzahl der zu betrachtenden Kunden- bzw. Lieferantenbeziehungen sowie die Frage, ob es sich um externe (zu einer anderen rechtlichen oder wirtschaftlichen Einheit gehörende) oder interne Kunden handelt.

Was will der Kunde?

Um zwischen verschiedenen Kundenbedürfnissen zu unterscheiden, sind folgende Fragen zu stellen: Wünscht der Kunde eine einfache oder eine komplexe Dienstleistung? Sucht er beispielsweise einen Fensterreinigungsdienst oder einen mehrjährigen IT-Support-Service? Sucht der Kunde ein einfaches Ersatzteil oder ein komplexes konfigurierbares Produkt? Verdient das Unternehmen sein Geld damit, Waschmaschinen zu reparieren, wobei Dienstleistungen inklusive der benötigten Materialien angeboten werden, oder dient das angebotene Produkt als Einstieg für den Verkauf zusätzlicher, verbundener Dienstleistungen? Muss das Unternehmen als Teil seines Dienstleistungsangebotes auch einen Projektplan erstellen, und erstreckt sich die Lieferung des Produktes oder der Dienstleistung über mehrere Geschäftsjahre? Wählt der Kunden aus einem Dienstleistungskatalog, wie bei den meisten Flughafen-Dienstleistern oder Fahrzeugwartungsfirmen? Sucht der Kunde in einem Katalog, in dem standardisierte Produkte und Gebrauchsartikel angeboten werden?

Unterschiedliche Arten von Kundenbedürfnissen führen zu unterschiedlichen Anforderungen an eine CRM-Softwarelösung. Branchenlösungen für das Kundenbeziehungsmanagement müssen dieses schon beim Entwurf berücksichtigen. Rein generische CRM-Lösungen sind für viele Branchenanforderungen nicht ausreichend, da sie die branchenspezifischen Kundenerwartungen nicht erfüllen können.

Was will das Unternehmen erreichen?

Kundenbeziehungsmanagement gilt als Oberbegriff für alle Projekte, die zur Optimierung der Kundeninteraktion durchgeführt werden. Letztendlich liegt das Ziel darin, ein System zur nahtlosen Unterstützung des Kundenlebenszyklus im Unternehmen einzuführen. Aufgrund der Komplexität dieser Herausforderung wählen viele Unternehmen einen abgestuften Eintritt in die CRM-Welt. Diese Stufen sind Marketing, Verkauf und Auftragsabwicklung, Kundenbetreuung, Außendienstmanagement und die Verwaltung von Kontrakten, wobei innerhalb dieser Kategorien wiederum stufenweise zunächst diejenigen Geschäftsprozesse mit dem höchsten Verbesserungspotenzial durch CRM-Software unterstützt werden können. Unternehmen müssen sich fragen, welche potenziellen Werte sie selber und ihre Kunden durch Verbesserungen auf den jeweiligen Gebieten erreichen können, bevor sie sich für eine Vorgehensweise entscheiden. Das heißt: Unternehmen benötigen einen klaren Business Case, um mit einer CRM-Initiative zu beginnen.

1.3.2 Die Bedeutung von Integration

CRM-Softwarelösungen, die als isolierte Frontoffice-Lösungen eingeführt und genutzt werden, können kaum die hohen in sie gesetzten Anforderungen erfüllen. Erst eine durchgängige Integration aller kundenbezogenen Geschäftsprozessschritte in Front- und Backoffice schafft neuen Nutzen durch Ausrichtung der Unternehmen am Kundenwunsch.

Problemlösung statt Problemautomatisierung

Die ersten CRM-Softwarelösungen, die auf den Markt gebracht wurden, waren hauptsächlich Werkzeuge zur Problemautomatisierung und nicht zur Problemlösung. Isolierte Sales Force Automation Software und Call-Center-Lösungen sind reine Problemautomatisierungsprojekte. So kann ein Kundenbeschwerdezentrum dann plötzlich doppelt so viele Anrufe entgegen nehmen. Aber diese erhöhte Effizienz hat keinen positiven Einfluss auf die Zufriedenheit der Kunden, solange der Call Center Agent nicht sofort auf die Beschwerde mit einer weiterführenden Aktion reagieren kann. Die Fähigkeit zur Aktion ist eine Frage der Integration und weiter auch eine Frage von handlungsfähigen Angestellten, in diesem Fall Call-Center-Mitarbeitern. Deshalb ist die Synthese von Prozessautomatisierung und den relevanten Lösungsmechanismen die Basis für ein erfolgreiches CRM. Der passende Mechanismus zur Problemlösung hängt stark von der Branche ab, wie das folgende Beispiel verdeutlicht.

Bei der Verarbeitung eines Kfz-Versicherungsfalles ist die relevante Leistungskennzahl (Key Performance Indicator, KPI) die Zeit zwischen dem Zeitpunkt, zu dem der Versicherungsanspruch gestellt wird, und dem Zeitpunkt, zu dem das

Auto repariert ist. Die Reparaturdauer ist relevant, da dem Geschädigten meist während der Reparatur ein Mietwagen – welcher zusätzliche Kosten erzeugt – gestellt werden muss. Deshalb führt selbst eine Reduzierung des relevanten KPI um nur einen Tag zu bedeutenden Ersparnissen (Größenordnung: Anzahl Versicherungsfälle multipliziert mit den durchschnittlichen Kosten eines Mietwagens pro Tag). Die CRM-Schlüsselkomponente, die dafür gebraucht wird, ist ein Anspruchsmanagementsystem, das in enger Verbindung mit einem Managementsystem für Lieferantenbeziehungen (Supplier Relationship Management, SRM) steht. Das SRM-System zeigt jene Werkstätten, die durchgehend kurze Reparaturzeiten vorweisen und eine hohe Kundenzufriedenheitsbewertung haben.

Entsprechend wird die Fähigkeit eines Beamten, Bankangestellten oder Versicherungsmaklers, für den Kunden aktiv zu werden, stark von seinen Möglichkeiten beeinflusst, auf die richtigen Informationen und Kundendaten zuzugreifen. Die Kundenzufriedenheit hängt in diesem Fall von der Fähigkeit der Organisationen ab, Aktenverwaltung und Workflows mit ihren CRM-Systemen zu verbinden. Zusätzlicher Kundennutzen kann erzeugt werden, wenn Kunden rund um die Uhr über elektronische Kioske oder das Internet Zugang zu benötigten Informationen und Diensten erhalten, was allerdings die klassischen Herausforderungen des Multi-Channel-Managements mit sich bringt, wie sie heute z. B. schon von Konsumgüterunternehmen gemeistert werden müssen. Diese wollen die gleichen Daten eines Kunden sehen und pflegen, egal ob sie dem Kunden etwas über ihre Website, den eigenen Laden der Firma oder über einen Großhändler verkaufen.

Auftragsabwicklung

In der klassischen Umgebung industriegefertigter Güter ist die Verbindung von Kundenbeziehungsmanagement- und Supply-Chain-Management-Prozessen unbedingt erforderlich. Eine Verfügbarkeitsprüfung oder sogar eine Echtzeitverbindung zum Fertigungsplan kann darüber entscheiden, ob ein Unternehmen den nächsten Auftrag bekommt oder nicht. Außerdem beseitigen vernetzte Systeme eine oder mehrere Ebenen der Datenverwaltung und -erfassung und die damit verbundenen Risiken menschlicher Fehler.

Abrechnung

In den meisten Fällen drehen sich wirtschaftliche Prozesse um den Kunden und seine Bestellung. Dies wirft im weiteren Verlauf sofort die Frage auf: Wie wird abgerechnet? Hierfür haben die Branchen unterschiedliche Möglichkeiten entwickelt – vom einfachen Abrechnen nach Einheiten bis zur komplexen, fortschrittbasierten Fakturierung, vom innovativen Abrechnen nach Nutzung bis hin zur auf tatsächlichen Kosten basierenden, ressourcenbezogenen Abrechnung. Die Verbindung zur Auftragsabwicklung sowie zur Abrechnung sind für alle Branchen notwendig – IT-Experten streiten nur darüber, ob ein Kundenauftrag in das Frontoffice oder das Backoffice gehört.

Zusammengefasst: Es gibt ein klares Bedürfnis nach vernetzten Szenarios. CRM-Konzepte funktionieren weder isoliert für einen Bereich, noch passt ein Kundenbeziehungsmanagement für alle. In diesem Buch geht es deshalb auch stark um die Unterschiede und die Ähnlichkeiten der CRM-Bedürfnisse in verschiedenen Branchen.

1.4 Trends im Kundenbeziehungsmanagement für Branchen

Während das Kundenbeziehungsmanagement an sich ein seit langem bewährtes Konzept ist, eröffnet die Informationstechnologie jetzt neue Möglichkeiten zur Umsetzung im Rahmen fortschrittlicher Geschäftsszenarios. Bei der Betrachtung der Trends, die die Zukunft von CRM-Softwarelösungen beeinflussen werden, ist zu beachten, dass nicht alle Branchen gleichermaßen von allen Trends beeinflusst werden und dass auch die Akzeptanzrate und deren zeitliche Verteilung über die Branchen hinweg unterschiedlich sein wird.

Viele der nachfolgend erwähnten Technologien und Lösungen haben das Potenzial für weitere bedeutende Verbesserungen im Bereich der Kundenzufriedenheit. Allerdings erlaubt das aktuelle wirtschaftliche Klima nur die Einführung solcher Lösungen, die auf einem soliden Business Case beruhen. Einige dieser Trends werden es Konzernen und Organisationen erlauben, die Spielregeln zu ändern und so zu einer neuen Wettbewerbsdynamik innerhalb ihrer Branchen und Teilen der Industrie führen.

1.4.1 Interaktionskanäle

Das Ziel des Kundenbeziehungsmanagements ist es, den Kunden über den gesamten Lebenszyklus der Beziehung zu betreuen, egal, ob der Kontakt über das Internet, eine Agentur, eine Filiale oder quer über alle genannten Interaktionskanäle hinweg erfolgt. Mehrkanalige Zugangskonzepte sind im Dienstleistungsgewerbe (Banken, Versicherungen, Versorgungsbetriebe, Telekom) schon bewährt und kommen nun in die Konsumgüter- und Einzelhandelsbranche. Um Kundeninteraktionen über mehrere Kanäle zu ermöglichen, benötigt man eine vereinheitlichte Lösung für das Kundenmanagement. Bei Banken kommt es beispielsweise häufig vor, dass ein Kunde pro Geschäftsbereich als Kundenstammsatz angelegt wird, also zum Beispiel einmal für das Girokonto, einmal für Investment Banking und einmal für Versicherungen. Im ungünstigen Fall bietet die Bank einem Kunden eine Lebensversicherung als Altersvorsorge an, kurz nachdem der Kunde zu diesem Zweck in einen Fond investiert hat. Der Kunde gewinnt dann den Eindruck, dass die Bank über ihre Geschäfte nicht richtig Bescheid weiß. Eine wichtige Grundlage für die Pflege der Kundenbeziehung ist daher die zentrale Verwaltung von Kundendaten.

Branchen mit einer ausgeprägten Logistikkette, wie der Einzelhandel oder die Konsumgüterindustrie, müssen zusätzlich ihr Lieferantennetzwerk mit den verschiedenen Vertriebskanälen abgleichen. Heutzutage wird ein mangelhaftes Auftragsmanagement oft noch durch exzessive Lagerbestände ausgeglichen. Architekturen für Extended Order Management können jedoch helfen, das mit veralteten Bestandsdaten verbundene Risiko und das Bedürfnis nach mehr Flexibilität bei der Auftragsabwicklung zu adressieren. Diese Architekturen zeichnen sich dadurch aus, dass gegenüber dem Kunden ein einheitliches Auftreten gemäß des »One Face to the Customer« gewährleistet ist, während im Hintergrund verschiedene Supply-Chain-Systeme inklusive ATP-Verfügbarkeitsprüfungen angebunden sind.

1.4.2 Erweiterte Verkaufsszenarios

Einfache Kaufs- und Verkaufsszenarios zeichnen sich dadurch aus, dass eine Verbindung zwischen dem Verkaufspreis und den Kosten des Produkts (oder der Dienstleistung) sowie der anschließenden Eigentumsübertragung des Produkts oder des geistigen Eigentums vom Verkäufer zum Käufer besteht. Erweiterte Verkaufszenarios brechen demgegenüber eine, mehrere oder alle Vorgaben eines »einfachen« Szenarios. Der Großteil der heutzutage abgewickelten Geschäfte ist zwar schlichtes »Kaufen und Verkaufen«, aber der Anteil der zur Kategorie der »Erweiterten Verkaufsszenarios« gehörenden Geschäfte wächst.

So stammt die Berechnung nach Verbrauch (Usage Based Billing, UBB) zwar ursprünglich aus der Kopiererbranche, ist aber mittlerweile für Investitionsgüter überhaupt üblich. Öffentliche und private Organisationen versuchen, ihre Investitionen zu reduzieren und ihre Kosten so dynamisch wie möglich auf ihre Produktions- und Verbrauchsraten abzustimmen. Kennzeichen des UBB-Modells ist, dass das Produkteigentum nicht an den Käufer übertragen wird. Die Möglichkeit des Verkäufers, Umsatz zu generieren, hängt nicht allein vom Kunden ab, sondern beispielsweise auch von Aspekten wie Mangel an Kopierpapier oder durch Gerätefehler bedingte Ausfallzeiten. Es besteht eine erhöhte Abhängigkeit zwischen Verkäufer und Käufer, die dem Verkäufer die Möglichkeit gibt, weitere wertsteigernde Produktdienstleistungen anzubieten, die auf einem besseren Verständnis von und einer besseren Einsicht in das tatsächliche Verhalten des Käufers basieren.

Das Konzept des Abonnements ist in der Medienbranche welthin bekannt und wird nun auch in der Softwarebranche sowie allen anderen Dienstleistungsbranchen eingeführt. Kunden wollen abschätzbare Kosten – deswegen stehen die traditionellen »Bezahlung pro Produkt«-Ertragskonzepte in der Diskussion. Unternehmen sehen sich immer öfter mit der Herausforderung konfrontiert, die Nutzung einer Dienstleistung oder eines Produktes im Rahmen eines Abonnementvertrages anzubieten. Dazu müssen sie lernen, den Wert von Abonnements für Kunden zu verstehen und Mechanismen aufsetzen, um sowohl deren vertragliche Nutzung als auch Missbrauch zu verfolgen.

Leasing und Mieten sind weitere Szenarios, die nicht in den Rahmen des »einfachen« Kaufens und Verkaufens passen.. Das Eigentum am Objekt geht in diesem Fall nicht von einer Vertragspartei auf die andere über, sondern nur ein vertragliches Nutzungsrecht. Dennoch muss der Vertrag verwaltet werden, wobei das Wirtschaftsgut in der Bilanz des »Verkäufers« verfolgt wird. Je nach Leasing- und Vermietungsdauer sowie Wert und Anzahl der Güter im Inventar des »Verkäufers« können zusätzlich leistungsfähige Softwarelösungen für das Management von Zulieferern und Anlagegütern erforderlich sein.

1.4.3   Erweiterte After-Sales- und Kundendienst-Szenarios

Ein einfaches After-Sales- und Kundendienst-Szenario besteht wie ein Verkaufsszenario aus einem Geschäftsvorgang, der die Verbindung zwischen dem Preis, den Kosten für die Dienstleistung (oder des Produktes), der nachfolgenden Bereitstellung der Dienstleistung (oder des Produktes) sowie der Rechnungsstellung herstellt. Es wird klar zwischen Leistungsanbieter und -abnehmer unterschieden.

Konzepte wie »Entwerfen, Bauen und Betreiben« im Maschinen- und Anlagenbau oder auch die (oben beschriebenen) erweiterten Verkaufsszenarios haben bedeutende Auswirkungen auf den Kundendienst. Kundendienst kann genauso komplex und vielseitig sein wie die oben beschriebenen Verkaufsszenarios und birgt zusätzliche Herausforderungen wie die Verwaltung von Garantien, Subunternehmern und Umlaufteilen (Ausbau-Einbau-Aufbereitung-Szenario, z. B. bei der Flugzeugwartung). Viele Unternehmen erzielen beträchtliche Einnahmen und Gewinne durch ihren Kundendienst.

Heutzutage sind Vereinbarungen über Garantie, verbindliche Leistungszusagen oder zusätzliche Service- und Supportleistungen ein wesentlicher Bestandteil von Vertragsverhandlungen und Investitionen. Im Grunde geht es bei diesen Verhandlungen um das Risiko und das Teilen des Risikos zwischen den Vertragsparteien. Kundenbeziehungsmanagementkonzepte werden eingesetzt, um die Möglichkeiten, aber auch die Risiken, die in mehrjährigen Verträgen liegen, zu verfolgen und zu verwalten.

1.4.4 Der Einfluss mobiler Geräte

Die aktuelle Generation mobiler Geräte wird hauptsächlich im Offline-Betrieb eingesetzt. Die Bandbreite zur Übertragung von Daten ist limitiert und teuer. Angestellte synchronisieren Daten von mobilen Geräten einmal oder mehrmals täglich, nehmen aber nicht am »Echtzeit-Unternehmen« teil. Ohne mobile Online-Geräte kann das Verkaufspersonal im Außendienst keine auf Echtzeitdaten basierenden Zusagen machen, und das Servicepersonal hat keinen direkten Zugriff auf das weltweite Wissensnetzwerk. Servicemitarbeiter sind unter Umständen nicht in der Lage, Probleme zu diagnostizieren, weil ihnen aktuelle Bedienungsanleitungen, Konfigurationsdaten oder Diagnoseprogramme fehlen. Schließlich arbeitet das Lieferpersonal mit Tagesplänen, deren im Laufe des Tages eventuell notwendige Anpassung eine umständliche und fehleranfällige Prozedur ist.

Da die mobilen Netzwerkbetreiber der meisten Länder intensiv daran arbeiten, die Kosten- und Bandbreiteneinschränkungen von Echtzeitverbindungen zu minimieren, kann der mobile Mitarbeiter zukünftig immer leichter Mitglied des Echtzeitunternehmens werden. Diese Aussage gilt nicht nur für Angestellte (White Collar Scenarios), sondern auch für Arbeiterszenarios (Blue Collar Scenarios) wie bei Direct Store Delivery oder Service-Außendienstmitarbeitern. Echtzeitverbindungen mit mobilen Geräten bringen eine Vielzahl von Möglichkeiten für die effiziente Zeiteinteilung im Tagesverlauf und das regelmäßige Aktualisieren von relevanten Informationen über die Aktivitäten des mobilen Angestellten, einschließlich Aufenthaltsort und Arbeitsfortschritt. Letztendlich werden mobile Angestellte den gleichen Zugang zu Informationen und Geschäften haben wie auch Büroangestellte.

1.4.5 Service Level Monitoring

Das Kundenbeziehungsmanagement kann als effizienter Umgang mit Bestellungen, Wünschen und Anforderungen von Kunden betrachtet werden. In manchen Fällen gehören dazu spezielle Vertragsvereinbarungen, die zum Beispiel Bereitschaftszeiten oder die Reaktionszeit regeln (Service Level Agreements). In Fällen, in denen keine Service-Level-Vereinbarungen getroffen werden oder beispielsweise wegen einer zu großen Kundenzahl nicht praktikabel sind, setzen sich Organisationen und Unternehmen ggf. eigene interne Ziele.

In sehr komplexen Servicekontrakten können schon einfache Fragen wie die nach den Antwortzeiten beachtliche Streitigkeiten zwischen Lieferanten und Kunden verursachen. Deshalb ist es notwendig, genug Daten über das Verhalten der Kunden und der eigenen Service-Abteilung zu sammeln. Diese wertvollen Fakten können nicht nur als »Munition« für die jährlich anfallenden Lieferantenbewertungen (Supplier Reviews) verwendet werden, sondern auch bei Beschwerden wegen Abweichungen von vereinbarten Service Level Agreements.

In Abschnitt 1.2 haben wir CRM-Konzepte als Mittel gegen Tendenzen zur Produkthomogenisierung beschrieben. Im selben Sinne stellen CRM-Anwendungen, und hier speziell das Service Level Monitoring, ein Gegenstück zu den Supplier-Relationship-Management-Systemen der Kunden dar.

1.4.6   Echtzeitverbindungen zu Kundeninstallationen

Das Abfragen von Informationen aus Fahrzeugen (z.B. Zustand, Nutzungsprofil, aktueller Ort) oder das Laden großer Datenmengen aus Gebäuden, Häusern und Maschinen oder Installationen zur Diagnose und Wartung (z.B. die Software Monitoring Services von SAP) sind Beispiele, wie Lieferanten bessere Einsicht in die Nutzung, das Verhalten und die Leistung ihrer Produkte und Dienstleistungen erhalten.

Zurzeit ist die Umsetzung dieser Szenarios noch sehr teuer, und die Nutzung beschränkt sich hauptsächlich auf große Investitionen oder kritische Systeme wie Flugzeuge oder medizinische Geräte. Standards wie OSGi (Open Service Gateway Initiative) werden jedoch dazu beitragen, die Verbindungskosten für die einzelnen Geräte zu senken. So werden Echtzeitverbindungen zur installierten Basis auch zu einer rentablen Option z.B. für Drucker, Waschmaschinen oder Verkaufsautomaten.

1.4.7   Treue und Belohnung

Fluggesellschaften haben den Einfluss von Treue- und Belohnungssysteme auf das Kundenverhalten deutlich demonstriert. Diese Systeme sind im Grunde dazu gemacht, die Kundentreue zu fördern, wenn andere Möglichkeiten der Differenzierung in Märkten mit starker Konkurrenz beschränkt sind. Systeme zur Belohnung loyalen Kundenverhaltens werden bereits im Einzelhandel eingeführt, lohnen sich aber auch in anderen Bereichen wie Mobiltelefonie, Kurierdienste oder Kreditkarten.

1.4.8   Vorausschauendes Kundenbeziehungsmanagement

Künftig werden wesentlich mehr Daten über Kunden und deren Verhalten zur Verfügung stehen. Daten, gewonnen aus Echtzeitverbindungen zu installierten Geräten, aus Service-Level-Überwachung oder Warenauszeichnung mit Hilfe von RFID (Radio Frequency Identification), werden wesentlich mehr Möglichkeiten zur Sammlung, Speicherung, Analyse und Vorhersage bieten. Das vermehrte Wissen über den Kunden erfordert allerdings auch einen behutsamen und vertrauenswürdigen Umgang mit dessen Daten und die Einhaltung aller bekannten Datenschutzrichtlinien. Hinweise zum Umgang mit sensiblen Kundendaten finden sich zum Beispiel bei [Buck-Emden/Zencke 2003].

2   Strukturierung von Branchenlösungen

2.1   Grobgliederung der Branchen nach Art der Unternehmensleistung

Zur Rasterung der Gesamtwirtschaft in Branchen ist eine Vielzahl von Einteilungskriterien gebräuchlich. Eine gängige Gliederung unterteilt die Wirtschaftszweige nach der Art der Unternehmensleistung zunächst in die Produktion materieller Waren einerseits und die Bereitstellung immaterieller Güter bzw. Dienstleistungen andererseits. Während die Warenproduktion stets mit einem hohen Anteil an Logistikaufwand, z. B. für Einlagerung bzw. für Materialentnahmen aus dem Lager, einhergeht, ist für Dienstleistungen die Gleichzeitigkeit von Leistungserstellung und Verbrauch typisch.

Die Art der Unternehmensleistung beeinflusst auch die Anforderungen an die Softwarelösung. Obwohl viele Ziele des Kundenbeziehungsmanagements branchenübergreifend Geltung besitzen, z. B. die Gewinnung neuer Kunden oder die Steigerung der Loyalität zum Unternehmen, unterscheiden sich bestimmte Abläufe je nach Art der Unternehmensleistung. So ist das produzierende Gewerbe in hohem Maße logistikzentriert. Das Kundenbeziehungsmanagement ist hier besonders auf die optimale Unterstützung logistischer Prozesse ausgelegt. Es bereitet die Produktion durch Weiterleitung von Vertriebsdaten vor und informiert die Kunden über den Stand der Auftragsabwicklung. Je nach Produkt kommen unterschiedliche Vertriebswege infrage. Die Erzeugnisse werden vom Unternehmen selbst, von Vertriebspartnern oder über Handelsketten angeboten. Das Kundenbeziehungsmanagement muss alle gewünschten Vertriebsmöglichkeiten unterstützen und dem Unternehmen helfen, die Übersicht zu behalten.

In der Dienstleistungsbranche spielen logistische Prozesse oft nur eine untergeordnete Rolle. Stattdessen rücken die Kundenkontakte während der Erbringung der Services in den Vordergrund. Das zentrale Problem vieler Dienstleistungsbereiche liegt darin, dass die Qualität ihrer Leistungen schwer messbar ist, insbesondere wenn die Dienstleistung direkt am Kunden erbracht wird. Krankenhausbehandlungen sind das beste Beispiel für derartige »Vertrauensgüter«. Der Patient kann die Behandlungsqualität kaum im Vorhinein abschätzen. Auch nach Abschluss der Behandlung fällt es ihm leichter, die Freundlichkeit des Pflegepersonals oder die Zimmerausstattung zu bewerten als die medizinische Fachkenntnis des Arztes oder das Ausmaß der Verbesserung seines Gesundheitszustandes. Es bleibt ihm lediglich übrig, dem Krankenhaus und seiner Ärzteschaft zu vertrauen. Umgekehrt genügen vielleicht überlange Wartezeiten bei der Aufnahme oder die mangelnde Detailkenntnis eines Arztes über seinen Fall, dass er sich bei der nächsten Erkrankung in eine andere Klinik einweisen lässt. Den aus Kundensicht leicht bewertbaren Kriterien kommt damit eine besonders hohe Bedeutung zu. Sie entscheiden über die Bindung des Kunden an das Unternehmen.

2.2 Die Brancheneinteilung nach NACE

Offizielle Tabellenwerke wie die statistischen Veröffentlichungen der Deutschen Bundesbank [Bundesbank 2002] oder die Volkswirtschaftliche Gesamtrechnung (VGR) des Statistischen Bundesamtes Deutschland [Statistisches Bundesamt 2002] teilen die grobe Branchengliederung in Güter und Dienstleistungen weiter auf. Für statistische Zwecke nimmt die Europäische Gemeinschaft (European Union, EU) beispielsweise Bezug auf die verbindlich vorgeschriebene statistische Systematik der Wirtschaftszweige der Europäischen Gemeinschaft gemäß NACE (Nomenclature générale des Activités économique dans les Communauté Européennes). Jedes Land der EU prägt die NACE-Gliederung wiederum nach nationalen Besonderheiten aus. Das Statistische Bundesamt Deutschland verwendet zum Beispiel zur Branchenklassifikation WZ 2003, eine im Jahr 2003 überarbeitete Einteilung der Wirtschaftszweige, die auf NACE Rev 1.1 aufbaut [Statistisches Bundesamt 2003]. Auf den oberen Gliederungsebenen fügt sich NACE nahtlos in die von den Vereinten Nationen (United Nations, UN) entwickelte Internationale Systematik der Wirtschaftszweige (International Standard Industrial Classification of all Economic Activities, ISIC Rev. 3) von 1989 ein. Unabhängig entstand in Zusammenarbeit der Länder USA, Kanada und Mexiko in den letzten Jahren mit NAICS (North American Industry Classification System) eine Branchenklassifizierung für den nordamerikanischen Raum, deren Aufteilung in Divisionen auf oberster Ebene den ISIC-Sektoren vergleichbar ist, aber die Branchen strikter nach den jeweils üblichen Produktionsprozessen und der Art der erstellten Güter aufteilt und neueren Entwicklungen wie z.B. der gestiegenen Bedeutung der Informationsverarbeitung Rechnung trägt. Der Informationssektor des NAICS fasst zum Beispiel alle Industrien zusammen, die Informationen erzeugen, verbreiten oder zugreifbar machen und in ISIC noch auf unterschiedliche Wirtschaftszweige verteilt aufgeführt werden. Jedes der an der NAICS-Entwicklung beteiligten Länder führt für eigene statistische Belange wiederum eine landesspezifische Version des NAICS, im Falle der USA etwa den NAICS United States [UN 1998]. Abbildung 2.1 zeigt den Zusammenhang der Wirtschaftszweigsystematiken. Tabelle 2.1 gibt die Branchengliederung nach NACE auszugsweise wieder.

NACE-Abschnitt	Enthaltene Wirtschaftszweige (z.T. mit Unterabschnitten)		Beispiele
A, B	Land- und Forstwirtschaft, Fischerei und Fischzucht		Ackerbau, Tierhaltung, Fischfang
C	Bergbau, Erdöl- und Erdgasgewinnung, Abbau von Steinen und Erden		Kohlebergbau, Erdölförderung
D	Verarbeitendes Gewerbe	Ernährungsgewerbe, Tabakverarbeitung, Textil- und Bekleidungsindustrie, Leder- und Holzgewerbe, Herstellung von Möbeln, Schmuck, Sportgeräten und Spielwaren	Schlachthöfe, Getränkeherstellung, Brauereien, Webereien, Bekleidungsherstellung, Schuhproduktion, Sägewerke, Korbwarenherstellung, Münzprägung, Instrumentenbauer
		Papier-, Verlags- und Druckgewerbe	Kartonagenverarbeitung, Zeitungsdruck, Buchverlag, Datenträgervervielfältigung
		Chemische Industrie, Glasgewerbe, Verarbeitung von Steinen und Erden, Kokerei und Mineralölverarbeitung	Düngemittelherstellung, Bereifungen, Herstellung von Kunststoffwaren, Glasverarbeitung, Keramikherstellung, Ziegelei, Zementwerke, Pharmaindustrie
		Metallerzeugung und -bearbeitung, Maschinenbau, Herstellung von Datenverarbeitungsgeräten, Elekrotechnik, Feinmechanik, Optik, Fahrzeugbau	Gießerei, Leichtmetallbau, Motorenbau, Waffenindustrie, Funkgerätebau, Uhrenherstellung, Automobil- und Flugzeugbau, Computerhersteller
E	Energie- und Wasserversorgung		Strom-, Wasser-, Gasversorger
F	Baugewerbe		Hoch- und Tiefbau, Klempnerei, Handwerksbetriebe
G	Handel und Instandhaltung		Automobilhandel, Groß- und Einzelhandel, Apotheken, Reparaturwerkstätten
H	Gastgewerbe		Hotelerie, Gastronomie, Caterer
I	Verkehr und Nachrichtenübermittlung		Eisenbahn, Taxen, Schiff- und Luftfahrt, Speditionen, Reisebüros, Post- und Fernmeldedienste
J	Kredit- und Versicherungsgewerbe		Banken, Versicherungen, Börsen

Tabelle 2.1 Ausschnitt aus der NACE-Gliederung der Wirtschaftszweige der EU [NACE 1990 und 2002]

NACE-Abschnitt	Enthaltene Wirtschaftszweige (z.T. mit Unterabschnitten)	Beispiele
K	Grundstücks- und Wohnungswesen, Vermietungen, Dienstleistungen für Unternehmen	Leihwagenanbieter, Softwarehäuser, Application Service Provider, Forschungseinrichtungen, Unternehmensberatungen, Werbeagenturen, Gebäudereinigung, Architekturbüros
L	Öffentliche Verwaltung, Verteidigung, Sozialversicherung	Gesundheitsämter, Feuerwehr, Gemeindeverwaltung, Bundeswehr, Krankenkassen
M	Erziehung und Unterricht	Hochschulen
N	Gesundheits-, Veterinär- und Sozialwesen	Krankenhäuser, Arztpraxen, Sozialfürsorge
O	Erbringung sonstiger Dienstleistungen	Gewerkschaften, Parteien, kirchliche Vereinigungen, Fernsehanstalten, Nachrichtenbüros, Bibliotheken, Sportanlagenbetreiber, Lotteriewesen, Friseursalons, Schwimmbäder

Tabelle 2.1 Ausschnitt aus der NACE-Gliederung der Wirtschaftszweige der EU [NACE 1990 und 2002] (Forts.)

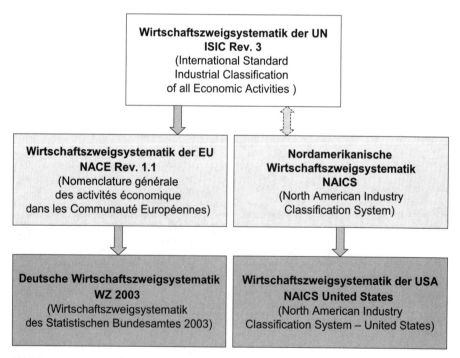

Abbildung 2.1 Wirtschaftszweigsystematiken

2.3 Brancheneinteilung für Softwarelösungen

Die NACE-Gliederung wird für Statistikzwecke und gesamtwirtschaftliche Betrachtungen genutzt. Soll der NACE-Code als Basis für die Entwicklung branchenspezifischer Softwarelösungen dienen, ergeben sich einige Unstimmigkeiten. So betreiben viele Unternehmen Geschäfte, die mehrere NACE-Kategorien umfassen. Beispielsweise sind Unternehmen der Konsumgüterindustrie nicht nur für die Nahrungsmittelproduktion zuständig, sondern auch in den Handel involviert. Telekommunikationsdienstleister stellen einerseits Netze zur Nachrichtenübermittlung bereit, andererseits vertreiben sie auch elektronische Endgeräte. Ein Erdölkonzern engagiert sich sowohl in der Rohstoffgewinnung als auch im Tankstellengeschäft (Upstream- und Downstream-Bereich). Würden Softwarelösungen also strikt der Einteilung der NACE-Abschnitte folgen, müssten viele Unternehmen mehrere branchenspezifische Lösungen zusammen betreiben, getrennt warten und Versionswechsel in Abstimmung mit den jeweiligen Releasezyklen durchführen.

Umgekehrt erweist sich in einigen Bereichen die oberste Gliederung der NACE-Systematik als zu grob. Die Kundenprozesse von Unternehmen, die dem verarbeitenden Gewerbe zugeordnet sind, weichen teilweise stark voneinander ab. Textilherstellung, chemische Industrie und Fahrzeugbau beruhen auf unterschiedlichen Herstellungsverfahren, sind durch Erzeugnisse mit abweichenden Produkteigenheiten gekennzeichnet, haben ihre eigene Kundenklientel mit besonderen Erwartungen und vertreiben ihre Produkte über verschiedene Vertriebskanäle mit je nach Kanal anderem Ausmaß von Partnerunterstützung. Würden sich Softwarelösungen an der ersten Gliederungsebene, d.h. an den NACE-Abschnitten, orientieren, wären die Spezifika einzelner Unterbranchen nur ungenügend abgebildet.

Die Aufgliederung entlang tieferer NACE-Ebenen hingegen hätte eine unübersichtliche Vielfalt von Branchenlösungen zur Folge, die nur zum Teil mit abweichenden Branchenprozessen korrespondieren. Allein das verarbeitende Gewerbe – in Tabelle 2.1 bereits in aggregierter Form dargestellt – teilt die NACE-Struktur in 14 Unterabschnitte auf. Aus Prozesssicht sind jedoch z.B. das Textilgewerbe und die Metallbearbeitung durchaus ähnlich und in einer einzigen Softwarelösung – bei SAP durch *SAP for Mill Products* – abgedeckt (siehe Abschnitt 5.3).

An anderer Stelle erscheint auch die detaillierte 2. Ebene der NACE-Nomenklatur für die Softwareanforderung der Unterbranchen als nicht spezifisch genug. Branchen mit besonderen Vertriebsprozessen, z.B. die Pharma-Branche, subsummiert auch die Ebene der NACE-Unterabschnitte noch unter der chemischen Industrie. Das Kundenbeziehungsmanagement von Außendienstmitarbeitern des pharmazeutischen Sektors ist jedoch nicht vergleichbar mit den Vertriebsprozessen sonstiger Chemieunternehmen. Pharma-Unternehmen arbeiten eng mit Krankenhäusern und Arztpraxen zusammen und teilen alle Ärzte regional in kleine Vertriebsparzellen auf. Auch in diesem Beispiel muss eine gut durchdachte Branchenaufteilung auf die besonderen Anforderungen einiger Unterbranchen Rücksicht nehmen.

Insgesamt zeigt dies, dass die Branchenkategorisierung nach NACE nicht unverändert zur Strukturierung von Branchensoftware übernommen werden kann. Die Gliederung von Softwarelösungen darf nicht primär der statistischen Brancheneinteilung folgen, weil aus Softwaresicht Kunden- und Marktanforderungen im Vordergrund stehen. Für die Branchenlösungen der SAP wurde daher eine verwandte Gliederung gewählt, die sich zwar an der NACE-Systematik orientiert, aber auf Prozessbesonderheiten der Unterbranchen eingeht (siehe auch Abschnitt 3.3.2). Unterscheiden sich die Geschäftsprozesse kaum, fassen die SAP-Branchenlösungen durchaus auch Wirtschaftszweige zusammen, die in der NACE-Gliederung getrennt aufgeführt waren [Kagermann/Keller 2001]. Lassen sich aber Besonderheiten der Geschäftsabwicklung innerhalb der NACE-Unterabschnitte ausmachen, begegnet SAP diesen mit einer genau darauf zugeschnittenen Branchenlösung. Die Tabelle 2.2 setzt den NACE-Code in Bezug zur Brancheneinteilung der SAP-Lösungen.

| Lösungen der SAP | NACE-Abschnitte | | | | | | | | | | | | | | |
---	A	B	C	D	E	F	G	H	I	J	K	L	M	N	O
Branchenübergreifende mySAP Business Suite inkl. mySAP CRM	X	X	X	X	X	X	X	X	X	X	X	X	X	X	X
SAP for Aerospace & Defense				X								X			
SAP for Automotive				X											
SAP for Banking										X					
SAP for Chemicals				X											
SAP for Consumer Products	X	X		X		X	X								
SAP for Engineering, Construction & Operations				X	X						X				
SAP for Healthcare														X	
SAP for Higher Education & Research													X		
SAP for High Tech				X							X				

Tabelle 2.2 Zuordnung von NACE-Abschnitten zu Industrielösungen der SAP

Lösungen der SAP	NACE-Abschnitte														
	A	B	C	D	E	F	G	H	I	J	K	L	M	N	O
SAP for Industrial Machinery & Components				X											
SAP for Insurance									X						
SAP for Logistics Service Providers								X	X		X				X
SAP for Media				X							X				X
SAP for Mill Products				X											
SAP for Mining			X												
SAP for Oil & Gas			X	X											
SAP for Pharmaceuticals				X											
SAP for Professional Services								X			X				
SAP for Public Sector													X		X
SAP for Retail							X								
SAP for Telecommunications							X		X						
Transportation									X						
SAP for Utilities					X										

Tabelle 2.2 Zuordnung von NACE-Abschnitten zu Industrielösungen der SAP (Forts.)

3 Softwarelösungen für das Kundenbeziehungsmanagement in Branchen

3.1 Grundsätzliche Anforderungen

Im Grundsatz verfolgt Kundenbeziehungsmanagement das Ziel, die Unternehmensprofitabilität durch den Aufbau enger und personalisierter Beziehungen zu Kunden zu erhöhen. CRM-Softwarelösungen begleiten hierzu die gesamte Lebensdauer einer Kundenbeziehung: Nicht nur während des ersten Kontakts, sondern auch über alle Folgegeschäfte hinweg. Kundenbeziehungen verlaufen dabei in Interaktionszyklen mit jeweils mehreren Phasen, die vom Wecken des Kundeninteresses über die Verkaufsverhandlungen bis hin zur Auftragsabwicklung und nachfolgenden Serviceangeboten reichen.

CRM-Softwarelösungen unterstützen die unmittelbar am Kunden ausgerichteten Prozesse in jeder Interaktionsphase. Typischerweise beginnt eine Schleife des Interaktionszyklus mit Marketingbemühungen, die sich an bestimmten Kundengruppen orientieren. Hierzu klassifizieren Unternehmen ihre Kunden anhand unterschiedlichster Merkmale in Kundengruppen. Segmentierungsfunktionen dienen dazu, Marketingaktivitäten genau auf die ins Auge gefasste Zielgruppe auszurichten. Aus Marketingkampagnen und Verbraucheraktionen gewinnen Unternehmen Informationen über potenzielle Kunden (Leads), die durch weitere Bearbeitung als konkrete Verkaufschancen (Opportunities) identifiziert werden. Das Kampagnen-Monitoring hilft schließlich bei der Erfolgsbeurteilung der Marketingaktionen und ist die Basis für die Gegenüberstellung von Kampagnennutzen und -kosten.

An die Marketingaktivitäten schließen sich Vertriebsprozesse an. CRM-Softwarelösungen vereinfachen diese durch Planungsfunktionen, mit deren Hilfe Unternehmen die Vertriebsstrategie festlegen. Außerdem lässt sich die Aufteilung regionaler Vertriebsverantwortlichkeiten durch ein Gebietsmanagement abbilden, das auch eine dynamische Zuordnung von Verantwortlichkeiten auf Mitarbeiter erlaubt. Vertriebsgebiete sollten zudem nach beliebigen Gruppierungskriterien hierarchisch gliederbar sein. Die Verwaltung sämtlicher relevanter Kundeninformationen und die Abwicklung der gesamten Vertriebsaktivitäten wird durch das Kunden- und Kontaktmanagement über alle Phasen des Vertriebsprozesses unterstützt. Die Vertriebsphase endet mit der Angebotserstellung und -annahme bzw. mit dem Abschluss eines Kontrakts.

Für die Auftragsabwicklung mit Beschaffung, Versand und Transport ist die Integration der CRM-Softwarelösung mit den Logistikabläufen in den Backend-Systemen erforderlich. Kunden erwarten zuverlässige Preis- und Terminaussagen auf der Basis aktueller Verfügbarkeitsprüfungen. Fakturierung, Zahlungsverarbeitung und Forderungsmanagement vervollständigen diese Phase der Kundeninteraktion.

Nach Vertragsabschluss und Lieferung beginnt die Phase der Serviceleistungen. Eine besondere Schwierigkeit liegt hier darin, die Personalkapazitäten passend zu planen und auch auf kurzfristige, dringende Serviceanfragen reagieren zu können. Viele Unternehmen versuchen, die Serviceprozesse übersichtlicher zu gestalten, indem sie Servicemeldungen zentral durch ein Interaction Center entgegennehmen, das auf möglichst detaillierte Informationen, z.B. die Installationsdaten der Kunden, Zugriff hat.

Alle Phasen des Kundeninteraktionszyklus können über unterschiedliche technische Kommunikationskanäle abgewickelt werden. Außendienstmitarbeiter bedienen sich mobiler Endgeräte. Interaction-Center-Agenten kommunizieren z.B. mittels Telefon, Fax oder E-Mail. Internetanwendungen richten sich an Web-Nutzer. Schließlich binden viele Branchen im Rahmen einer unternehmensübergreifenden Zusammenarbeit Channel Partner für Marketing-, Vertriebs- oder Serviceaufgaben ein.

Als wesentlichen Bestandteil müssen CRM-Softwarelösungen schließlich analytische Funktionen bieten, die eine kontinuierliche Überwachung aller Maßnahmen des Kundenbeziehungsmanagements sowie eine Optimierung sämtlicher kundenbezogener Abläufe durch Rückkopplungsschleifen von Planung und Ausführung ermöglichen (Closed Loop).

Eine detaillierte Darstellung aller Aspekte von CRM-Softwarelösungen findet sich in [Buck-Emden/Zencke 2003].

3.2 Branchenanforderungen an Softwarelösungen für das Kundenbeziehungsmanagement

Auch wenn viele Anforderungen an das Kundenbeziehungsmanagement über alle Branchen hinweg gelten, so zeigt es sich doch, dass konsequent branchenneutral ausgelegte CRM-Softwarelösungen nicht ausreichend sind. Jede Branche hat zusätzliche, ergänzende Wünsche, die eine branchenspezifische Ausprägung von CRM-Softwarelösungen erforderlich machen. Diese erstrecken sich über Besonderheiten des Geschäftspartnerumfeldes mit allen an der Kundeninteraktion beteiligten Parteien, die Art der erstellten Produkte und Dienstleistungen sowie auf die branchentypischen Geschäftsprozesse.

3.2.1 Das Geschäftspartnerumfeld

Das Geschäftspartnerumfeld eines Unternehmens – also die Art der für das Unternehmen relevanten Kunden, Lieferanten, Marketing-, Vertriebs- und Servicepartner – bestimmt in hohem Maße seine Anforderungen an Softwarelösungen für das Kundenbeziehungsmanagement.

Der Kunde – der wichtigste Geschäftspartner mit vielfältigen Bedürfnissen

Unternehmen erbringen Leistungen, um bestimmte Kundenbedarfe in ihrer Branche zu decken. Die Betätigungsfelder der Unternehmen sind dabei so vielfältig wie die Nachfrageprofile von Firmenkunden oder Endverbrauchern. Sie reichen z. B. von der Befriedigung elementarer Grundbedürfnisse wie Nahrung oder Bekleidung über die Produktion hochwertiger Investitions- sowie Luxusgüter und komplexer High-Tech-Produkte bis zu Kreditvergaben und der Vermarktung geistigen Eigentums.

Geschäftskunden erwerben von ihren Handelspartnern alle zur Aufrechterhaltung des Geschäftsbetriebs und für die Leistungserstellung benötigten Produktionsfaktoren, über die sie nicht selbst verfügen. Darunter finden sich die Elementarfaktoren »Betriebsmittel«, »Werkstoffe« und »menschliche Arbeitskraft«. Zusätzlich kaufen viele Branchen Informationen hinzu oder greifen auf geistiges Eigentum anderer zurück, z. B. Rechte, Patente oder Lizenzen.

Bei Geschäftsbeziehungen mit Konsumenten geht es demgegenüber um menschliche Bedürfnisse. Während die Art der zur Deckung des physiologischen Grundbedarfs bereitzustellenden Produkte im Wesentlichen vorgegeben ist, sind der Fantasie auf den höheren Ebenen der menschlichen Bedürfnishierarchie [Maslow 1970] keine Grenzen gesetzt (vgl. hierzu Abbildung 3.1). Versicherungen machen sich z. B. das Sicherheitsbedürfnis ihrer Klienten zunutze. Die Telekommunikationsbranche profitiert von dem Wunsch der Endverbraucher nach Kontakten und Kommunikation. Anerkennung und Respekt versprechen sich die Käufer beispielsweise von prestigeträchtigen Automobilen oder Immobilien. Die Tourismusbranche, Sportartikelhersteller oder Universitäten gehen mit ihren Angeboten sogar auf den Wunsch ihrer Kunden nach Selbstverwirklichung ein.

Firmenkunden wollen anders behandelt werden als Endverbraucher. Private Abnehmer sind anfangs in der Regel wenig über das Angebotsportfolio des Unternehmens informiert und häufig auch unsicher, was ihre Anforderungen betrifft. Sie sind – vor allem beim ersten Geschäftskontakt – auf Beratung angewiesen und haben hierzu besondere Erwartungen.

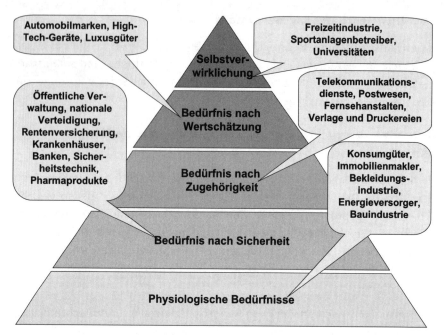

Abbildung 3.1 Branchenindividuelle Ansätze zur Bedürfnisbefriedigung von Endverbrauchern entlang der menschlichen Bedürfnishierarchie

Andererseits sind spezielle Bemühungen zur beiderseitigen Abstimmung logistischer Abläufe meist verzichtbar, weil sich beim Endverbraucher im Gegensatz zu B2B-Partnern keine eigene Logistikkette anschließt. Bei B2B-Beziehungen verhält es sich umgekehrt: Der Kontinuität der Abläufe in Lieferung, Wareneingang und Rechnungsabwicklung beim Abnehmer kommt eine hohe Bedeutung zu, die Leistungsspezifikation ist indes oft durch die Art und Weise der Weiterverarbeitung oder die Ge- und Verbrauchsmodalitäten der Leistungen dezidiert vorgegeben.

Unterschiede zwischen Kunden und Branchen ergeben sich auch durch die Bevorzugung langfristiger, kontinuierlicher Geschäftsbeziehungen im Gegensatz zur fallweisen Entscheidung für Geschäftstransaktionen (Spontangeschäft). Binden sich Kunden in lang laufenden Verträgen dauerhaft an einen Lieferanten, so verzichten sie auf die Option, bei kurzfristigen Angebotsänderungen auf dem Markt auf eine günstigere Alternative umzuschwenken. Im Gegenzug erwarten Vertragskunden daher Vorteile anderer Art, seien es besondere Serviceleistungen, frühzeitige Partizipation an Produktinnovationen oder besonderes Entgegenkommen bei Wünschen nach unüblichen Produktmerkmalen. Hält sich ein Kunde demgegenüber spontane Lieferantenwechsel offen, müssen die Vorteile für ihn bereits bei einmaliger Abnahme klar auf der Hand liegen, etwa in Form einer attraktiven Preisgestaltung oder durch umgehende Eillieferungen. Einflussnahmemöglichkeiten auf die Produktweiterentwicklungen sind hingegen eher uninteressant.

**Für registrierte Leser halten wir
zusätzliche Informationsangebote bereit.**

Buchregistrierung

Registrierungscode

Jetzt registrieren

Bitte geben Sie Ihren Code auf der
Verlagswebsite ein.

**Ihr persönlicher
Registrierungscode**   04GP45810903

Unternehmensübergreifende Partnerbeziehungen

Während manche Branchen direkten Kontakt zu ihren Kunden bevorzugen, schalten andere unterschiedliche Arten von Partnerunternehmen dazwischen. Finanzdienstleister nutzen häufig die Dienste von Maklern. In der Automobilbranche agieren Vertragshändler auf den regionalen Märkten. Aufgrund vielfältiger Anforderungen an professionelle Partner ist es meistens nicht ratsam, ein und denselben Partner für unterschiedliche Aufgabenkomplexe zu beauftragen. Unternehmen vieler Wirtschaftszweige engagieren deshalb durchaus verschiedene Partner für Marketing-, Vertriebs- oder Serviceaufgaben. Dabei weisen sie jedem Partner diejenigen Aufgaben zu, die er aufgrund seiner Expertise am besten bewältigen kann, und nutzen so die aufgabenspezifischen Erfahrungen der Partner. Auf diese Weise entstehen auch mehrstufige Partnernetzwerke.

Auch Verbindungen zwischen verschiedenen Leistungserstellern, die sich zusammentun und ihre Produkte oder Dienstleistungen gemeinsam vermarkten, nehmen zu. In der Telekommunikationsbranche erzielen beispielsweise Netzbetreiber und Hardwarehersteller Synergien durch Kooperation. Aus der Zusammenarbeit entwickeln sich Komplementärangebote, deren Bestandteile sich sinnvoll ergänzen und die einen Mehrnutzen für die Abnehmer generieren.

3.2.2 Branchenspezifische Produkte und Dienstleistungen

Das wesentliche Unterscheidungsmerkmal zwischen Unternehmen verschiedener Branchen sind die von ihnen bereitgestellten Produkte und Dienstleistungen. Deren Charakteristika bestimmen auch in hohem Maße den Umgang mit Kaufinteressenten und müssen von Softwarelösungen für das Kundenbeziehungsmanagement berücksichtigt werden.

Beispielsweise unterscheiden sich die produzierten Güter bei diskreten Fertigungsunternehmen danach, ob ein homogenes Erzeugnis, also eine Massenware, allen Kunden in gleicher Form angeboten wird oder ob Kunden innerhalb gewisser Grenzen die Produkteigenschaften mitbestimmen können; z.B. bei einer Autobestellung, die um Ausstattungspakete ergänzt werden kann, aber keine beliebigen Paketkombinationen ermöglicht (z.B. entweder Klimaanlage oder Sonnendach) und auch keine Auswahl einzelner Paketbestandteile erlaubt.

Das Gegenteil zu homogenen Massenprodukten stellen Kundenauftragsfertigungen dar, die im Extremfall nur für einen Kunden entworfen sowie gebaut werden und auf alle individuellen Anforderungen – zumindest im Rahmen des technisch Möglichen – eingehen. Anlagenbauer fallen in diese Art der Fertigung. Auch wenn das Erzeugnis aufgrund seiner Beschaffenheit nicht einzigartig ist, machen es doch häufig Merkmale wie z.B. die Produktnummer zu einem individuellen Objekt, das der Hersteller während seiner Lebensdauer verfolgen möchte, um Rückrufaktionen leichter durchführen zu können oder den Kunden genau abgestimmte Serviceleistungen anzubieten. Automobilhersteller, aber auch Softwareunternehmen identifizieren ihre Produkte anhand der Fahrgestell- oder Installationsnummer und ordnen ihnen weitere Produktmerkmale wie Kilometerstand oder aktivierte Softwaremodule zu (siehe auch Abschnitt 4.1.4).

Prozessfertiger kennen aufgrund der nicht-diskreten Eigenschaften ihrer Erzeugnisse keine abzählbaren, stückbezogenen Produkteinheiten. Allerdings hängen die Produkteigenschaften häufig von der Charge ab, die den Verarbeitungsprozess durchläuft. Attribute der Charge lassen sich nicht für jeden Fertigungsprozess exakt reproduzieren. Deshalb hilft die Dokumentation der zu einem Verkaufsvorgang gehörenden Charge, dem Kunden bei Nachbestellungen identische oder zumindest in Toleranzen gleiche Merkmalsspezifikationen zusichern zu können (siehe auch Abschnitt 5.1.2 f.).

Für Dienstleister, die keinerlei materielle Produkte anbieten, sind weder individuell identifizierbare Erzeugnisse noch Produktionschargen von Bedeutung. Kundeninteraktionen von Dienstleistungsunternehmen beziehen sich in der Regel auf immaterielle Güter wie z. B. Services oder Finanzierungsleistungen. Im Gegensatz zur Fertigungsindustrie kann ihre »Ware« nicht auf Vorrat produziert und im Vorhinein begutachtet werden. Leistungserstellung und Konsum vollziehen sich im gleichen Augenblick. Der Kunde kann erst nach dem Geschäftsabschluss feststellen, ob die Leistung zu seiner Zufriedenheit ausgefallen ist. Das Vertrauensverhältnis zwischen Anbieter und Nachfrager hat bei solchen Erfahrungsgütern einen hohen Stellenwert, weswegen die langfristige Pflege der Kundenbeziehung von besonderer Bedeutung ist.

3.2.3 Branchenspezifische Geschäftsprozesse

Ein Mitarbeiter der Beschaffungsabteilung überprüft die Berichte, die der Einkauf Monat für Monat erstellt, und entscheidet in Abstimmung mit dem Abteilungsleiter, dass die Auflistung der Einkäufe gegliedert nach Verwendung in den Produktsparten des Unternehmens entbehrlich ist und als Kostensparmaßnahme künftig entfallen soll. Er ahnt nicht, dass das Unternehmenscontrolling sich sehr für diese Aufstellung interessiert und nun, da der Bericht nicht mehr eingereicht wird, die Daten in mühevoller Kleinarbeit selbst recherchiert, selbstredend mit einem Vielfachen des Aufwands der Beschaffungsabteilung, die mit den Datenquellen vertraut ist und genau weiß, wie der Bericht zu erstellen ist.

Sind Beispiele wie dieses eine zu vernachlässigende Ausnahme? Nein, ähnliche Szenarios waren vielmehr bis in die Mitte der 1980er Jahre gang und gäbe in vielen Unternehmen weltweit. Doch die Auffassung hat sich gewandelt. Es hat sich die Einsicht durchgesetzt, dass die Aufteilung von Arbeitsabläufen in immer kleinere Einheiten zwar einerseits Spezialisierungs- und Erfahrungsvorteile bringt, aber andererseits der Blick für das Ganze dabei verloren geht. Wenn jede Abteilung nur intern ihre Prozesse optimiert, wird nicht transparent, welche Aufgaben aus Sicht des Gesamtunternehmens entbehrlich wären oder ob die Veränderung einer Aufgabe zwar die Vorgänge in dieser Abteilung verbessert, aber diejenigen eines anderen Bereichs im gleichen Atemzug verschlechtert [Hammer 1996]. Eine prozessorientierte Betrachtung hat demgegenüber den Vorteil, dass unabhängig von der organisatorischen Zuordnung der tatsächliche Arbeitsablauf optimiert wird. Schließlich sind es die Prozesse, aus deren Ergebnis der Mehrwert für Unternehmen und Kunde kommt.

Doch die kundenbezogene Steuerung und Gestaltung der unternehmensinternen Abläufe allein greift zu kurz. Stimmen sich Leistungsempfänger und Lieferanten nicht ab, kann z. B. in der Fertigungsindustrie schon eine geringfügige Nachfrageschwankung dazu führen, dass Lieferungen nicht rechtzeitig für die Weiterverarbeitung eintreffen, weil der Zulieferer nicht mit einer höheren Liefermenge rechnen konnte. Das führt dazu, dass alle Lieferanten umfangreiche Lager führen – bei steigenden Lagerkosten aufgrund von Zinsverlusten eine kostenintensive Strategie. Abhilfe schaffen abgestimmte Beschaffungsprozesse und ein gemeinsames Supply Chain Management, bei dem alle Lieferanten zeitnah über sich abzeichnende Veränderungen informiert werden und sich auf neue Lieferanforderungen einstellen können. Letztlich verfügt aber auch der Geschäftspartner auf der letzten und kundennächsten Stufe der Wertschöpfungskette nur über valide Informationen über die Nachfragesituation, wenn er Kundendaten auswertet und dazu Informationen der Marketing-, Vertriebs- und Servicebereiche nutzt. Auf diese Weise schließt sich der Kreis zum Kundenbeziehungsmanagement.

Viele Softwarelösungen beziehen zwar Kundenprozesse in unterschiedlichem Integrationsgrad in die unternehmensinternen Abläufe ein, gehen dabei aber von allgemeinen und nicht an spezifische Erwartungen angepassten Geschäftsprozessen aus. Sie verfehlen dabei häufig die Anforderungen der Unternehmen, deren Geschäftspartnerbeziehungen abhängig von der Unternehmensbranche verschieden ausgestaltet sind. Verkaufsfördernde Maßnahmen im Einzelhandel, z. B. Trade Promotions, sind vor allem für Branchen interessant, deren Kunden meistens anonym bleiben. Rechnungsbeilagen, die über neue Leistungspakete der Anbieter informieren, bieten sich bei einer Kundenklientel an, zu dem ein Unternehmen wenig persönliche Kontakte pflegt, wie z. B. im Falle von Versorgungsunternehmen. Kontraktverwaltungswerkzeuge brauchen schließlich vor allem Firmen, die ihr Geschäft mit Hilfe langfristiger geschäftlicher Bindungen wie etwa im Öl- und Gasgeschäft abwickeln. Diesen Anforderungen wird eine Softwarelösung nur gerecht, wenn sie wie das Lösungsportfolio der SAP die Branchenbedürfnisse aufgreift und darauf abgestimmte Prozesse für das Kundenbeziehungsmanagement bereitstellt.

3.3 Kundenbezogene Geschäftsabläufe mit Branchenlösungen von SAP

3.3.1 Jedes Unternehmen hat individuelle Anforderungen

Eine spezialisierte Softwarelösung für Enterprise Resource Planing (ERP), Customer Relationship Management (CRM) oder Supply Chain Management (SCM) kann nicht allen Unternehmen aller Branchen gerecht werden. Daher entwickelten Softwarehersteller Branchenlösungen, die die Anforderungen einzelner Branchen abdecken. Allerdings passen auch die Geschäftsabläufe, die in der Branche üblich sind, nicht immer gleichermaßen auf jedes Unternehmen. Bewährte Geschäftsabläufe (Best Practice), die in den Branchenlösungen abgebildet werden, bieten wertvolle Unterstützung für jedes Unternehmen einer Branche, decken aber nicht alle unternehmensspezifischen Anforderungen ab. Gegenüber Konkurrenten, die in der gleichen Branche tätig sind, wollen sich Unternehmen in Kerngebieten durch eigene, bessere Geschäftsprozesse auszeichnen.

Dies lässt sich durch die Eigenentwicklung einer unternehmensindividuellen Softwareanwendung lösen. Häufig führen derartige Eigenentwicklungen aber zu höheren Kosten bei Entwicklung und Wartung als beim Einsatz von gekauften Anwendungen. Ebenso muss berücksichtigt werden, dass Eigenentwicklungen auf eine aktuelle Geschäftssituation zugeschnitten sind. Ändert sich der einer Eigenentwicklung zu Grunde gelegte Geschäftsprozess nur wenig, sind häufig aufwendige Zusatzentwicklungen nötig.

Viele Unternehmen suchen daher nach einer Grundlösung von einem namhaften Hersteller, die neben den allgemeinen auch branchenspezifischen Anforderungen genügt, und so konzipiert ist, dass sie unternehmensindividuell konfiguriert und angepasst werden kann. Eine derartige Lösung kombiniert die Vorteile einer Standardsoftware mit der unternehmensindividuellen Ausgestaltung der Lösung.

3.3.2 Aufbau der SAP-Branchenlösungen

SAP stellt 23 Branchenlösungen für unterschiedliche Wirtschaftszweige zur Verfügung (siehe Tabelle 2.2). Das Branding »SAP for Industry« bezeichnet das gesamte Portfolio der SAP-Lösungen und -Services für die jeweilige Branche und beschränkt sich nicht auf bestimmte Anwendungen oder Komponenten. Denn branchentypische Abläufe und Besonderheiten beeinflussen nicht nur das Kundenbeziehungsmanagement, sondern auch die Anforderungen an den ERP-Backbone, die Gestaltung der Logistikketten und die analytischen Auswertungen im Business Information Warehouse. Eine SAP-Branchenlösung umfasst so verschiedene Lösungskomponenten, die je nach Anforderung zu einer unternehmensindividuellen Lösung kombiniert werden.

Beispielsweise deckt *SAP for Automotive* sowohl die Marketing-, Vertriebs- und Serviceprozesse im Zusammenspiel mit Großhändlern, Vertriebspartnern und Endkunden als auch spezifische Just-in-time-Beschaffungsstrategien (JIT), die Produktionssteuerung und passende Auswertungsszenarios ab. Es handelt sich bei *SAP for Automotive* also nicht nur um eine einzelne Softwarekomponente, sondern um ein Lösungsportfolio aus Anwendungen, Technologien und Services, die auf die Bedürfnisse von Unternehmen der Automobilindustrie zugeschnitten sind.

Wie Bausteine lassen sich entsprechend den aktuellen Bedürfnissen und Problemstellungen eines Unternehmens die verschiedenen Anwendungen von *SAP for Industry* zu einer passenden Lösung kombinieren. Die verschiedenen Lösungen der mySAP Business Suite bilden in ihren branchenspezifischen Ausprägungen die Grundbausteine einer jeden Branchenlösung. Zur mySAP Business Suite gehören folgende Anwendungen:

▶ mySAP Customer Relationship Management (mySAP CRM) als Plattform für Kundeninteraktion und Kundenbeziehungsmanagement in den Bereichen Marketing, Vertrieb und Service

▶ mySAP Enterprise Resource Planing (mySAP ERP) für die Bereiche Rechnungswesen, Personalwirtschaft, Betriebsführung und unternehmensinterne Dienstleistungen

▶ mySAP Supply Chain Management (mySAP SCM) zur Planung und Optimierung der Logistikkette, insbesondere Produktionsplanung und -auslastung, Lagerhaltung und Auftragsverwaltung

▶ mySAP Product Lifecycle Management (mySAP PLM) für unternehmensübergreifende Produktplanung, Produktentwicklung und Anlagenmanagement

▶ mySAP Supplier Relationship Management (mySAP SRM) für die Beschaffung im B2B-Bereich

Alle diese Anwendungen basieren auf SAPs Anwendungs- und Integrationsplattform SAP NetWeaver. Diese stellt neben dem Anwendungsserver für die Unternehmensanwendungen und einem Unternehmensportal als einheitliche Benutzungsschnittstelle für den Anwender auch Integrationstechnologien für Menschen, Informationen und Geschäftsprozesse zur Verfügung.

Eine SAP-Branchenlösung beinhaltet so ein breites Spektrum an Möglichkeiten, um verschiedenste allgemeine und branchenspezifische Geschäftsprozesse abzubilden. Die Geschäftsprozesse greifen dabei auf eine oder mehrere SAP-Anwendungen zu. Zusammengefasst ist das Angebot an Geschäftsprozessen, das eine SAP-Branchenlösung bietet, in der entsprechenden Solution Map.

3.3.3 SAP Solution Maps am Beispiel der Konsumgüterindustrie

Branchenspezifische Abläufe werden bei SAP in Geschäftsszenarios, Teilprozesse und Prozessschritte gegliedert. Ein Geschäftsprozess (Business Process) setzt sich aus einer Anzahl logisch zusammenhängender Aktivitäten zusammen, die gemeinsam ein betriebswirtschaftlich definiertes Ergebnis erzielen [Davenport/Short 1991]. Die Abwicklung eines Geschäftsprozesses kann sich auf mehrere Softwarekomponenten verteilen. Zerlegt man einen Geschäftsprozess in zeitlich aufeinander folgende Untereinheiten, gelangt man zu elementaren Tätigkeiten, den Geschäftsprozessschritten (Business Process Steps), die entweder ein Benutzer oder eine Softwarekomponente ausführt. Im Geschäftsszenario (Business Scenario) werden logisch zusammenhängende Geschäftsprozesse vereinigt, die gemeinsam eine weitgehend unabhängig ausführbare Unternehmensaufgabe abbilden.

SAP verwendet *SAP Solution Maps*, um einen schnellen Überblick über die Prozesse und Funktionen aller Geschäftsszenarios einer Branche zu geben und sie in unterschiedlichem Detailgrad grafisch darzustellen. Die SAP Solution Maps können unter *www.sap.com/solutions/businessmaps/solutionmaps/* abgerufen werden. Abbildung 3.2 zeigt beispielhaft die SAP Solution Map für die Konsumgüterindustrie. Die oberste Ebene zeigt die wesentlichen Prozesse und Eigenschaften einer Lösung, also ihre Schlüsselbereiche (Key Capabilities). Die darunter liegenden Ebenen beschreiben aus einer kunden- bzw. branchenspezifischen Sicht unter Verwendung der Branchenterminologie detaillierte Sichten der Prozesse (nicht abgebildet).

Am Beispiel der Konsumgüterindustrie stellt sich das Lösungsportfolio einer Branchenlösung wie folgt dar: Die linke Seite der SAP Solution Map zeigt deren wichtigste Prozessbereiche und grundlegende Funktionen, die von Branche zu Branche differieren. Einige dieser Kategorien haben jedoch auch branchenübergreifend Gültigkeit, wie z.B. das Unternehmensmanagement der ersten Zeile oder der Business Support am unteren Ende der SAP Solution Map. Das *Unternehmensmanagement (Enterprise Management)* gibt die strategische Ausrichtung des Unternehmens vor und bestimmt die Richtlinien für die Interessengruppen (Stakeholder), die die weiteren Zeilen vertreten.

Eine Besonderheit der Konsumgüterindustrie liegt darin, dass die Produkte an Händler verkauft werden, die die Produkte nicht selbst konsumieren, sondern sie an Endverbraucher weitergeben.

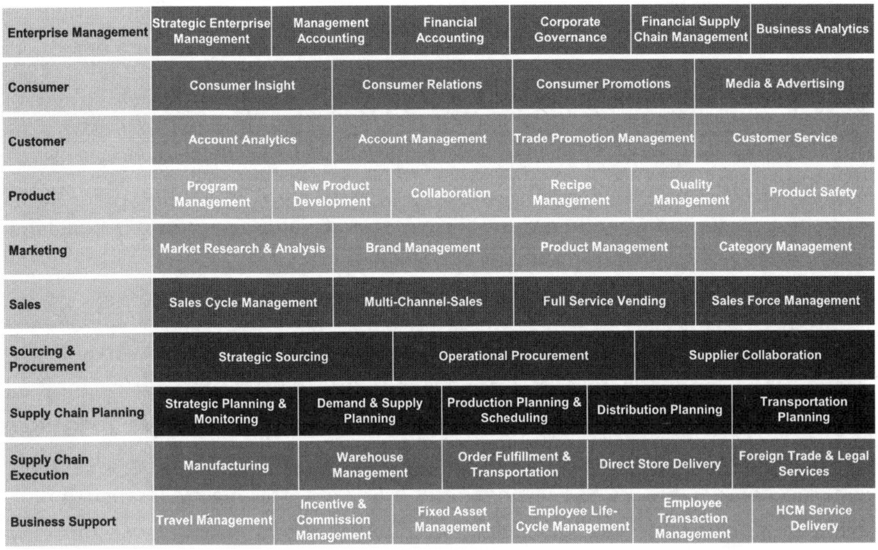

Enterprise Management	Strategic Enterprise Management	Management Accounting	Financial Accounting	Corporate Governance	Financial Supply Chain Management	Business Analytics
Consumer	Consumer Insight		Consumer Relations	Consumer Promotions		Media & Advertising
Customer	Account Analytics		Account Management	Trade Promotion Management		Customer Service
Product	Program Management	New Product Development	Collaboration	Recipe Management	Quality Management	Product Safety
Marketing	Market Research & Analysis		Brand Management	Product Management		Category Management
Sales	Sales Cycle Management		Multi-Channel-Sales	Full Service Vending		Sales Force Management
Sourcing & Procurement	Strategic Sourcing		Operational Procurement		Supplier Collaboration	
Supply Chain Planning	Strategic Planning & Monitoring	Demand & Supply Planning	Production Planning & Scheduling	Distribution Planning		Transportation Planning
Supply Chain Execution	Manufacturing	Warehouse Management	Order Fulfillment & Transportation	Direct Store Delivery		Foreign Trade & Legal Services
Business Support	Travel Management	Incentive & Commission Management	Fixed Asset Management	Employee Life-Cycle Management	Employee Transaction Management	HCM Service Delivery

Abbildung 3.2 SAP Solution Map für die Konsumgüterindustrie (SAP for Consumer Products)

Obwohl also Supermarkt- oder Elektronikmarktketten zunächst die Abnehmer der Konsumgüter darstellen, liegt letzten Endes doch der Konsument im Fokus der Konsumgüterhersteller. Auf ihm beruht der Umsatz, und ihn gilt es letztlich an das Unternehmen zu binden. Dieser Dualität der Absatzbemühungen trägt die Solution Map durch zwei gleichrangige Geschäftsprozessbereiche Rechnung, die sich auf Kunden, d.h. auf die direkten Absatzpartner, und Konsumenten, d.h. auf die Endverbraucher, beziehen. Der Konsument als Schlüsselbegriff der zweiten Zeile kommt in dieser Form ausschließlich in der Konsumgüterindustrie zum Tragen. An ihn richten sich Werbemaßnahmen und Verkaufsförderungsaktivitäten. Kunden bzw. Händler, die Themenkomplexe der dritten Zeile, betrachtet die Konsumgüterindustrie als Accounts, denen Serviceleistungen bereitgestellt und mit denen Handelsaktionen abgesprochen und durchgeführt werden.

Ein sehr wichtiges Mittel zur Bindung der Endverbraucher an einen Konsumgüterhersteller ist die angebotene Produktpalette. Die wesentlichen Aspekte dazu beschreibt Zeile 4 der Solution Map. Konsumgüterhersteller müssen ihr Produktportfolio permanent überprüfen und immer wieder neu an den Kundenbedürfnissen ausrichten. Dazu gehört auch die Auswahl geeigneter Rohstofflieferanten und sonstiger Zulieferer, die Organisation der Fertigung sowie die Kontrolle von Produktqualität und -sicherheit.

Durch das Marketing werden Produkte auf dem Markt eingeführt oder entlang ihres Produktlebenszyklus gefördert, um Kundenansprüche zu erfüllen. Das Image eines Produktes ist im Konsumgüterbereich entscheidend, weil ein Einkäufer im Supermarkt mit einer ganzen Reihe funktional und qualitativ ähnlicher Waren konfrontiert ist und vielleicht eher zu einem Produkt greift, an das er sich aus der Werbung erinnert oder das er mit Merkmalen wie Qualität, Genuss oder Komfort verbindet. Das Marketing sorgt für Nachfrage, indem es die Aufmerksamkeit der Kunden auf eine gewisse Marke lenkt. Aus diesem Grund ist die Marke das wichtigste Kapital eines Konsumgüterherstellers. Diesem Themenfeld widmet sich die fünfte Zeile der Solution Map mit Kampagnen und Verkaufsfördermaßnahmen für Endkunden und Einzelhändler.

Konsumgüter werden traditionell meist über den Einzelhandel, heutzutage auch zunehmend über zusätzliche Vertriebskanäle, wie z. B. das Internet, verkauft. Der persönliche Kontakt zum Verkaufspersonal, die Einkaufsatmosphäre und die begleitenden Sozialkontakte müssen dabei durch ein gleichwertiges Verkaufserlebnis ersetzt werden. Zu den Herausforderungen der Konsumgüterbranche gehören darüber hinaus Serviceangebote, z. B. die Lieferung frei Haus (siehe in Zeile 6 von Abbildung 3.2). Da Kunden den Verkaufsprozess viel bewusster wahrnehmen als die Marketingbemühungen der Hersteller, gehören die Vertriebsabläufe zu den wichtigsten Prozessbereichen des Konsumgütersegments.

Die Zeilen 6, 7 und 8 der Solution Map beschäftigen sich mit Produktion und Auftragsabwicklung. SAP for Consumer Products realisiert sowohl den Einkauf, die Logistik- und Produktionsplanung als auch die Ausführung der Auftragsabwicklung. In der Planbetrachtung geht es um die strategische Bedarfsplanung entlang der Beschaffungskette sowie um die Produktions-, Distributions- und Auslieferungsplanung. Ziel ist es, die Abläufe so zu koordinieren, dass die passenden Produkte zum richtigen Zeitpunkt am gewünschten Ort eintreffen und ein Ausverkauf vermieden wird. Die Abwicklung selbst unterteilt sich in Beschaffungs-, Herstellungs-, Lager- und Verteilungsprozesse, die bei Lieferungen ins Ausland auch die gesetzlichen Ausfuhr- und Besteuerungsvorgaben ins Kalkül ziehen müssen.

Begleitet und umrahmt werden alle diese Prozessbereiche von Abläufen, die die Betriebsführung unterstützen und zur Aufrechterhaltung des Geschäftsbetriebs notwendig sind, darunter Personalentwicklung und Anlagenbuchhaltung (siehe letzte Zeile in Abbildung 3.2).

3.4 Von branchenspezifischen zu unternehmensindividuellen Lösungen

SAP hat sich mit seinen Branchenlösungen das Ziel gesetzt, Unternehmen unternehmensindividuell anpassbare Geschäftsprozesse bereitzustellen. Eine SAP-Branchenlösung umfasst daher ein Portfolio verschiedener konfigurierbarer Komponenten, die über SAP NetWeaver zu einer Gesamtlösung integriert werden. Die Geschäftsprozesse, die auf diesen Bausteinen aufbauen, lassen sich mit Hilfe verschiedener Werkzeuge an unternehmensspezifische Anforderungen anpassen. Aus einer SAP-Branchenlösung wird so eine unternehmensindividuelle Anwendung.

3.4.1 Die Anwendungs- und Integrationsplattform SAP NetWeaver

SAPs Anwendungs- und Integrationsplattform SAP NetWeaver schafft die Voraussetzungen für die Erstellung, die Komposition und den Betrieb unternehmensindividueller Lösungen. Neben dem Anwendungsserver für die Applikationen der mySAP Business Suite, dem SAP Web Application Server, beinhaltet SAP NetWeaver die im Folgenden dargestellten zentrale Komponenten (siehe auch [Buck-Emden/Zencke 2003]).

SAP Enterprise Portal

Das Unternehmensportal SAP Enterprise Portal (SAP EP) gibt jedem Anwender rollenabhängig einen zentralen Einstieg auf die Transaktionen und Informationen, die er für die Durchführung seiner Arbeit benötigt. Das Portal unterstützt Single Sign-On (SSO), sodass der Anwender sich nur einmal am Portal mit Benutzernamen und Passwort anmelden muss. Die Authentifizierung bei den im Portal angebotenen Anwendungen erfolgt automatisch.

SAP Mobile Business

SAP Mobile Business erweitert den Zugriff auf die Anwendungen der mySAP Business Suite auf mobile Geräte wie Laptops, Personal Digital Assistants (PDA) oder Barcode Scanner. Anwender können so unabhängig von Ort und Zeit auf benötigte Informationen und Transaktionen zugreifen.

SAP Business Information Warehouse

Zur Auswertung strukturierter Geschäftsdaten, wie Stammdaten zu Geschäftspartnern oder Produkten, bzw. Bewegungsdaten zu Geschäftstransaktionen, steht das SAP Business Information Warehouse (SAP BW) zur Verfügung. Werkzeuge zur Datenextraktion und -aufbereitung bilden die Grundlage für umfangreiche Datenanalysen und Reports, die Entscheidern im Unternehmen einen effizienten Zugriff auf die benötigten Informationen liefern. Business Content in Form von vorkonfigurierten und auch branchenspezifischen Reports, Analysen und Informationsmodellen ist Teil der SAP-Branchenlösungen.

SAP Knowledge Management

Die Verwaltung und der effiziente Zugriff auf unstrukturierte Informationen wie Text-, Bild-, Video- oder Audiodateien wird für Anwender in Unternehmen immer wichtiger. Zu diesem Zweck ist SAP Knowledge Management (SAP KM) in SAP Enterprise Portal integriert. Es bietet zentralen Zugriff auf die Informationen, die im Unternehmen in verschiedenen Formaten auf viele Ablageorte verteilt sind. Die Objekte werden indiziert und klassifiziert, sodass sie sich entsprechend gezielt finden lassen. SAP Knowledge Management umfasst auch Werkzeuge zur informationsbezogenen Zusammenarbeit, wie Diskussionsforen und den Dokumenten zugeordnete Bewertungen von Endbenutzern.

SAP Exchange Infrastructure

SAP Exchange Infrastructure (SAP XI) ermöglicht die standardbasierte und damit offene, prozessorientierte Integration von heterogenen Anwendungskomponenten. SAP XI übernimmt die zentralen Aufgaben der asynchronen nachrichtenbasierten Datenkommunikation für Anwendungen der mySAP Business Suite, aber auch mit Fremdsystemen. Dazu gehören das Zwischenpuffern von Nachrichten (Queueing), die Umsetzung von unterschiedlichen Nachrichtenformaten (Mapping), Empfängerermittlung und Nachrichtenverteilung (Routing) und die Überwachung der ablaufenden kollaborativen Prozesse (Monitoring). Auf der SAP XI basiert auch SAP Master Data Management zur Konsolidierung und Vereinheitlichung von Stammdaten in einer verteilten Systemlandschaft.

SAP Solution Manager

Der Unterstützung bei der Einführung und beim Betrieb der aus den SAP-Komponenten zusammengestellten Lösung dient der SAP Solution Manager. Er ist ein eigenständiges System, das jedem SAP-Kunden zu diesem Zweck kostenlos zur Verfügung gestellt wird. Der SAP Solution Manager beinhaltet Beschreibungen der von SAP vorgedachten, implementierbaren Geschäftsszenarios. Die betriebswirtschaftliche Dokumentation von Einsatz und Ablauf eines Geschäftsszenarios wird ergänzt von Installations-, Konfigurations- und Upgradeleitfäden, die Schritt für Schritt bei der technischen und funktionalen Implementierung helfen. Der Kunde kann so schrittweise die für ihn relevanten Geschäftsszenarios einführen. Zusätzlich bietet der SAP Solution Manager Werkzeuge zur Planung und Durchführung von SAP-Einführungsprojekten. Im Produktivbetrieb ist er die zentrale Instanz zur Überwachung der Gesamtlösung und dient darüber hinaus als Schnittstelle zum SAP Support. Für weitere Details siehe [Oswald 2003].

3.4.2 Feinabstimmung der Geschäftsprozesse durch Konfiguration

Die umfangreiche Funktionalität der SAP Softwarelösungen lässt sich ohne Änderung des ausgelieferten Programmcodes an unternehmensspezifische Anforderungen anpassen. Dies kann auf drei Arten geschehen:

▶ Customizingeinstellungen

▶ Anpassungen der Benutzungsoberfläche

▶ Erweiterung von Geschäftsobjekten um zusätzliche Attribute

Die Benutzungsoberfläche ist oft entscheidend für die Akzeptanz von Softwareanwendungen bei den Benutzern. Daher muss eine Benutzungsoberfläche intuitiv bedienbar und übersichtlich sein, zusätzlich aber auch die nötige Flexibilität besitzen, um an die unternehmensspezifischen Wünsche angepasst zu werden. SAP Enterprise Portal ermöglicht nicht nur, das Layout der Oberfläche individuell zu gestalten, sondern auch Navigation, angezeigte Inhalte und Seitenaufbau über Rollen für verschiedene Benutzergruppen passend zu gestalten. In den Oberflächen der Anwendungen lassen sich Datenfelder, Funktionen oder Registerreiter ein- und ausblenden. Textersetzung ermöglicht die Beschriftung der Benutzungsoberfläche mit branchentypischer oder unternehmensspezifischer Terminologie.

Die von SAP ausgelieferten Geschäftsszenarios, die im SAP Solution Manager beschrieben sind, erhalten über Konfigurationseinstellungen (Customizing) ihre unternehmensindividuelle Ausprägung. Beispiele sind die Definition von Vorgangsarten, Positionstypen, Konditionen oder Preisfindung. Die Einstellungen der Konfigurationsparameter beeinflussen den tatsächlichen Ablauf des Geschäftsprozesses im System. So kann beispielsweise festgelegt werden, dass und inwiefern Preise von Produktgruppen oder Organisationsdaten abhängen.

In Projekten besteht häufig die Anforderung, Geschäftsobjekte um neue Attribute zu erweitern. Speziell bei den Kundendaten variiert das Interesse, welche Informationen von Belang sind, nicht nur von Branche zu Branche, sondern von Unternehmen zu Unternehmen. Das CRM-Geschäftspartnerobjekt lässt sich deshalb um so genannte *Marketingattribute* erweitern. Dies kann für einen Möbelhändler die bevorzugte Holzart, für einen Schuhfabrikanten die Schuhgröße oder für eine Bank die Risikofreudigkeit bei Kapitalanlagen der Kunden sein. Die Marketingattribute sind technisch gesehen zusätzliche Felder, die zum Geschäftspartnerobjekt hinzugeneriert werden und anschließend auch den mobilen Geräten und dem SAP BW zur Verfügung stehen. In mySAP CRM stehen spezielle Werkzeuge zur Verfügung, um ohne Programmierung Feld- und Tabellenerweiterungen durchzuführen.

Falls diese Möglichkeiten nicht ausreichen, um eine unternehmensspezifische Anforderung zu implementieren, kann mit den von SAP mitgelieferten Entwicklungswerkzeugen die bestehende Lösung um selbst entwickelte Geschäftslogik ergänzt werden. Diese Eigenentwicklungen sind logisch in einem Kundennamensraum gekapselt, sodass sie nicht mit Auslieferungen von SAP, wie Upgrades, in Konflikt geraten. Eine besondere Form von Eigenentwicklung bietet sich mit Composite Applications [Woods 2003].

3.4.3 Flexible Erweiterung mit Composite Applications

Das Ziel von Composite Applications ist es, unter Nutzung bestehender Investitionen schnell und flexibel zusätzliche Geschäftsprozesse zu implementieren. Composite Applications greifen dazu auf die Funktionalität bestehender Applikationen zurück. Voraussetzung dafür ist, dass die bestehenden Anwendungen ihre Funktionalität über standardisierte Schnittstellen zur Verfügung stellen. Composite Applications eignen sich besonders zur Unterstützung prozessorientierter Anwendungen, die verschiedene Servicefunktionen aus unterschiedlichen Applikationen nutzen. Findet sich für eine unternehmensspezifische Anforderung kein passendes Geschäftsszenario im SAP-Angebot, so kann die Entwicklung einer Composite Application eine angemessene Lösung sein. Geschäftsprozesse, die einerseits im engen Kontakt mit dem Kunden stehen, andererseits Operationen in verschiedenen Backend-Systemen erfordern, bieten sich für Composite Applications an [Buck-Emden/Böder 2003].

Serviceorientierte Architekturen (SOA), wie die Enterprise Service Architecture [Woods 2003a], bieten mit ihren offenen, standardisierten Web Services die Grundlage für die Entwicklung von Composite Applications. Zwischen den Serviceanbietern auf der einen Seite und den Geschäftsobjekten und Prozessen der Composite Applications auf der anderen Seite ist eine Abstraktionsschicht notwendig, da die Composite Applications mit unterschiedlichen SAP- und Nicht-SAP-Anwendungen mit verschiedenen Releaseständen arbeiten. Als Bestandteil von SAP NetWeaver bietet das Composite Application Framework (CAF) diese Abstraktionsebene zusammen mit einer Umgebung für Entwicklung und Ausführung von Composite Applications. Composite Applications eignen sich so zur Erweiterung und Ergänzung von SAP-Branchenlösungen.

3.5 Ausblick auf die nachfolgenden Abschnitte

Die nachfolgenden Abschnitte stellen die Anforderungen der unterschiedlichen Wirtschaftszweige an das Kundenbeziehungsmanagement umfassend dar und geben einen Überblick über die von SAP dafür bereitgestellten Softwarelösungen. Dabei verfolgen die Abschnitte den Ansatz, zuerst die branchenspezifischen

Anforderungen an kundenorientierte Geschäftsprozesse darzustellen. Anschließend beschreibt ein kundenorientiertes Geschäftsszenario praxisnah den Ablauf eines kundenorientierten Prozesses, aufbauend auf den Lösungskomponenten der jeweiligen SAP-Branchenlösung. Am Ende jedes Abschnitts findet sich eine Auflistung der aus Branchensicht wichtigsten kundenorientierten Geschäftsszenarios, die von SAP unterstützt werden. Eine Beschreibung aller Geschäftsszenarios findet sich in [Buck-Emden/Zencke 2003].

Die Branchen sind dabei entsprechend ihrer Anforderungen an das Kundenbeziehungsmanagement in die Gruppen Fertigungs-, Prozessindustrie, Pharmabranche, Konsumgüterindustrie sowie diverse Dienstleistungsbranchen – darunter Unterhaltungsbranche, Versorgungsunternehmen und Professional-Services-Dienstleister – bis zu Finanzdienstleistern und dem öffentlichen Sektor zusammengefasst. Die Pharmabranche zeichnet sich etwa durch spezielle Vertriebsprozesse – das so genannte *Detailing* – aus, die sich von denen der chemischen Industrie trotz verwandter Produktpalette deutlich unterscheiden. Konsumgüterhersteller und Handelsunternehmen sind immer wieder mit der Problematik anonymer Endkunden und deren bedürfnisgerechter Ansprache konfrontiert – eine Herausforderung, die sich anderen Dienstleistern oder Subbranchen innerhalb der Fertigungsindustrie in deutlich geringerem Ausmaß stellt. Die Telekommunikationsbranche und Versorgungsunternehmen treten selten in persönlichen Kontakt mit ihren Abnehmern, der sich meist auf die periodische Übermittlung von Rechnungen beschränkt, die somit als Kontaktmedium eine besondere Bedeutung erlangen. Auch die Kundenprozesse der Professional-Services-Anbieter sind mit denen anderer Dienstleister ob der Komplexität und Individualität ihrer Projekte nicht vergleichbar. Der nun folgende Abschnittsaufbau spiegelt also nicht nur Unterschiede in den Fertigungsprozessen und im Output der jeweiligen Unternehmen wider, sondern trägt insbesondere branchentypischen Besonderheiten im Kundenbeziehungsmanagement Rechnung.

Manche Anforderungen an das Kundenbeziehungsmanagement betreffen zwar verschiedene Branchen, sind aber aus Platzgründen nur einmal im Detail beschrieben. So spielt beispielsweise die Verwaltung von Chargen bei allen Prozessfertigern eine Rolle, ist aber detailliert nur anhand der chemischen Industrie in Abschnitt 5.1.2 ausgeführt. Die Verwaltung von Urheberrechten und Lizenzen, die unter Kapitel 8, *Medien- und Unterhaltungsindustrie*, behandelt wird, ist auch für Softwarehersteller interessant. Ebenso ist der Verkauf konfigurierbarer Produkte über das Internet (Abschnitt 5.3.3) oder die Bearbeitung von Beschwerden im Interaction Center (Abschnitt 9.1.6 und Abschnitt 10.1.6) für Unternehmen verschiedener Branchen ein Thema.

4 Fertigungsindustrie

Zur Fertigungsindustrie zählen alle Branchen, in denen neue Erzeugnisse aus verschiedenen Einzelteilen hergestellt werden. Dazu gehören Unternehmen der Automobilindustrie, der High-Tech-Branche und des Maschinen- und Anlagenbaus.

Besonders wichtig für diese Branchen ist der Vertrieb über Partner und das Angebot von Serviceleistungen nach Auslieferung des Produktes. In der Automobilindustrie ist es außerdem wichtig, die Beziehungen zwischen Auto und Halter sowie deren Historie zu verfolgen. Dies kann mit Hilfe entsprechender softwaretechnischer Mittel unterstützt werden.

4.1 Automobilindustrie

»People can have the Model T in any colour – so long as it's black«
(Henry Ford, 1863–1947)

Das Automobil ist das prägende Element des Mobilitätszeitalters und ein wichtiges Statussymbol. Etliche Automobilhersteller zählen zu den bedeutendsten Weltunternehmen und verkörpern mit Mercedes, Ford, Toyota, Honda und BMW Marken, die zu den zwanzig wertvollsten der Welt gehören [BusinessWeek 2003].

Der Autoverkauf an sich wirft allerdings keine hohen Gewinne ab. Weltweit bestehen Überkapazitäten in der Produktion und ineffiziente Distributionsnetze, gleichzeitig gibt es keine wirklich markt- oder kundenorientierte Planungs- und Prognosemöglichkeiten. Deshalb werden immer noch Fahrzeuge in großer Stückzahl auf den Markt geworfen, die sich nur durch hohen Marketingaufwand und mit Hilfe von umfangreichen Extras und Preisnachlässen verkaufen lassen. In Zeiten schwacher Konjunktur geraten die Händler, die schon jetzt starkem Wettbewerb ausgesetzt sind, noch weiter unter Druck. In der Folge liegt die tatsächliche Gewinnspanne pro verkaufter Einheit zwischen 0 und 3 %. Aus diesem Grund stellt sich die Branche von einem auf hohes Volumen ausgerichteten Ansatz auf einen wertorientierten Ansatz um, indem sie nicht nur das »bloße Blech«, sondern während der Lebensdauer des Fahrzeugs oder sogar der Kundenbeziehung insgesamt Zusatzprodukte und Dienstleistungen anbietet. Beispielsweise kann schon der Verkauf von Zubehör wie einem Satz Winterreifen den Gewinn pro verkaufte Einheit deutlich steigern.

Auch der Kunde erwirbt heute beim Autokauf nicht nur die nackte Ware »Auto«, sondern:

▶ Ein fehlerfreies, nach individuellen Wünschen gefertigtes Fahrzeug

▶ Serviceangebote wie Kundendienst, Pannenhilfe oder Mobilitätsgarantie

- ▶ Finanzdienstleistungen, z.B. Ratenkauf, Kredite oder Leasing (siehe Abschnitt 12.2)
- ▶ Ein bestimmtes Markenimage, das das Auto nicht nur als Fortbewegungsmittel erscheinen lässt, sondern auch einen bestimmten damit verbundenen Lebensstil suggeriert

Vor diesem Hintergrund rückt neben der ständigen Herausforderung, modernste Technologie fehlerfrei und günstig anzubieten, die Kundenbeziehung immer stärker ins Blickfeld der Automobilkonzerne. Auch hier führt der technische Fortschritt zu neuen Marketing- und Vertriebskonzepten sowie zum Angebot zusätzlicher Serviceleistungen.

Marketing

Da sich Fahrzeuge aufgrund von Plattform- und Modulstrategien in Technik und Ausstattung immer ähnlicher werden, müssen die Hersteller neue Möglichkeiten zur Differenzierung von der Konkurrenz finden. Gezieltes Marketing und die Berücksichtigung von Kundenwünschen werden immer wichtiger. Das Revival-Design bei Chrysler PT Cruiser, BMW Z4 oder Ford Thunderbird ist ein Beispiel für die Bemühungen, besondere Kundengruppen durch eine außergewöhnliche Fahrzeugoptik anzusprechen. Je mehr Automobilhersteller über ihre Kunden und deren Vorlieben wissen, umso zielgerichteter können sie neue Modelle planen und vermarkten.

Vertrieb – unterschiedliche Erwartungen beim Autokauf

Online-Konfigurationswerkzeuge berechnen die Preise für verschiedene Varianten eines Fahrzeugs mittlerweile in Sekundenschnelle. Wenn daher heute ein Kunde einen Verkaufsraum betritt, hat er sich meistens vorab so umfassend informiert, dass er mehr weiß als der Verkäufer. Deshalb müssen Hersteller, Importeure und Händler enger zusammenarbeiten und Informationen austauschen, um von den Kunden als adäquate Verhandlungspartner akzeptiert zu werden und ihnen einen überzeugenden, langfristigen Wert zu bieten.

Noch steht beim Kauf zwischen Kunde und Hersteller fast immer der Vertragshändler. Er berät den Kunden und legt im Kundengespräch die Eigenschaften des neuen Fahrzeugs fest. Ergänzend sind den Händlern meist Werkstätten angeschlossen, die eine Großzahl der anfallenden Serviceleistungen vor Ort abwickeln. Neue gesetzliche Rahmenbedingungen, beispielsweise die neue Gruppenfreistellung in Europa, ebnen den Weg für neue Distributionsnetze und -prozesse [Datamonitor 2001]. Sie erleichtern auch neuen Unternehmen, beispielsweise großen, unabhängigen Werkstattketten, den Einstieg in den Markt. Wer sich hier seiner Kunden sicher ist, hat Wettbewerbsvorteile.

Service beim Autokunden

Durch immer mehr Elektronik und Software wurde aus dem mechanischen Fortbewegungsmittel »Auto« ein High-Tech-Produkt. Der Wert der elektronischen Komponenten macht im Durchschnitt bereits 30 % des Gesamtwertes eines Fahrzeugs aus. Beispielsweise enthält das aktuelle 7er Modell von BMW 70 Rechner und 130 Megabyte Software [Rademacher 2003]. Um Fertigung, Vertrieb und Wartung solcher Fahrzeuge ohne Reibungsverluste zu gewährleisten, sind hoch qualifizierte Spezialisten erforderlich. Deshalb steigen die Investitionen in die Ausbildung von Verkäufern und Servicetechnikern. Für Wartung und Reparaturen der Fahrzeuge in den verschiedenen Vertragswerkstätten benötigen diese Spezialisten aber auch die aktuellsten Informationen über die eingesetzte Technologie, die Softwareversionen oder mögliche Fehlermeldungen und wie darauf zu reagieren ist. Um Kunden einen reibungslosen Service zu bieten, muss der Hersteller Werkstätten und Händlern neben der Ware auch das benötigte Wissen vermitteln.

Im Bereich Telematik liegt der Fokus heute auf fahrzeugbezogenen Diensten wie Notfall-, Pannen- oder Auskunftsdiensten, die bisher über eine Telefon-Hotline angeboten werden. So hat BMW beispielsweise einen Notrufservice in das Fahrzeug integriert, der bei einem Unfall automatisch eine SMS mit der aktuellen Position des Fahrzeugs an einen BMW-Pannendienstleister absendet [Visintin 2003].

4.1.1 Übergang von der Lager- zur Einzelfertigung

Weltweit gibt es eine Verlagerung von der anonymen Lagerfertigung hin zur Kundeneinzelfertigung, da sich herausgestellt hat, dass sich mit Einzelfertigung wesentlich höhere Gewinnspannen erzielen lassen [Datamonitor 2001]. Auf Lager produzierte Fahrzeuge, die nicht den Vorstellungen der Kunden entsprechen, können nur mit starken Kaufanreizen in den Markt gedrückt werden. Zwei Studien zufolge, die unabhängig voneinander von Goldman Sachs und J. D. Power and Associates durchgeführt wurden, handelt es sich bei 19 % aller im Jahr 2001 in Europa verkauften Fahrzeuge um Sonderbestellungen (verglichen mit 7 % in den USA).

Diese Abweichungen erklären sich aus den Unterschieden zwischen dem US- und dem europäischen Markt. Infolge höherer Immobilienpreise ist das Verkaufsgelände bei europäischen Händlern meistens kleiner, weshalb Kunden vor Ort weniger Fahrzeuge zur Auswahl haben und darum ihr Fahrzeug individuell bestellen. Umfragen deuten darauf hin, dass Europäer auch eher bereit sind, auf einen bestellten Neuwagen zu warten als US-amerikanische Autokäufer. Die Wartezeit für einen individuell konfigurierten Neuwagen liegt in beiden Märkten zwischen sechs Wochen und einem halben Jahr. Für Käufer von Premiummarken ist die Kundeneinzelfertigung sowieso die Regel [McKinsey 2001].

Lagerfertigung

In den USA dominiert heute noch die anonyme Lagerfertigung, bei der die Hersteller in der Regel auf Lager produzieren, wobei die Planbestandszahlen anhand von Absatzprognosen ermittelt werden. Wenn ein Kunde beim Händler nach einem Fahrzeug fragt, legt der Verkäufer entsprechend der Kundenanforderungen die gewünschten Fahrzeugmerkmale fest. Der Kunde gibt Modell, Farbe, Ausstattung und vom Hersteller oder Händler angebotene Sonderoptionen sowie den bevorzugten Liefertermin an. Als Nächstes fragt der Händler die Bestände ab, um ein Fahrzeug zu finden, das den Kundenvorgaben entspricht oder ihnen zumindest nahe kommt und schnell lieferbar ist. Findet er kein passendes Fahrzeug, muss das Auto gemäß den Kundenspezifikationen bestellt und produziert werden. In diesem Fall überprüft das Bestellerfassungssystem, ob die betreffende Konfiguration für die Lagerfertigung bereits geplant ist oder ob ein Fahrzeug auf der Planung steht, das schnell den Kundenwünschen entsprechend angepasst werden könnte. Unabhängig davon, ob das Fahrzeug von einem anderen Standort geliefert wird oder gemäß der Spezifikation neu gebaut werden muss, benötigt der Händler unternehmensübergreifende Planungswerkzeuge zur Ermittlung des genauen Lieferdatums.

Einzelfertigung

Bei der Einzelfertigung dagegen erfasst der Händler den Auftrag direkt im System des Herstellers. Dieser überführt die genauen Kundenspezifikationen dann in den Produktionsplan. Bei der Produktionsplanung ist hohe Flexibilität gefragt, um Kundenwünsche möglichst noch bis Produktionsstart berücksichtigen zu können. BMW lässt beispielsweise Änderungswünsche seiner Kunden bis zu zehn Tage vor Produktionsstart des Fahrzeugs zu [Geiger 2003]. In Japan und Europa und zunehmend auch in USA bevorzugen Kunden diese Einzelfertigung ihres individuellen Wunschfahrzeugs und wählen in einem Einzelfertigungsszenario spezifische Merkmale und Optionen wie Motorisierung, Farbe, Ausstattung usw. aus.

Zur Belieferung der Kunden mit dem bestellten Fahrzeug zur vereinbarten Zeit bedarf es eines intensiven Austauschs von Logistik-, Kunden- und Auftragsdaten. Der Einsatz integrierter Softwaresysteme ermöglicht die Optimierung derartiger Geschäftsprozesse bei niedrigen Gesamtkosten. Denn ein wesentlicher Kostenfaktor bei der Implementierung von systemübergreifenden Prozessen sind die Integrationskosten, die bei der Entwicklung von Schnittstellen, Austauschobjekten und Datenumsetzungen anfallen. Eine integrierte Plattformlösung wie die mySAP Business Suite liefert die Integration zum Großteil out-of-the-box mit.

Absatzprognose

Die Reaktionszeiten der Automobilhersteller bei Veränderungen des Käuferverhaltens sind immer noch zu lang. Zu ihrer Verkürzung ist es nicht nur erforderlich, mögliche Absatzschwankungen zu antizipieren, sondern auch, den Zeitpunkt ihres Eintretens durch die sorgfältige Auswertung von Kunden- und Fahrzeugdaten frühzeitig prognostizieren zu können.

Wenn für diese Analyse jedoch nicht strukturiert auf Marketing-, Absatz- und Distributions- oder Servicedaten zugegriffen werden kann, ist eine fundierte Entscheidungsfindung nicht möglich. Viel zu häufig fehlt es schlicht an der notwendigen Kompatibilität formatierter Informationen zwischen verschiedenen Systemen und Unternehmen. So werden ähnliche Sachverhalte häufig in technisch unterschiedlicher Form abgelegt, z. B. in Datenfeldern mit abweichenden Längen und Typen sowie auf eine variierende Anzahl von Feldern verteilt. Dies verhindert quellsystemübergreifende Auswertungen. Insbesondere bei Händlern sind die IT-Umgebungen äußerst uneinheitlich und erlauben keinen Informationsaustausch zu vertretbaren Kosten.

4.1.2 Erweiterte Zusammenarbeit mit Händlern und Partnern

Um Wertschöpfungschancen bestmöglich zu nutzen, ist eine enge Integration der Geschäftspartner unabdingbar. Letztlich arbeiten diejenigen Unternehmen profitabel, die sich Informationen der Importeure oder Händler zu Nutze machen, um die Bedarfsplanung und das Marketing gezielter an den Kunden auszurichten und gleichzeitig die Abwicklungsprozesse in Verkauf, Lieferung und Produktion zu verkürzen. Traditionell haben sich die Hersteller wenig um ihre Endkunden gekümmert und die Kundenpflege gänzlich den Händlern überlassen. Die Hersteller haben jedoch erkannt, dass sie Anforderungen und Wünsche der Endkunden besser berücksichtigen können, je mehr sie über die Endkunden wissen. Deshalb haben die Hersteller begonnen, Call Center und Kundenportale einzurichten, um die Beziehungen zu ihren Kunden zu vertiefen und mehr Einblick in die Vorlieben und Abneigungen derjenigen Menschen zu gewinnen, die ihre Fahrzeuge kaufen.

Da Händler die im Verkaufsraum gewonnenen Informationen gerne für sich behalten, müssen Hersteller den Händlern im Austausch für diese Kundeninformationen einen Mehrwert bieten. Über ein Partnerportal können sie den Händlern beispielsweise Zugang zu Herstellerinformationen über Neuentwicklungen oder Hilfen bei Defekten am Fahrzeug geben (siehe Abbildung 4.1). Beispielsweise hat VW in Zusammenarbeit mit SAP unter dem Namen ET-2000 eine Plattform zur weltweiten Verteilung von Ersatzteilen verwirklicht, auf die 170 000 Anwender zugreifen. Über das Internet prüfen Händler die Verfügbarkeit von Ersatzteilen und geben Bestellungen auf. Die Prozesskosten für die Ersatzteilabwicklung wurden dadurch um 15 % gesenkt [Abrams 2003].

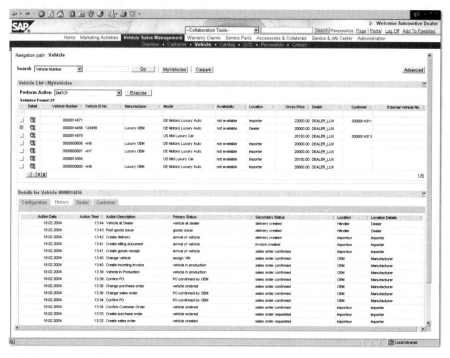

Abbildung 4.1 Händlerportal mit SAP for Automotive

4.1.3 Softwareunterstützung für spezielle Geschäftsprozesse in der Automobilindustrie

Fahrzeughersteller, -importeure und -händler stehen stets vor der Herausforderung, ihr Geschäftsmodell ständig an dynamische Umfeldveränderungen anzupassen, um auf dem Markt bestehen zu können. Bei diesen Bemühungen wird oft ein Punkt erreicht, an dem die Flexibilität der vorhandenen Altsysteme oder der Einzelplatzlösungen nicht mehr ausreicht, um das veränderte Transaktionsvolumen oder die von Markt oder Gesetz (z. B. neue Gruppenfreistellung in Europa) verlangten Geschäftsprozesse zu unterstützen.

Hier bietet SAP mit *SAP for Automotive* für die Geschäftsprozesse in folgenden Unternehmensbereichen eine aktuelle, integrierte Gesamtlösung (siehe auch Abbildung 4.2):

▶ Unternehmensverwaltung

▶ Marketing und Vertrieb

▶ Fahrzeugbeschaffung

▶ Großhandel

▶ Kundenservice

▶ Ersatzteile

▶ Geschäftsabwicklung

Enterprise Management	Strategic Enterprise Management	Management Accounting	Financial Accounting	Corporate Governance	Financial Supply Chain Management	Business Analytics
Product Lifecycle Management	Define Strategy & Concept	Verification of Concept	Prototyping Phase	Preproduction Phase	Product Data Management	Lifecycle Support
Supplier Collaboration (Procurement)	Supplier Relationship Management	Operational Procurement	Inbound Logistics	Billing	Vendor Performance	Event Management
Manufacturing (Make to Order, Make to Stock)	Supply Planning	Manufacturing Execution	Supply to Line	Inventory Management	Quality Management	
CKD Assembly Operations	Planning	Inbound Logistics	Inventory Management (Kit Management)	Assembly	Event Management	
Marketing, Sales & Distribution	Customer & Vehicle Relationship Management	Marketing	Vehicle Planning & Forecast	New & Used Vehicle Sales	Vehicle Delivery	Event Management	Financing, Leasing & Insurance Services
Customer Service	Service & Workshop Management	Warranty	Customer Interaction & Care	Fleet & Rental Management	Dealer Channel Management	
Service Parts	Demand Planning & Forecasting	Supply Network Planning	Sales & Delivery	Manufacturing	Procurement	Lifecycle Logistics
Business Support	Employee Life-Cycle & Transaction Management	Procurement	Travel Management	Incentive & Commission Management	Fixed Asset Management	

Abbildung 4.2 Solution Map von SAP for Automotive

Bei allen Geschäftsprozessen rückt das Kundenbeziehungsmanagement zunehmend in das Bewusstsein der Automobilindustrie. *SAP for Automotive* setzt daher mySAP CRM ein, um die Automobilindustrie bei der Abwicklung von fahrzeugbezogenen Abläufen und der Analyse von Fahrzeug-Kunden-Geschäftspartnerbeziehungen mit folgenden Anwendungen zu unterstützen:

▶ **Online-Fahrzeugkonfiguration**

▶ **Customer and Vehicle Relationship Management**
Analyse von Fahrzeug-Kunden-Geschäftspartnerbeziehungen

▶ **Interaction Center für die Automobilindustrie**
Suche und Anzeige von Kunden- und Fahrzeuginformationen über eine speziell für die Automobilbranche angepasste Benutzungsoberfläche des Interaction Center. Auf diesen Informationen bauen Geschäftprozesse wie z. B. Aktivitäts- oder Beschwerdemanagement auf.

▶ **Marketing Management**
Nutzung von Fahrzeugattributen zur Zielgruppenselektion für gezielte Marketingkampagnen

- **Fahrzeugvertriebsmanagement**
  Beschaffung, Verwaltung und Verkauf von Fahrzeugen. Fahrzeuge können beispielsweise entlang der Logistikkette mit dem Statusmanagement verfolgt werden.

- **Fahrzeugservicemanagement**
  Ersatzteilabwicklung, Garantiegewährung, Werkstättenabwicklung

- **Leasing and Asset Management**
  Unterstützung des kompletten Lebenszyklus im Leasing- und Finanzierungsgeschäft (siehe Abschnitt 12.2)

- **Channel Management**
  Portalbasierte Unterstützung integrierter Geschäftsszenarios zwischen Händler und Hersteller bzw. Importeur

- **OEM Relationship Management für Zulieferer**
  Einsatz von mySAP CRM bei Zulieferern für die Verwaltung von Kundendaten, Aktivitäten und Opportunities

- **Analysefunktionen**
  Fahrzeugbezogenes Reporting

Für viele dieser Anwendungen genügt es nicht, nur den Kunden als individuelles Geschäftsobjekt im System zu verwalten. In den Beziehungen zwischen Kunde und Hersteller wird auch das Fahrzeug zu einer eigenen Größe.

4.1.4 Das Fahrzeug als individuelles Objekt

Zwischen Hersteller, Halter und Fahrer steht heute das einzelne Fahrzeug mit seiner eigenen Historie. Nicht nur die ursprünglichen Produkteigenschaften, sondern auch Inspektionen, Reparaturen, Garantiefälle und Verkäufe machen Wert und Wesen eines Fahrzeugs aus. Um die Beziehungen zwischen Kunden, ihren Fahrzeugen und verschiedenen Geschäftspartnern analysieren und fahrzeugbezogene Geschäftprozesse abbilden zu können, hat SAP das *individuelle Objekt* (Individual Object, iObject) als zusätzliche Dimension neben den traditionellen betriebswirtschaftlichen Größen »Kunde«, »Geschäftspartner« und »Produkt« in Geschäftsprozesse eingeführt.

Bei einem individuellen Objekt handelt es sich um eine eindeutig identifizierbare Instanz eines Produkts oder Modells, beispielsweise Lkw, Pkw, Motorrad, Baufahrzeug, Bus, Zugmaschine usw., mit individueller Fahrzeugnummer. Es dient zur Verfolgung von fahrzeugspezifischen Informationen während des gesamten Lebenszyklus eines einzelnen Objekts. Beispiele für solche Informationen sind:

- Fahrgestellnummer
- Zulassungskennzeichen

Katalog Sommer 2004

SAP®-Hefte

Das spezielle Format für spezielle SAP-Themen

Liebe Leserin, liebe Leser,

die SAP-Hefte sind eine neue, eigenständige Form der Fachinformation. Sie widmen sich SAP-Spezialthemen, so wie Sie es brauchen: vollständig, detailliert, praxisbezogen. Ob Sie Ihre SAP-Kenntnisse konkret erweitern oder vertiefen oder einen Anwendungsfall meistern wollen: Jedes Heft bietet Ihnen hochwertiges Spezialwissen, das Sie beruflich nach vorne bringt.

Anders als Zeitschriften oder Newsletter fokussieren sich die SAP-Hefte auf ein spezielles Thema, und sie handeln dieses Thema punktgenau und abschließend ab. Sie können jedes Heft einzeln erwerben – dann, wenn Sie es brauchen. So ermöglichen die Hefte eine gezielte und effiziente Wissensbeschaffung. Das macht sie so wertvoll.

Jeden Monat planen wir weitere neue Hefte. Ausführlich informieren können Sie sich unter www.sap-hefte.de. Dort können Sie auch einen Newsletter abonnieren und die Hefte direkt und bequem bestellen.

Tomas Wehren
Verlagsleiter Galileo Press

- Spezialwissen für SAP-Experten

- Fokussierte Darstellung

- Vollständig, detailliert und praxisbezogen

BSP-Extensions: Komfortables Webreporting mit HTMLB

- Undokumentierte HTMLB-Elemente im praktischen Details
- Hierarchische Navigation, tabellarische Auswahl, Detail-Anzeige, Suchmasken uvm.
- Am Beispiel einer Applikation zur gemeinsamen Codeverwaltung

SAP PRESS

ca. 100 S., ca. 48,– €
ISBN 3-89842-943-1
Mai 2004

Bestellnummer: 943

Weitere Infos finden Sie unter:
http://www.sap-hefte.de/746

Heft 1

Frédéric Heinemann

BSP-Extensions: Komfortables Webreporting mit HTMLB

Anhand einer voll funktionsfähigen Webapplikation zur gemeinsamen Codeverwaltung zeigt Ihnen dieses SAP-Heft, wie Sie die BSP-Extensions HTMLB, XHTMLB und PHTMLB optimal einsetzen.

Das Heft ist von der ersten Seite an auf die praktische Verwendung der verschiedenen Elemente ausgelegt: Nach dem Anlegen der BSP-Applikation mit ihren Seiten und Seitenfragmenten steigen Sie direkt in die Entwicklung der zahlreichen Funktionalitäten wie hierarchische Navigation, tabellarische Auswahl, Detailanzeige, umfangreiche Suchmasken, komfortable Eingabeverwaltung etc. ein. Neben den Standardelementen aus der BSP-Extension HTMLB wie gridLayout, tree und tableView lernen Sie auch die neuen BSP-Extensions XHTMLB und PHTMLB mit komplexen Elementen wie z.B. formLayout, tabStrip und overflowContainer kennen.

Da viele der Extension-Elemente bislang nicht oder nur unzureichend dokumentiert waren, finden Sie im Anhang eine übersichtliche Darstellung aller verwendeten Tags und ihrer Attribute.

Aus dem Inhalt

- gridLayout: Positionierung von Text und Layoutkomponenten
- tree: hierarchische Baumstrukturen
- checkbox und radioButton: Auswahlelemente
- textEdit: mehrzeilige Eingabefelder
- overflowContainer: Lösung von Überhangsituationen
- formLayout: generische Positionierungselemente
- tableView: Darstellung von Tabellen
- Eventbehandlung

Der Autor

Frédéric Heinemann arbeitet als Technologieberater und Entwickler bei der Novasoft AG, Heidelberg. Hier befasst er sich u.a. mit der ergonomischen Visualisierung von SAP-Webapplikationen (ABAP/BSP und Java) und der Integration von Systemen und Daten über beliebige Schnittstellen. Er ist Mitautor des Bestsellers »SAP Web Application Server. Entwicklung von Web-Anwendungen«, der bei SAP PRESS auf Deutsch und Englisch erschienen ist.

SAP®-Hintergrundverarbeitung: CCMS und externe Scheduling-Tools

- Gegenüberstellung der Funktionalitäten von CCMS und externen Schedulern
- Einsatz eines externen Schedulers am Beispiel von Redwood Cronacle
- Kriterien für die Jobdefinition und Planung von Jobketten in CCMS und Cronacle

SAP PRESS

ca. 60 S., ca. 48,– €
ISBN 3-89842-945-8
Mai 2004

Bestellnummer: 945

Weitere Infos finden Sie unter:
http://www.sap-hefte.de/763

Heft 2

Anjo de Heus, Kees Verruijt

SAP-Hintergrundverarbeitung: CCMS und externe Scheduling-Tools

Dieses Heft versetzt Sie als Administrator und IT-Manager in die Lage, zu entscheiden, ob in Ihrer Systemlandschaft der Bedarf nach erweiterter Scheduler-Funktionalität besteht oder ob die Funktionen, die das SAP-System out of the box bereitstellt, Ihren Ansprüchen an die Hintergrundverarbeitung genügen.

Als Entscheidungsgrundlage dient ein Anforderungskatalog an ein zeitgemäßes Scheduling in der Hintergrundverarbeitung. Sie erfahren, was man überhaupt unter einem Job versteht, wie mithilfe von Programmen die Jobverarbeitung automatisiert wird, was ein Variantenkonzept ist und wie Variantenattribute Jobs steuern. Auf dieser Basis werden dann die Funktionalitäten und Beschränkungen des CCMS Schedulers und spezialisierter Tools erläutert, und Sie erfahren, wie Sie einen externen Scheduler in Ihre Landschaft implementieren. Die Autoren gehen anhand des marktführenden Produktes Redwood Cronacle auf Sicherheitsfragen ein, zeigen Ihnen, wie Sie Jobs anlegen und auf welche Weise Sie ein Scheduler dabei unterstützt, große Mengen an Hintergrundjobs zu bewältigen.

Aus dem Inhalt

- Jobs und automatische Jobsteuerung
- Varianten und Variantenattribute
- Job-Scheduling mit CCMS
- Jobs in SAP BW
- Systemeinrichtung für einen externen Scheduler
- Jobs anlegen in Cronacle
- Jobverarbeitung in Cronacle

Die Autoren

Anjo de Heus ist Senior Vice President Business Development bei der Redwood International Business Group. Er verantwortet das globale Geschäftsverhältnis zur SAP. Kees Verruijt war 1993 Mitbegründer der Redwood-Gruppe, wo er seitdem für die Entwicklung der Scheduling-Lösungen verantwortlich ist.

Heft 5

Bernd Will

Rich Internet Applications auf dem SAP Web AS

Entwickeln Sie Ihre firmeninternen Webapplikationen im Jahr 2004 immer noch mit den Technologien des frühen Internetzeitalters? Ist Ihr Application Server immer noch damit beschäftigt, HTML an Clients zu schicken? Dieses SAP-Heft zeigt Ihnen, wie Sie mithilfe von Rich Internet Applications (z.B. für Reporting- und Analyse-Aufgaben) Ihre Datenleitungen und Ihren Application Server entlasten.

Sie erfahren, wie Sie die kompletten Layoutinformationen und einen Teil der Applikationslogik vom SAP Web AS auf den Client auslagern können. Anhand eines interaktiven Produktkatalogs werden Ihnen die Vorteile des RIA-Ansatzes erläutert, und Sie lernen, wie Sie die Layoutfragen lösen und die clientseitige Datenbeschaffung mittels Webservices implementieren. Als Frontendtechnologie hat der Autor Flash MX 2004 gewählt. Aufgrund ihrer entscheidend verbesserten grafischen Aufbereitungsoptionen und der vergleichsweise einfachen Entwicklung eignet sich diese Technologie hervorragend für die Anforderungen moderner Geschäftsapplikationen.

Aus dem Inhalt

▸ Web AS im Backend-Bereich: Warum RIA?
  • Daten: RFC, ALE, objektorientierter Zugriff mit ABAP Objects
  • funktionale Kapselung des Backends mit Funktionsbausteinen
    und Webservices
▸ Web AS im Frontend-Bereich: Warum Flash?
  • BSP und JSP, JavaScript und HTML
  • Entwicklung einer Webanwendung
  • Grenzbereich: Datentransfermenge, Interaktivität und Multimedia
▸ Unternehmensanwendungen mit Flash MX 2004
  • Dialoge, Komponenten, Ereignisorientierung, Stylesheets
  • Flash MX 2004 und Webservices auf dem Web AS
▸ Beispielanwendung: interaktiver Produktkatalog
  • Stammdaten im Web AS
  • Integration der Backend-Systeme in der Flash-Anwendung
  • Flash als Ergänzung zu den Web AS-Bordmitteln

Der Autor

Bernd Will ist seit 1998 als SAP-Berater und Betreuer für E-Business und ERP-Kundenkopplungen bei der Siemens AG tätig. Zurzeit beschäftigt er sich mit der Frage, inwieweit Rich Internet Applications als strategische IT-Basis für die Anbindung an das Internet geeignet sind.

ca. 70 S., ca. 58,– €
ISBN 3-89842-950-4
Juni 2004

Bestellnummer: 950

Weitere Infos finden Sie unter:
http://www.sap-hefte.de/794

Heft 4

Tatjana Ullerich

Total Cost of Ownership von SAP-Systemen

Zum ersten Mal erhalten IT-Manager mit diesem SAP-Heft eine exemplarische Berechnung für die Total Cost of Ownership (TCO) von SAP-Systemen. Anhand eines Beispielszenarios zur Informationsbereitstellung mittels eines SAP-Portals und eines CRM gibt Ihnen die Autorin eine Methodik an die Hand, die Sie auch auf Ihre eigene SAP-Landschaft anwenden können.

Ob Hardware, Softwarelizenzen, Endanwenderschulungen und laufender Betrieb: Alle Kostenfaktoren und versteckten Kostentreiber werden nacheinander in die Methodik mit einbezogen und in ihren Auswirkungen analysiert. Den Kosten werden umgekehrt die Einsparungsmöglichkeiten durch Effizienzsteigerung gegenübergestellt. Den Beispielrechnungen liegen hierbei keine abstrakten Kenngrößen zugrunde; die Autorin arbeitet stattdessen mit konkreten Zahlen, so dass die Berechnungsgrundlage zu jeder Zeit nachvollziehbar und auf Ihre konkrete Systemlandschaft übertragbar bleibt.

Aus dem Inhalt

▸ die Konzepte TCO und ROI
▸ Kriterienkataloge und Wertschöpfungsanalyse
  der eingesetzten Komponenten
▸ Prozessbeschreibungen für die Implementierung
▸ Phasen der TCO-Untersuchung für Geschäftsprozesse
▸ TCO-Berechnung CRM und Portal
▸ Detailrechnungen für Implementierung, Hardware,
  Schulungen, Wartung u.v.m.

Die Autorin

Tatjana Ullerich ist Platinum Consultant im Bereich Business Solution Technology der SAP Deutschland AG & Co. KG. Zuletzt war sie hier als Projektleiterin für eine CRM 4.0-Konsolidierungslandschaft in Verbindung mit EP 6.0 tätig. In diesem Referenzprojekt für mittelständische Unternehmen lag der Fokus in besonderem Maß auf Kostenreduktion und -transparenz.

ca. 70 S., ca. 78,– €
ISBN 3-89842-949-0
Juni 2004

Bestellnummer: 949

Weitere Infos finden Sie unter:
http://www.sap-hefte.de/793

SAP® BW-Projektmanagement

- Rollen, Aufgaben, Systemvorbereitungen
- Anforderungsanalyse für das Berichtswesen
- Mit Checklisten und Interview-Guides

SAP PRESS

ca. 70 S., ca. 48,– €
ISBN 3-89842-946-6
Juli 2004
Bestellnummer: 946

Weitere Infos finden Sie unter:
http://www.sap-hefte.de/799

Heft 8
Thorsten Lüdtke

SAP BW-Projektmanagement

Kaum ein SAP-Thema ist so komplex wie der Bereich des SAP Business Information Warehouse. Und kaum ein Faktor eines BW-Projektes ist so erfolgskritisch wie das BW-Projektmanagement.
Mit diesem SAP-Heft unterstützt Sie Thorsten Lüdtke darin, Ihr BW-Projekt zu verkürzen und drohende Fehlerquellen von vornherein zu vermeiden. Hierfür entwickelt er aus den Erfahrungen zahlreicher erfolgreich durchgeführter SAP BW-Projekte eine standardisierte Einführungsmethodik, die Ihnen als Berater bzw. anderweitig am Implementierungsprojekt Beteiligten dabei hilft, ein solches Projekt von Anfang an sinnvoll vorzubereiten.
Sie erhalten Hinweise und Ratschläge zu BW-Projekten, die aus der Beratungspraxis des Autors und den entsprechenden Richtlinien der SAP stammen. Eine Reihe wertvoller Instrumentarien ermöglicht es Ihnen, Ihr individuelles BW-Projekt erfolgreich aufzusetzen. Das Heft gibt Ihnen Checklisten – sowohl für das Projektmanagement als auch für technische Belange –, eine Anforderungsanalyse für das Berichtswesen und zudem Interview-Guides für die Gespräche zwischen Berater und Fachabteilung an die Hand.

Aus dem Inhalt

- Besonderheiten von Data-Warehouse-Projekten
- Erstellung des Projektplans
- Rollen und Aufgaben der Projektmitglieder
- Systemvorbereitungen: Sizing, Architektur und Frontends
- Anforderungsanalyse
- Identifizierung und Aktivierung des relevanten Business Contents
- Training der Endnutzer
- Organisation des laufenden Betriebs

Der Autor

Thorsten Lüdtke ist SAP BW Senior Business Consultant bei der SAP Deutschland, Hamburg.

Einsatz von SAP® BW im Produktkosten-Controlling

- Grundlagen des SAP Business Information Warehouse
- Nutzung des SAP Business Content
- Rollen und Reporting für das Produktkosten-Controlling

SAP PRESS

ca. 50 S., ca. 48,– €
ISBN 3-89842-947-4
Juli 2004
Bestellnummer: 947

Weitere Infos finden Sie unter:
http://www.sap-hefte.de/801

Heft 10
Karl-Heinz Barisch

Einsatz von SAP BW im Produktkosten-Controlling

Als Controller benötigen Sie heute dringender denn je ein akkurates, vollständiges Bild der Performance Ihres Unternehmens. Diese Informationen sind jedoch in unternehmenseigenen wie externen IT-Strukturen weit verstreut, das Erfassen relevanter Fakten und Zahlen kann für Sie ein kompliziertes und Zeit raubendes Unterfangen werden.
Dieses Heft versetzt Sie in die Lage, erfolgreich die Möglichkeiten und Vorteile des SAP Business Information Warehouse zu nutzen und so die Herausforderungen des Produktkosten-Controllings schneller und besser zu bewältigen.
Karl-Heinz Barisch berät Sie darin, wie die Daten der R/3-Anwendungen Produktkalkulation, Kostenträgerrechnung und Ist-Kosten/Material Ledger in das SAP Business Information Warehouse zu laden sind, um detaillierte Analysen zu den Vorgängen des Produktkosten-Controllings durchzuführen. Dabei werden Ihnen sowohl die Grundprinzipien von SAP BW als auch alle SAP CO-PC-spezifischen Möglichkeiten des SAP BW erläutert. Besonders die fachgerechte Aktivierung des SAP Business Contents sowie spezifische Rollen und das Reporting für das Produktkosten-Controlling werden Ihnen so nahegebracht.

Aus dem Inhalt

- Produktkosten-Controlling mit Hilfe von SAP Business Intelligence
- Das Dreischichten-Modell des SAP Business Information Warehouse
- Datenmodellierung in SAP BW
- Der Business Content des SAP BW:
  Rollenkonzept, Reporting und Datenmodell
- Produktkostenplanung: alle Kalkulationen
- Produktkostenplanung: freigegebene Kalkulationen
- Kostenträgerrechnung
- Bestandsbewertung: Materialpreise und Bestandswerte
- Ist-Kalkulation/Material Ledger: Kosten
- Ist-Kalkulation/Material Ledger: Kostenschichtung

Der Autor

Karl-Heinz Barisch ist Diplom-Wirtschaftsingenieur und Principal Consulting Manager bei IMG. Er verfügt über mehr als 10 Jahre internationaler Projekterfahrung in den Bereichen Finance & Controlling verschiedener Branchen sowie über mehrjährige BW- und SEM-Erfahrung.

Programmierung · Personal

Bücher zum Thema

C. Krämer, C. Lübke,
S. Ringling

**Personalplanung
und -entwicklung
mit mySAP HR**

576 S., 2003, 59,90 €
ISBN 3-89842-211-9

Bestellnummer: 211

C. Krämer, C. Lübke,
S. Ringling

**mySAP HR
Personalwirtschaft**

620 S., 2., akt.und erw.
Auflage 2003, 59,90 €
ISBN 3-89842-373-5

Bestellnummer: 373

C. Krämer, S. Ringling,
J. Edinger, A. Junold

**SAP-Personalwesen
für Anwender**

ca. 500 S., ca. 49,90 €
ISBN 3-89842-457-X
Mai 2004

Bestellnummer: 457

Heft 11

Martin Esch, Hans-Jürgen Figaj

Personaleinsatzplanung mit SAP HR

Sie arbeiten im HR-Bereich und haben Vorkenntnisse in SAP HR Zeitwirtschaft und Organisationsmanagement? Die Personaleinsatzplanung Ihres Unternehmens gestaltet sich bislang aufwändig und wird außerhalb Ihres SAP-Systems durchgeführt?

Dieses Heft berät Sie fundiert über die Gestaltungsmöglichkeiten, die die Standard-Personaleinsatzplanung (PEP) mit SAP Ihnen bietet. Mithilfe einfacher Lösungen ermöglichen es Ihnen die Autoren, die zugrunde liegenden Konzepte und Prozesse zu durchdringen, die Funktionalitäten der PEP kennen zulernen und alle notwendigen Customizing-Einstellungen vorzunehmen. So werden Sie in die Lage versetzt, die für Sie passende Funktionalität selbstständig im System einzurichten. Darüber hinaus erläutert Ihnen ein Ausblick auf die Erweiterungsmöglichkeiten der PEP die Grenzen der Standard-Lösung und eröffnet Ihnen Perspektiven zur Gestaltung anspruchsvollerer Funktionalität.

Praxisbeispiele sowie Tipps und Tricks aus der Arbeitserfahrung der Autoren machen das Heft zu einem profunden Ratgeber für Einsatzplaner, Mitarbeiter der HR-Abteilungen sowie Systembetreuer und Projektmanager.

Aus dem Inhalt

▸ Konzepte hinter der PEP: Einsätze, Bedarfe, Bedarfszuordnung
▸ Idealtypischer Planungsprozess mit der PEP:
  Schichtenplanung, Soll- und Ist-Plan
▸ Berührungspunkte mit Zeitwirtschaft und Organisationsmanagement
▸ Die Funktionen in der PEP
▸ Customizing der PEP
▸ Gestaltungsmöglichkeiten des Endanwenders: Personalisierung
▸ Auswertungsmöglichkeiten und ihre Gestaltbarkeit
▸ Abbildung komplexerer PEP-Prozesse anhand von Praxisbeispielen

Die Autoren

Martin Esch ist Geschäftsführer der Projektkultur GmbH, eines auf Personalfragen und SAP spezialisierten Beratungshauses. Hans-Jürgen Figaj ist zertifizierter SAP HR-Berater und Spezialist für Personaleinsatzplanung mit SAP.

Martin Esch

**Personaleinsatzplanung
mit SAP HR**

▸ PEP-Konzepte und -Planungsprozesse verstehen
▸ Gestaltungsmöglichkeiten der PEP selbstständig nutzen
▸ Anhand von Beispielen praxisnah lernen

PRESS

ca. 70 S., ca. 58,– €
ISBN 3-89842-951-2
August 2004

Bestellnummer: 951

Weitere Infos finden Sie unter:
http://www.sap-hefte.de/798

Bücher zum Thema

Johannes Meiners,
Wilhelm Nüßer

SAP-Schnittstellenprogrammierung

384 S., 59,90 €
ISBN 3-89842-445-6
April 2004

Bestellnummer: 445

Horst Keller,
Sascha Krüger

ABAP Objects

665 S., 2., durchgesehene
Auflage 2001, mit 2 CDs
64,90 €
ISBN 3-89842-147-3

Bestellnummer: 147

Sigrid Hagemann,
Liane Will

**SAP R/3-
Systemadministration**

564 S., 2., akt. und erw.
Auflage 2003, 59,90 €
ISBN 3-89842-308-5

Bestellnummer: 308

Heft 7

Patrick Theobald

SAP Business Connector – Anwendung und Entwicklung

Anhand praxisnaher Beispielszenarien erhalten Sie mit diesem Programmierworkshop tiefe Einblicke in die Funktionalitäten des SAP Business Connectors (BC). Den Einstieg bilden die Aufgaben in der Administrationsumgebung, die auch für Entwickler von Interesse sind, also das Ankoppeln eines oder mehrerer überlagerter R/3-Systeme und das Monitoring. Danach geht es direkt an die Entwicklung: Sie lernen die Arbeit mit den vorgefertigten Out-of-the-Box-Lösungen (z.B. Aufruf von BAPIs via XML) kennen, und Sie erfahren, wie Sie Eigenentwicklungen, wie z.B. individuelle Umsetzungen und die Programmierung von Services (BC-eigene Funktionspakete), realisieren. Auf dieser Grundlage wird dann die Kommunikation mittels IDocs erläutert.

Die präsentierten Beispiele und Lösungen sind so aufbereitet, dass Sie sie mit minimaler Anpassung für eigene Zwecke einsetzen können. Zahlreiche Screenshots und Ablaufdiagramme sowie ausführlich kommentierter Quellcode erleichtern Ihnen das Verständnis.

Aus dem Inhalt

▸ Administration des BC
  • technische Funktionsweise
  • Ankopplung von R/3-Systemen
  • Monitoring
▸ BAPIs und XML
  • Aufruf von Funktionsbausteinen
  • Aufbau eines Kommunikationskanals von außen und von innen
▸ BC-Services
  • Erläuterung ausgelieferter Services
  • Ansteuerung von Services
  • Entwicklung eigener Services
  • I-Docs
  • Umsetzungen (z.B. IDoc nach XML)
  • Kommunikationswege (z.B. FTP und Mail)

Der Autor

Patrick Theobald arbeitet bei der Würth Industrie Service GmbH, Bad Mergentheim. Schwerpunkte seiner Tätigkeit sind die SAP-Anwendungsentwicklung sowie die Konzeption und Realisierung von Schnittstellen zwischen R/3 und externen Subsystemen. Er ist Autor des Buches »SAP R/3 Kommunikation mit RFC und Visual Basic« (Vieweg Verlagsgesellschaft 2004).

Patrick Theobald

**SAP Business
Connector –
Anwendung und
Entwicklung**

▸ Programmier-Workshop zu allen Formaten des BC
▸ Rufen Sie BAPIs mit XML auf, und entwickeln Sie eigene BC-Services
▸ Ausführlich kommentierter Quellcode erleichtert die Weiterverwendung der Beispiele

PRESS

ca. 60 S., ca. 48,– €
ISBN 3-89842-952-0
August 2004

Bestellnummer: 952

Weitere Infos finden Sie unter:
http://www.sap-hefte.de/842

Administration

SAP®-Berechtigungs-
verwaltung: Technische
Realisierung und
Sicherheitsüberprüfung

▸ Erlangen Sie die volle Kontrolle über die Berechtigungen in Ihrem System
▸ Verfolgen Sie die SAP-Berechtigungsverwaltung Screen für Screen
▸ Profitieren Sie von zahlreichen Tipps und Hinweisen zu möglichen Gefahren

PRESS

ca. 100 S., ca. 58,– €
ISBN 3-89842-954-7
September 2004
Bestellnummer: 954

Weitere Infos finden Sie unter:
http://www.sap-hefte.de/869

Heft 13

Miro Frybort

SAP-Berechtigungsverwaltung:
Technische Realisierung und Sicherheitsüberprüfung

Das Berechtigungswesen für SAP-Systeme enthält Stolpersteine, die bei Einführungen und im Produktivbetrieb zu geschäftskritischen Situationen führen können. Administratoren und für die Sicherheit von SAP-Systemen Verantwortliche finden in diesem SAP-Heft Anleitungen und zahlreiche Tipps zur technischen Realisierung der Benutzer- und Berechtigungsverwaltung.

Vom Anlegen neuer Benutzer über die Konzepte, die Anwendung und das Erstellen von Berechtigungsobjekten, die Arbeit mit Rollen bis hin zur Überwachung von User-Aktivitäten wird jeder relevante Bereich der Berechtigungsverwaltung in eigenen Abschnitten behandelt.

Die handlungsorientierte Darstellung mit vielen Screenshots, Tipps und Hinweisen ermöglicht ein schnelles Nachschlagen zu einzelnen Aufgaben und erleichtert die rasche Umsetzung.

Aus dem Inhalt

▸ Benutzerstammsätze einrichten und schützen
▸ Berechtigungsobjekte verstehen und anwenden
▸ Erstellen eigener Berechtigungsobjekte
▸ mit Menüs, Rollen und Organisationsebenen arbeiten
▸ Überwachung der User-Aktivitäten
▸ besonderer Zugriffsschutz für Personaldaten
▸ sensible SAP-Tabellen

Der Autor

Miro Frybort ist Leiter der Abteilung SAP-Administration/SAP-Basis bei der Herbert-Ospelt-Gruppe, einem internationalen Lebensmittelkonzern mit Sitz in Liechtenstein. Hier war er unter anderem verantwortlich für Aufbau und Leitung des firmeninternen SAP Competence Centers und für die technische Umsetzung des Berechtigungswesens.

Corina Schulz

Konzeption und
Einrichtung des
Systemmonitorings
mit dem SAP®
Solution Manager

▸ Gegenüberstellung der Funktionalitäten von CCMS
▸ Entwurf eines externen Schedulers am Beispiel von
▸ Kriterien für die Inbetriebnahme und Planung von Schnittstellen

PRESS

ca. 70 S., ca. 48,– €
ISBN 3-89842-953-9
Oktober 2004
Bestellnummer: 953

Weitere Infos finden Sie unter:
http://www.sap-hefte.de/764

Heft 9

Corina Schulz

Konzeption und Einrichtung des Systemmonitorings
mit dem SAP Solution Manager

Mit dem SAP Solution Manager steht jedem SAP-Kunden ein kostenloses und mächtiges Instrument zur Überwachung umfangreicher Systemlandschaften zur Verfügung. Dieses SAP-Heft zeigt Ihnen, wie Sie die Komplexität Ihrer Landschaft mithilfe des Solution Managers bewältigen und ein effizientes Monitoringkonzept für alle technischen Komponenten entwerfen.

Anhand eines Konzeptes für eine exemplarische Systemlandschaft mit einem R/3-System, einem APO und einer Drittanbieterkomponente lernen Sie zunächst, was Sie beim Konzeptdesign beachten sollten, um dann im nächsten Schritt anhand vieler Screenshots und Handlungsanleitungen die beispielhafte Einrichtung des entworfenen Konzeptes nachzuvollziehen. Hier können Sie die Definition von Verantwortlichkeiten für die Systeme, das Festlegen von Monitorobjekten und ihrer KPIs und Frequenzen sowie das Festlegen von Alert-Meldungen mitverfolgen.

Aus dem Inhalt

▸ Funktionalitäten des SAP Solution Managers
▸ Design eines Monitoringkonzeptes
  • Verantwortlichkeiten für die Systeme
  • Monitorobjekte
  • KPIs und Frequenz für die Monitorobjekte
  • Benachrichtigungen
  • Eskalationsprozeduren
▸ Umsetzung des Monitoringkonzeptes im SAP Solution Manager

Die Autorin

Corina Schulz arbeitet als Service Consultant bei der SAP SI AG, Dresden. Hier berät Sie seit zwei Jahren SAP-Kunden bei der Konzeption und Umsetzung des Systemmonitorings von APO-Systemen mit dem SAP Solution Manager. Im Augenblick erarbeitet sie außerdem mit einen großen APO-Kunden ein Konzept für das Geschäftsprozessmonitoring.

Weitere SAP-Hefte sind in Vorbereitung. Im Herbst planen wir u.a. Hefte zu den Themenbereichen: Management von SAP-Projekten • SAP FI-Reporting • RFID • Performance in der Datenarchivierung Bitte informieren Sie sich über aktuelle Neuerscheinungen auf unserer Website.

Direkt bestellen

Bestellen Sie SAP-Fachinformationen direkt bei uns im Web

www.sap-hefte.de

SAP°-Hefte

Anzahl	Titel	Bestellnr.	Preis in €
	BSP-Extensions: Komfortables Webreporting mit HTMLB	943	ca. 48,–
	SAP-Hintergrundverarbeitung: CCMS und externe Scheduling-Tools	945	ca. 48,–
	SAP BW-Projektmanagement	946	ca. 48,–
	Einsatz von SAP BW im Produktkosten-Controlling	947	ca. 48,–
	Total Cost of Ownership von SAP-Systemen	949	ca. 98,–
	Rich Internet Applications auf dem SAP Web AS	950	ca. 58,–
	Personaleinsatzplanung mit SAP HR	951	ca. 58,–
	SAP Business Connector – Anwendung und Entwicklung	952	ca. 48,–
	Konzeption und Einrichtung des Systemmonitorings mit dem SAP Solution Manager	953	ca. 48,–
	SAP-Berechtigungsverwaltung: Technische Realisierung und Sicherheitsüberprüfung	954	ca. 58,–

Bücher zu den Themen

Anzahl	Titel	Bestellnr.	Preis in €

Ihre Vorteile auf einen Blick:

- Sicherer Webshop
- Schnelle Lieferung
- Rechnung liegt bei

Alle Bestellmöglichkeiten auf einen Blick

Webshop:
www.sap-hefte.de

Fax: 0228.42150.77

E-Mail: info@galileo-press.de

Telefon: 0228.42150.0

Post:
Galileo Press
Gartenstraße 24
D-53229 Bonn

Lieferung zzgl. Versandkosten.
Rechnung liegt bei.
Änderungen und Irrtümer vorbehalten.

SAP°-Hefte

☐ **Ja, ich will den E-Mail-Newsletter zu SAP-Themen!**

Sie werden monatlich über die Neuerscheinungen zu
SAP-Themen per Mail informiert – unverbindlich und
jederzeit abbestellbar.
E-Mail-Adresse:

Absender

Frau ☐   Herr ☐

Name

Firma

Funktion

Straße

PLZ, Ort

Telefon

Datum & Unterschrift

Galileo Press
Gartenstraße 24
53229 Bonn

Telefon 0228.42150.0
Telefax 0228.42150.77
info@galileo-press.de
www.galileo-press.de
www.sap-hefte.de

Galileo Press

▶ Zulassungsdatum

▶ Modellbezeichnung

▶ Modelljahr

▶ Kilometerstand

▶ Version der Bordsoftwarekomponenten

▶ Konfiguration

Da jeder Hersteller andere Komponenten und Attribute eines individuellen Objekts verfolgen möchte, erlaubt das individuelle Objekt die Festlegung von Kriterien zur flexiblen Objektmodellierung. Individuelle Objekte sind die zentralen Bezugspunkte für fast alle Transaktionen zwischen Automobilherstellern und ihren Geschäftspartnern und werden von allen Marketing-, Vertriebs- und Serviceanwendungen von mySAP CRM unterstützt.

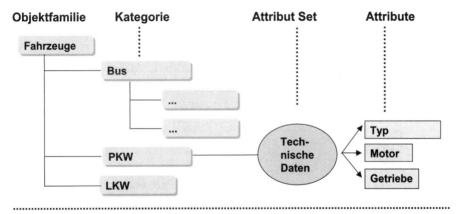

Abbildung 4.3 Aufbau eines individuellen Objekts

Individuelle Objekte werden Objektfamilien zugeordnet, die ähnliche Objekte, beispielsweise Telefone, Wohnungen oder neue Pkw, gebrauchte Pkw oder Fahrzeuge je Marke zusammenfassen. In Abbildung 4.3 ist eine Objektfamilie Fahrzeuge dargestellt. Zur Strukturierung wird sie in verschiedene Kategorien unterteilt: Busse, Lastkraftwagen, Personenkraftwagen. Die Objektfamilie und die ihr untergeordneten Kategorien legen die Attribute fest, die dann für jedes individuelle Objekt verfolgt werden. Attribute lassen sich zur besseren Verwaltung in

Attributsets gruppieren. Die individuellen Objekte der Objektfamilie Fahrzeuge und der Kategorie Busse haben andere Attribute als die der Kategorie Pkw. Die Attribute sind die Eigenschaften des individuellen Objekts.

Das individuelle Objekt findet nicht nur in der Automobilindustrie Verwendung. Beispiele für individuelle Objekte in anderen Branchen sind:

▶ Waschmaschine mit Herstellerangabe, Modellbezeichnung, Seriennummer, Anzahl der Waschprogramme usw.

▶ Gebäude mit seinen Wohnungen und deren Lage, Größe, Anzahl der Räume usw.

▶ Baumaschine, ihr Standort, technische Eigenschaften usw.

▶ Mobiltelefon, gekennzeichnet durch Modellbezeichnung, Seriennummer des Chips und Telefonnummer

▶ Versicherung mit Typen, Prämien, Bedingungen, Dokumenten usw.

▶ Softwarelizenz nach Typ, Release, Version, Nutzungsart (z. B. Test, Produktion), Anzahl der Benutzer usw.

Historie individueller Objekte

Die Historienübersicht eines individuellen Objektes gewährt allen Benutzern, die mit diesem Objekt arbeiten, Einblick in die während der Objektlebenszeit angefallenen Objektänderungen. Verschiedene Historientypen stehen zur Verfügung:

▶ **Ereignishistorie**
Führt alle relevanten Ereignisse (Verknüpfung mit Geschäftsdokumenten) für ein bestimmtes Fahrzeug in einer Liste auf. Die Liste stellt dar, wer das Ereignis angelegt hat, wann es angelegt wurde und zu welchem Typ es gehört.

▶ **Attributhistorie**
Listet alle Änderungen am Einzelobjekt selbst auf (z. B. Attribute, Status)

▶ **Partnerhistorie**
Im Kundenbeziehungsmanagement sind die Verbindungen zu Geschäftspartnern wie Händler, Käufer, Fahrzeughalter oder Fahrer die wichtigsten Attribute eines individuellen Objekts. Die Partnerhistorie zeigt an, wie sich die Geschäftspartner eines individuellen Objekts während dessen Lebensdauer geändert haben. mySAP CRM speichert alle Geschäftspartnerbeziehungen zu einem individuellen Objekt in zeitabhängiger Form. Partnerfunktionen differenzieren die Art der Verbindung, z. B. kann einem individuellen Objekt mehrmals derselbe Geschäftspartner zugeordnet werden, einmal als Halter und zum anderen als Fahrer (siehe Abbildung 4.4).

▶ **Zählerhistorie**
Anzeige von Zählerständen (z. B. Kilometerstand)

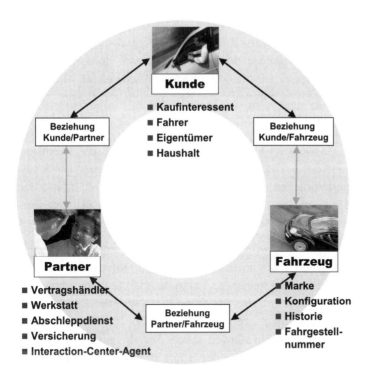

Abbildung 4.4 Geschäftspartner-Fahrzeug-Beziehung

4.1.5 Praxisbeispiel: Interaction Center bei Audi

Für erste Informationen über Modelle, Ausstattung oder Finanzierungsmöglich-keiten wenden sich die Kunden heute oft direkt an den Hersteller und nicht an einen Händler. Der rapide Anstieg der Kundenkontakte führte innerhalb der Volkswagen-Gruppe zur Entscheidung, mit Hilfe von mySAP CRM die Kunden-betreuung zu verbessern. Die 30–50 Millionen Kundendaten der Volkswagen-Gruppe, zu der VW, Audi und die VW-Bank gehören, waren bisher auf verschie-dene, nicht vernetzte Datenbanken verteilt. Diese Kundeninformationen werden jetzt in den Unternehmen jeweils im Rahmen einer einzigen CRM-Plattform kon-solidiert [Gammel 2002].

Audi nutzt die Datenbasis, um innerhalb des CRM-Projekts den Kundenservice in drei Stufen zu verbessern:

▶ Stufe 1: Reaktives Management von Kundenanliegen

▶ Stufe 2: Proaktives Kundenmanagement

▶ Stufe 3: Selektives CRM – Kundenwünsche identifizieren und erfüllen

Mit Stufe 1 werden Anfragen von Kunden im Audi-Call-Center, das auf der Inter-action-Center-Technologie von mySAP CRM basiert, zentral beantwortet. 300 Angestellte betreuen so von den Standorten Ingolstadt und Köln aus 600 000 Kunden, die sich per Telefon, Fax, E-Mail oder Brief an Audi wenden. Die Anfra-gen gehen im Call Center ein, wo mySAP CRM den Mitarbeitern alle benötigten Kunden- und Fahrzeuginformationen zur Verfügung stellt. Die integrierten analy-tischen CRM-Anwendungen helfen, den Kundenservice im Call Center zu verbes-sern, indem sie die Dauer bis zur Entgegennahme eines Anrufs, die Anzahl der offenen Anfragen oder die Auslastung der Mitarbeiter auswerten. Auch lassen sich die Interessen und Vorlieben der Kunden als Grundlage für die Stufen 2 und 3 des Projekts identifizieren. Denn dort geht es darum, Kunden gezielt anzuspre-chen und die Kundenloyalität zu steigern.

Zur Einführung des neuen Audi A8 in Italien hat Audi das Kampagnenmanage-ment von mySAP CRM genutzt, um unter Verwendung von Kundendaten perso-nalisierte Serviceangebote zum Produkt zu unterbreiten. Die Antwortrate der angesprochenen Kunden war sehr hoch. Die dadurch gewonnenen Kundeninfor-mationen lassen sich wiederum nutzen, um Erkenntnisse für die Gestaltung zukünftiger Kampagnen zu sammeln (Closed Loop). Analytisches CRM wird bei Audi außerdem dazu verwendet, den direkten Erfolg von Marketingaktionen zu messen. Beispielsweise lässt sich feststellen, ob die Zahl der Broschürenbestellun-gen aufgrund eines Fernsehwerbespots für ein neues Modell angestiegen ist.

4.1.6 Geschäftsszenario: Beschwerdemanagement mit dem Interaction Center

Das Interaction Center von mySAP CRM stellt eine Schlüsseltechnologie für die zentrale Kundenbetreuung und die Verbesserung des Kundendienstes dar. Es bie-tet eine integrierte Plattform für die interaktive Abwicklung von Geschäftsprozes-sen und eine leistungsfähige Technologie für den Interaction-Center-Betrieb. Es verbindet ein umfassend anpassbares, funktionsreiches Frontoffice mit allen kun-den- und fahrzeugbezogenen Prozessen im Backoffice. Das Interaction Center ist der gemeinsame Interaktionskanal für alle Geschäftsvorgänge, die über Telefon, E-Mail, Fax oder Web-Chat abgewickelt werden.

In der speziell auf die Automobilbranche zugeschnittenen Interaction-Center-Oberfläche durchsuchen Interaction-Center-Agenten alle verfügbaren Kunden- und Fahrzeugdaten, die dann den Ausgangspunkt für Kundeninteraktion bilden. Über das individuelle Objekt stehen detaillierte Fahrzeugdaten zur Verfügung, sodass der Interaction-Center-Agent dem Kunden jederzeit gut informiert gegen-übertreten kann.

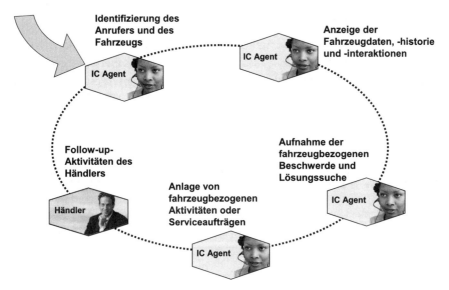

Abbildung 4.5 Prozessschritte im Automotive Interaction Center

Das Interaction Center bietet folgende, auf die Automobilbranche zugeschnittene Funktionen:

▶ Annahme von Kundenanfragen sowie die Bearbeitung von Chats, E-Mails, Briefen und Faxnachrichten

▶ Prüfung aller Geschäftspartner-Fahrzeug-Beziehungen

▶ Kundeninteraktionen im Rahmen von Service-, Vertriebs- oder Marketingaktivitäten (z. B. Marketingkampagnen)

▶ Suche nach Lösungen in Lösungsdatenbanken, um Kundenfragen direkt zu beantworten

▶ Weiterleitung von Anfragen an die zuständigen Abteilungen und Bereiche sowie Information der Supportspezialisten über nicht behobene Probleme

▶ Prüfung und Aktualisierung fahrzeugbezogener Gewährleistungs- und Kontaktinformationen

▶ Erfassung und Bearbeitung fahrzeugbezogener Problemmeldungen, Beschwerden und Aufträge

▶ Verkauf von Ersatzteilen

▶ Aktualisierung der Beziehungen zwischen Kunde und Fahrzeug

Im Folgenden wird anhand eines Beispielszenarios geschildert, wie das Interaction Center von mySAP CRM eingesetzt werden kann, um Kundenbeschwerden entgegenzunehmen und zur Zufriedenheit des Kunden zu lösen. Die Schritte des Geschäftsszenarios sind in Abbildung 4.5 dargestellt.

Ablauf des Geschäftsszenarios

Auf einer Geschäftsreise fällt im Fahrzeug von Jan Brams das Navigationssystem aus. Er ruft die zentrale Service-Rufnummer seines Autoherstellers an und beschreibt das Problem. Der Interaction-Center-Agent identifiziert den Kunden und findet alle relevanten Fahrzeuge, für die der Kunde als Halter erfasst ist. Auf Jan Brams sind zwei Fahrzeuge eingetragen: ein Transporter und sein persönlicher Geschäftswagen.

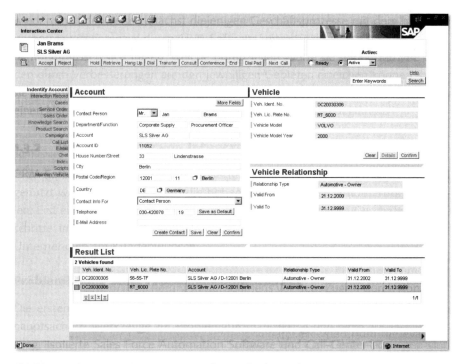

Abbildung 4.6 Interaction Center mit Kunden- und Fahrzeugdaten

Anhand des Modells identifiziert der Agent das richtige Fahrzeug und ruft die Grunddaten der Fahrzeughistorie auf. Er stellt fest, dass für dieses Fahrzeug das Navigationssystem des Typs NAV03 erst nachträglich eingebaut wurde.

Der Agent durchsucht anhand der Typbezeichnung des Navigationssystems und der Problembeschreibung von Jan Brams die Lösungsdatenbank. Als Ergebnis liefert die Lösungsdatenbank eine Anleitung, wie sich das Navigationssystem zurücksetzen lässt. Der Agent gibt Jan Brams die Schritte per Telefon durch. Dieser führt die Handgriffe aus, worauf das Navigationssystem erneut startet und wieder funktioniert. Jan Brams kann seine Reise fortsetzen.

Der Interaction-Center-Agent sucht anhand der Kundendaten von Jan Brams dessen lokalen Händler und legt für diesen einen Rückruf als Folgeaktivität an. Der Händler sieht die Folgeaktivität über seine Tätigkeitsablage, ruft den Kunden an und bietet ihm eine Überprüfung des Navigationssystems an, um nach möglichen Defekten zu suchen.

4.1.7 Kritische Erfolgsfaktoren bei der CRM-Einführung

Auswahl der Geschäftsszenarios entsprechend der Unternehmensstrategie

Vor der Implementierung von jedweder Software gilt es, die Ziele und Erfolgsfaktoren des CRM-Projekts festzulegen: Was soll mit dem Projekt erreicht werden? Soll die Kundenzufriedenheit erhöht werden, sollen neue Kundenkontakte hergestellt werden oder sollen für das Unternehmen wertvolle Kundenbeziehungen identifiziert und weiter ausgebaut werden?

Für jede dieser Strategien gibt es Geschäftsszenarios und Werkzeuge in *SAP for Automotive*. Das Automotive Interaction Center mit der umfangreichen Analyse der Geschäftspartner-Fahrzeug-Beziehungen unterstützt dabei insbesondere die Erhöhung der Kundenzufriedenheit. Die Marketingszenarios zum Lead Management und Kampagnenmanagement fördern die Anbahnung neuer Kundenkontakte. Kundensegmentierung und Analysewerkzeuge helfen bei der Identifizierung wertvoller Kundenbeziehungen.

Eine CRM-Implementierung sollte gerade in der sich schnell verändernden Automobilbranche nicht als ‚Big Bang', sondern in mehreren Schritten geplant werden. Dabei sollte man mit den Prozessen anfangen, die am schnellsten zu implementieren sind und sichtbare Erfolge bringen, die die Motivation im Projekt fördern. Beispiele für solche Teilprojekte sind:

▶ Engere Anbindung der Vertragshändler und -werkstätten

▶ Ausbau des direkten Serviceangebots für Endkunden

▶ Optimierung von Marketingaktionen

Für jedes Teilprojekt sind die zu optimierenden Geschäftsszenarios auszuwählen.

CRM-Software allein hilft nicht

Bei der Umsetzung von Kundenbeziehungsmanagement als Unternehmensziel sollte grundsätzlich eine integrierte, ganzheitliche Betrachtung von Strategie, Prozessen und Technologie im Vordergrund stehen. Allein die Einführung von CRM-Software löst das Problem von schlecht organisierten CRM-Prozessen nicht. Primär hat die Software eine unterstützende Funktion.

Müssen Prozessabläufe verändert werden, ist es immer erforderlich, frühzeitig die betroffenen Fachabteilungen in das Projekt einzubinden, um die Akzeptanz zu erhöhen. Auch die ausreichende Schulung der verschiedenen Nutzergruppen ist sicherzustellen. Dabei stehen nicht die für die Systembedienung notwendigen Kenntnisse im Vordergrund, sondern das Wissen um die veränderten Prozessabläufe.

4.1.8 Auswahl wichtiger kundenorientierter Geschäftsszenarios

Geschäftsszenario	Kurzbeschreibung
Kampagnenmanagement	Optimierung der Kampagnenabwicklung von der Marktanalyse bis zur Ergebnisprüfung
Lead Management	Automatisierung der verkaufsvorbereitenden Schritte. Konzentration auf die aussichtsreichsten Kaufinteressenten und Verkaufschancen
Kundensegmentierung	Einteilung des Kundenbestands in Segmente zur Differenzierung und Personalisierung der Produkt- und Dienstleistungsangebote (ohne Programmieraufwand)
Serviceauftragsabwicklung	Unterstützung der Abläufe im Servicebereich unter Berücksichtigung von Anfragen und Angeboten, Auftragserstellung, Ersatzteilplanung, Mitarbeitereinsatzplanung und Abrechnung
Abwicklung von vertrags- und garantiebasierten Serviceleistungen	Erweiterung der Serviceauftragsabwicklung um automatische Prüfung auf vorhandene Verträge und Garantieansprüche unter Berücksichtigung besonderer Vorgaben, wie z.B. Erstreaktionszeiten
Ersatzteilverkaufsabwicklung	Funktionalität für den Verkauf von Ersatzteilen im Rahmen von Servicevorgängen inklusive Schnittstellen zur Kapazitätsplanung von Ersatzteillieferungen
Leasing	Unterstützung des Leasingprozesses von Angebotserstellung und Vertragsmanagement über Änderung laufender Leasingvereinbarungen bis zu End-of-Lease-Transaktionen für Rücknahme, Verlängerung oder Kauf. Finanzierungsprodukte werden ebenfalls berücksichtigt.
Interaction Center für die Automobilindustrie	Bündelung von Informationen zu Kunden, Fahrzeugen und Fahrzeugteilen sowie Abwicklung von Kundenbefragungen, Reklamationen, Wartungsfällen, Rückrufen und Zubehörkäufen für Hersteller und Importeure

4.2   High-Tech-Branche

»I've talked to many people who run large semiconductor companies, and they predict that within single-digit years, these major corporations will own two things: their own intellectual property around their core competency and a channel for selling it to the customer. They will outsource everything else.«
Jack Harding, CEO [Business 2003]

Verschärfte Preiskämpfe, extrem kurze Produktlebenszeiten, hohes Innovationstempo, Koordination einer Vielzahl von Vertriebspartnern, globale Ausrichtung von Geschäftsabläufen und schwer vorhersehbare Entwicklungen des Marktes sind die Herausforderungen, denen sich Firmen der High-Tech-Branche gegenübersehen. Angetrieben durch den rasanten technischen Fortschritt stehen Unternehmen unter einem ständigen Veränderungsdruck, der sich z.B. an der zunehmenden Digitalisierung unserer Alltagswelt ablesen lässt. So nutzt mittlerweile die Telekommunikationsbranche große Mengen von Halbleiterbauelementen, um Sprache und Daten in die ganze Welt zu übertragen. In der Automobilbranche werden High-Tech-Komponenten und Software verwendet, um »intelligente« Autos zu fertigen. Und im Konsumgüterbereich nutzen Fernseher, Photokameras, Stereoanlagen, ja selbst Fahrradtachometer, Uhren und Waschmaschinen digitale Technologien und vereinen physikalische Produkteigenschaften mit informationsverarbeitenden Steuerungselementen.

Neben elektronischen Komponenten und Geräten hat sich auch Software, zu Beginn des Computerzeitalters noch eine kostenlose Dreingabe beim Rechnerkauf, zu einer eigenen Produktsparte der High-Tech-Branche entwickelt.

4.2.1   Moores Gesetz als treibender Faktor

Integrierte Schaltkreise und Mikroprozessoren finden sich heute in nahezu jedem elektronischen Produkt. Die Leistungsfähigkeit dieser Bauteile verdoppelt sich nach der noch immer zutreffenden Vorhersage des Intel-Gründers Gordon Moore alle 18 bis 24 Monate [Moore 1965, Claunch 2002] und führt dazu, dass elektronische Geräte nur für kurze Zeit auf dem aktuellen Stand der Technik sind. Eine Produktlinie von Mikroprozessoren veraltet binnen Jahresfrist. Ein Mobiltelefon entspricht 15 Monate nach der Markteinführung nicht mehr dem Stand der Technik, und der Produktlebenszyklus eines PC beträgt im Schnitt nur drei Jahre [Cole 2002]. Produkte der High-Tech-Branche müssen also in den ersten Monaten nach der Markteinführung einen Großteil der Kosten für Produktentwicklung und Produktion sowie einen angemessenen Gewinn erwirtschaften, da der Preis schnell verfällt.

Als Reaktion auf diese Rahmenbedingungen konzentrieren sich High-Tech-Unternehmen zunehmend auf ihre Kernkompetenzen und gliedern periphere Unternehmensbereiche ganz aus. Beispielsweise überlassen Firmen wie IBM Produktion-, Vertriebs- und Serviceaufgaben zu einem großen Teil ihren Partnern und übernehmen selbst nur das Design und die Vermarktung der Produkte.

4.2.2 Das High-Tech-Beziehungsnetzwerk – Kooperation in virtuellen Unternehmen

In der High-Tech-Branche kommt es durchaus vor, dass ein neuer Mikroprozessor in Japan entworfen, in Taiwan produziert und getestet, in der USA oder Europa vermarktet wird, um dann nach Japan oder Hongkong geliefert zu werden. High-Tech-Unternehmen agieren also in einem komplexen Netzwerk von Kunden, Lieferanten, Entwicklungs-, Produktions-, Vermarktungs- und Servicepartnern.

Eine besonders enge, über Standorte in der ganzen Welt reichende zwischenbetriebliche Kooperation wird auch als *virtuelles Unternehmen* bezeichnet [Arnold u.a. 1995]. Der Verband der europäischen elektronischen Komponentenhersteller (European Electronic Component Manufacturers Association, EECA) hat bereits 2001 festgestellt, dass sich speziell die Zusammenarbeit von Geräteherstellern mit Komponentenherstellern und -zulieferern sowie Produzenten und Servicepartnern bei Entwicklung, Herstellung und Verkauf immer mehr in Richtung eines »virtuellen Unternehmens« entwickelt [EECA 2001].

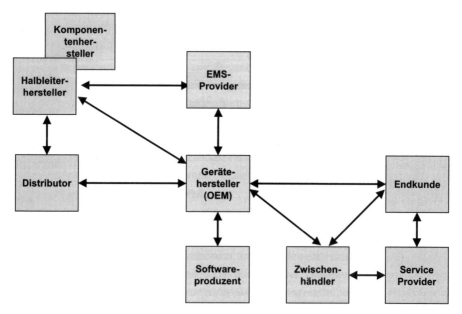

Abbildung 4.7 Beziehungsnetzwerk in der High-Tech-Branche

Die an virtuellen High-Tech-Unternehmen beteiligten Firmen lassen sich grundsätzlich in folgende fünf Kategorien unterteilen:

▶ **Gerätehersteller (Original Equipment Manufacturers, OEM)**
Sie bauen aus verschiedenen Komponenten anderer Hersteller komplette elektronische Geräte, die sie unter ihrem Namen vermarkten. OEM greifen für Produktion, Einbau und Wartung häufig auf Dienstleister zurück und konzentrieren sich auf das Design der Produkte und deren Vermarktung unter eigener Markenbezeichnung. Zu den bekannten OEM-Firmen gehören HP, IBM, Varian, Welch Allen, Ericsson, Nokia, Philips, Sony und Hitachi.
Ursprünglich wurden mit dem Begriff OEM solche Unternehmen bezeichnet, die Bauteile oder Komponenten an Gerätehersteller lieferten. OEM meinte also Originalteilehersteller. In diesem Buch wird der Begriff allerdings mit der zuerst genannten Bedeutung als Gerätehersteller verwendet.

▶ **Halbleiter- und Komponentenhersteller (Semiconductor and Component Manufacturers)**
Sie stellen Mikroprozessoren, Speicherchips sowie passive Bauelemente, Leiterplatten oder Steckverbindungen her. Der Vertrieb wird zu einem großen Teil über Zwischenhändler abgewickelt. Beispiele für solche Unternehmen sind Intel, AMD, Molex, Analog Devices, LSI Logic and Tyco Electronics.

▶ **Electronic Manufacturing Services Providers (EMS), auch Contract Manufacturers genannt**
Sie sind im Besitz von Produktionsanlagen. Sie bieten in Auftragsfertigung die Produktion von elektronischen Komponenten oder Geräten als Dienstleistung an. Beispiele für solche Unternehmen sind Solectron, Sanmina, Flextronics, Celestica, Jabil Circuit.

▶ **Softwareproduzenten**
Sie stellen unterschiedlichste Arten von Software her, etwa betriebswirtschaftliche Software, Office-Software, CAD (Computer Aided Design)-Software, Betriebssysteme usw., darunter Adobe, Autodesk, Microsoft und SAP.

▶ **Distributoren und Wiederverkäufer (Electronic Distributors and Resellers)**
Sie sind mit der Vermarktung, dem Verkauf und der Zulieferung von elektronischen Komponenten wie auch von fertigen Produkten beschäftigt. Zusätzlich bieten sie ihren Kunden Dienstleistungen an, z.B. Installation, Training, Wartung oder Produktberatung. Beispielunternehmen sind AVNET, Arrow, Ingram Micro und Tech Data.

Um ein elektronisches Gerät herzustellen und zu verkaufen, sind üblicherweise Unternehmen aus allen genannten Kategorien beteiligt (siehe Abbildung 4.7). Gerätehersteller entwerfen das neue Produkt. Wiederverkäufer vermitteln Mikroprozessoren und Komponenten der Halbleiter- und Komponentenhersteller als

Bauteile. Dann lassen Gerätehersteller ihre Produkte von EMS-Providern fertigen und montieren und bieten die neuen Produkte anschließend unter eigenen Markennamen an. Auch für den Service greifen sie auf eine Vielzahl von Partnern zurück, die Aufgaben wie Einbau, Wartung und Kundenbetreuung übernehmen. *SAP for High Tech* unterstützt die Geschäftsprozesse von High-Tech-Unternehmen in den verschiedenen Bereichen, wie es in der Solution Map in Abbildung 4.8 dargestellt ist.

Enterprise Management	Strategic Enterprise Management	Business Analytics	Business Intelligence & Decision Support	Accounting		Employee Relationship Management & Workforce Analytics	
Sales, Marketing & Service	Marketing		Sales		Service		Analytics
Semiconductor & Component Manufacturing	Product & Process Technology Development	Design Win	Order Management	Collaborative Supply Chain Planning	Manufacturing	Logistics Execution	
Electronic Manufacturing Services	Product Data Management	Supply Chain Planning	Order Management	Component Procurement	Production/Assembly	Logistics Execution	Service Management
Original Equipment Design & Manufacturing	Product Data Management	Supply Chain Planning	Component & Services Procurement	Order Management	Contract & Inhouse Manufacturing	Distribution	IBase Management & Upgrades
Software Provider	Custom Development Specification	Software Development	Professional Services	Product Data Management	Order Management	Maintenance	License & Installed Base Management
Value Added Distribution & Resale	Product Management	Collaborative Planning	Sourcing	Sales/Mass Customizing	Solution Kitting, Assembly & Integration	Distribution	Installed Base Management
Business Support	Employee Life-Cycle & Transaction Management	Procurement	Financial Supply Chain Management	Fixed Asset Management	Incentive & Commission Management	Foreign Trade/Legal Services	RosettaNet Support

Abbildung 4.8 Solution Map von SAP for High Tech

Eine Softwarelösung für das Kundenbeziehungsmanagement in High-Tech-Unternehmen muss insbesondere branchenspezifische Prozesse für die folgenden drei Bereiche bereitstellen:

▶ Indirekter Vertrieb und Channel Management
▶ Marketing
▶ Service

Ein Produkt in der High-Tech-Branche durchläuft von seiner Entstehung bis zu seinem Verkauf an den Endkunden in der Regel mehrere Unternehmen. Deshalb sind Channel Management und der Vertrieb über Partner essentiell.

Für Gerätehersteller sind Marketinganwendungen besonders wichtig, da ihnen daran gelegen ist, den Wert ihrer Marke zu steigern und darüber zusätzlichen Umsatz zu generieren. Auch wenn sie viele Aufgaben an Partner vergeben, verbleibt das Branding immer in der Verantwortung des OEM.

Da die Produkte der High-Tech-Branche, sei es Software, sei es Hardware, häufig sehr komplex sind, bedarf der Kunde Serviceleistungen bei der Handhabung, der Inbetriebnahme oder im Fall eines Defekts. Die Qualität der Serviceleistungen ist mit entscheidend für die Kundenzufriedenheit.

Die folgenden Beispielszenarios gehen auf jeden der genannten Bereiche ein und erläutern praxisnah, wie branchenspezifische Prozesse mit Hilfe von *SAP for High Tech* unterstützt werden.

4.2.3 Channel Management als indirekter Weg zum Kunden

Viele High-Tech-Unternehmen überlassen ihren Vertriebspartner den größten Teil der Kundenkontakte. Bei Standardprodukten wie Dioden, Transistoren oder ICs (Integrated Circuits), die sich hauptsächlich in Bezug auf Preis und Verfügbarkeit unterscheiden, werden bereits 40 % aller Bauteile ausschließlich über Distributoren verkauft [EECA 2001]. Insgesamt macht der indirekte Vertrieb über die Hälfte aller Verkaufsaktivitäten auf den High-Tech-Märkten aus [Burkitt 1998]. Kundenbeziehungen können also nur mit Hilfe der Vertriebspartner gepflegt werden. Kundenbeziehungsmanagement bedeutet also für viele High-Tech-Unternehmen in erster Linie Channel Management.

Die harte Konkurrenz und die kurzen Produktlebenszyklen zwingen die High-Tech-Unternehmen dazu, bei der Entwicklung solider Partnerbeziehungen ebenso viel Innovationsgeist zu zeigen wie bei der Produktentwicklung. Da wesentliche Aufgaben wie die Vermarktung von Komponenten, die Produktion von Geräten oder die Betreuung der Endkunden von Partnern übernommen werden, sind sowohl Halbleiter- und Komponentenhersteller als auch Gerätehersteller auf den Erfolg ihrer Partner angewiesen. Diese richten sich aber nur selten ausschließlich auf einen Hersteller aus, sondern vertreiben konkurrierende Produktlinien verschiedener Anbieter.

Eine Channel-Management-Lösung zur Verwaltung indirekter Kundenbeziehungen muss im High-Tech-Sektor folgende Aufgaben softwaretechnisch abbilden:

▶ Einsicht in die Vertriebsaktivitäten der Partner

▶ Mit Hilfe der Partner Daten über Kunden und deren Kaufverhalten und Erwartungen erlangen

▶ Vermittlung von Verkaufschancen, aber auch von Aufträgen an geeignete Partner

▶ Übersicht über den Lagerbestand und Absatz der Partner

▶ Ausbezahlung von Provisionen an Partner entsprechend ihrem Umsatz

▶ Die eigene Marke über die Partner zum Kunden transportieren

Zu den schwierigsten Aufgaben zählt die Einbindung der Partner in ein weltweit einheitliches Profil von Konzernidentität und Marke. Neben dem Bereitstellen von Marketingmaterialien über ein Partnerportal bietet es sich beispielsweise an, für die Partner eine Verkaufsplattform im Internet einzurichten. Der Webshop läuft unter der Marke des Geräteherstellers. Innerhalb des Webshops findet der

Kunde dann allerdings die Angebote der Partner. Der Kunde entscheidet sich beispielsweise nach geografischen Gesichtspunkten, von wem er das gewünschte Produkt bezieht. Ein stets mit aktuellen Produktdaten versorgter Produktkonfigurator erhöht die Attraktivität der Verkaufsplattform oder des Partnerportals zusätzlich. Konfigurierbare Produkte, wie beispielsweise Server oder PC lassen sich so kundenindividuell zusammenstellen. Der Konfigurator prüft, ob die gewählte Komponentenkombination zusammenpasst und errechnet den Preis.

Zwischen Halbbleiter- und Komponentenherstellern sowie deren Vertriebspartnern ist der indirekte Vertrieb über einen in der Branche standardisierten Design-Registrierungsprozess definiert. Im Folgenden wird ausgeführt, wie *SAP for High Tech* dieses Geschäftsszenario unterstützt. Durch die Automatisierung von Prozessschritten, beispielsweise bei der Angebotserstellung oder der Partnerbestandsverwaltung, sparen die Beteiligten Arbeitskosten ein.

4.2.4 Geschäftsszenario: Indirekter Vertrieb mit Design-Registrierung

Komponenten- und Halbleiterhersteller überlassen den Absatz ihrer elektronischen Bauteile hauptsächlich ihren Vertriebspartnern. Diese Distributoren informieren sich über den Bedarf der Gerätehersteller und versuchen die Komponenten entsprechend den technischen Anforderungen in das Design zu integrieren und den Gerätehersteller von der Ware zu überzeugen.

Um Absatzmöglichkeiten elektronischer Bauelemente zu verfolgen, bieten Hersteller ihren Vertriebspartnern häufig die Möglichkeit zur Design-Registrierung an. Diese gestattet es den Vertriebspartnern, eine von ihnen bei einem Gerätehersteller aufgespürte Verkaufschance (Opportunity) registrieren zu lassen. Sie sind dann exklusiv vom Hersteller damit beauftragt, diese Absatzchance in dessen Namen zu Umsatz zu machen. Kommt es zum Geschäftsabschluss, wird der Vertriebspartner mit einer garantierten Gewinnspanne und eventuell vereinbarten Prämien belohnt.

Aus der Sicht eines Halbleiterherstellers, der für die Zusammenarbeit mit seinen Vertriebspartnern *SAP for High Tech* einsetzt, stellt sich der Design-Registrierungsprozess wie folgt dar: Der fiktive Gerätehersteller *Talk2Me* entwickelt ein neues Mobiltelefon. Für dieses Mobiltelefon werden Mikroprozessoren benötigt. Der Distributor *DealGetters* agiert als Vertriebspartner des Halbleiterproduzenten *Semicon* und versucht, dessen Prozessoren an *Talk2Me* für das neue Mobiltelefon zu verkaufen. *SAP for High Tech* nutzt für dieses Geschäftsszenario das Channel Management von mySAP CRM. Das Geschäftsszenario verläuft in folgenden Phasen (siehe Abbildung 4.9):

- Design-Registrierung und Verfolgung der Verkaufsgelegenheit
- Ship-and-Debit-Kontraktvereinbarung mit dem Vertriebspartner
- Partnerbestandsverwaltung im Anschluss an den Verkauf an den Geräte-hersteller
- Abgleich von finanziellen Ansprüchen
- Bestandsneubewertung mit Preisgarantie für Vertriebspartner
- Provisionszahlungen für indirekten Verkauf

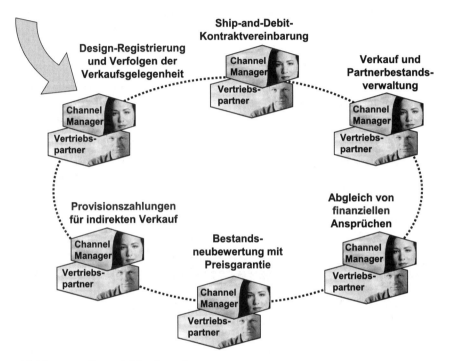

Abbildung 4.9 Channel-Sales-Szenario

Der Halbleiterhersteller *Semicon* hat die Channel-Management-Lösung von mySAP CRM im Einsatz, um den indirekten Vertrieb zu steuern. Die Kooperation mit dem Distributor wird über ein Partnerportal abgewickelt.

Rollen

Die folgenden Rollen sind in dem geschilderten Geschäftsszenario von Relevanz:

- Der *Channel Manager* arbeitet für den Halbleiterhersteller *Semicon* und ist für den indirekten Vertrieb einer bestimmten Produktsparte verantwortlich. Er verhandelt mit dem Distributor über Preise oder Forderungen und genehmigt Partnern das exklusive Bearbeiten einer Verkaufsgelegenheit.

▶ *Channel Partner* (Mitarbeiter der Distributoren) identifizieren Verkaufsgelegenheiten für Produkte des Halbleiterherstellers und registrieren diese im Partnerportal des Herstellers. Sie erwerben die Ware vom Hersteller und verkaufen sie zu festgelegten Wiederverkaufspreisen weiter.

Ablauf im Detail

Design-Registrierung und Verfolgung der Verkaufsgelegenheit

Der Channel Partner *DealGetters* hat Kenntnis von einem Entwicklungsprojekt bei *Talk2Me* erlangt, in dem der Mikroprozessor von *Semicon* eingesetzt werden kann. Er möchte deshalb bei *Semicon* diese Verkaufschance registrieren, um von *Semicon* exklusiv mit der Verfolgung dieser Opportunity beauftragt zu werden. Er besucht das Partnerportal von *Semicon* im Internet und stellt für die Absatzmöglichkeit bei *Talk2Me* einen Antrag auf Design-Registrierung, den mySAP CRM als Opportunity verwaltet (siehe Abbildung 4.10). Neben Namen und Kontaktperson des Mobiltelefonherstellers gibt er den zuständigen Vertriebsingenieur der *DealGetters* und Typ des Mikroprozessors und die Höhe des potenziellen Absatzes an. Falls die Möglichkeit besteht, auch andere *Semicon*-Produkte in das Design des Mobiltelefons zu integrieren, legt der Channel Partner ein Design-Projekt an, in dem weitere Opportunities verwaltet werden können.

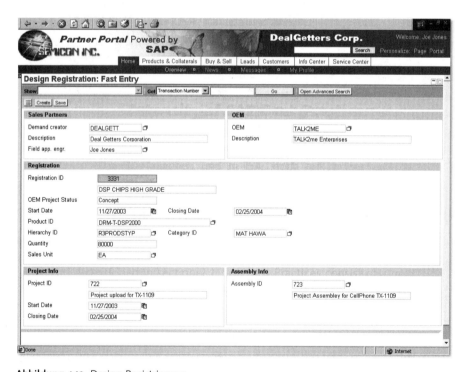

Abbildung 4.10 Design-Registrierung

Das Portal erlaubt ihm auch, seine bereits früher registrierten Opportunities zu verwalten. Dort stehen Informationen zu seiner »Design-Opportunity-Pipeline« sowie zu verschiedenen Aufgaben und Aktivitäten bereit, die mit jeder Opportunity verknüpft sind.

Die Opportunity wird nun dem Channel Manager des Halbleiterherstellers *Semicon* zugeleitet. Er prüft den Sachverhalt und kontaktiert gegebenenfalls den Vertriebsingenieur von *DealGetters*, um Unklarheiten über den Einsatz der Prozessoren zu beseitigen. Dann genehmigt er den Antrag auf Design-Registrierung, indem er den Status der Opportunity auf »Design approved« setzt. Mit der Genehmigung hat *DealGetters* exklusiv das Vorrecht, diese Opportunity zu verfolgen und im Erfolgsfall die Marge zu verdienen.

Ship-and-Debit-Kontrakt

Der Vertriebsingenieur von *DealGetters* arbeitet am Entwicklungsprojekt des Originalteileherstellers mit und empfiehlt dabei den Prozessor von *Semicon*. Dabei wird festgestellt, dass der empfohlene Listenpreis der *Semicon* nicht konkurrenzfähig ist. In Anbetracht des erwarteten hohen Umsatzes verhandeln Channel Manager der *Semicon* und Channel Partner der *DealGetters* über einen Kontrakt mit besonders günstigen Konditionen. Der Kontrakt regelt Menge und Wiederverkaufspreis. Dieser Prozess kann komplett über das Partnerportal abgewickelt werden.

Dazu legt der Channel Partner einen Kontrakt (Ship-and-Debit-Kontrakt, siehe Abbildung 4.11) an, der besagt, dass *DealGetters* 800 000 Prozessoren zu einem Einkaufspreis von 19 US$ erhält und sie an *Talk2Me* für 23 US$ weiterverkauft. Im nächsten Schritt erscheint der Kontrakt in der Inbox des Channel Managers von *Semicon*. Aufgrund der aktuellen Marktlage erhöht er den Einkaufspreis auf 20 US$. *DealGetters* akzeptiert, kennzeichnet den Kontraktstatus als »final« und sichert den Kontrakt.

Die Kontraktnummer wird dazu verwendet, den Weiterverkauf an *Talk2Me* zu verfolgen. Jeder Auftrag zwischen *Talk2Me* und *DealGetters* nimmt darauf Bezug.

Die Verkaufschance führt zum Erfolg. *Talk2Me* entschließt sich, den Mikroprozessor von *Semicon* einzusetzen. Der Channel Manager leitet diese Information über das Partnerportal weiter, indem er der Opportunity den Status »Design-In« gibt.

Verkauf und Partnerbestandsverwaltung

Distributoren erwerben üblicherweise einen Vorrat an Produkten zum Listenpreis, um bei Anfragen direkt liefern zu können. Es kommt allerdings häufig vor, dass sie Produkte unter Listenpreis oder sogar unter Einkaufspreis verkaufen müssen, um konkurrenzfähig zu sein. Dabei werden sie von den Halbleiterherstellern unterstützt, indem sie vor dem Wiederverkauf eine Art »Berechtigung« in Form des Ship-and-Debit-Kontrakts mit günstigeren Bedingungen einholen.

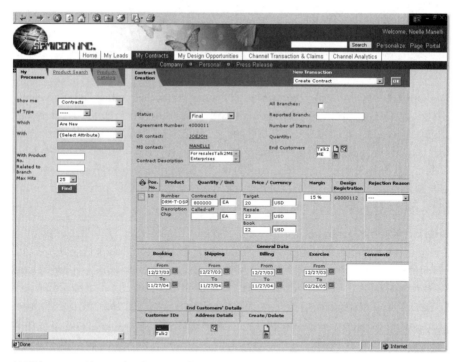

Abbildung 4.11 Ship-and-Debit-Kontrakt

Um den Überblick darüber zu behalten, welche Produkte bei welchem Partner auf Lager sind bzw. zu welchen Konditionen verkauft werden dürfen, führt *Semicon* den Bestand der Partner im System. *DealGetters* hat bereits 700 000 Prozessoren zum Listenpreis von 24 US$ erworben. Diese Menge ist in der Partnerbestandsverwaltung mit dem entsprechenden Preis verbucht. Mit mySAP CRM lassen sich so Partnerbestände kontinuierlich verfolgen. Die an einen Vertriebspartner verkauften Bestände werden nach dem Preis, den jeder Vertriebspartner bezahlt hat, in so genannte *Price Buckets* gruppiert.

Anhand von Daten aus dem Wiederverkauf aktualisiert das System die allgemeinen Bestandsinformationen. Bestandslisten von Vertriebspartnern lassen sich in das System laden, um die anhand der Verkaufsdaten berechneten Bestände gegen die tatsächlich von den Partnern genannten abzugleichen.

DealGetters verkauft nun die erste Lieferung von 200 000 Prozessoren an *Talk2Me*. In regelmäßigen Abständen übermittelt *DealGetters* seine Verkaufsdaten an *Semicon*. Dieser Datenaustausch kann über EDI, XML oder RosettaNet erfolgen. In den Verkaufsdaten enthalten sind der Verkaufspreis an *Talk2Me*, die abgesetzte Menge und die Nummer des Kontrakts, über den *DealGetters* die Ware bezogen hat. Der Channel Manager von *Semicon* gibt die eingegangenen Verkaufsdaten frei, um wiederum die Partnerbestandsdaten von *DealGetters* zu aktualisieren. mySAP CRM prüft auch, zu welchen Design-Registrierungen die Absatzzahlen passen und setzt den Status der entsprechenden Opportunity auf »Design Win«, da jetzt tatsächlich Ware an den Endkunden verkauft wurde.

Statistiken zur Design-Win-Abschlussrate oder zur Anzahl der Tage, die sich eine Opportunity in einem bestimmten Status befindet, helfen dem Channel Manager, den Überblick über die indirekten Vertriebsvorgänge zu behalten.

Abgleich von finanziellen Ansprüchen

Bei dem Wiederverkauf der Prozessoren an *Talk2Me* hat *DealGetters* Ware aus seinem Bestand, die er zum Listenpreis von 24 US$ erworben hat, zum Wiederverkaufspreis des Ship-and-Debit-Kontrakts von 23 US$ verkauft. Statt der im Ship-and-Debit-Kontrakt vereinbarten Spanne von 4 US$ hat *DealGetters* einen Verlust von 1 US$ pro Prozessor erwirtschaftet. Das Defizit von 5 US$ pro Prozessor, das sich aus dem Geschäftsvorfall ergibt, lässt sich der Distributor vom Halbleiterhersteller nachträglich ersetzen.

Die finanziellen Ansprüche ermittelt mySAP CRM aus Verkaufsinformationsdaten die über EDI oder XML vom Channel Partner übermittelt wurden. mySAP CRM prüft mit Hilfe konfigurierbarer Validierungsregeln und flexibel einstellbarer Berechnungsregeln die eingereichten Ansprüche gegen Price Buckets der Partnerbestandsverwaltung und eventuellen Kontraktdaten. Wenn der Channel Manager die Ansprüche akzeptiert, wird automatisch eine Gutschrift an den Channel Partner übermittelt.

Preisgarantie für Vertriebspartner

Ein kurzfristiger Preisverfall ist in der High-Tech-Branche keine Seltenheit. Um sicherzustellen, dass der Distributor *DealGetters* nicht auf den Produkten der *Semicon* sitzen bleibt, wird ihm eine Preisgarantie eingeräumt. Sinkt der Marktpreis eines Produkts unter den Einkaufspreis, so wird dem Distributor vom Halbleiterhersteller eine Neubewertung des Bestands gewährt, der sich zum Zeitpunkt der Preisänderung im Lager des Vertriebspartners befindet, oder eines Teils davon, d.h. eines Price Buckets mit dem aktuellen Verkaufspreis. Der Differenzbetrag wird dem Distributor erstattet.

Provisionszahlung für indirekten Verkauf

Als leistungsabhängigen Lohnzusatz bezahlt *Semicon* Vertriebspartnern sowie internen Vertriebsbeauftragten Provisionen. mySAP CRM berechnet dazu auf der Basis konfigurierbarer Regeln variable Vergütungen für direkte und indirekte Verkäufe. Je nach Ausgestaltung des Provisionsvertrags für Vertriebsmitarbeiter innerhalb oder außerhalb des Unternehmens bestimmt sich die Höhe der zu verrechnenden Prämien.

4.2.5 Marketingkampagnen mit Erfolgskontrolle

Gerätehersteller konzentrieren sich in ihren virtuellen Unternehmen auf die Vermarktung ihrer Produkte und ihrer Marke. Neben groß angelegten Messeauftritten, Plakat- und Inseratwerbung, die sich an die anonyme Masse der potenziellen Kunden richtet, nimmt die individuelle Kundenansprache an Bedeutung zu. Am einfachsten fällt dies natürlich bei den Bestandskunden.

Die direkte Ansprache von Bestandskunden hat in der High-Tech-Branche schon immer eine wichtige Rolle gespielt. Zum einen sind sie die Abnehmer der Serviceleistungen, zum anderen sind sie, zumindest wenn sie mit dem Produkt zufrieden sind, die ideale Zielgruppe für Updates, Upgrades oder Produktinnovationen. Die kurzen Produktlebenszyklen sorgen auch auf Kundenseite für einen stetigen Bedarf, das Alte durch Neues zu ersetzen. Aus diesem Grund empfiehlt es sich für Gerätehersteller, Daten von Endkunden zu analysieren. Dazu ist es notwendig, alle wichtigen Informationen zu den Kunden zu sammeln, darunter natürlich deren Kontaktdaten, aber auch Wünsche und Vorlieben. Auf der Basis derartiger Informationen ist es dann möglich, den Kunden individuell anzusprechen.

Die Wahl des richtigen Kommunikationskanals ist für den Erfolg einer direkten Kundenansprache mit entscheidend. Eine kostengünstige Möglichkeit der individualisierten Kundenansprache sind personalisierte E-Mails. Personalisierung meint aber mehr als die Nennung des Kundennamens in der Anrede. Speziell den Inhalt der E-Mail gilt es auf den Kunden abzustimmen. Die Inhalte können sich beispielsweise auf Interessengebiete des Kunden beziehen, die er über einen Fragebogen mitgeteilt hat. Erfolgversprechender sind allerdings Inhalte, die sich auf bisherige Interaktionen des Kunden mit dem Unternehmen beziehen, beispielsweise auf gekaufte Produkte oder abgeschlossene Verträge. Das nachstehende Beispiel veranschaulicht, wie ein Softwareunternehmen ein bestimmtes Bestandskundensegment über eine E-Mail-Kampagne anspricht. Das Geschäftsszenario besteht aus folgenden Phasen (siehe Abbildung 4.12):

▶ Planung der Marketingkampagne

▶ Bestimmung der Zielgruppe

▶ Ausführung der Marketingkampagne

▶ Analyse des Kampagnenerfolgs

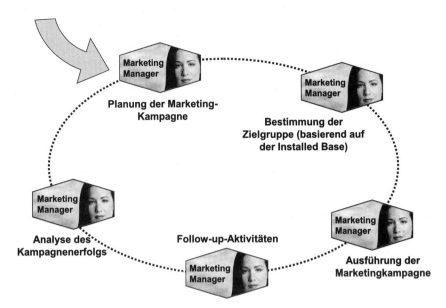

Abbildung 4.12 Marketingszenario

Planung der Marketingkampagne

Das fiktive Softwareunternehmen SOFT GmbH hat soeben eine neue Version seiner Software unter dem Namen A/3000 auf den Markt gebracht. Als besonders interessante Zielgruppe für die neue Softwareversion werden bestehende Kunden identifiziert, die ältere Versionen einsetzen und deren Wartungsvertrag bald ausläuft. Die SOFT GmbH will sie gezielt über eine E-Mail-Kampagne ansprechen. Parallel laufen eine Telefon- und eine Briefkampagne für Neukunden.

Bei dieser Kampagne wird den Kunden ein Upgrade auf A/3000 zu einem Festpreis oder die Option angeboten, zu günstigen Konditionen einen neuen Wartungsvertrag abzuschließen, der auch einen kostenlosen Versionswechsel beinhaltet.

Die zeitlichen Rahmenbedingen der Kampagne trägt der Marketingmanager in den Marketingkalender von mySAP CRM ein. Auf dessen grafischer Oberfläche sind die verschiedenen Marketingaktivitäten des Jahres und ihre Dauer aufgeführt. Die Marketingkampagnen lassen sich für spätere Auswertungen Produkten oder Kundengruppen zuordnen.

Auch der Ablauf der Kampagne ist grafisch mit Hilfe der Maus planbar. Die Kampagne wird als Prozess betrachtet, bei dem sich die einzelnen Schritte in Form von Aktivitäten aneinander reihen. Im Beispiel der Markteinführung von A/3000 ist es das Ziel, im ersten Schritt bestehende oder potenzielle Kunden über verschiedene Kontaktkanäle anzusprechen.

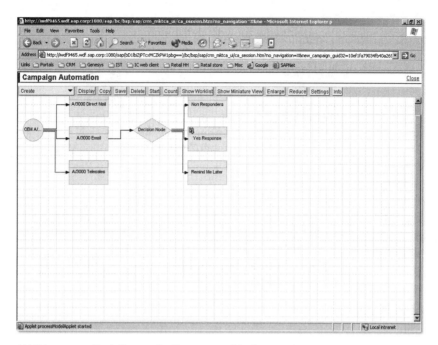

Abbildung 4.13 Modellierung des Kampagnenablaufs

Entsprechend setzt der Marketingmanager auf dem Bildschirm Aktivitäten für die Telefon-, die Brief- und die E-Mail-Kampagne (siehe Abbildung 4.13). Je nach Reaktion der angesprochenen Kunden sollen automatisch Folgeaktivitäten ausgelöst werden. Im vorliegenden Beispiel generiert der Marketingmanager in Abhängigkeit von den Kundenreaktionen unterschiedliche Aktionen. Kunden, deren Antwort positiv ausfiel, erhalten ein kostenloses Upgrade. Kunden, die auf die E-Mail nicht reagiert haben, werden von der SOFT GmbH erneut per E-Mail erinnert, und Kunden, die darum gebeten haben, dass die SOFT GmbH zu einem späteren Zeitpunkt auf sie zurückkommt, werden für eine Erinnerung im gewünschten Zeitfenster vorgemerkt.

Bestimmung der Zielgruppe

Die Festlegung der Kampagnenzielgruppe erfolgt durch Gruppierung der Kunden anhand ausgewählter Attribute. Als Datenbasis werden die Kundendatensätze aus der Datenbank von mySAP CRM gewählt. Es ist aber ebenso möglich, Daten aus externen Quellen, beispielsweise eingekaufte Adresslisten, zur Segmentierung zu verwenden. Die Segmentierung erfolgt auf der Basis von Merkmalen wie Umsatz, Kundensegment oder Region bzw. nutzt einzelne Produkte als Grundlage.

Im Beispiel werden als Zielgruppen alle bestehenden Kunden, die A/1000 oder A/2000 mit Release 1.3 oder niedriger im Einsatz haben, bestimmt. Hierzu durchsucht mySAP CRM die Datenbank nach bei Kunden installierten Systemen und nimmt die Kunden, auf die die Suchkriterien passen, in die Zielgruppe auf.

Ausführung der Marketingkampagne

Nachdem die Zielgruppe der entsprechenden Kampagne zugeordnet wurde, gibt der Marketingmanager die Kampagne und die zugehörigen Elemente frei. Dabei werden die Informationen über die Zielgruppe an den entsprechenden Interaktionskanal geleitet. Alle bestehenden Kunden, die alte Softwareversionen der SOFT GmbH im Einsatz haben, erhalten eine E-Mail, die mit den Attributen und der jeweiligen Produktversion des Kunden automatisch personalisiert wird. Da die Vertriebsmitarbeiter der SOFT GmbH Kundenansprechpartner und deren Funktion kontinuierlich pflegen, wird die E-Mail direkt an den verantwortlichen Einkaufsleiter und den IT-Manager adressiert.

Analyse des Kampagnenerfolgs

Mittels integrierter Analysefunktionen kann der Marketingmanager der SOFT GmbH den Erfolg der Kampagne verfolgen. Es lässt sich anhand der Kundenreaktionen auf die E-Mails nachvollziehen, welcher Umsatz auf die Kampagne zurückzuführen ist (siehe Abbildung 4.14). Der Erfolg einer Marketingkampagne wird durch die Gegenüberstellung von Kosten und Nutzen messbar. Auf diese Weise kann die SOFT GmbH aus den Erfahrungen mit durchgeführten Kampagnen lernen und zukünftige Aktionen erfolgsversprechender planen.

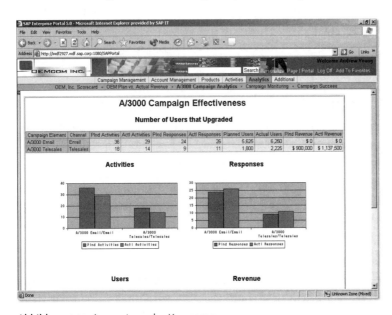

Abbildung 4.14 Auswertung der Kampagne

4.2.6 Serviceleistungen als »Profit Center«

Viele Produkte der High-Tech-Branche sind so komplex, dass der Kunde bei deren Einsatz Unterstützung benötigt. Er möchte nämlich nicht nur ein erstklassiges Produkt erwerben, sondern erwartet bei High-Tech-Produkten auch eine breite Palette an Serviceleistungen rund um das Produkt. Dazu gehören:

▶ Schnelle und praxisnahe Antworten bei Fragen zur Handhabung, zur Inbetriebnahme oder anderen Problemen

▶ Zeitnahe Hilfe bei Ausfällen

▶ Bereitstellung von Software-Updates und Fehlerkorrekturen

Eine kostengünstige Möglichkeit, Servicedienstleistungen der genannten Art anzubieten, sind Self Services

Self Services

In einem Kundenportal oder auf der Website des Unternehmens lassen sich Self Services anbieten. Dort findet der Kunde Informationen zum Produkt, z.B. Produktbeschreibungen, Bedienungsanleitungen, Installationsleitfäden oder Antworten auf häufig auftauchende Fragen (Frequently Asked Questions, FAQ).

Ein anderer Self Service ist die Produktregistrierung. Da der Kunde im B2C-Bereich dem Hersteller in der Regel unbekannt ist, kann er sich mit seinem neu erworbenen Produkt beim Hersteller registrieren. Aus dem anonymen Käufer wird damit ein Kunde, den man beispielsweise bei Software-Updates benachrichtigen kann. Im Falle eines Defekts hat der Kunde auch die Möglichkeit, seine Reklamation online über das Kundenportal zu erfassen und seinen Garantieanspruch geltend zu machen.

Management der Kundeninstallationen

Im B2B-Bereich wird die Serviceabteilung nicht mehr als reiner Kostenfaktor verstanden, sondern eher als »Profit Center«. Serviceleistungen sind zu einem wesentlichen Umsatzfaktor vieler Hersteller geworden.

Grundbedingung für jeden Service ist es, die vor Ort beim Kunden eingesetzten Produkte zu kennen. Daher werden die wesentlichen Produktmerkmale, gegebenenfalls auch die gesamte Konfiguration eines komplexen Produkts, innerhalb der *Installed Base* der Serviceanwendung von mySAP CRM gespeichert. Meldet sich ein Kunde mit einem Servicefall zum Beispiel im Interaction Center, so hat der Interaction-Center-Agent sofort den Überblick über die beim Kunden verwendeten Produkte. Eventuell reicht das schon aus, um dem Kunden eine erste Hilfestellung zu bieten. Andernfalls nutzt der Agent die vorliegenden Daten, um in der

Wissensdatenbank nach Antworten auf die Frage des Kunden zu suchen. Ist das Problem so schwerwiegend, dass ein Servicemitarbeiter vor Ort helfen muss, überträgt mySAP CRM alle benötigten Informationen zum Kunden und zur Kundeninstallation auf dessen Laptop.

High-Tech-Unternehmen können Daten zu Kundeninstallationen auch nutzen, um Services, Upgrades oder Zusatzgeräte zielgerichtet an Kunden zu verkaufen. In Marktsegmenten, in denen die Hersteller in hohem Maße haftungspflichtig sind, z.B. bei medizinischen Geräten, sind diese Informationen zudem bei Rückrufaktionen sehr hilfreich.

Brother International Corp., USA, verwendet die Servicefunktionalität von mySAP CRM sehr erfolgreich, um den direkten Kontakt mit seinen Kunden zu pflegen. Wie das nachfolgende Praxisbeispiel zeigt, konnte dabei ein schneller und hoher Return of Investment erzielt werden.

4.2.7 Praxisbeispiel: Service bei Brother International Corporation

Das US-amerikanische Unternehmen Brother International Corporation, Tochter des japanischen Konzerns Brother International, stellt elektronische Geräte für den Büro- und Heimgebrauch her, beispielsweise Drucker, Kopierer oder auch Nähmaschinen. Brother erwirtschaftet damit allein in den USA rund eine Milliarde US$ Umsatz pro Jahr.

Brother vertreibt seine Produkte hauptsächlich über Partner, übernimmt jedoch die gesamte Zuständigkeit für den Kundenservice nach dem Verkauf. Trotz des indirekten Vertriebsmodells will Brother den Kontakt mit den Endanwendern seiner Produkte pflegen. Dazu bietet sich der Kundenservice an: Elektronische Geräte verfügen heutzutage über eine Fülle von Funktionen und müssen darüber hinaus problemlos mit anderen Produkten kompatibel sein, wie z.B. der Drucker mit dem PC. Benutzer, die entmutigt sind, weil verschiedene Produkte nicht sofort gemeinsam einsetzbar sind, rufen entweder bei der Hotline des Herstellers an oder geben das Produkt zurück. So beträgt der Anteil an Retouren in der Druckersparte 12 %. Ein ansprechender Kundenservice kann deshalb speziell in der High-Tech-Branche zur Steigerung der Kundenzufriedenheit und zur Umsatzsteigerung beitragen. Vor der Einführung von mySAP CRM gelang das Brother nicht immer:

▶ Eine hohe Anzahl von Retouren musste hingenommen werden, da sich nur 46 % der Kundenanrufe beantworten ließen.

▶ Die wenigen Informationen, die über die zahlreichen Endkunden vorlagen, waren über verschiedene Systeme verteilt, schwer zugänglich und nicht konsolidiert.

▶ Die Antworten des Kundenservice auf gleiche Anfragen mehrerer Kunden fielen unterschiedlich aus.

Brother beschloss, diese Herausforderungen in mehreren Phasen mit Hilfe von mySAP CRM zu lösen.

In der ersten Phase wurden die Call Center mit der Interaction-Center-Lösung von mySAP CRM ausgestattet. Den Agenten steht dort beim Anruf eines Kunden auf einer übersichtlichen Bildschirmoberfläche die gesamte Interaktionshistorie zur Verfügung. Bei Kundenproblemen können die Agenten die Wissensdatenbank befragen, die vorgefertigte Problemlösungen zur Verfügung stellt. Durch die Übertragung des Know-hows der Vertriebsmitarbeiter in eine Lösungsdatenbank, auf die alle Mitarbeiter zugreifen können, ist der Service des Interaction Center von hoher und gleich bleibender Qualität [Gillar 2002].

Webbasierte Anwendungen wie die Online-Produktregistrierung ermöglichen es Brother, den anonymen Endbenutzer direkt kennen zu lernen. Über die so gespeicherten Daten lässt sich feststellen, welche Kunden bald ein neues Produkt oder ein Software-Upgrade brauchen. Das Kampagnenmanagement stellt hierzu eine Zielgruppenselektion zur Verfügung, mit deren Hilfe innerhalb kürzester Zeit eine Kampagne für eine klar abgegrenzte Zielgruppe gestartet werden kann.

Folgende direkt quantifizierbare Verbesserungen hat Brother durch den Einsatz von mySAP CRM erreicht [Brother 2003, Holliday 2002]:

▶ Die Retourenrate ist von 6,7 % im Jahr 2001 auf 6,1 % im Jahr 2002 gesunken, bei gleichzeitigem Anstieg der Produktauslieferungen. Jeder Rückgang bei den Retouren um 0,25 % bedeutet Einsparungen von mehr als 1,6 Millionen US$ pro Jahr.

▶ Die Bearbeitungszeit von Kundenanfragen wurde um 40 % verkürzt. Das bedeutet eine Kostensenkung von 1,80 US$ pro Kundenanruf.

▶ Die Wissensdatenbank im Interaction Center hat dazu beigetragen, die Gesprächszeit bei knapp zwei Drittel aller Gespräche um 10 % zu senken, was Einsparungen von 621 000 US$ pro Jahr gleichkommt.

▶ Die Einführung des Kampagnenmanagements hat die durchschnittliche Vorbereitungszeit einer Kampagne von acht auf zwei Stunden verkürzt. Pro Kampagne werden damit 4400 US$ eingespart.

Die Projektkosten für die Einführung von mySAP CRM beliefen sich auf 1 727 000 US$, wobei 777 000 US$ für Beratung und Training anfielen. Auch vorsichtige Berechnungen ergaben, dass sich die Einführungskosten innerhalb von zwei Jahren amortisieren und sich ein ROI von 129 % einstellen wird.

In der nächsten Phase des CRM-Projekts wird sich Brother auf die Verbesserung der Zusammenarbeit mit seinen Vertriebspartnern konzentrieren [Holliday 2002].

4.2.8 Kritische Erfolgsfaktoren bei der CRM-Einführung

»Think strategic«

Voraussetzung für eine erfolgreiche CRM-Implementierung ist die kundenorientierte Ausrichtung aller unternehmensspezifischen Prozesse. Dies bedeutet jedoch das grundsätzliche Überdenken und die Neuausrichtung von internen organisatorischen Strukturen. Und eine solche innerbetriebliche Neuausrichtung verlangt eine ganzheitliche und übergreifende Strategie – CRM ist ein interdisziplinäres Thema. Diese ganzheitliche Strategie muss die Geschäftsstrategien, die Prozesse und die Organisation des gesamten Unternehmens berücksichtigen.

»Think global«

Die meisten High-Tech-Unternehmen agieren weltweit. Die größte Herausforderung und für den Erfolg des CRM-Programms essentiell ist die globale Vereinheitlichung der Geschäftsprozesse. Einmal in die Praxis umgesetzt, kann somit sehr rasch auf die sich schnell verändernden High-Tech-Märkte reagiert werden. Dies gilt auch für die CRM-Lösung, die diese vereinheitlichten Prozesse unterstützt. Erstrebenswert ist die Verwendung eines globalen Templates, das im Zuge des Roll-Outs in die verschiedenen Regionen nur wenig angepasst werden muss. Unter Berücksichtigung von Systemschnittstellen und regionaler Legacysysteme sollte geprüft werden, ob das CRM-System auf einer Instanz betrieben werden kann. Dies alles erfordert ein projektbegleitendes Change Management und das Durchsetzungsvermögen der Führungskräfte.

»Think big – start small«

Auf der Basis dieser ganzheitlichen Strategie sollte eine realistische Planung erfolgen. Wenn die nötigen finanziellen und personellen Ressourcen für die CRM-Projekte beschränkt sind oder das Umfeld das schnelle Handeln in bestimmten Bereichen/Prozessen erfordert – dies ist gerade in der schnelllebigen High-Tech-Branche der Fall – sollte die Implementierung in Stufen geplant werden.

Dabei sollte man zunächst die Bereiche angehen, die schnell zu implementieren sind und die den größten Nutzen für das Unternehmen bieten. Schnelle Erfolge fördern die Akzeptanz, neue Geschäftsprozesse zu leben und die CRM-Lösung zu nutzen.

Tipps für erfolgreiche CRM-Projekte

Innerhalb der Projekte sollte man insbesondere folgende Punkte berücksichtigen:

▶ Das Sollkonzept sollte die wesentlichen für das Geschäft notwendigen und schnell realisierbaren Punkte unter Berücksichtigung der CRM-Lösung bzw. deren Funktionalität adressieren.

▶ Oft empfiehlt es sich, einen Prototypen aufzubauen. Anhand des Prototypen, der die Kernprozesse und -funktionalitäten einer zukünftigen CRM-Lösung beinhaltet, kann das Projektteam das Sollkonzept erstellen. Durch den Prototypen bekommen alle Beteiligten frühzeitig einen Eindruck, wie die spätere Lösung aussehen kann.

▶ Bei der Erstellung des Sollkonzepts sollten die Anwender aus der Fachabteilung, insbesondere die des Vertriebs, involviert sein. Sie kennen die Kunden und ihre Anforderungen und sind diejenigen, die mit der CRM-Lösung arbeiten werden. Im Bereich von Channel-Management-Lösungen ist es sinnvoll, die Channel Partner zu involvieren.

▶ Die mit dem CRM verfolgten Ziele der Nachfragesteigerung müssen mit den nachgelagerten Prozessen abgestimmt werden. Anforderungen der ERP-Backendprozesse (Beschaffung, Produktion, Lieferlogistik, Faktura, Rechnungswesen usw.) und anderer Systeme (z.B. Groupware) müssen rechtzeitig in die Lösung einfließen.

▶ Die Konzeption und Umsetzung der Benutzungsoberfläche für interne Anwender und Kunden sollte frühzeitig angegangen werden. Oft entscheidet die Benutzungsoberfläche über die Akzeptanz des Systems durch Anwender und Kunden.

4.2.9 Auswahl wichtiger kundenorientierter Geschäftsszenarios

Geschäftsszenario	Kurzbeschreibung
Vertriebs- und Absatz- planung	Mehrdimensionale Planung, z.B. für Verkaufsgebiete, Produktgruppen und Kundenhierarchien, auf der Basis beliebiger Kennzahlen, etwa Absatzmengen, Umsatz oder Kundenzufriedenheit, mit entsprechenden Auswertungsmöglichkeiten und grafischen Analysen
Opportunity Management	Begleitung des Vertriebszyklus von der Identifikation von Verkaufschancen bis zum erfolgreichen Abschluss. Einheitliche Sicht auf zugeordnete Vorgänge, Historie, Termine, Fortschritte und zuständige Entscheidungsträger
Angebots- und Auftrags- management	Unterstützung des gesamten Auftragsprozesses von Anfrage über Angebot bis zum Auftrag mit Produktkonfiguration, Verfügbarkeitsprüfung, Preisfindung und der Integration in die Auftragsabwicklung, unabhängig vom Kommunikationskanal der Auftragserfassung

Geschäftsszenario	Kurzbeschreibung
Aktivitäts-management	Planung, Durchführung und Management von Vertriebsaktivitäten und Organisation des Vertriebstagesgeschäfts zur schnelleren Erzielung von Verkaufsabschlüssen
Account and Contact Management	Bereitstellung aller wichtigen Informationen über Kunden, Interessenten und Partner für Interaktionshistorie, Aktvitätenverfolgung und Analyse erfolgreicher oder kritischer Geschäftsbeziehungen
Versand und Transport	Vollständige Integration von Versand und Transport in die Verkaufsabwicklung, um exakte Aussagen des Vertriebs bezüglich Lieferterminen zu ermöglichen
Reklamations- und Retouren-abwicklung	Abwicklung von Reklamationsprozessen von der Reklamationsannahme über die technische Analyse bis zu Servicebereitstellung, Gutschriftenerstellung und Retourenabwicklung
Product Analytics	Untersuchung der von Kunden bevorzugten Produkte und Produkteigenschaften sowie der Produktprofitabilität
Sales Analytics	Verbesserung der Effizienz und Effektivität von Vertriebsprozessen, ausgehend von der Vertriebsplanung über die vorausschauende Analyse der Geschäftsentwicklungen und entsprechende Pipeline-Analysen bis hin zur abschließenden Erfolgsanalyse im Vertrieb
Channel Sales Management für die High-Tech-Branche	Funktionen zur Einbindung von externen Partnern in die Vertriebsprozesse des Unternehmens

4.3 Maschinen- und Anlagenbau

Europa, die USA und Japan bestreiten zusammen drei Viertel der weltweiten Produktion von Maschinen und Anlagen. Während Europa der weltgrößte Maschinenproduzent ist, sind die USA der weltweit größte Markt für Maschinen und Anlagen. In Europa produziert kein anderes Land wertmäßig mehr Maschinen und Anlagen als Deutschland, das an der gesamten EU-Produktion (353 Milliarden Euro) einen Anteil von 41 % hat – mehr als Italien, Frankreich und Großbritannien zusammen [VDMA 2001a].

Die Bereitstellung produktbezogener Dienstleistungen ist im Maschinenbau eine Selbstverständlichkeit. Komplexe technische Anlagen müssen projektiert, montiert, in Betrieb genommen, dokumentiert und instand gehalten werden. Darüber hinaus ist eine gründliche Schulung des Bedienpersonals unerlässlich. Bislang waren solche Dienstleistungen, mit Ausnahme der Instandhaltung, zu einem mehr oder minder großen Teil im Anlagenpreis enthalten. Zukünftig dürfte sich dies ändern.

4.3.1 Service hat hohe Priorität

78 % der im Rahmen einer VDMA-Erhebung im Jahr 2001 befragten deutschen Maschinenbauunternehmen gehen davon aus, dass sich der Serviceanteil am Gesamtumsatz in den kommenden fünf Jahren deutlich erhöhen wird. Während noch im Jahr 2000 mehr als die Hälfte aller Firmen weniger als 10 % ihres Umsatzes mit Serviceleistungen erzielte, wird bei zwei Dritteln der Maschinenbauer der Serviceanteil bis zum Jahr 2006 auf 10 bis 50 % steigen [VDMA 2001b]. Überdurchschnittliches Wachstum erwarten die Firmen vor allem bei folgenden Serviceleistungen:

▶ Teleservices und Hotline

▶ Software

▶ Kundentraining

▶ Planung und Beratung

▶ Wartung

Die von den Unternehmen angebotenen Dienstleistungen haben einen Anteil von rund 20 % an deren Gesamtumsatz. Im Jahr 1998 hat der Serviceanteil am Umsatz noch bei lediglich 10 % gelegen – mithin ist die Bedeutung produktbezogener Dienstleistungen deutlich gestiegen. Deshalb sind auch bereits 17 % der Beschäftigten der Branche mit solchen Dienstleistungen befasst.

Am Umsatz im Kundendienst haben die verschiedenen Dienstleistungen im Durchschnitt folgenden Anteil [VDMA 2003]:

▶ Ersatzteilgeschäft 50 %

▶ Wartung 23 %

▶ Montage, Inbetriebnahme, Abnahme 17 %

▶ Kundenschulungen und -einweisungen 2 %

▶ Leasing, Vermietung, Finanzierung 0,3 %

Service als Profit Center

Die genannten Dienstleistungen werden überwiegend von den Maschinen- und Anlagenbaufirmen selbst erbracht. Dieser Trend scheint sich fortzusetzen, denn der Anteil jener Unternehmen, die die Absicht haben, Dienstleistungskompetenzen auszugliedern, hat sich in nur drei Jahren nahezu halbiert. Mit anderen Worten: Zunehmend mehr Maschinen- und Anlagenbauer sehen Dienstleistung als integralen Bestandteil ihres produktiven Kerngeschäfts – und dies zu Recht:

- Sie erwirtschaften ein Fünftel ihres Umsatzes durch produktbezogene Services.
- Maschinenbauunternehmen bieten auch neue Dienstleistungen an. Insbesondere für Teleservice und Fernwartung prognostizieren Experten ein überdurchschnittliches Wachstum.
- Vier Fünftel der Unternehmen erwarten, dass der Dienstleistungsanteil am Umsatz weiter zunehmen wird.
- Knapp die Hälfte der Maschinenbauer rechnet die Dienstleistungen beim Kunden gesondert ab – mit steigender Tendenz.

Für Maschinen- und Anlagenbauer ist Dienstleistung bereits heute ein nicht zu unterschätzender Faktor in der Wertschöpfungskette. Dementsprechend hat sich auch die Betrachtungsweise verändert: Ursprünglich als reiner Kostenfaktor gesehen, werden Dienstleistungen inzwischen in wirtschaftlich erfolgreichen Profit Center gebündelt. Die Klientel des Maschinenbaus gibt je nach Branche das Fünf- bis Zwanzigfache des ursprünglichen Kaufpreises für nachfolgende Serviceleistungen sowie für Verbrauchs- und Verschleißteile aus [McCluskey/Bijesse/Sodano 2002]. Die Mehrzahl der Maschinen- und Anlagenbauer betrachtet ihren Service deshalb mittlerweile als strategisches Geschäftsfeld, dessen Wertschöpfungspotenzial es auszubauen und zu optimieren gilt.

Der Service wird in dieser Branche damit aus Kundensicht zu einem signifikanten Unterscheidungsmerkmal. Dies gilt prinzipiell für alle Produzenten von Maschinen und Anlagen, bei denen der Service ein fester Bestandteil ihres Geschäftes ist:

- Industrie- und Werkzeugmaschinenhersteller
- Produzenten von Aufzügen, Rolltreppen, Kränen und Förderbändern
- Dampf-, Gas- und Hydraulikturbinenhersteller
- Hersteller von Druck-, Papier- und Verpackungsmaschinen
- Produzenten von umwelttechnischen Anlagen (z. B. Windkraftanlagen)
- Klima- und Kühlanlagenhersteller

E-Service

Im Zuge der Optimierung der Dienstleistungsangebote bietet die Bereitstellung von internetbasierten Serviceleistungen, so genannte *E-Services*, den Unternehmen eine Reihe von Vorteilen. E-Services ermöglichen schnellere Reaktionszeiten, reduzieren (Personal-)Kosten, bieten den Kunden komfortablen Zusatznutzen (etwa die Online-Suche und Online-Bestellung von Ersatzteilen) und erhöhen nicht zuletzt die Kundenbindung. Schneller Service, auf den man sich verlassen kann – diesen Aspekt dürften vor allem Unternehmen schätzen, die ihren Kunden

vertraglich kurze Reaktionszeiten zusichern, in Just-in-time-Lieferketten eingebunden sind oder einfach nur kostenträchtige Stillstandszeiten vermeiden wollen.
Time is money – im wahrsten Sinne des Wortes.

Die Analysten der Gartner Group haben drei wichtige Trends identifiziert, die
nach ihrer Meinung den Maschinen- und Anlagenmarkt maßgeblich beeinflussen
werden [Brittain/Kolsky 2002]:

▶ Die mit E-Services erzielbaren Umsätze werden sich bis zum Jahr 2004 verfünf-
fachen.

▶ Es gibt eine klare Tendenz zur Integration von E-Service-Lösungen in bestehende Kundenservicestrukturen.

▶ Neue Technologien werden automatisierte Reaktionen im Service unterstützen. Der Kunde hilft sich selbst und ist damit zufrieden.

Anforderungen an E-Service

Zwar formulieren die Betreiber von Maschinen und Anlagen klare Anforderungen
an internetbasierten Service, weil er schnell und rund um die Uhr verfügbar ist,
doch haben die Hersteller – wenn sie denn E-Service überhaupt anbieten – darauf
bislang eher zögerlich reagiert.

So wünschten sich 76 % der Betreiberfirmen in einer im Jahr 2001 durchgeführten
Umfrage [VDI/EBC 2001] einen Online-Ersatzteilkatalog, doch nur 14 % der Hersteller boten ihn auch an. Immerhin erklärten seinerzeit 51 %, eine solche Serviceleistung zu planen. 66 % der Betreiber verlangten eine Online-Verfügbarkeitsprü-
fung für Ersatzteile, doch nur 7 % der Hersteller hatten sie (geplant: 32 %). Für
eine Online-Dokumentation plädierten 62 % und für die Online-Bestellung von
Ersatzteilen 59 % der Befragten; angeboten wurde dieser Services aber nur von
20 % bzw. 11 % der Hersteller (54 % bzw. 57 % planten ihn indes). Die vergleichsweise »kleinste« Lücke zwischen Nachfrage und Angebot zeigte sich bei Software-
Updates: 62 % wünschten sich diesen elektronischen Service, 33 % der Hersteller
boten ihn an und weitere 26 % planten für das Jahr 2001 ein solches Angebot.

Mittlerweile dürfte die Diskrepanz zwischen Kundenwunsch und Herstelleranfge-
bot deutlich kleiner geworden sein. Denn die Vorteile von elektronisch angebotenen Dienstleistungen sind nicht von der Hand zu weisen:

▶ Für die Anbieter machen sich die vergleichsweise niedrigen Anschaffungskosten von E-Service-Lösungen schnell bezahlt. Elektronischer Service führt zu
einem rückläufigen Aufkommen von Telefonanrufen, Faxen und E-Mails und
reduziert mithin in Summe die Transaktionskosten.

- Ein mit den Unternehmensprozessen vernetzter E-Service läuft weitgehend automatisiert ab. Zeit- und kostenintensive Übermittlungsfehler, Nachfragen oder Missverständnisse sind ausgeschlossen, die Mitarbeiterproduktivität steigt.

- Jedem Servicemitarbeiter stehen die gleichen, stets aktuellen Informationen zur Verfügung, und jeder hat die komplette Historie seines Kunden vor Augen – auch nach längerer Abwesenheit. Über zwischenzeitlich eingetretene Störfälle, Stillstandszeiten oder Anlagenmodifikationen muss er sich nicht erst im Gespräch mit seinen Kunden informieren – bei seinem Besuch kennt er sie bereits.

- Die Kunden sind zufriedener: E-Service bietet ihnen die Möglichkeit, ihre Servicewünsche schnell zu befriedigen – überall und jederzeit. Zudem haben sie einen zusätzlichen Kommunikationskanal zur Auswahl, über den sie sich mit verlässlicher und konsistenter Information versorgen können. Sätze wie »Aber Ihr Techniker hat mir gestern doch gesagt, dass das Ersatzteil erst bestellt werden muss« gehören ein für allemal der Vergangenheit an.

E-Service-Angebote sind eine Möglichkeit, Kunden ein erweitertes Service-Angebot zu niedrigen Kosten anzubieten.

4.3.2 Softwareunterstützung für kundenbezogene Geschäftsprozesse im Maschinen- und Anlagenbau

Service- und E-Service-Geschäftsszenarios sind ein wesentlicher Bestandteil von Branchenlösungen für den Maschinen- und Anlagenbau. Servicevorgänge lösen aber immer auch Aktivitäten in anderen Bereichen aus, beispielsweise in:

- Produktion, z.B. für die Herstellung von Ersatzteilen
- Logistik, etwa im Umfeld der Ersatzteilbeschaffung
- Personalwesen, z.B. zur Einsatzplanung von Servicetechnikern
- Buchhaltung, für die Verrechnung von Servicedienstleistungen
- Vertrieb, z.B. zum Abschluss von Serviceverträgen

SAP for Industrial Machinery & Components bietet daher eine integrierte Lösungsplattform für den Anlagen- und Maschinenbau (siehe Abbildung 4.15). Für das Management der Kundenbeziehungen sorgt die branchenspezifisch konfigurierte Lösung mySAP CRM. mySAP CRM ist dabei viel mehr als eine reine Frontend-Anwendung, sondern dient als Ausgangspunkt für Geschäftsprozesse, die ihre Fortsetzung in Anwendungen der Logistikkette, der Produktionsplanung oder des Rechnungswesens finden. Verfügbarkeitsprüfungen in Echtzeit bei Auftragserfassung oder die automatische Rechnungsstellung nach der Belieferung sind möglich.

Enterprise Management	Strategic Enterprise Management	Management Accounting	Financial Accounting	Corporate Governance	Financial Supply Chain Management	Business Analytics
Marketing, Sales & Service	Marketing		Sales Cycle Management		Service Sales & Marketing	
Product Research & Development	Idea Management & Concept Development	Program & Project Management	Engineering, Prototyping & Product Development	Engineering Change & Configuration Management	Data Management	
Manufacturing: Make-to-Stock	Product Demand Planning	Production Planning & Scheduling	Production & Procurement Execution	Production & Procurement Coordination	Sales Order Processing, Shipping & Billing	
Manufacturing: Make-to-Order	Component Demand Planning	Configuration & Sales Cycle Management	Production Planning & Scheduling	Production & Procurement Execution	Production & Procurement Coordination	Shipping, Assembly & Order Billing
Manufacturing: Engineer-to-Order	Concept & Product Development	Sales Cycle Management	Project Planning & Engineering	Project-Driven Production & Procurement	Production & Procurement Coordination	Shipping, Assembly & Project Billing
After Market Sales & Service	Service Forecasting & Optimization	Service Parts Management	Service Execution Management	Service Analytics		
Human Capital Management	Employee Life-Cycle Management	Employee Transaction Management	HCM Service Delivery	Workforce Deployment		
Business Support	Procurement	Inventory Mgmt	Quality Mgmt	Maintenance Operations	Fixed Asset Mgmt	Environment, Health & Safety	Global Trade Mgmt	Incentive & Commission Mgmt	Real Estate Mgmt	Travel Mgmt

Abbildung 4.15 Solution Map von SAP for Industrial Machinery & Components

Zu den Anwendungen von mySAP CRM, die sich im Brancheneinsatz bereits nachweislich bewährt haben, gehören:

▶ Die Unterstützung aller vertrieblichen Planungs-, Durchführungs- und Steuerungsaktivitäten, unter anderem:

  ▶ Geschäftspartner-Management zum Anzeigen und Bearbeiten von Adress- und Ansprechpartner-Informationen sowie Kredit-, Zahlungs- und Liefermodalitäten

  ▶ Gebiets-Management zur Planung und Strukturierung des Marktes nach Vertriebsgebieten und die automatische Weiterleitung von Geschäftsaktivitäten wie etwa Angebotsanfragen an zuständige Unternehmenseinheiten über das Workflow-Management

  ▶ Aktivitäten-Management zur Planung, Terminierung und Dokumentation von Vertriebsaktivitäten

  ▶ Lead- und Opportunity-Management zur Umsetzung von Best Practices in der Verkaufsmethodik und zur fundierten Erstellung von Absatzprognosen. Opportunity Management schafft die notwendige Transparenz, um den Verkaufszyklus vollständig kontrollieren zu können. Geplante Umsätze und Erlöse eines eventuellen Abschlusses lassen sich schnell ermitteln. Verkaufsvorhaben werden dazu in separat steuerbare Teilprojekte untergliedert.

▶ Eine integrierte Auftragsabwicklung vom ersten Kundenkontakt über das Angebot bis hin zu Auftragsdurchführung und Fakturierung

▶ Das optimierte Vertragswesen (Order Split), dessen Funktionen für eine problemlose Verwaltung von unternehmensübergreifenden Abkommen und Verträgen sorgt

Insbesondere der Bereich Service wird mit folgenden Funktionalitäten unterstützt:

▶ Funktionen und Werkzeuge zur Begleitung mobiler Service- und Vertriebsaktivitäten über Laptop oder Handheld-Applikationen

▶ Aufbau eines strategischen Vertriebs- und Servicekanals im Internet zum Verkauf von Produkten oder Ersatzteilen und zur Problemmeldung

▶ Die Abwicklung des gesamten Serviceprozesses: Call-Center-Kontakte, Problemlösungen, Self Services, Serviceaufträge inklusive Einsatzplanung, Abwicklung und Rechnungsstellung

▶ Serviceanalysen: Funktionen zur Planung und kundenorientierten Optimierung von Serviceaktivitäten, wobei die produktbezogene Schwachstellenanalyse Qualitätsverbesserungen einleitet

▶ Case Management: Service-Verantwortliche müssen nicht mehr umständlich und zeitraubend nach verstreuten Informationen zu einem bestimmten »Fall« suchen. Sämtliche Einzelvorgänge lassen sich zu einem Fall bündeln und bearbeiten, sodass die Kundenbetreuer jederzeit ein aktuelles Bild über die Situation beim Kunden haben.

▶ Garantieabwicklung: Mit dieser Funktion können alle Abläufe zum Thema »Gewährleistungen« komfortabel verwaltet werden, etwa Garantie-Typen, die Übertragung von Ansprüchen oder Profitabilitätsprüfungen von Gewährleistungen.

mySAP CRM unterstützt alle Kommunikationskanäle: Interaction Center (Telefon, Fax, E-Mail), mobile Lösungen (Laptop, PDA) für Außendienstmitarbeiter in Vertrieb und Service sowie internetbasierte (Self-)Services. Letztere stehen mit den SAP Asset Services zur Verfügung, die speziell für die Investitionsgüterindustrie entwickelt wurden (siehe Abschnitt 4.3.5).

4.3.3 Praxisbeispiel: KSB AG

Die weltweit agierende KSB AG stellt Pumpen und Armaturentechnik her. Seit 2002 nutzt KSB den Vertriebskanal Internet für Standardpumpen und Armaturen. Ziel war es, durch elektronische Auftragsabwicklung die Angebotsphase bei Standardprodukten und Ersatzteilen stark zu reduzieren sowie zeit- und aufwandsintensive, papiergebundene Bestellwege zu ersetzen. Im Projekt wurde dazu mySAP CRM in drei Phasen eingeführt:

▶ Oktober 2001: Die elektronische Bestellabwicklung steht KSB-Abteilungen und -Gesellschaften im Intranet zur Verfügung

▶ Januar 2002: Die Lösung ist für Kunden über das Internet zugänglich

▶ März 2002: Produktkatalog und -beschreibungen werden Interessenten auf der KSB-Website angeboten

Kunden aus internen Bereichen und Partnergesellschaften von KSB sowie Großhändler und Großkunden, beispielsweise aus der Chemie oder dem Anlagenbau, können durch einen personalisierten Zugang auf rund 5000 standardisierte Produkte und 500 000 Ersatzteile zugreifen. Dabei ist die Verkaufsplattform in verschiedene Shops nach Ländern und nach Produkten gegliedert. In den Webshops KSB Deutschland, KSB Frankreich und KSB Großbritannien steht jeweils ein Shop für Ersatzteile und einer für Pumpen sowie Armaturen zur Verfügung. Für jede Kundengruppe baut sich das Frontend entsprechend der eingepflegten Berechtigungen auf. Die Produktpreise berücksichtigen aktuelle Konditionen und Rabattstaffeln. Dabei unterstützt der Webshop die Sprachen Deutsch, Englisch und Französisch. E-Selling dient so als gleichwertiger internationaler Vertriebskanal.

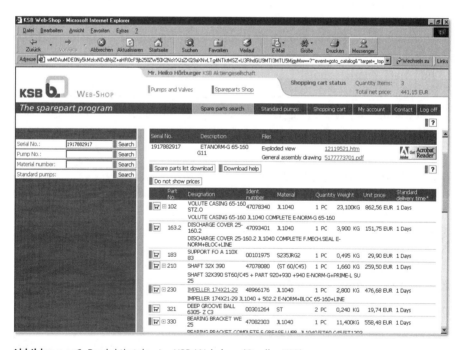

Abbildung 4.16 Produktkatalog im KSB-Webshop (Quelle: KSB)

KSB-Kunden, die eine eigene Beschaffungslösung verwenden, können den Inhalt des Warenkorbs in ihr System einlesen. Das Beschaffungssystem muss dazu keine SAP-Anwendung sein. In einem One-Step-Business lassen sich so seitens KSB

Auftragsabwicklung, Lieferung und Fakturierung sowie auf Kundenseite Beschaffung, Wareneingang und Zahlungsanweisung vollständig automatisieren.

4.3.4 E-Service mit SAP Asset Services

SAP Asset Services wurde innerhalb von mySAP CRM speziell für die Anforderungen von Investitionsgüterherstellern entwickelt, da deren Dienstleistungsangebot integraler Bestandteil ihres operativen Geschäfts ist. Eingebunden in das SAP-Enterprise-Portal versetzen sie den Anbieter in die Lage, über das Internet Servicedienstleistungen auf qualitativ hochwertigem Niveau schnell und rund um die Uhr anzubieten – genau das, was Kunden in wettbewerbsintensiven Märkten erwarten. Außerdem unterstützt das Portal die Generierung neuer Geschäfte im After-Sales-Markt und beschleunigt bzw. verbessert die Geschäftsprozesse durch weitgehende Automatisierung. Es entlastet die Auftragserfassung, den technischen Support sowie alle Auskunft gebenden Stellen im Unternehmen, reduziert Fehlbestellungen und trägt zur Überwindung von Sprachbarrieren bei. Schließlich hilft es mit vielfältigen Funktionen bei der Aufgabenabwicklung in Instandhaltung, Inbetriebnahme und Abnahme, in Kundenschulung, Dokumentation und Teleservice – mithin Dienstleistungsarten, die zusammen einen Anteil von mehr als 40 % an allen Dienstleistungsumsätzen ausmachen [VDMA 2001b].

E-Service

E-Service ist ein bedeutender Bestandteil im Lösungsspektrum von SAP Asset Services. Im Portal werden Installationsmanagement, Umbau, Reparaturen und Störmeldungen unterstützt. Die Wartung sowie die Analyse und Optimierung von Maschinen und Anlagen sind in SAP Asset Services ebenfalls abgebildet. Der Kunde kann Dienstleistungen wie Ersatzteilbestellung, Kundendienstmeldung oder Garantieabwicklung als Self Services nutzen.

Die mobilen Servicelösungen von mySAP CRM vereinfachen die Tätigkeit der vor Ort arbeitenden Vertriebs- und Serviceleute, indem sie aktuelle Informationen über Serviceaufträge, Kunden, installierte Maschinen und Anlagen oder Produktkataloge bereitstellen.

E-Selling

E-Selling in SAP Asset Services umfasst das komplette Ersatzteilmanagement. Es ermöglicht die Identifikation eines Problems, die Suche nach passenden, möglichst baugleichen Ersatzteilen sowie deren Online-Bestellung anhand eines Ersatzteilkatalogs. Darüber hinaus bietet E-Selling Produktkataloge mit kundenspezifischen Preisen. Anlagen und Maschinen lassen sich mit Hilfe des SAP Internet Pricing and Configurators (SAP IPC) bedarfsgerecht konfigurieren. Über standardisierte Schnittstellen können auch elektronische Kataloge von Drittanbietern in das Portal integriert werden.

E-Learning

Die E-Learning-Angebote von SAP Asset Services tragen zur optimierten Produktschulung und Maschinenbedienung bei und schließen Trainings zum Projektmanagement, zur Wartung und für mobile Services sowie den E-Service mit ein. Die von einem Content-Management-System bereitgestellten herstellerspezifischen Inhalte eignen sich sowohl für Präsenzschulungen beim Kunden als auch für webbasierte (Einzel-)Trainings oder Schulungen in virtuellen Klassenräumen.

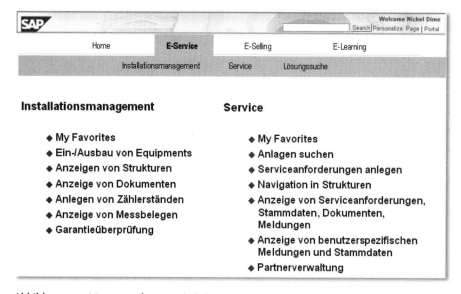

Abbildung 4.17 Lösungsumfang von SAP Asset Services

Mit SAP Asset Services steht nicht nur eine Kommunikationsplattform zur Verfügung, über die Kunden mit ihren Lieferanten und die Lieferanten wiederum mit ihren Partnern kommunizieren. Was SAP Asset Services auszeichnet, ist die »in die Tiefe« gehende Funktionalität. Das Portal dient nicht nur dem Informationsaustausch, sondern löst bei Bedarf Folgeprozesse aus. Es bietet allen Nutzern einen zentralen, personalisierten Zugang zu tätigkeitsrelevanten Informationen und ermöglicht darüber hinaus auch die Nutzung von Anwendungen und Diensten, die zur Erledigung von Aufgaben benötigt werden. Damit unterstützt SAP Asset Services wirkungsvoll kollaborative Geschäftsprozesse. Abbildung 4.17 zeigt den Lösungsumfang als Navigationsziele im Portal.

4.3.5 Geschäftsszenario: E-Service mit SAP Asset Services

Um Hilfe zur Reparatur seines defekten Fertigungsroboters anzufordern, nutzt ein Kunde die Self-Service-Angebote von SAP Asset Services. Der Kundendienst der Herstellerfirma des Roboters zieht die über das Portal eingegangenen Informationen heran, um dem Kunden zielgerichtet zu helfen. Der Servicevorgang verläuft in folgenden Phasen (siehe Abbildung 4.18):

▶ Self Service in SAP Asset Services

▶ Auftragsannahme durch den Kundendienst

▶ Ressourcenplanung

▶ Besuch des Servicetechnikers vor Ort

▶ Fakturierung

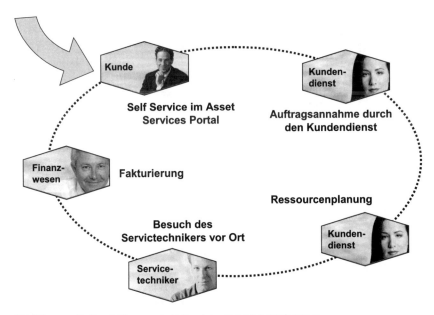

Abbildung 4.18 Geschäftsszenario E-Service mit SAP Asset Services

Rollen

Der Zugriff auf das Asset Services Portal erfolgt sowohl von Kunden- wie von Herstellerseite rollenbasiert. Die folgenden Rollen sind am betrachteten Geschäftsszenario beteiligt:

▶ Kunde

▶ Kundendienstmitarbeiter

▶ Servicetechniker

Ablauf im Detail

Self Service in SAP Asset Services

Ein Teilefertiger, der in seiner Produktionslinie acht Handhabungsautomaten einsetzt, benötigt für einen defekten Roboter ein Ersatzteil – und zwar schnell, denn die Produktion steht still. Der Betriebsleiter meldet sich am späten Vormittag über das Internet an SAP Asset Services an und identifiziert den defekten Automaten in den für sein Unternehmen dargestellten Installationen (Installed Base). Mit Hilfe der Geräte- bzw. Typnummer zeigt er den zugehörigen Ersatzteilkatalog auf dem Bildschirm an. Der elektronische Katalog verzeichnet sämtliche in dem defekten Robotertyp verbauten Teile und stellt sie in dreidimensionalen Aufbaugrafiken dar. In wenigen Minuten hat der Betriebsleiter die defekte Komponente identifiziert: Es ist ein kleiner Motor, der in einem Gelenk des Roboterarms arbeitet.

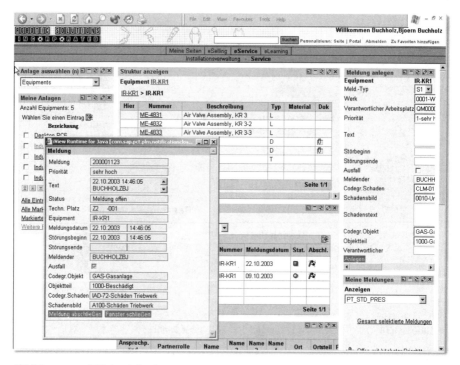

Abbildung 4.19 SAP Asset Services

Der Betriebsleiter klickt die E-Service-Seite des Portals an, gibt dort die Teilenummer ein, kennzeichnet seinen Serviceauftrag mit der Priorität »dringend« und schickt ihn ab.

Auftragsannahme durch den Kundendienst

Im weiteren Ablauf sind nun zwei Alternativen denkbar.

1. Der Betriebsleiter benötigt lediglich das Ersatzteil; um den Aus- und Einbau kümmert sich einer seiner Mitarbeiter. Der Eingang seiner Ersatzteilbestellung stößt beim Hersteller eine vollautomatische Prozesskette an: Verfügbarkeitsprüfung – Auftragsbestätigung – Versand – Fakturierung. Der Betriebsleiter kann sicher sein, dass das Ersatzteil schnellstmöglich geliefert wird und sich wieder dem Tagesgeschäft zuwenden.

2. Für den Austausch des Gelenkmotors wird ein Servicetechniker gebraucht. In diesem Fall erscheint die Ersatzteilbestellung Sekunden später beim Roboterhersteller auf dem Bildschirm eines Kundendienstmitarbeiters. Dieser sieht, dass ein Technikereinsatz erforderlich ist und leitet den Auftrag innerhalb des SAP-Systems an einen Servicetechniker weiter. Unterdessen erhält der Betriebsleiter automatisch eine Meldung über den Bearbeitungsstatus seines Serviceauftrags.

Ressourcenplanung

Der Servicetechniker weiß (was der Betriebsleiter übersehen hat), dass beim Austausch eines Gelenkmotors immer auch ein Kupplungsstück erneuert werden muss. Er prüft die Verfügbarkeit beider Ersatzteile (sie sind vorrätig), vermerkt das Ergebnis und gibt die geprüfte Bestellung an den Kundendienst zurück. Dort ermittelt ein Mitarbeiter, welche Techniker gerade in räumlicher Nähe zum Teilefertiger im Einsatz sind. Auf einer grafischen Oberfläche lässt er sich dazu die Terminkalender der in Frage kommenden Techniker anzeigen. Der Kundendienstmitarbeiter sieht sofort, dass für einen der Techniker am Nachmittag nur Aufträge ohne Priorität zur Erledigung anstehen. Zudem wird der Servicemitarbeiter bis etwa 14 Uhr in einem Unternehmen arbeiten, das nur 65 Kilometer von der Firma des Teilefertigers entfernt ist. Also trägt er in den verplanbaren Zeitraum »Kundenbesuch zur Reparatur des Roboters« als Aktivität ein. Der Techniker wird automatisch per SMS über den neuen Termin informiert. Der Kundendienstmitarbeiter veranlasst außerdem, dass die Ersatzteile mit einem Kurier zu der 280 Kilometer entfernten Firma gebracht werden.

Servicetechniker vor Ort

Mittags verbindet der Servicetechniker des Roboterherstellers seinen Laptop mit dem zentralen CRM-System und synchronisiert die Daten. Dabei erhält er den Serviceauftrag des Teileherstellers, der unter anderem die Problembeschreibung beinhaltet. Damit verfügt er über alle notwendigen Informationen für den anstehenden Kundenbesuch. Beim Kunden führt er die notwendige Reparatur durch und baut die Ersatzteile ein. In dem Serviceauftrag vermerkt er seine aufgewendete Arbeitszeit und zusätzlich benötigtes Material. Seine Reiseaufwendungen erfasst er ebenfalls auf dem Laptop. Beim nächsten Synchronisationsvorgang werden sie zur Weiterverarbeitung ans CRM-System übermittelt. Am Spätnachmittag dieses Tages kann der Betriebsleiter seinen Serviceauftrag als erledigt ansehen.

Fakturierung

Abends übermittelt der Techniker die abzurechnenden Leistungen von seinem Laptop an die Servicezentrale. Nun erfolgt die automatische Fakturierung im SAP-System.

Nach der prompten Auftragserledigung kann sich der Hersteller nicht nur eines zufriedenen Kunden sicher sein, dessen betriebliche Stillstandszeit er durch präzisen und schnellen Service minimieren konnte. Auch er selbst hat profitiert – durch Kosteneinsparungen. Denn die internetbasierte, automatisierte Auftragsabwicklung über das Asset Services Portal hat nur ein Zehntel der sonst üblichen Bearbeitungszeit in Anspruch genommen – ein bei jedem einzelnen Auftrag durchaus rechenbarer Vorteil. Denn während die durchschnittlichen Kosten einer geschäftlichen Transaktion, die über das Telefon (Call Center) abgewickelt wird, bei fast 33 US$ liegen, betragen sie beim Kommunikationskanal »E-Mail« rund 10 US$, beim »Message Board« auf der Homepage knapp 4,6 US$ und beim webbasierten Self Service lediglich 1,17 US$ [Temkin 2002].

4.3.6 Kritische Erfolgsfaktoren bei der CRM-Einführung

Definition einer Service-Strategie

Bevor man mit einem IT-Projekt im Bereich Service startet, bedarf es der Definition einer mittel- und langfristigen Service-Strategie. Ausgehend von einer Bestandsaufnahme des Ist-Zustands von Serviceangebot und -abwicklung sind konkrete Schritte und Perspektiven für die Zukunft zu entwickeln. Dabei ist zu prüfen, wie eine geeignete IT-Lösung für diese Strategie aussehen muss. Es stellt sich die Frage, welche Servicemodelle durch eine neue Lösung unterstützt werden sollen. Möchte sich das Unternehmen zunächst auf das Angebot des reinen Ersatzteileverkaufs beschränken oder als kompletter Lösungsanbieter im Bereich Service auftreten? Änderungen in Serviceangebot und -abwicklung beeinflussen auch unternehmensinterne Arbeitsabläufe und organisatorische Verantwortlichkeiten. Auch diese Themen muss eine Service-Strategie adressieren.

Einbezug der Kunden

Da sich durch Self-Service-Angebote über das Internet auch die Prozesse auf Seiten des Kunden verändern, empfiehlt es sich, auch Kunden frühzeitig in das Projekt mit einzubeziehen. Die Vorteile der neuen Prozesse, die sich insbesondere für die Kunden ergeben, müssen in Zusammenarbeit mit dem Kunden erarbeitet werden. Erfolgreich sind die Projekte, in denen es gelingt, ein »One-Step-Business« zu realisieren, bei dem in einem Schritt die Ersatzteilbestellung beim Kunden den Ersatzteilverkaufsauftrag beim Maschinenhersteller erzeugt. Dies beschleunigt die Serviceabwicklung auf Seiten von Anbieter und Kunden.

Ersatzteilverkauf

Um den Ersatzteilverkauf über das Internet zu ermöglichen, müssen folgende Punkte bedacht werden:

▶ Die Stammdaten der Ersatzteile aus dem ERP-Backend müssen im Webshop zur Verfügung stehen.

▶ Informationen über die beim Kunden installierte Maschine erleichtern die Auswahl von passenden Ersatzteilen. Die technischen Daten der bei den Kunden installierten Maschinen sollten daher abrufbar sein. Da bei älteren Maschinen diese Informationen häufig nicht zur Verfügung stehen, muss für diese Maschinen eine alternative Strategie gefunden werden.

▶ Falls zur effizienten Identifikation der Ersatzteile 2-D- oder 3-D-Zeichnungen eingesetzt werden sollen, muss sichergestellt werden, dass diese Zeichnungen zur Verfügung stehen. Gegebenenfalls bedarf es eines separaten Projekts, um diese Daten zu erzeugen.

4.3.7 Auswahl wichtiger kundenorientierter Geschäftsszenarios

Geschäftsszenario	Kurzbeschreibung
Angebots- und Auftragsmanagement	Unterstützung des gesamten Auftragsprozesses von Anfrage über Angebot bis zum Auftrag mit Produktkonfiguration, Verfügbarkeitsprüfung, Preisfindung und der Integration in die Auftragsabwicklung, unabhängig vom Kommunikationskanal der Auftragserfassung
Kontraktmanagement	Funktionen für die Erstellung und Bearbeitung von Mengen- und Wertkontrakten, d.h. langfristigen Kundenverträgen mit Einräumung individueller Preise und Lieferbedingungen
Serviceauftragsabwicklung	Unterstützung der Abläufe im Servicebereich unter Berücksichtigung von Anfragen und Angeboten, Auftragserstellung, Ersatzteilplanung, Mitarbeitereinsatzplanung und Abrechnung
Abwicklung von vertrags- und garantiebasierten Serviceleistungen	Erweiterung der Serviceauftragsabwicklung um automatische Prüfung auf vorhandene Verträge und Garantieansprüche unter Berücksichtigung besonderer Vorgaben, wie z.B. Erstreaktionszeiten
Reklamations- und Retourenabwicklung	Abwicklung von Reklamationsprozessen von der Reklamationsannahme über die technische Analyse bis zu Servicebereitstellung, Gutschriftenerstellung und Retourenabwicklung
Customer Service und Support im Interaction Center	Beantwortung von Kundenfragen, Klärung technischer Probleme, Beschwerdemanagement, Retourenabwicklung, Veranlassung von Umtauschaktivitäten, Erfassung von Serviceaufträgen und Unterbreitung von Vorschlägen zu weiteren Serviceprodukten durch Online-Zugriff auf die Lösungsdatenbank und alle relevanten Kundendaten

Geschäftsszenario	Kurzbeschreibung
Service Analytics	Planung, Steuerung und Erfolgsanalyse der Servicetätigkeiten und der Serviceprozesse
Ersatzteilverkaufs-abwicklung	Funktionalität für den Verkauf von Ersatzteilen im Rahmen von Servicevorgängen inklusive Schnittstellen zur Kapazitätplanung von Ersatzteillieferungen
Mobile Service: Service-auftragsabwicklung	Unterstützung der Abläufe im Servicebereich mit Anfragen und Angeboten, Auftragserstellung, Ersatzteilplanung, Mitarbeitereinsatzplanung und Abrechnung für Außendienstmitarbeiter mit Laptops. Abgleichmöglichkeit zum zentralen CRM-System sowie Online- und Offline-Arbeitsmöglichkeiten, auch im besonderen Format für Handheld-Geräte zum zeitnahen Abruf von Einsatzänderungen (*Mobile Service für Handhelds*)
Mobile Sales: Angebots- und Auftragsmanagement	Unterstützung des gesamten Auftragsprozesses von der Anfrage über das Angebot bis zum Auftrag inklusive Produktkonfiguration, Verfügbarkeitsprüfung, Preisfindung und Integration in die Auftragsabwicklung. Aktualisierung des Laptop-Datenbestands von Außendienstmitarbeitern mit Kundendaten und Produktinformationen vom zentralen CRM-System und Zurückspeicherung mobil erfasster Auftragsdaten, auch im besonderen Format für Handheld-Geräte (*Mobile Sales für Handhelds*)

5   Prozessindustrie

Zur Prozessindustrie gehören neben der Chemiebranche der Öl- und Gassektor und der Bereich der hybriden Prozessfertiger. Gemeinsam ist den Unternehmen dieser Branchen, dass sie häufig enge Geschäftsbeziehungen untereinander pflegen und ihre Erzeugnisse mit Hilfe prozessbasierter Herstellungsverfahren produzieren. Hybriden Prozessfertigern, beispielsweise im Papier-, Metall-, Textil- oder Baustoffbereich, schließen an die Prozessfertigung noch diskrete Produktionsschritte an.

Die meisten Unternehmen der Prozessindustrie legen besonderen Wert auf eine effiziente Logistikkette. Die lange Lagerung von Endprodukten kann bei chemischen Stoffen, die einerseits Endprodukte der chemischen Industrie, andererseits Ausgangsstoffe der pharmazeutischen Industrie sind, sehr teuer sein. Hinzu kommt, dass Unternehmen der Prozessindustrie in der Regel an andere Unternehmen und nicht an private Endverbraucher verkaufen. Deshalb spielt es eine wichtige Rolle, Liefertermine möglichst genau zusagen zu können und diese dann auch einzuhalten.

Den Kunden zufrieden zu stellen heißt in der Prozessindustrie also auch, die Logistikkette im Griff zu haben. Am Beispiel der chemischen Industrie wird in Abschnitt 5.1 aufgezeigt, wie CRM-Anwendungen als Ergänzung zu Supply-Chain-Management-Anwendungen eingesetzt werden.

Zwischen den Unternehmen der Prozessindustrie und ihren Kunden bestehen meist längerfristige Verträge, so genannte *Kontrakte*, die den Kunden die Möglichkeit geben, Produkte zu besonderen Konditionen, etwa zu bestimmten Preisen, zu erwerben. Am Beispiel der Öl- und Gasbranche wird in Abschnitt 5.2 beschrieben, wie Kontrakte mit Hilfe eines Interaction Center erfolgreich gehandhabt werden können.

Die Bezeichnung »hybride Prozessfertiger« bündelt Unternehmen aus verschiedenen Wirtschaftszweigen wie der Papier-, Metall-, Baustoff- und Textilbranche. Die meisten dieser Unternehmen stellen Massenprodukte her, die sie allerdings nach individuellen Maßgaben ihrer Kunden fertigen. So legt der Auftraggeber bei Papier beispielsweise Dicke, Format, Qualität und Farbe fest oder bei Textilien Muster, Farbe und Größe. Wie sich konfigurierbare Produkte mit entsprechender Preisberechnung über verschiedene Kommunikationskanäle konsistent anbieten lassen, beschreibt Abschnitt 5.3. Zahlreiche hybride Prozessfertiger sind in der Baustoffproduktion tätig und daran interessiert, in Objektgeschäften ihre Ware zu verkaufen. Opportunity Management eignet sich, diesen speziellen Vertriebsprozess zu unterstützen.

5.1 Chemische Industrie

*»Application spending reflects the industry's attempt to transition from pro-
duct-centric (cost reduction) to customer-driven (revenue growth)«
(Collin Masson, AMR Research, 2003)*

Chemische Produkte sind in der Regel Ausgangsstoffe oder Teilkomponenten von
komplexeren Produkten. So findet der Verkauf von chemischen Erzeugnissen
hauptsächlich im B2B-Bereich statt, wobei ein Viertel der Kunden andere Chemieunternehmen sind, die die erworbenen Stoffe weiterverarbeiten. Darüber hinaus
verteilt sich das Kundenspektrum über verschiedene andere Branchen, wobei die
pharmazeutische Industrie, deren Produkte allesamt auf chemischen Ausgangs-
stoffen basieren, mit 21 % und die Konsumgüterindustrie mit 12 % (z. B. Nahrungsmittel, Haushaltsreiniger etc.) den größten Anteil haben, gefolgt von der Auto-/
Kunststoff-/Gummiindustrie mit 9 % [Standard & Poor 2003].

Kundenorientierte Vertriebs- und Marketingkonzepte werden von Chemieunternehmen zunehmend eingesetzt, um profitable Kunden an das Unternehmen zu
binden und sich gleichzeitig von der Konkurrenz abzuheben. Ein Indiz dafür stellen die Investitionen in entsprechende Informationstechnologien dar. Die Ausgaben für CRM-Lösungen steigen in der chemischen Industrie trotz eingefrorener
IT-Budgets kontinuierlich. Analysten prognostizieren zunehmende Ausgaben für
CRM-Systeme von 7 % im Jahr 2003 auf 17 % im Folgejahr [Masson/Scott 2003].

5.1.1 Kundenbeziehungsmanagement in Basis- und Spezialitä-
tenchemie

Die chemische Industrie unterteilt sich nach dem Grad der Spezialisierung im Produktionsprozess in Basis- und Spezialitätenchemie. Auch hinsichtlich ihrer
Schwerpunkte im Kundenbeziehungsmanagement unterscheiden sich die Unternehmen beider Kategorien. Unternehmen der Basischemie legen mehr Wert auf
den Aufbau gut funktionierender, langfristiger Geschäftsbeziehungen über Rahmenverträge und die kontinuierliche Bedarfsdeckung ihrer Kunden. In der Fein-
und Spezialitätenchemie liegt der Fokus auf der optimalen, individuellen Kundenansprache, um Verkaufschancen auszuschöpfen.

Basischemie

Die Basis- oder Grundstoffchemie verarbeitet natürliche Ressourcen wie Erdöl,
Erdgas, Erze oder Mineralsalze. Zu ihren Erzeugnissen gehören petrochemische
Produkte, Kunststoffe und Polymere, organische Zwischenprodukte, anorgani-
sche Chemikalien, Düngemittel sowie andere Industriechemikalien. Unternehmen der Basischemie sind in der Regel Zulieferer für einen festen Kundenstamm,

der ihre Produkte weiterverarbeitet. Stammkunden versprechen sich von langfristigen Lieferantenbeziehungen eine Vereinfachung ihrer Beschaffungsabläufe und erwarten dementsprechend pünktliche Lieferungen und eine gleich bleibende Produktqualität. Häufig regeln die Geschäftspartner ihre Handelsbeziehungen über Kontrakte, die Laufzeiten von Monaten oder gar Jahren haben. Die nachfrageabhängige Bedarfsdeckung und die rechtzeitige Kontraktverlängerung sind daher wichtige Aspekte bei der Pflege von Kundenbeziehungen in der Basischemie. Eine detaillierte Beschreibung des Kontraktgeschäfts mit mySAP CRM findet sich in Abschnitt 5.2, ergänzt um Besonderheiten der Ölindustrie.

Spezialitäten- und Feinchemie

Die Spezialitäten- und Feinchemie veredelt die Produkte der Basischemie und produziert Farben, Lacke, Pigmente, Fasern, Kleb- und Schmierstoffe, Pflanzenschutzmittel, Beschichtungen, organische Feinchemikalien sowie Additive. Unternehmen der Spezialitätenchemie bedienen in der Regel Endverbraucher und fokussieren daher mehr auf eine optimale Kundenansprache, um einzelne Verkaufschancen zu realisieren [Wiedmann/Greilich 2002]. Opportunity Management zur Strukturierung des Vertriebsprozesses und Account Management zur individuellen Kundenansprache bieten wichtige Hilfestellung. Marketinganwendungen wie Kampagnenmanagement und Trade Promotion Management spielen vor allem bei der Verkaufsförderung im Massengeschäft eine Rolle, also beim Verkauf über den Einzelhandel an private Endverbraucher oder Handwerksunternehmen (siehe auch Abschnitt 7.1 und Abschnitt 7.2).

5.1.2 Anforderungen an den Vertrieb von chemischen Gütern

Zu einer umfassenden Softwarelösung für die chemische Industrie gehört mehr als nur die Automatisierung des Vertriebsprozesses. Die in Abbildung 5.1 dargestellte Solution Map von *SAP for Chemicals* zeigt die wichtigsten Geschäftsprozesse, die eine integrierte Plattformlösung für die chemische Industrie bereitstellen muss.

Insbesondere der Vertriebsbereich stellt spezielle Anforderungen an kundenorientierte Geschäftsprozesse. Unabhängig von Basis- oder Spezialitätenchemie sind folgende Funktionen wichtig:

▶ Unterstützung und Synchronisation der Vertriebskanäle Internet, Interaction Center und Außendienst

▶ Detaillierte Absatzplanung, basierend auf historischen Absatzzahlen und geeigneten Prognosen

▶ Verwaltung von Chargen

- Gefahrgutabwicklung

- Unterstützung des grenzüberschreitenden Handels

- Durchgängige Unterstützung von Geschäftsprozessen durch Integration von Logistikkette und Finanzwesen

Enterprise Management	Strategic Enterprise Management	Management Accounting	Financial Accounting	Corporate Governance	Financial Supply Chain Management	Business Analytics
Sales & Marketing	Marketing		Sales		Service	Analytics
Research & Development	Life-Cycle Data Management		Program & Project Management	Life-Cycle Collaboration & Analytics		Quality Management
Process Engineering	Process & Plant Design		Quality Management	Regulatory Compliance		Operations Analysis
Operations	Supply & Demand Planning	Production Planning & Detailed Scheduling	Manufacturing	Quality Management	Process Control	Procurement / Visibility
Distribution	Distribution & Transportation Planning		Order Fulfillment & Transportation Execution	Warehouse & Inventory Management		Regulatory Compliance & Foreign Trade
Enterprise Asset Management	Investment Planning & Design	Procurement & Construction	Maintenance & Operations	Decommission & Disposal		Asset Life-Cycle Analytics
Human Capital Management	Employee Life-Cycle Management	Employee Transaction Management	HCM Service Delivery	Incentive & Commission Management		Travel Management
Business Support	Procurement	Environment, Health & Safety	Global Trade Management	Compliance Management		Customs Management

Abbildung 5.1 Solution Map von SAP for Chemicals

Das Lösungsportfolio *SAP for Chemicals* setzt basierend auf verschiedenen integrierten SAP Komponenten wie mySAP CRM, SAP R/3 oder mySAP SCM diese Anforderungen um.

Chargenverwaltung

In der chemischen Industrie und in verwandten Branchen beschreiben Chargen die Menge eines Stoffes, die in einem Herstellungsgang gefertigt und dann getrennt gelagert wird. Dieses Fertigungslos ist durch bestimmte Chargeneigenschaften gekennzeichnet, beispielsweise chemische Zusammensetzung, pH-Wert, Viskosität, Farbe, Brechungsindex, Qualität, Dichte, Volumen usw. Eine Charge wird durch ihre Eigenschaften eindeutig definiert.

Chargen ergeben sich zwar aus produktionstechnischen Notwendigkeiten, werden aber außerdem aus folgenden Gründen benötigt und verwendet [Scheckenbach/Zeier 2003]:

- Herkunftsnachweise der verwendeten Stoffe

- Spezielle Anforderungen der Abnehmer an die Produkteigenschaften

- Differenzierte Bestandsführung bei heterogenen Ausbeutequalitäten

Gesetzliche Anforderungen wie z. B. Richtlinien der GMP (Good Manufacturing Practice) oder Gefahrstoffverordnungen legen fest, dass für bestimmte Produkte, vor allem in der pharmazeutischen Industrie, ein Herkunftsnachweis in Form von Chargennummern geführt werden muss. Bei Mängelverfolgung, Rückrufaktionen oder Regresspflicht identifiziert die Charge eindeutig die Produktmenge, die aus demselben Herstellungsgang, also derselben Charge, stammt. Beispielsweise lässt sich so die Herkunft eines verunreinigten Quantums Geschmacksverstärker zurückverfolgen, das an einen Firmenkunden der Konsumgüterbranche geliefert wurde und dessen Gebäcksortiment verdorben hat.

Bei der prozessbasierten Herstellung von Stoffen variieren naturgemäß bestimmte Produkteigenschaften wie beispielsweise der pH-Wert innerhalb vorgegebener Toleranzen je nach Charge. Weiterverarbeitende Unternehmen benötigen demgegenüber häufig spezielle Stoffcharakteristika, die nur bestimmte Fertigungslose des Stoffes erfüllen. Damit Abnehmer von demselben Stoff nachbestellen können, ermöglicht es *SAP for Chemicals*, Chargen oder Chargeneigenschaften zu einem Auftrag zu erfassen und diese an die folgenden Anwendungen der Logistikkette weiterzureichen. Die Verfügbarkeitsprüfung erfolgt dann anhand von Chargennummer bzw. Chargeneigenschaften.

Dokumentationsauflagen für Gefahrgüter

Zahlreiche chemische Produkte sind als Gefahrgüter klassifiziert. Bei der Belieferung des Kunden fallen daher Gefahrgutprüfungen an, die sicherstellen, dass nur diejenigen Transporte das Firmengelände verlassen, die auch dem Gefahrgutrecht entsprechen. Die Komponente *Environment, Health and Safety (EH&S)* von *mySAP PLM* prüft automatisch beim Anlegen eines Auftrags oder einer Lieferung, ob ein Gefahrgut mit dem geplanten Verkehrsmittel transportiert werden darf. *mySAP PLM* berücksichtigt auch Zusammenladeverbote und verhindert den Transport von Gefahrgut, wenn die erforderlichen Papiere fehlen.

Bei Bestellung und Lieferung von Gefahrgütern ist es erforderlich, dem Kunden die erforderlichen Produktdatenblätter, Verwendungsinformationen und umwelt- sowie sicherheitsrelevante Daten zur Verfügung zu stellen. Die Sprachen, in denen die Papiere benötigt werden, ermittelt *mySAP PLM* automatisch anhand der Informationen zu Absender, Empfänger und Transportstrecke. Für Unfallmerkblätter wird auch die Sprache von Fahrer und Beifahrer ausgewertet. Erwirbt ein Abnehmer ein Produkt, dessen sicherheits- und umweltrelevante Daten nachträglich eine Änderung erfahren, erhält er systemgesteuert aktualisierte Sicherheitsdatenblätter.

Um den Kunden schon beim Kauf die notwendigen Informationen zu bieten, sind die Produkt- und Sicherheitsdatenblätter in den Produktkatalog des Webshop von *mySAP CRM* integriert. Der Kunde kann sich die aktuellen Dokumente selbst bei Bedarf herunterladen.

Grenzüberschreitender Handel mit chemischen Gütern

Der Exportanteil bei chemischen Produkten steigt ständig. Allein in Deutschland, das nach den USA und Japan der weltweit drittgrößte Chemieproduzent ist, hat sich der Export chemischer Güter in den letzten zehn Jahren verdoppelt und macht mittlerweile 60 % des Umsatzes aus. Speziell in den aufstrebenden Schwellenländern Asiens wächst die Nachfrage nach chemischen Produkten [VCI 2003]. Da die Kunden von Chemieunternehmen häufig in anderen Ländern als den Produktionsstandorten beheimatet sind, setzt die Zufriedenstellung der Abnehmer eine reibungslose Abwicklung des Exportgeschäfts voraus. Als Vertriebskanal eignet sich besonders das Internet, da es unabhängig von Zeitzonen und Ort immer zur Verfügung steht.

Zur zügigen Abwicklung von grenzüberschreitendem Handel dienen die Komponenten von *SAP Global Trade Services (SAP GTS)*:

► *SAP Compliance Management* sorgt für die Beachtung internationaler Vereinbarungen wie Embargos oder Wirtschaftssanktionen

► *SAP Customs Management* umfasst Funktionen zur Berechnung von Zollabgaben, zur Erstellung von Außenhandelsdokumenten und zur elektronischen Kommunikation mit Zollbehörden

In einem gemeinsamen Projekt mit dem Chemie- und Pharmaunternehmen Bayer AG hat SAP einen zentralen Zollserver entwickelt, der die Grundlage von *SAP Customs Management* bildet. Die Kontrolle von Import und Export erfolgt heute bei Bayer systemgestützt mit SAP GTS. Beispielsweise wird beim Anlegen eines Auftrags geprüft, ob für den Export der Ware eine Exportgenehmigung erforderlich ist. Liegt keine Genehmigung vor, wird der Vorgang gesperrt und die Fachabteilung wird automatisch benachrichtigt. Um Waren zu importieren oder zu exportieren, müssen den Zollbehörden die offiziellen Nummern dieser Produkte mitgeteilt werden. Diese Zuordnung, die man Tarifierung nennt, geschieht nach standardisierten Schemata, wie beispielsweise dem international verbreiteten Harmonized Tariff System. Die Tarifierung dient als Grundlage der Berechnung der Zölle. SAP Custom Management vereinfacht diesen Prozess, indem es das Hochladen von Tarifierungsdaten ermöglicht, die dann systemgestützt den Produkten zugeordnet werden. Darüber hinaus ermöglicht *SAP Customs Management* die Kommunikation mit lokalen Zollsystemen, wie NCTS (New Computerized Transit System) in der Europäischen Union, AES in den USA und ICS in Australien [Weber/Datar 2003]

Gesetzgeber und Behörden legen weltweit verstärkt Wert auf die Einhaltung nationaler Sicherheitsbestimmungen. Von den Verschärfungen bei Regelungen der Ein- und Ausfuhr von Waren ist neben der High-Tech-Branche die Chemieindustrie besonders stark betroffen. Global agierende Chemieunternehmen müssen deshalb eine strikte Einhaltung aller bestehenden Auflagen inklusive Dokumentation sämtlicher Vorgänge gewährleisten, um Kunden ohne Verzögerungen mit bestellten Waren versorgen zu können. *SAP Compliance Management* stellt die Einhaltung internationaler Vorschriften in den drei folgenden Bereichen sicher:

▶ Prüfung der Liste sanktionierter Länder und Unternehmen (Boykottlistenprüfung bzw. Sanctioned Party List (SPL) Screening)

▶ Importkontrolle (z. B. Lizenzverwaltung)

▶ Exportkontrolle (z. B. Embargoprüfung)

Verletzungen bestehender Auflagen und daraus resultierende Strafen werden so vermieden, ebenso Lieferverzögerungen oder Auftragsstornierungen aufgrund nicht beachteter Sicherheitsbestimmungen.

Mit *SAP GTS* werden internationale Einkaufs- und Verkaufstransaktionen entsprechend der aktuellen Gesetze und Vorschriften durchgeführt, was Kunden eine sichere Abwicklung ihrer Aufträge und Lieferungen sichert. *SAP GTS* lässt sich einfach in eine bestehende Anwendungsarchitektur integrieren, da es auf dem SAP Web Application Server aufsetzt und mit offenen Standards wie XML und Web Services arbeitet.

Systemarchitektur für die durchgängige Unterstützung kundenorientierter Prozesse

Mit dem Ziel, Kosten sowie Kapitalbindung in Beschaffung, Lagerhaltung und Transport zu reduzieren und gleichzeitig die Produktionsanlagen möglichst gut auszulasten, hat sich die chemische Industrie in den letzten Jahren einen erheblichen Strukturwandel verordnet, der noch nicht abgeschlossen ist. Die Firmen reorganisieren ihre Abläufe in Beschaffung, Produktion und Vertriebslogistik. Dabei stehen Integrationsmaßnahmen im Vordergrund, um sowohl innerhalb der Unternehmen, z. B. zwischen verschiedenen Standorten, als auch mit Kunden, Zulieferern und Partnern durchgängige automatisierte Geschäftsprozesse zu ermöglichen [VCI 2003].

Integration von ERP-Systemen

Herzstück der meisten Systemlandschaften in der chemischen Industrie sind ERP-Systeme, die als führende Systeme zur Ablage von Produkt- und Geschäftspartnerstammdaten fungieren und Belieferung sowie Rechnungsstellung abwickeln. Bei den ERP-Systemen belegt SAP R/3 in der Branche den Spitzenplatz. Bei Chemieunternehmen mit mehr als 500 Anwendern liegt der Marktanteil weltweit bei etwa 85 %. Es verwundert daher nicht, dass Chemieunternehmen die Integration mit SAP R/3 als eine wesentliche Anforderung an ein CRM-System nennen [Wiedmann/Greilich 2002].

Die enge Verzahnung von ERP- und CRM-System ermöglicht es, die Auftragsabwicklung weitgehend zu automatisieren. Nachdem der Kunde seinen Auftrag über den von ihm gewünschten Kommunikationskanal erteilt hat, findet automatisch eine Kreditprüfung statt. Fällt diese positiv aus, wird der Auftrag an das ERP-System weitergeleitet, das anschließend Lieferung und Rechnungsstellung anstößt. Auf diese Weise verbinden integrierte ERP- und CRM-Systeme die Frontend-Prozesse des Kundenbeziehungsmanagements mit den Backend-Abläufen der Auftragsabwicklung.

Integration der Logistikkette

Die heute in der chemischen Industrie eingesetzten CRM-Systeme dienen vor allem der Erfassung von Daten zum Kundenverhalten, zum Beispiel der Kundenauftragshistorie, und bemühen sich um die Verbesserung von Verkaufszahlen und Kundenservice. Diese traditionellen CRM-Anwendungen sind für Chemieproduzenten indes nur von begrenztem Wert. Um einen wirklich nachhaltigen Effekt zu erzielen, müssen Chemieunternehmen neben der Erfassung von Kundendaten an die Verbindung von Kunden- und Auftragsverwaltung mit der Logistikkette denken.

Da Chemieunternehmen meist unter Verwendung komplexer Produktions- und Lagerstrukturen fertigen, lohnt es sich, die Systeme zur Produktionsplanung und -steuerung, zu Lagerverwaltung, Materialwirtschaft und Transportplanung mit der Auftragserfassung im CRM-System zu verbinden. Nur so ist zum Zeitpunkt der Auftragsannahme eine exakte Verfügbarkeitsprüfung möglich, die dem Kunden als Service zur Verfügung gestellt werden kann. Können die auf diese Weise zugesagten Liefertermine nicht aus dem Lager befriedigt werden, sind sie automatisch in der Produktionsplanung zu berücksichtigen. Bei der Basischemie liegt der Schwerpunkt auf der Verfügbarkeitsprüfung der Rohstoffe, die überwiegend auf Lager produziert werden.

In der Spezialitätenchemiebranche überwiegt dagegen die Auftragsfertigung. Die Verfügbarkeitsprüfung muss daher auf die angefragten Produkteigenschaften Bezug nehmen [Scheckenbach/Zeier 2003]. Der Zugriff der Lieferanten auf die Bestandsverwaltung ihrer Kunden über ein so genanntes *Vendor Managed Inventory* (VMI) ermöglicht es den Chemieunternehmen sogar, den aktuellen Warenverbrauch ihrer Kunden zu beobachten und bei Bedarf den Vorrat selbstständig aufzufüllen.

Unternehmen der chemischen Industrie, die mit dem ERP-System integrierte CRM- und Logistiksysteme einsetzen, richten ihre gesamte Wertschöpfungskette an den tatsächlichen Kundenbedürfnissen aus. Derartig anpassungsfähige integrierte Systemnetzwerke sind in der Lage, im Falle eines Verkaufsvolumenrückgangs eines Produkts die geplanten Produktions- und Lieferzyklen anhand definierter Regeln selbstständig herunterzufahren, ohne dass ein manueller Eingriff erforderlich wäre. Die Systeme arbeiten so eng zusammen, dass verschiedene Backend-Anwendungen faktisch wie ein einziges System agieren, was zu einer nahtlosen Bestandsverwaltung, bedarfsgemäßen Lieferung und höherer Kundenzufriedenheit führt.

Die folgende Beschreibung eines bereits erfolgten Implementierungsprojekts zeigt, wie mit *SAP for Chemicals* die oben diskutierten Anforderungen an die Systemarchitektur umgesetzt werden.

5.1.3 Praxisbeispiel: Integrierte CRM- und SCM-Prozesse bei Millennium Chemicals

Millennium Chemicals ist ein international ausgerichtetes Chemieunternehmen, das sowohl im Basis- wie auch im Spezialchemikalienbereich tätig ist. Der Jahresumsatz beträgt 1,6 Milliarden US$. Millennium Chemicals ist Marktführer für Titandioxid, das als Weißpigment bei der Herstellung von Papier, Farben und Kunststoffen eingesetzt wird.

Schnelligkeit bei der Auftragsabwicklung und bei der Produktionsplanung waren die strategischen Vorgaben für eine umfassende Restrukturierung der Geschäftsprozesse, bei der nahezu gleichzeitig mySAP CRM und mySAP Supply Chain Management (mySAP SCM), SAP-Lösung zur Verwaltung der Logistikkette, eingeführt wurden.

Millennium Chemicals hatte sich mit dem Projekt folgende Ziele gesetzt:

▶ Beschleunigter Informationsaustausch mit den Kunden
▶ Kürzere Auftragsabwicklungszeiten
▶ Exaktere Planung von Vertrieb und Bedarf
▶ Effektiveres Portfoliomanagement
▶ Verbesserter Kundenservice
▶ Detailliertere Analysen im Berichtswesen
▶ Speziellere Kundenangebote
▶ Früher Return on Investment (ROI)

Schritt 1: Ein Webshop für Titandioxid

In einem ersten Schritt wurde mit dem Webshop *Millennium Direct* (*http:// direct.millenniumchem.com*) der Vertriebskanal Internet für den größten Geschäftsbereich, die Titandioxidsparte, geöffnet. Der Webshop für Titandioxid baut auf die E-Commerce-Funktionalität von mySAP CRM auf. Die Auftragsannahme im Internet erlaubt Kunden, ihre Bestellungen rund um die Uhr aufzugeben und den Bestellstatus jederzeit einzusehen. Für Millennium Chemicals erleichtert der Webshop die Auftragserfassung, da diese weitgehend in die Verantwortung der Kunden gelegt wird, die ihre Bestellungen selbstständig erfassen. Mittlerweile werden bei Millennium Chemicals bereits über die Hälfte der Kundenaufträge über das Internet abgewickelt, entweder vom Kunden selbst oder vom Innendienst, der im Auftrag eines Kunden handelt.

Der Kunde meldet sich im Kundenportal mit Benutzername und Passwort an und nimmt Produkte und Preise in Augenschein. Er legt einen Auftrag an und wählt die gewünschten Liefertermine über einen Kalender aus. Die Verfügbarkeitsprüfung in SAP R/3 verifiziert, ob die gewünschten Liefertermine eingehalten werden können. Ansonsten schlägt der Webshop Alternativtermine vor. Ist der Kunde mit Preis und Lieferdatum einverstanden, sendet er den Auftrag ab. Zudem kann er Liefertermine nachträglich online ändern, den Auftrags- und Lieferstatus einsehen, spezielle Lieferbedingungen pflegen und offene Rechnungsposten prüfen.

Die in der chemischen Industrie erforderlichen Dokumente zur Produktsicherheit und Produktzusammensetzung – Material Safety Data Sheet (MSDS) und Certificate of Analysis (CoA) – können Interessenten ebenfalls online aufrufen oder die Zusendung in ausgedruckter Form anfordern. Bei Millennium Chemicals senkt die Option, die Dokumente auf elektronischem Weg herunterzuladen, die Anforderung von Papierexemplaren und somit den Aufwand zur Bearbeitung von Lieferungen signifikant.

Schritt 2: Verfügbarkeitsprüfung mit mySAP SCM

Im zweiten Projektschritt führte Millennium Chemicals zur Optimierung der logistischen Prozesse ergänzend mySAP SCM ein. Die Verfügbarkeit von Produktbestellungen prüft seither mySAP SCM anstatt wie bisher SAP R/3. Eingegangene Aufträge leitet das neue System unverzüglich an die logistische Planung weiter. Ein VMI-Konzept (vendor-managed inventory) versetzt Millennium Chemicals darüber hinaus in die Lage, die Bestände direkt im Lager der Kunden zu überwachen und bei Bedarf aufzufüllen. Millennium Direct arbeitet somit wie ein elektronisch gesteuerter Abfüllbetrieb mit angeschlossener automatischer Lieferung und – auf Kundenwunsch – automatischer Bereitstellung produktrelevanter Dokumente.

Die durch die Prozessverbesserung freigesetzten Innendienstmitarbeiter kümmern sich zwischenzeitlich um andere wichtige Aufgaben, die früher nur schwer im Tagesgeschäft zu bewältigen waren, z.B. die Überwachung der Auftragsflüsse, Ursachenanalyse von Kundenreklamationen oder über den Standard hinausgehende Kundenanforderungen.

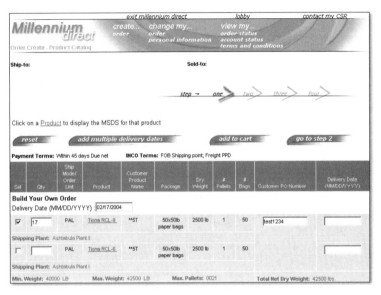

Abbildung 5.2 Webshop Millenium Direct (Quelle: Millennium Chemicals)

Als nächsten Schritt einer durchgehenden Digitalisierung der Geschäftsprozesse plant Millennium Chemicals, die Lieferanten über die Implementierung von mySAP Supplier Relationship Management (mySAP SRM) enger in die Prozesse einzubinden.

5.1.4 Geschäftsszenario: Kundenauftragsverwaltung für Chargenprodukte

Ein wichtiger Aspekt bei der Integration von Auftragserfassung und Logistikkette ist der Umgang mit Chargen. Im folgenden Geschäftsszenario von mySAP CRM stellt das fiktive Chemieunternehmen Jets4You karbonfaserverstärkte Epoxidharz-Kunststoffbauteile für den Flugzeugbau her. Dabei wird für ein Bauteil möglichst nur Epoxidharz aus einer Charge verwendet, um gleichbleibende Verarbeitungsbedingungen und damit verbunden eine verlässliche Haltbarkeit zu garantieren. Jets4You bezieht das Epoxidharz von dem Chemieunternehmen ChemSupply Inc. Obwohl dieses Beispielszenario die Abwicklung eines Kundenauftrags über das Internet beschreibt, könnte der Kundenauftrag grundsätzlich ebenso durch einen Interaction-Center-Agenten aufgenommen werden.

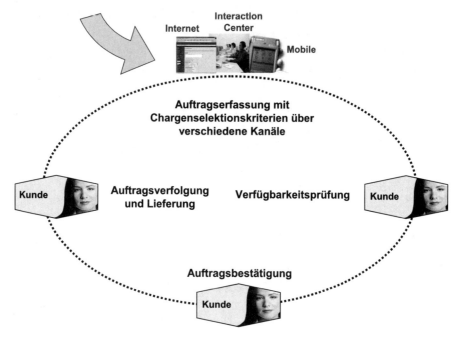

Abbildung 5.3 Geschäftsszenario Order Management für Chargenprodukte

Rollen

Der Zugriff auf *SAP for Chemicals* erfolgt rollenbasiert über das Portal. Folgende Rollen sind am Geschäftsszenario »Kundenauftrag mit Chargenverwaltungsfunktionalität« beteiligt:

▶ Kunde: Er gibt eine Bestellung über das Internet ein und kontrolliert später den Status seines Auftrags.

▶ Vertriebsmitarbeiter im Innendienst: Er prüft den Kundenauftrag, genehmigt ihn und ist Ansprechpartner bei Reklamationen.

Ablauf des Geschäftsszenarios im Detail

Auftragserfassung mit Chargenselektionskriterien

Der Einkäufer von Jets4You, Josh Miller, besucht den Webshop des Chemieunternehmens ChemSupply Inc., um Epoxidharz zu bestellen. Epoxidharz mit einer eng spezifizierten Dichte und einer eng spezifizierten Zähigkeit eignet sich besonders für die Herstellung von Bauteilen, die starken Temperaturschwankungen und hohen dynamischen Belastungen ausgesetzt sind. Josh Miller wählt Epoxidharz als Produkt aus und legt es in den elektronischen Einkaufskorb. Dort gibt er für die Auswahl der für seine Zwecke passenden Charge Epoxidharz die erforderliche Dichte und Zähigkeit an.

Verfügbarkeitsprüfung

Josh Miller interessiert nun die Verfügbarkeit des von ihm gewünschten Produkts bzw. die Verfügbarkeit einer Charge mit exakt den erforderlichen Produktspezifikationen. Über das mit mySAP CRM integrierte mySAP SCM wird geprüft, ob eine Epoxidharz-Charge mit den spezifizierten Eigenschaften vorhanden ist. mySAP CRM zeigt ihm – im Falle einer bestätigten Verfügbarkeit – die für Jets4You geltenden Produktpreise an und berücksichtigt bei den Preisangaben eventuell vorhandene Verträge sowie Kundenrabatte.

Auftragsabwicklung

Nach der Speicherung des Auftrags erhält Josh Miller eine Auftragsbestätigung inklusive der Auftragsnummer. Über das Kundenportal ist er zu jeder Zeit in der Lage, den Bearbeitungsstand seiner Bestellung zu verfolgen.

Der Auftrag selbst wird im angeschlossenen mySAP ERP-System verbucht. Lieferung und Rechnungsstellung werden automatisch eingeleitet.

Nachbestellung

Zwei Wochen später stellt sich heraus, dass aufgrund der günstigen Auftragslage noch mehr Epoxidharz benötigt wird. Da Josh Miller regelmäßig diesen Stoff über das Internet anfordert, kennt er die Produktnummer. Er gibt sie in der Maske für die Auftragsschnellerfassung ein und ergänzt die Nummer der Charge, von der er zuletzt Epoxidharz bezogen hat. mySAP CRM prüft, ob die gewünschte Menge von 200 Tonnen noch verfügbar ist. Im Bestand befinden sich nur noch 150 Tonnen, die Josh Miller nun zurückgemeldet werden. Josh Miller bestellt diese und sucht für die noch zusätzlich benötigten 50 Tonnen wieder eine passende Charge anhand seiner Selektionskriterien.

Die automatische Weiterverarbeitung von Chargennummern und -eigenschaften schließt diverse Fehlerquellen bei der Informationsweitergabe sowohl zwischen Jets4You und ChemSupply Inc. als auch zwischen den beteiligten Vertriebs- und Produktionsabteilungen von ChemSupply Inc. aus und rationalisiert den gesamten Prozess deutlich.

5.1.5 Kritische Erfolgsfaktoren bei der CRM-Einführung

Eine der größten Mythen bei der Umsetzung von CRM-Strategien ist die Vorstellung, eine erfolgreiche Implementierung müsse wie ein großes ERP-Einführungsprojekt strukturiert und geleitet werden. In Wirklichkeit ist das genaue Gegenteil der Fall. Ein erfolgreiches CRM-Projekt sollte in kleine Teilprojekte aufgegliedert werden und mit dem nächsten Schritt erst nach erfolgreichem Abschluss des vorherigen Schrittes beginnen. Implementierungsvorhaben der Vergangenheit beginnen häufig den Fehler, »Megaprojekte« aufzusetzen, und waren mit dem

Unvermögen konfrontiert, die resultierenden massiven Änderungen der Unternehmensabläufe planvoll zu steuern. Demgegenüber sind erfolgreiche Projekte von einer klaren Vision und einer weitreichenden Implementierungsstrategie geprägt, die das Projektteam allerdings in kleinen Schritten umsetzt, um einen kontinuierlichen Wandel der Geschäftsprozesse und der Unternehmensphilosophie zu gewährleisten. Voraussetzung für den Erfolg des Gesamtprojektes ist nämlich immer auch die Akzeptanz der Mitarbeiter, um die sich ein begleitendes Change Management bemühen muss.

Aus Diskussionen mit verschiedenen Chemieunternehmen haben sich folgende kritische Erfolgsfaktoren bei der Einführung von mySAP CRM in der Chemieindustrie herausgestellt:

Etablierung einer CRM-Strategie

Zu Beginn eines CRM-Projekts muss eine Gesamtstrategie für das Unternehmen bestimmt werden, die festlegt, wie in Zukunft Kundenbeziehungen gestaltet werden sollen. Dabei ist in jedem Fall die direkte Beteiligung der Geschäftsleitung wichtig. Diese Strategie muss für alle Projektbeteiligten transparent sein. Dabei sind insbesondere die Ziele und Erwartungen an das Projekt klar zu definieren und zu kommunizieren, was vor allem eine exakte Definition der quantitativen und qualitativen Nutzenaspekte (KPIs) beinhaltet. Es empfiehlt sich dann, anhand der betroffenen Geschäftsprozesse Teilprojekte zu definieren, wobei die Erwartungen und Verantwortlichkeiten an diese Teilprojekte möglichst klar bestimmt sein sollten.

Involvierung der Geschäftsbereiche

Die Projektverantwortung für die Ausgestaltung der Geschäftsprozesse und der letztendlichen Lösungsausprägung sollte in der Fachabteilung liegen, um die Akzeptanz des Projektes zu gewährleisten. Bei der Zusammenstellung der Projektteams sollte die soziale Kompetenz der Mitglieder berücksichtigt werden.

Management des Wandels

Ein professionelles Change Management ist eine weitere Voraussetzung für Akzeptanz, Verstehen und Gestalten des Wandels, während des Projekts und nach dem Projekt. Die Beauftragung von »Dritten« zur Durchführung sollte erwogen werden, wobei es sich empfiehlt, auch Firmenmitarbeiter von Fachabteilungen und der Personalabteilung (Betriebsrat) an Planung und Durchführung des Change Management zu beteiligen.

5.1.6 Auswahl wichtiger kundenorientierter Geschäftsszenarios

Geschäfts-szenario	Kurzbeschreibung
Kunden-segmentierung	Einteilung des Kundenbestands in Segmente zur Differenzierung und Personalisierung der Produkt- und Dienstleistungsangebote (ohne Programmieraufwand)
Kontrakt-management	Funktionen für die Erstellung und Bearbeitung von Mengen- und Wertkontrakten, d.h. langfristigen Kundenverträgen mit Einräumung individueller Preise und Lieferbedingungen
Vertriebs- und Absatzplanung	Mehrdimensionale Planung, z.B. für Verkaufsgebiete, Produktgruppen und Kundenhierarchien, auf der Basis beliebiger Kennzahlen, etwa Absatzmengen, Umsatz oder Kundenzufriedenheit, mit entsprechenden Auswertungsmöglichkeiten und grafischen Analysen
Opportunity Management	Begleitung des Vertriebszyklus von der Identifikation von Verkaufschancen bis zum erfolgreichen Abschluss. Einheitliche Sicht auf zugeordnete Vorgänge, Historie, Termine, Fortschritte und zuständige Entscheidungsträger
Verfügbarkeits-prüfung	Ermöglichung exakter Aussagen bezüglich Lieferterminen in Echtzeit im Moment der Auftragsannahme
Versand und Transport	Vollständige Integration von Versand und Transport in die Verkaufsabwicklung, um exakte Aussagen des Vertriebs bezüglich Lieferterminen zu ermöglichen
Reklamations- und Retouren-abwicklung	Abwicklung von Reklamationsprozessen von der Reklamationsannahme über die technische Analyse bis zu Servicebereitstellung, Gutschriftenerstellung und Retourenabwicklung
Mobile Sales: Angebots- und Auftragsmanagement	Unterstützung des gesamten Auftragsprozesses von der Anfrage über das Angebot bis zum Auftrag inklusive Produktkonfiguration, Verfügbarkeitsprüfung, Preisfindung und Integration in die Auftragsabwicklung. Aktualisierung des Laptop-Datenbestands von Außendienstmitarbeitern mit Kundendaten und Produktinformationen vom zentralen CRM-System und Zurückspeicherung mobil erfasster Auftragsdaten, auch im besonderen Format für Handheld-Geräte (*Mobile Sales für Handhelds*)
Katalogmanagement und Auftragsabwicklung im E-Commerce	Organisation von Produkten und Produktinformationen in Katalogform für Webshops. Personalisierungsmöglichkeiten für Nutzer mit kundenspezifischen Sichten, Produktempfehlungen, Preise und Kontrakte. Auftragsabwicklungsfunktionalität der Sales-Szenarios. Optional direkte Anbindung an SAP R/3 (Szenario *Katalogmanagement und Auftragsabwicklung im E-Commerce Internet Sales (R/3 Edition)*)
Inbound Telesales	Bearbeitung eingehender Kunden- oder Interessentenanfragen im Interaction Center mit Angebots- und Auftragserfassung, Produktinformationssuche und Verfügbarkeitsprüfung sowie Unterstützung der Agenten bei der Generierung von zusätzlichem Umsatz durch Cross- und Up-Selling-Strategien

5.2 Öl- und Gasindustrie

»A number of B2B industries that have been slow to adopt, such as General Manufacturing and Oil and Gas, now glimpse viable CRM applications.«
AMR Research [Keltz/Scott 2002]

Erdöl und Erdgas sind nach wie vor die wichtigsten Energieträger. Der weltweite Verbrauch lag im Jahr 2002 bei 75 747 000 Barrel Erdöl und 1 467 000 Kubikmeter Erdgas pro Tag [IEA 2002a, BP 2003]. Die Unternehmen der Öl- und Gasindustrie, die für die Bereitstellung dieser Mengen verantwortlich sind, betreiben unterschiedliche Geschäfte:

▶ Im Upstream-Geschäft sind Unternehmen tätig, die für die Suche und Erschließung von neuen Erdöl- und Erdgasfeldern sowie für die Rohstoffförderung verantwortlich sind.

▶ Im Downstream-Geschäft engagieren sich Unternehmen, die Erdöl und Erdgas verteilen, weiterverarbeiten und an den Endverbraucher verkaufen.

Kundenorientierte Prozesse sind schwerpunktmäßig im Downstream-Bereich zu finden. Die nachfolgenden Darstellungen konzentrieren sich daher auf den Handel von Erdöl und Ölprodukten. Das Gasgeschäft wird in Abschnitt 10.2 mitbehandelt.

Die Unternehmen der Ölindustrie pflegen intensive Handelsbeziehungen untereinander, da Erdöl von der Förderung bis zum Endverbraucher mehrmals zwischen Firmen der Branche verkauft wird. Ein Barrel Öl wechselt mehrmals den Besitzer, bis es als Benzin oder Schmierstoff den Endverbraucher erreicht. Typische Abnehmer von Erdöl bzw. Ölprodukten sind:

▶ Raffinerien, die Rohöl zu Benzinen, Schmierstoffen usw. weiterverarbeiten

▶ Flughafendienstleister, die Kerosin beziehen und an Fluglinien weiterverkaufen

▶ Transportunternehmen, die Schmierstoffe und andere Ölprodukte für ihre Fahrzeugflotte, ihre Schiffe oder die Eisenbahn beziehen

▶ Distributoren und Wiederverkäufer

▶ Tankstellen oder Brennstoffhändler

▶ Unternehmen der chemischen und pharmazeutischen Industrie, die Öl- und Ölprodukte weiterverarbeiten

▶ Endkunden wie Maschinenbauer, Werkstätten oder Autobesitzer

Der Erdölpreis hängt vom Kurs an den internationalen Börsen ab. Der Preis für die Nordseesorte Brent ist neben den Sorten WTI (West Texas Intermediate) und Dubai ein internationaler Richtwert. Alle anderen Rohölsorten werden mit Zu- oder Abschlägen zu diesen Preisen gehandelt. Auch die bei der Weiterverarbeitung gewonnenen Endprodukte Flüssiggas, Kerosin, Diesel, Heizöl und Benzin sind börsennotiert. Der Handel an der Börse führt zu stark schwankenden Preisen und damit zu Unsicherheiten für die beteiligten Ölfirmen. Die Preisvolatilität der letzten Jahre ist hauptsächlich auf geopolitische Unsicherheiten zurückzuführen. Die monatlichen Durchschnittspreise der genannten Rohölsorten für die Jahre 1984 bis 2002 ist in Abbildung 5.4 zu sehen.

Der Bedarf an Erdöl kann noch auf mittlere bis längere Sicht gedeckt werden, da es durch bessere geologische Analysemethoden und neue Fördertechniken in den vergangenen Jahren möglich war, immer wieder neue Ölvorkommen aufzuspüren und für die Ausbeutung zu erschließen.

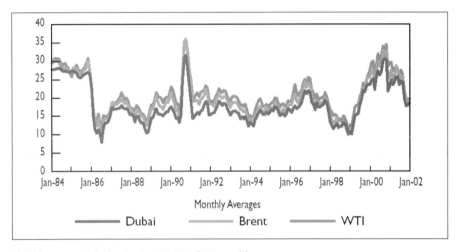

Abbildung 5.4 Rohölpreise in USD/BBL [IEA 2002b]

Langfristige Handelsbeziehungen

Öl und Ölprodukte werden meist im Rahmen langfristiger Geschäftsbeziehungen gehandelt. Die Verträge über die Belieferung mit Öl oder Ölprodukten haben in der Regel eine Laufzeit von mehreren Jahren. Häufig findet der Handel zwischen verschiedenen großen Ölkonzernen sowie mit Großhändlern und Distributoren statt. Die weltweit größten Erdöl- und Erdgasförderer sind die nichtstaatlichen Unternehmen Exxon-Mobil, Royal Dutch/Shell, BP, sowie die Staatsunternehmen SaudiAramco, Gazprom, NIOC, Pemex und PDVSA [EIA 2003, Energy Intelligence 2003].

Das Tankstellengeschäft

Ein wichtiger Vertriebskanal für Ölprodukte sind Tankstellen. Für den Handel an Tankstellen gibt es eine Vielzahl von Geschäftsmodellen. Diese reichen von der durch einen Ölkonzern direkt betriebenen Tankstelle über die von einem Franchisenehmer geführte Tankstelle bis zur völlig freien Tankstelle mit unabhängigem Besitzer.

Der Verkauf von Benzin und Diesel ist für die Tankstellenbetreiber ein wenig lukratives Geschäft mit niedrigen Margen. Deshalb werden Tankstellen zunehmend als C-Stores (Convenience Stores) betrieben, die auch Produkte des täglichen Bedarfs anbieten. Ein immer größerer Anteil des an den Tankstellen erwirtschafteten Gewinns stammt aus dem Verkauf solcher Produkte. Über Kraftstoffpreis und -qualität können sich Tankstellen kaum unterscheiden. Das besondere Angebot von Lebensmitteln, beispielsweise Kaffee und Süßigkeiten, ist eine Möglichkeit, Kunden zu gewinnen. In den USA macht das Geschäft mit diesen Artikeln bereits 66 % des an Tankstellen erwirtschafteten Profits aus [Hawkins 2001].

Im Bereich des Tankstellengeschäfts besteht zunehmender Wettbewerb, nicht zuletzt durch den Einstieg von Supermarktketten in den Verkauf von Benzin und Diesel. Die Supermarktketten geben den Kraftstoff zu niedrigeren Preisen ab, da der Kraftstoffhandel nicht zu ihrem Kerngeschäft gehört, sondern hauptsächlich zur Kundenbindung genutzt wird.

5.2.1 Herausforderungen an das Kundenbeziehungsmanagement

Aus Sicht des Kundenbeziehungsmanagements stellen sich somit zwei völlig unterschiedliche Herausforderungen für Unternehmen der Ölindustrie:

▶ Pflege von langfristigen Beziehungen und Verträgen im Bereich *Commercial Sales* (B2B)

▶ Erhöhung der Kundenbindung im *Retailing* (B2C), speziell im Tankstellengeschäft

SAP for Oil and Gas adressiert beide Anforderungen. Dies macht auch die Solution Map in Abbildung 5.5, die die Geschäftsprozesse dieser Branchenlösung aufzeigt, in den Zeilen »Commercial Sales, Marketing and Service« und »Service Station and Convenience Retailing« deutlich. Ein zentraler Bestandteil des Lösungsportfolios *SAP for Oil and Gas* ist das branchenspezifische ERP-System SAP Oil and Gas, das für kundenorientierte Prozesse um die Lösung mySAP CRM erweitert werden kann.

Kundenbeziehungspflege über Auftrags- und Kontraktverwaltung

Die langfristigen Lieferbeziehungen werden in der Regel durch spezielle Verträge, so genannte *Kontrakte*, festgelegt. Ein Kontrakt ist eine über einen bestimmten Zeitraum geltende Vereinbarung, die es einem Kunden erlaubt, Produkte zu besonderen, vorher ausgehandelten Konditionen zu erwerben.

Enterprise Management	Strategic Enterprise Management	Management Accounting	Financial Accounting	Corporate Governance	Financial Supply Chain Management	Business Analytics
Upstream	Exploration & Appraisal	Contract Management	Development & Construction	Production & Planning	Wellsite & Facility Management	Measurement & Allocation / Marketing & Trading
Supply	Supply Chain Planning & Optimization	Acquire, Trade & Sell	Exchange & Throughput Handling	Scheduling	Inventory Management	Primary Distribution & Transport / Secondary Distribution & Transportation
Manufacturing	Manufacturing Planning & Optimization	Manufacturing Process	Batch Manufacturing	Blending & Packaging	Product Quality Management	
Commercial Sales, Marketing & Service	Marketing	Contracts, Sales & Pricing	Service	Analytics		
Service Station & Convenience Retailing	Convenience Retailing	Fuels Management	Store & Headquarter Accounting	Store & Consumer Analysis		
Enterprise Asset Management	Investment Planning & Design	Procurement & Construction	Maintenance & Operations	Decommission & Disposal	Asset Life-Cycle Analytics	
Business Support	Human Capital Management	Procurement	Environment, Health & Safety	Trade Compliance Management	Customs Management	

Abbildung 5.5 Solution Map von SAP for Oil and Gas

Die Übereinkunft legt die Produkte, den Gültigkeitszeitraum des Kontrakts, die Preise und Zahlungsbedingungen sowie Details zur Belieferung fest. Bei einem Mengenkontrakt wird vereinbart, dass ein Kunde eine bestimmte Menge bestimmter Ölprodukte innerhalb eines bestimmten Zeitraums erwirbt. Bei einem Wertkontrakt verpflichtet sich der Kunde, Ware zu einem gewissen Wert abzunehmen [Buck-Emden/Zencke 2003].

Durch ihre lange Laufzeit eignen sich Kontrakte dazu, Kunden enger an ein Unternehmen zu binden. Allerdings wird ein Kunde seinen abgelaufenen Kontrakt nur dann verlängern, wenn er mit der Leistung zufrieden war. Kontrakte ermöglichen es Ölunternehmen:

▶ Kunden enger an sich zu binden

▶ Kundenwünsche genauer zu überblicken und die eigene Verkaufsplanung darauf auszurichten

▶ Festzustellen, inwieweit sich die tatsächlichen Abverkäufe mit den geplanten Verkäufen decken und inwieweit Vereinbarungen eingehalten wurden

Vertriebskanal

Der Verkauf von Öl und Ölprodukten an Geschäftskunden, z. B. Raffinerien oder Tankstellen, erfolgt häufig über ein Interaction Center. Kunden melden sich dort, um von ihren Kontrakten Ware abzurufen. Alternativ erfolgt der Kontraktabruf über Self Services im Internet. Auf einer entsprechenden Web-Seite sehen Kunden ihre Verträge ein, ordern Produkte und überprüfen Auftragsstatus, Rechnungsinformationen oder ihren aktuellen Kreditstatus. Außerdem haben sie die Möglichkeit, Serviceaufträge zu erfassen. Diese Self-Service-Angebote stehen den Kunden rund um die Uhr zur Verfügung und verursachen nur niedrige Kosten, da die Personalaufwendungen sehr gering sind.

Integration der Logistikkette

Den größten Nutzen ziehen Ölfirmen aus einer Lösung für das Kundenbeziehungsmanagement, wenn sie diese mit ihren bestehenden ERP- und Supply-Chain-Anwendungen integrieren (siehe auch Abschnitt 5.1). Unter den ERP-Systemen ist die Oil&Gas-Lösung von SAP mit über 1400 Installationen quasi Standard.

5.2.2 Praxisbeispiel: Engen Petroleum Ltd.

Afrikas führende Ölfirma, Engen Petroleum Ltd., setzt mySAP CRM ein, um sowohl die operativen Kosten zu senken als auch um die Kunden mit herausragendem Service zufrieden zu stellen.

Als Tochtergesellschaft des malaysischen Ölkonzerns Petronas hat Engen mit ca. 25 % den größten Marktanteil in der südafrikanischen Ölindustrie. Der jährliche Umsatz beläuft sich auf circa zwei Milliarden US$. Die Firma hat eine eigene Raffinerie, produziert mehr als 100 000 Barrel Öl pro Tag und betreibt 1400 Tankstellen.

Engen nutzt das Interaction Center von mySAP CRM, um die Kundenzufriedenheit kostensparend durch ein komfortables Serviceangebot zu verbessern. Folgende Aufgaben werden zentral über das Interaction Center abgewickelt:

▶ Auftragserfassung

▶ Bearbeitung von Anfragen

▶ Telefonmarketing

▶ Optimierung der Fahrzeugauslastung der unternehmenseigenen Flotte

Ein Kernprozess ist für Engen die Auftragsannahme. Um den Kunden im Interaction Center bei der Entgegennahme eines Auftrags sofort Liefertermine zusagen zu können, wird eine Verfügbarkeitsprüfung im SAP Oil-and-Gas-Backendsystem durchgeführt. Die Integration von mySAP CRM und SAP Oil and Gas ermöglicht es außerdem, den Auftrags- und Lieferstatus jederzeit zu verfolgen.

In Engens Interaction Center arbeiten 55 Interaction-Center-Agenten, die bis zu 300 Aufträge pro Stunde und etwa 40 000 Aufträge pro Monat bearbeiten. Hinzu kommen noch circa 10 000 ausgehende Anrufe pro Monat. Das Einführungsprojekt für mySAP CRM wurde innerhalb von sechs Monaten im Rahmen des geplanten Budgets abgeschlossen.

5.2.3 Geschäftsszenario: Kontraktmanagement im Interaction Center

Interaction Center werden in der Ölindustrie für die Unterstützung einer Reihe von Geschäftsprozessen eingesetzt. So zum Beispiel für die Annahme und Bearbeitung von Beschwerden, für die Annahme von Service-Aufträgen, für aktives Telemarketing oder für die Annahme und Bearbeitung von Verkaufsaufträgen.

Das hier vorgestellte Geschäftsszenario *Kontraktmanagement im Interaction Center* beschreibt den gesamten Ablauf eines Kontrakts vom Abschluss des Vertrages über Abruf, Lieferung und Abrechnung der Ware bis zur nachfolgenden Kontraktanalyse mit Hilfe des Interaction Centers von *mySAP CRM*. Es wird gezeigt, wie der Betreiber einer unabhängigen Tankstelle mit dem Ölunternehmen AOIL über die Belieferung mit Kraftstoffen verhandelt und wie er nach Abschluss des Kontrakts über das Interaction Center von AOIL eine Lieferung Diesel abruft.

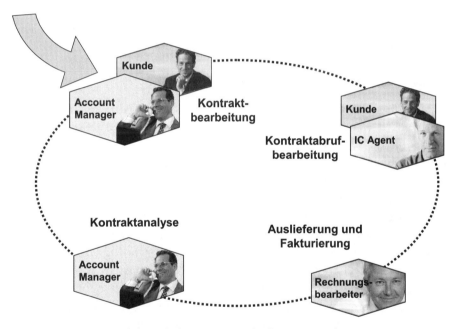

Abbildung 5.6 Prozesse des Geschäftsszenarios »Verkauf gegen Kontrakt«

Rollen

Die am Szenario beteiligten Mitarbeiter des Ölunternehmens greifen über folgende im Portal definierten Rollen auf die Komponenten von *SAP for Oil and Gas* zu. Die Rollen fassen alle Transaktionen und Informationen, die für die Ausführung der jeweiligen Aufgabe relevant sind, unter einer ansprechenden Navigationsoberfläche zusammen.

▶ *Geschäftskunden*, die Öl- oder Gasprodukte verarbeiten, einsetzen oder weiter-vertreiben, werden zumeist durch eine *Kontaktperson* repräsentiert. Diese handelt mit der Ölfirma die Geschäftsbedingungen des Kontraktes aus, einschließlich der Preise und des Gültigkeitszeitraumes. Während der Vertragslaufzeit ruft der Kunde Produkte vom Vertrag über das Interaction Center ab. Außerdem kontaktiert er das Interaction Center, um sich nach Lieferzeiten, Rechnungsinformationen usw. zu erkundigen.

▶ *Interaction-Center-Agenten* nehmen Kundenanrufe entgegen und haben während des Gesprächs auf sämtliche relevanten Kundendaten einschließlich der Kontakthistorie Zugriff, um dem Kunden jederzeit erwünschte Auskünfte geben zu können. Ihre Hauptaufgabe ist es, Kundenaufträge bzw. Kontraktabrufe anzulegen.

▶ *Rechnungsbearbeiter (Billing Agents)* der Ölfirma erstellen Rechnungen zu gelieferten Produkten und verschicken die Fakturen an Kunden.

▶ *Account Manager* oder *Vertriebsleiter (Sales Manager)* der Ölfirma analysieren die Verkaufszahlen und sind für die Beziehungen zu einem Kunden oder einer Gruppe von Kunden verantwortlich.

Ablauf des Geschäftsszenarios im Detail

Kontraktbearbeitung

Das Verkaufsteam des Ölunternehmens AOIL führt mit dem Betreiber der Tankstelle über eine gewisse Zeit Verhandlungen über die Vertragskonditionen. Zu dieser Zeit wird der Kontrakt bereits im System erfasst, allerdings mit dem Status »offen« oder »in Bearbeitung«. Der Kontrakt hält Produkte, Preise, Gültigkeitszeitraum, Zahlungsbedingungen und Details zur logistischen Abwicklung fest. Ferner werden Zielmenge bzw. -wert bei Mengen- oder Wertkontrakten definiert. Die Preisvereinbarungen bestehen beim Verkauf von Rohstoffen (Commodities) nicht aus Festpreisen, sondern werden durch Berechnungsvorschriften dargestellt, welche sich auf bestimmte, z.B. von Datenanbietern wie Platts oder Reuters bereitgestellte Börsennotierungen für Rohöl oder Endprodukte beziehen. Die Preise ändern sich im Mineralölgeschäft oft mehrmals täglich. Daher ist eine flexible Preisfindung, die sich auf externe Notierungen, Uhrzeit, Datum oder Wochentag bezieht, unerlässlich.

Vor der Freigabe des Vertrags führt AOIL noch eine Kreditlimitprüfung durch, um die Bonität des Kunden festzustellen. Sobald der Kontrakt freigegeben ist, können Abrufe erfolgen.

Abrufbearbeitung

Der Betreiber der Tankstelle meldet sich im Interaction Center von AOIL per Telefon. Bei Anrufen identifiziert das System den Kunden aufgrund der Telefonnummer des Anrufers und zeigt sofort alle relevanten Kundendaten sowie die Interaktionshistorie mit Informationen darüber an, wann z. B. letztmalig Waren vom Kontrakt abgerufen wurden oder ob sich der Kunde in letzter Zeit beschwert hat.

Da der Kunde Waren von seinem Kontrakt abrufen möchte, lässt sich der Interaction-Center-Agent die laufenden Kontrakte des Anrufers anzeigen. Der Kunde gibt an, welche Produkte er in welcher Menge benötigt. In dem hier betrachteten Geschäftsszenario fordert der Tankstellenbetreiber 5000 Liter Diesel. Sobald diese Daten erfasst sind, berechnet das System den korrekten Preis inklusive Steuern. Bei Benzin, Diesel und Heizöl fällt insbesondere Mineralölsteuer an. Da diese Steuer an den Käufer weitergegeben wird, muss der entsprechende Verbrauchssteuerwert bei der Berechnung des Verkaufspreises berücksichtigt werden. Das System führt die Verbrauchsteuerberechnung als Teil der auf Geschäftspartnerstammdaten, Region, Land usw. basierenden Verkaufspreisberechnung automatisch durch.

Interaktives Scripting führt den Interaction-Center-Agenten durch das Gespräch. Dieses stellt dem Interaction-Center-Agent passend zum Gesprächsverlauf Textbausteine für die Gesprächsführung zur Verfügung. Der Agent wird darauf hingewiesen, den Kunden auf ein neu entwickeltes Motoröl aufmerksam zu machen. Der Interaction-Center-Agent versucht dann, das Interesse des Kunden für dieses besondere Angebot zu wecken, was gelingt. Die Bestellung wird um eine Palette des Motorenöls ergänzt.

Sobald der Auftrag im Interaction Center erfasst wurde, wird er in das SAP Oil-and-Gas-System der Ölfirma repliziert. Dort erfolgt die logistische Abwicklung einschließlich Transport.

Lieferbearbeitung und Rechnungsstellung
Die Lieferbearbeitung übernimmt das ERP-System. Dabei wird zum Lieferdatum ein Lieferschein erzeugt. Da AOIL für den Transport zuständig ist, wie es in der Ölindustrie häufig der Fall ist, wird zur Transportplanung und -durchführung ein Transportbeleg angelegt und zum Zeitpunkt des Warenübergangs ein Warenausgangsbeleg gebucht.

Der Rechnungsbearbeiter erstellt die Rechung im SAP Oil-and-Gas-Backendsystem, erzeugt einen Rechnungsbeleg und überstellt ihn dem Kunden. Entsprechende Buchhaltungsbelege werden automatisch generiert.

Kontraktanalyse
Analytische Auswertungen der Kontrakte geben dem Account Manager einen Überblick über den momentanen Absatz. Er analysiert die »in Bearbeitung« befindlichen Kontrakte und kann so den zukünftigen Absatz vorhersagen. Falls notwendig, leitet er auf der Basis dieser Zahlen verkaufsfördernde Maßnahmen

ein. Die analytischen Anwendungen von mySAP CRM gewähren dem Account Manager unter anderem Überblick über:

▶ Offene oder in Bearbeitung befindliche Verkaufskontrakte

▶ Erfüllte Kontrakte

▶ Meistverkaufte Produkte über alle Kontrakte hinweg

▶ Kontrakt-Pipeline

▶ Offene Verkaufsmengen aus den Kontrakten

Außerdem wird der Verkaufsmitarbeiter automatisch darüber informiert, dass in Kürze Zielwert oder -menge eines Kontrakts erreicht wird. Zu diesem Zeitpunkt bietet es sich an, den Kunden proaktiv zu kontaktieren, um über eine Erneuerung des Kontrakts zu sprechen. Ebenso prüft der Verkaufsmitarbeiter, ob der Kunde dem Verkaufskontrakt entsprechend genügend Produkte abgerufen hat. Falls die Kontraktvereinbarungen nicht erfüllt werden, erörtert der Verkaufsmitarbeiter diesen Umstand mit dem Kunden.

Neben den Kontrakten lassen sich auch die Kundendaten auswerten, z.B. mit Hilfe von Kennzahlen wie Kundenprofitabilität und Umsatz. ABC-Analysen erlauben die Klassifikation der Kunden anhand ihres Umsatzes. In der operativen Umsetzung werden solche Indikatoren genutzt, um bestimmte Produkt- und Serviceangebote an der Rentabilität des einzelnen Kunden auszurichten. Beispielsweise bieten die Interaction-Center-Agenten den umsatzstärksten und somit wichtigsten A-Kunden besondere Services bei der Auftragsbearbeitung an, etwa die Weitervermittlung zu besonders qualifizierten Experten oder eine priorisierte Bearbeitung ihres Anliegens.

5.2.4 Kundenbindung im Tankstellengeschäft

Eine ABC-Analyse des Einzelhandels zeigt, dass 30 % der Kunden für 75 % des Umsatzes verantwortlich sind, während am unteren Ende der Umsatzkurve 30 % der Kunden nur weniger als 3 % des Umsatzes erbringen [Hawkins 2001]. Aus diesen Gründen ist es für die Betreiber der Tankstellen wichtig, herauszufinden, welches die profitabelsten Kunden sind und wie sich diese am besten ansprechen lassen. Das Marketing sollte an den Bedürfnissen der loyalen Kunden ausgerichtet werden, was zunächst ein besseres Verständnis für deren Einkaufsverhalten voraussetzt, um ihnen dann Angebote zu unterbreiten, welche die Kunden dazu veranlassen, häufiger und mehr einzukaufen.

Um die Identität der Kunden sowie Umsatz und Einkaufsverhalten an der Tankstelle festzustellen, führen Tankstellenketten spezielle Bonusprogramme ein, welche den Kunden besondere Rabatte oder Prämien zugestehen, falls sie häufig genug bei ihnen einkaufen. Beispiele für solche Kundenbindungsprogramme sind Speedpass von ExxonMobil, das die Bezahlung an amerikanischen Exxon- und Mobil-Tankstellen vereinfacht, Swop von Esso (Europa) oder CLUBSMART von Shell, bei denen die Tankstellenkunden Bonuspunkte beim Einkauf sammeln (weitere Details siehe Webseiten der Anbieter). Ist ein Kunde Teilnehmer an einem derartigen Programm, identifiziert er sich darüber stärker mit der Marke der Tankstelle und seine Loyalität steigt (weitere Details siehe Abschnitt 7.2.5 f.).

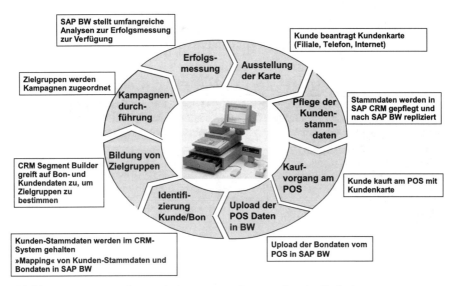

Abbildung 5.7 Prozesse des Geschäftsszenarios »Customer Loyalty Marketing«

Abbildung 5.7 veranschaulicht das zur Steigerung der Kundenbindung eingesetzte Geschäftsszenario »Customer Loyalty Marketing«. Das Geschäftsszenario lässt sich folgendermaßen skizzieren:

▶ Der Ölkonzern gibt eine Kundenkarte heraus, mit welcher der Kunde an den Stationen seines Tankstellennetzes einkaufen kann.

▶ Die Kundendaten werden zusammen mit den Kartendaten als Stammdaten in mySAP CRM eingepflegt und von dort in das SAP Business Information Warehouse repliziert.

▶ Wenn der Kunde mit seiner Karte in einer Tankstelle des Tankstellennetzes einkauft und mit seiner Karte bezahlt, werden die Abverkaufsdaten zunächst mit den Kartendaten im Point-of-Sales-(POS)-System der Tankstelle erfasst und dann ebenfalls in das SAP Business Information Warehouse fortgeschrieben.

▶ Da sowohl Kunden- und Kartendaten als auch die Abverkaufsdaten im SAP Business Information Warehouse vorhanden sind, ist es nunmehr möglich, die Verkäufe eines einzelnen Kunden oder einer Kundengruppe zu analysieren. Die

Kunden lassen sich so entsprechend ihres Umsatzes klassifizieren. Aufgrund mehrerer Klassifizierungen über verschiedene Perioden hinweg kann ein Loyalitätsindex für individuelle Kunden bestimmt werden (Beispiel in Abbildung 5.8). Beispielsweise eignen sich Kunden mit einem hohen Loyalitätsindex, die in den letzten zwei Monaten nicht in einer der Tankstellen des Ölkonzerns eingekauft haben, als Zielgruppe für eine Marketingkampagne. Kommunikationskanal, Zeitraum, Budget und Ablauf der Kampagne werden mit Hilfe von mySAP CRM geplant.

▶ Nach Ablauf der Kampagne lässt sich aufgrund der getätigten Einkäufe der angesprochenen Kundengruppe auf den Erfolg der Kampagne schließen.

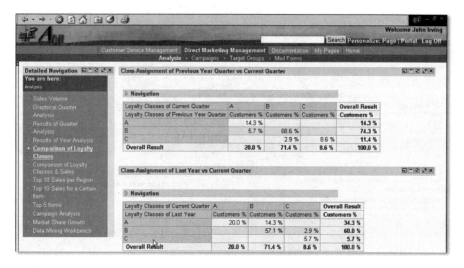

Abbildung 5.8 Screenshot einer Kundenanalyse in mySAP CRM

5.2.5 Verbreitung und Nutzung von CRM-Systemen in der Öl- und Gasindustrie

Systeme zur Pflege von Kundenbeziehungen werden in der Öl- und Gasindustrie erst nach und nach eingeführt. Die Öl- und Gasindustrie investierte im Jahr 2002 4,6 % ihres IT-Budgets für CRM-Anwendungen. Mittlerweile haben 18 % der Öl- und Gasunternehmen eine gekaufte oder selbst entwickelte CRM-Anwendung im Einsatz. 12 % der Firmen befinden sich in der Implementierungsphase [Keltz/Scott 2002]. Der Einsatz von CRM-Systemen beginnt in der Öl- und Gasindustrie eine zunehmend wichtige Rolle zu spielen. In der Vergangenheit wurde dabei vor allem in folgende Bereiche investiert [Keltz/Scott 2002]:

▶ Interaction Center mit Integration von E-Mail und Internet
▶ Unterstützung des Außendienstes mit mobilen CRM-Anwendungen

- Auftragserfassung, -verarbeitung und Fakturierung
- Marketingautomatisierung
- Katalogmanagement

Bei Implementierung kundenorientierter Prozesse ist es von entscheidender Bedeutung, dass bestehende ERP-Systeme, welche in der Industrie maßgeblich für die Abwicklung der logistischen Prozesse eingesetzt werden, eng mit den CRM-Anwendungen integriert werden, wie dies bei dem Lösungsportfolio *SAP for Oil and Gas* der Fall ist.

5.2.6 Auswahl wichtiger kundenorientierter Geschäftsszenarios

Geschäftsszenario	Kurzbeschreibung
Kampagnenmanagement und Kundensegmentierung	Optimierung der Kampagnenabwicklung von der Marktanalyse bis zur Ergebnisprüfung
Marketingplanung	Planung und Steuerung aller Marketingaktivitäten von der Budgetierung bis zur Ergebnisanalyse
Kontraktmanagement	Funktionen für die Erstellung und Bearbeitung von Mengen- und Wertkontrakten, d.h. langfristigen Kundenverträgen mit Einräumung individueller Preise und Lieferbedingungen
Vertriebs- und Absatzplanung	Mehrdimensionale Planung, z.B. für Verkaufsgebiete, Produktgruppen und Kundenhierarchien, auf der Basis beliebiger Kennzahlen, etwa Absatzmengen, Umsatz oder Kundenzufriedenheit, mit entsprechenden Auswertungsmöglichkeiten und grafischen Analysen
Aktivitätsmanagement	Planung, Durchführung und Management von Vertriebsaktivitäten und Organisation des Vertriebstagesgeschäfts zur schnelleren Erzielung von Verkaufsabschlüssen
Katalogmanagement und Auftragsabwicklung im E-Commerce	Organisation von Produkten und Produktinformationen in Katalogform für Webshops. Personalisierungsmöglichkeiten für Nutzer mit kundenspezifischen Sichten, Produktempfehlungen, Preise und Kontrakte. Auftragsabwicklungsfunktionalität der Salesszenarios. Optional direkte Anbindung an SAP R/3 (Szenario *Katalogmanagement und Auftragsabwicklung im E-Commerce Internet Sales (R/3 Edition)*)
Inbound Telesales	Bearbeitung eingehender Kunden- oder Interessentenanfragen im Interaction Center mit Angebots- und Auftragserfassung, Produktinformationssuche und Verfügbarkeitsprüfung sowie Unterstützung der Agenten bei der Generierung von zusätzlichem Umsatz durch Cross- und Up-Selling-Strategien
Outbound Telesales	Aktiver Produktverkauf aus dem Interaction Center heraus durch Abwicklung von Verkaufskampagnen und periodischen, über Anruflisten gesteuerten Kontaktaufnahmen unter Nutzung aller Möglichkeiten, die auch Inbound Telesales bietet

Geschäftsszenario	Kurzbeschreibung
Kreditmanagement	Unterstützung der Risikoabschätzung zu allen Zeiten der Auftragsabwicklung, insbesondere auch während der Lieferphase, um Außenstände zu minimieren
Reklamations- und Beschwerde-management im Interaction Center	Erfassung von Produktreklamationen, Retouren und Serviceleistungen durch Interaction-Center-Agenten für eingehende Kundenbeanstandungen
Sales Analytics	Verbesserung der Effizienz und Effektivität von Vertriebsprozessen, ausgehend von der Vertriebsplanung über die vorausschauende Analyse der Geschäftsentwicklungen und entsprechende Pipeline-Analysen bis hin zur abschließenden Erfolgsanalyse im Vertrieb

5.3 Metall-, Papier-, Baustoff- und Textilindustrie

»mySAP CRM has enabled us to implement a solution that is far advanced over our competitors, who typically offer static, non-personalized list of products and prices online.«
Peter Tong, Project Manager at Finnforest [SAP 2002a]

Was haben Dachziegel mit Etiketten aus Papier, Wollstoffe mit Metallbolzen, glasierte Fliesen mit Sperrholzplatten zu tun? Insbesondere, was haben die Unternehmen, die diese Erzeugnisse herstellen, gemeinsam? Schließlich stammen sie aus so unterschiedlichen Branchen wie:

▶ Metallverarbeitung und -handel

▶ Holzverarbeitung

▶ Papierherstellung und -handel

▶ Zement- und Betonherstellung

▶ Ziegelherstellung

▶ Glas-, Keramik- und Tonwarenherstellung

▶ Teppich-, Folien- und Textilproduktion

In der Regel handelt es sich bei den Unternehmen dieser Industriezweige um *hybride Prozessfertiger*, die ihre Erzeugnisse durch Kombination von Prozess- und diskreten Produktionsschritten unter Einsatz kapitalintensiver Herstellungsanlagen erstellen [Zeier 2002]. Zwischenprodukte wie beispielsweise Metallplatten oder Papierrollen lassen sich in eine Vielzahl verschiedener Endprodukte umwandeln. Diese branchenübergreifende Gemeinsamkeit im Produktionsablauf führt auch zu ähnlichen Anforderungen an die eingesetzten Softwarelösungen. SAP hat deshalb mit *SAP for Mill Products* eine Branchenlösung für die Metall-, Papier-, Baustoff- und Textilindustrie entwickelt.

5.3.1 Anforderungen hybrider Prozessfertiger an betriebswirtschaftliche Softwarelösungen

Das Lösungsportfolio von *SAP for Mill Products* deckt die betriebswirtschaftlichen Kernprozesse in den betreffenden Branchen von der Planung über Produktion, Verkauf und Lieferung bis zur Rechnungsstellung ab. Integriert sind des Weiteren die Abläufe des Personalwesens und der Buchhaltung (siehe Abbildung 5.9).

Enterprise Management	Strategic Enterprise Management	Management Accounting	Financial Accounting	Corporate Governance	Financial Supply Chain Management	Business Analytics
Product & Process Engineering	Environment, Health & Safety	Enterprise Asset Management		Quality Management		Product Development
Data Management & Engineering Change Management	Master Data Management	Product Data Management		Customer/Material Data Management		Master Data & Document Change Management
Marketing, Sales, & Service	Marketing	Demand Planning	Sales Order Clarification	Order Acknowledgement & Maintenance	Sales Cycle Management	Service
Material & Resource Management	Procurement Planning	Raw Material Purchasing	Raw Material Transportation		Inventory Management	Quality Inspection
Process/Manufacturing Conversion	Scheduling & Planning	Production Execution	Process Control		Outside Processing	Quality Control
Distribution	Transportation Planning	Transportation Execution	Freight Costing		Storage & Site Management	Warehouse Management
Human Capital Management	Employee Life-Cycle Management	Employee Transaction Management		HCM Service Delivery		Workforce Deployment
Business Support	Procurement	Travel Management	Incentive & Commission Management		Fixed Asset Management	Global Trade Management

Abbildung 5.9 Solution Map von SAP for Mill Products

Aufgrund der Gemeinsamkeiten in der Produktion haben *hybride Prozessfertiger* ähnliche Erwartungen an betriebswirtschaftliche Softwarelösungen, auch wenn sie aus gänzlich unterschiedlichen Wirtschaftszweigen kommen. Dies gilt auch, wenn man sich anstatt auf die Produktionsabläufe auf die kundenorientierten Prozesse in der Metall-, Papier-, Baustoff- und Textilindustrie konzentriert. Im Folgenden werden beispielhaft einige wichtige, von *SAP for Mill Products* adressierte, branchenübergreifend gültige Anforderungen beschrieben. Eine Ausnahme bildet die Pharmazeutische Industrie, die zwar produktionstechnisch auch ein hybrider Prozessfertiger ist, aber im Bereich Kundenbeziehungsmanagement völlig eigene Geschäftsprozesse entwickelt hat (siehe Kapitel 6, *Pharmabranche*).

Variantenkonfiguration

Wenn Kunden bei Unternehmen der Metall-, Papier-, Baustoff- oder Textilindustrie bestellen, spezifizieren sie das gewünschte Produkt durch eine Vielzahl an Merkmalen. Breite, Länge, Dicke, Dekor und Verleimungstyp der Spanplatte oder Dessin, Gemisch und Breite eines Herren-Wollstoffes werden festgelegt; Durchmesser, Dicke und Kupfergehalt eines Kupferrohres müssen definiert werden. Die reine

Menge an Produktvarianten und -merkmalen unterscheidet Metall-, Papier-, Baustoff- und Textilindustrie von anderen Branchen und stellt eine Herausforderung an die Datenverarbeitung dar. Mehrere hundert Merkmale für ein Produkt sind keine Seltenheit.

Die Anwendungssoftware muss in der Lage sein, die verschiedenen Produktausprägungen mit ihren Merkmalen im System abzubilden. Kunden und Vertriebsmitarbeiter wollen die gewünschten Produktvarianten schnell und korrekt erfassen und zuverlässige Terminzusagen zur Verfügbarkeit der gewünschten Ware erhalten, basierend z. B. auf Daten der Lagerbestandsführung oder der Produktionsplanung. Falls ein Produkt nicht vorrätig ist, sollte eine ausgereifte Produktionsplanung den Fertigungsprozess derart anpassen können, dass die Ware zu günstigen Bedingungen produziert wird.

Produktionsplanung

Da die Produktionsanlagen *hybrider Prozessfertiger* in der Regel sehr kapitalintensiv sind, gilt es, diese möglichst optimal auszulasten. Um die Produktion am tatsächlichen Bedarf auszurichten, werden Systeme zur Bedarfsanalyse und eine darauf aufbauende Produktionsplanung benötigt.

Dabei muss die Produktionsplanung auf der Basis der angeforderten Produktausprägungen erfolgen, um einerseits Kunden einen exakten Liefertermin nennen zu können, andererseits aber auch die Anlagenauslastung zu optimieren. Beispielsweise mag es für ein Unternehmen in der Textilbranche von Vorteil sein, an einem Tag gelb zu färben, am nächsten blau usw. Wenn ein Kunde blaue Ware bestellt, kann diese erst am nächsten »blauen« Tag produziert werden. Ebenso lässt es sich einplanen, dass immer zuerst helle Farben vor dunklen Farben die Färbemaschine durchlaufen. Produktionseinheiten mit gleichen Merkmalen werden als Blöcke verwaltet. Kommen weitere Aufträge zu Produkten mit denselben Merkmalen, so werden sie dem entsprechenden Block zugeordnet.

Für die Hersteller von Blechen, Folien usw. ist eine Kapazitätsgrobplanung von großer Wichtigkeit. Für die Mehrzahl der Unternehmen spielt die Produktion in Chargen eine Rolle. Beides unterstützt *SAP for Mill Products*. Details zur Chargenverwaltung werden in Abschnitt 5.1.2 f. ausgeführt.

Transport und Lieferung

Da die Transportkosten in der Metall-, Papier-, Baustoff- und Textilindustrie 20 bis 50 % des Preises eines Produktes ausmachen, wird viel Wert auf die Transportplanung gelegt. Um den Kunden mit einer pünktlichen Anlieferung bei möglichst niedrigen Transportkosten zufrieden zu stellen, müssen die Lieferungen optimal auf die Transportkapazitäten verteilt werden. *SAP for Mill Products* bietet dazu:

- ▶ Verwaltung der Fahrzeugflotte
- ▶ Verteilung der Fracht auf die Transportkapazitäten und Routenplanung
- ▶ Automatische Zusammenfassung von Teillieferungen an einen Kunden zu einer Transportladung
- ▶ Web Collaboration mit Logistikdienstleistern zur automatischen Lieferungszuteilung

Praxisbeispiel Hylsa: Höhere Kundenzufriedenheit durch bessere Produktionsplanung

Wie ein Unternehmen von *SAP for Mill Products* profitieren kann, wird am Beispiel von Hylsa, einem der größten Stahlhersteller Mexikos, deutlich (*www.hylsamex.com*). Mit Hilfe der SAP-Lösung mySAP SCM hat das Unternehmen seine logistischen Geschäftsabläufe von einem produktionsgesteuerten Modell auf ein marktorientiertes Modell umgestellt und verbessert. Die Prognosegenauigkeit stieg von 40 % auf 80 %, der Planungszyklus verkürzte sich von drei Tagen auf zwei Stunden und die Transparenz der gesamten Logistikkette nahm zu. Der Lagerbestand an Fertigerzeugnissen konnte um 16 % reduziert werden. Außerdem stieg der Anteil der termingerechten Volllieferungen von 70 % auf 90 %, was auch für die Kunden einen deutlichen Mehrwert erbringt.

5.3.2 Kundenorientierung

In Zeiten wirtschaftlicher Stagnation leiden auch die Unternehmen der Metall-, Papier-, Baustoff- und Textilindustrie unter schrumpfenden Gewinnspannen, steigenden Betriebskosten und einer geringen Anlagenausnutzung. Um ihre Wirtschaftlichkeit zu steigern und wettbewerbsfähig zu bleiben, sind sie gezwungen, neue Strategien anzuwenden.

Hybride Prozessfertiger führen deshalb zunehmend kundenorientierte Geschäftsanwendungen ein, um Kundenkontakte zu verbessern und mehr Informationen über ihre Kunden zu gewinnen. Das vermehrte Wissen über Kunden und ihr Einkaufsverhalten wird in eine zuverlässigere Bedarfs- und Bestandsprognose und damit in verbesserte Fertigungsvorgänge umgesetzt. CRM-Lösungen werden so zu einem wichtigen Bestandteil der betrieblichen IT-Infrastruktur. Das Lösungsportfolio *SAP for Mill Products* umfasst daher neben den branchenspezifischen Erweiterungen in mySAP ERP und mySAP SCM auch besondere Funktionalitäten in mySAP CRM, beispielsweise:

- ▶ Partnerportale als Informationsquelle und zur gemeinsamen Verfolgung von Verkaufchancen
- ▶ Internet Self Services für Partner und Kunden

▶ Analytische Anwendungen zur Auswertung von Marketing- und Vertriebsaktivitäten

Wahl der Vertriebskanäle

Kundenaufträge können auf ganz verschiedene Art und Weise entgegen genommen werden: über das Telefon, Fax, Brief, E-Mail, persönlich über einen Vertriebsmitarbeiter oder elektronisch über das Internet. In der Zement- und Betonindustrie ist es beispielsweise üblich, dass Kunden direkt bei den lokalen Zement- und Betonwerken anrufen, um ihre Bestellung durchzugeben.

Mit Hilfe des Interaction Center von mySAP CRM kann dieses Geschäftsszenario leicht abgebildet werden, wobei neben dem Telefon auch die Kommunikationskanäle Fax und E-Mail berücksichtigt werden können.

Der Vertriebskanal Internet steht vom Preis-Leistungs-Verhältnis am besten da. Allerdings muss er auch von den Kunden genutzt werden. Die Akzeptanz durch die Kunden stellt die größte Herausforderung bei der Umsetzung einer Online-Auftragserfassung im Internet dar, da Kunden sehr viel Wert auf persönliche Beziehungen zum Disponenten legen. Mit der E-Commerce-Lösung von mySAP CRM lassen sich komfortable Webshops einrichten, die den Kanal Internet auch für zögernde Kunden attraktiv machen. Zu den E-Commerce-Funktionen, die aus der Sicht hybrider Prozessfertiger besonders wichtig sind, gehören:

▶ Produktkonfigurator zur Auswahl spezieller Produktvarianten

▶ Aktuelle Preisberechnung auf der Basis der ausgewählten Produktvariante mit ihren Merkmalen sowie kundenspezifischer Preise und Rabatte

▶ Verfügbarkeitsprüfung und Vorschlag eines Lieferdatums aufgrund aktueller Bestandsdaten

▶ Chargenfindung und Integration von Chargen in den Bestellvorgang

▶ Personalisierung durch Bereitstellung individueller Bestellvorlagen

▶ Vorschlag von Cross- und Up-Selling-Angeboten

Viele Unternehmen nutzen bereits die E-Commerce-Funktionen von mySAP CRM. Zu ihnen gehören die Papierhersteller Schneidersöhne und Finnforest sowie der Schleifwerkzeughersteller Tyrolit. Der folgende Abschnitt beschreibt detailliert den besonders für die Metall-, Papier- und Textilindustrie relevanten Verkauf von speziellen Produktvarianten über das Internet. Das zweite Beispiel geht auf das speziell in der Baustoffindustrie übliche Objektgeschäft ein.

5.3.3 Geschäftsszenario: Verkauf von konfigurierbaren Produkten am Beispiel der Papierindustrie

Papierfabriken stellen Papier in unterschiedlicher Qualität (Güteklasse), Farbe und Stärke her und setzen hierzu Rohstoffe wie Holz, Zellstoff und Chemikalien sowie Hitze, Druck und mechanische Prozesse ein. Wie andere Unternehmen der Metall-, Holz-, Papier- und Textilindustrie müssen Papierhersteller unterschiedlichsten Kundenanforderungen gerecht werden. Dies trifft in besonderem Maße auf die Hersteller von Verkaufsverpackungen (z. B. Faltkartons oder Getränkekisten) zu, denn die Designanforderungen an diese Produkte sind sehr kundenspezifisch und ändern sich laufend.

Die Produkte der Papierindustrie sind meist durch eine Reihe von Merkmalen definiert, für die es wiederum pro Kundenauftrag eine Vielzahl von unterschiedlichen Ausprägungen geben kann. Wettbewerbsvorteile erzielt derjenige, der dem Kunden besser maßgeschneiderte Produkte bei gleichzeitig kürzeren Lieferzeiten bieten kann. Infolgedessen wandelt sich die Fertigungsstrategie von einer Push-Strategie (Lagerfertigung) zu einer Pull-Strategie (Kundeneinzelfertigung; d.h. die Produkte werden speziell für bestimmte Kunden hergestellt). Die gesamte Logistikkette ist von einer merkmalsgesteuerten Produktbeschreibung gekennzeichnet, und die Kapazitäten innerhalb der Logistikkette (intern/extern) spiegeln die Nachfrage direkt wider. Der Kunde erwartet termin- und spezifikationsgerechte Lieferung. Kritisch ist insbesondere die termingerechte Komplettlieferung. Um gleichzeitig die Kundenzufriedenheit zu steigern, die Lagerbestände zu senken und die Anlagen maximal auszulasten, werden fortschrittliche, integrierte Softwarelösungen benötigt.

Die Kunden der Papierindustrie sind in erster Linie andere Unternehmen wie Wiederverkäufer, Vertriebspartner oder weiterverarbeitende Unternehmen. Diese haben folgende Erwartungen an die Auftragsabwicklung:

▶ Die bestellten Produkte werden gemäß den bei der Auftragserfassung festgelegten spezifischen Konfigurationsanforderungen hinsichtlich Qualität, Breite, Stärke usw. innerhalb von gewissen Toleranzen gefertigt. Vereinbarungen hinsichtlich Preisen, Volumina und Liefertermin sind bindend.

▶ Die Lieferung erfolgt rechtzeitig zum vereinbarten Termin.

▶ Über etwaige Lieferverzögerungen werden die Kunden unverzüglich informiert, sodass sie die Möglichkeit haben, auf Alternativen auszuweichen.

Konfigurierbare Produkte als Stammdaten

Bei Papiererzeugnissen stellen die zahlreichen möglichen Varianten eine große Herausforderung für jede Softwarelösung dar. Die verschiedenen Papierarten, seien es Etiketten aus Papier, Druckerpapier, Faltschachtelkarton oder schlicht Papierbogen, haben jeweils noch zahlreiche spezifische Merkmale wie:

- Farbe
- Format
- Gewicht
- Opazität
- Beschichtung
- Wasserzeichen

Die Softwarelösung muss in der Lage sein, das riesige Datenvolumen zu begrenzen, das durch die Beschreibung der verschiedenen Produktausprägungen entsteht. In der Variantenkonfiguration von mySAP CRM werden die unterschiedlichen Produktspezifikationen als Produktmerkmale mit ihren möglichen Werten (Einzelwerte, Wertebereiche und Abhängigkeiten) angegeben. Für das Produkt Papierbogen heißt ein Merkmal beispielsweise Farbe. Als Werte stehen weiß, schwarz, rot, blau und orange zur Auswahl. Merkmale und Werte lassen sich in Variantenklassen gruppieren, die verschiedenen Produkten mit gleichen Konfigurationseigenschaften zugeordnet werden können. Dadurch, dass zu Produktgruppen konfigurierbare Stammsätze definiert werden können und nicht für jede Konfiguration ein eigener Materialstammsatz angelegt werden muss, werden bedeutend weniger Stammdaten im System benötigt. Dieselben Konfigurationsdaten und -regeln nutzt mySAP CRM in allen Vertriebskanälen wie Internet, Interaction Center oder Außendienst und sichert damit eine konsistente Angebotserstellung über alle Kanäle.

mySAP CRM kann auch konfigurierbare Materialien und Materialvarianten, die in der SAP R/3-Variantenkonfiguration gepflegt sind, zur Produktkonfiguration nutzen. In diesem Fall ist keine zusätzliche Produktmodellierung erforderlich. Die Materialvarianten werden als Produktvarianten in mySAP CRM repliziert.

Verkauf von Papier über das Internet

Das folgende Geschäftsszenario beschreibt, wie ein Kunde mit Hilfe von mySAP CRM eine spezielle Produktvariante von Papierbogen über das Internet bestellt. Über die Verfügbarkeitsprüfung wird ein exakter Liefertermin zugesagt.

Das Szenario verläuft in folgenden Schritten:

- Login im Webshop des Papierherstellers
- Auswahl und Konfiguration des Produkts
- Angabe des Wunschliefertermins und Verfügbarkeitsprüfung (optional)
- Sichern des Auftrags und Auftragsbearbeitung

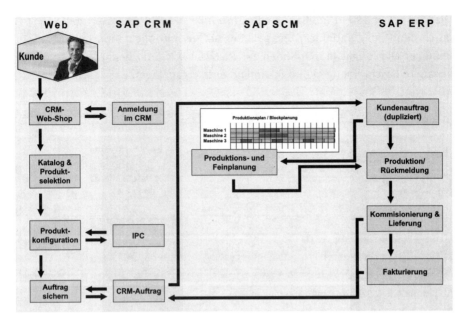

Abbildung 5.10 Ablauf des Geschäftsszenarios

Login im Webshop des Papierherstellers

Der Kunde meldet sich mit Benutzernamen und Kennwort im Webshop des Papierherstellers an. Nach der Anmeldung werden alle relevanten benutzerspezifischen Daten wie Kalkulationsschemata für Preise, Berechtigungen und benutzerspezifische Katalogsichten generiert.

Der Kunde kann Bestellungen, Angebote und Bestellvorlagen anlegen oder auch einen früheren Auftrag einsehen, um sich über dessen Status zu informieren oder eine Nachbestellung vorzunehmen. Im vorliegenden Szenario möchte er eine Bestellung für Papierbogen erfassen. Bei Papierbogen handelt es sich um ein Material, das bei der Auftragserfassung konfiguriert wird.

Auswahl und Konfiguration des Produkts

Der Kunde kann seinen Auftrag über den Produktkatalog, über eine Bestellvorlage oder durch direkten Aufruf der Auftragserfassung anlegen. In dem hier betrachteten Fall ruft der Kunde den Produktkatalog auf. Dort findet er Papierbogen angeboten mit dem Hinweis, dass dies ein konfigurierbares Produkt ist. Der Kunde legt das Produkt Papierbogen mit einem Mausklick in seinen Warenkorb (siehe Abbildung 5.11). Nun kann er seine gewünschten Papierbogen konfigurieren oder eine spezielle Produktvariante auswählen.

Die interaktive Konfiguration von Produkten wird innerhalb von mySAP CRM von der Komponente SAP Internet Pricing and Configurator (SAP IPC) durchgeführt.

Wenn ein Kunde ein konfigurierbares Produkt auswählt, wird er von SAP IPC durch den Konfigurationsprozess geleitet. Auf dem Konfigurationsbild erhält der Benutzer alle möglichen Optionen zur Auswahl. Als Entscheidungshilfe können genauere Beschreibungen und Bilddokumente ergänzt werden.

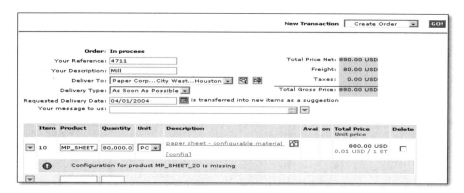

Abbildung 5.11 Warenkorb mit Papierbogen

SAP IPC prüft die Konfiguration permanent nach vorgegebenen Regeln auf Konsistenz. Entspricht die gewählte Kombination von Eigenschaften nicht den Vorgaben, so weist der Produktkonfigurator den Kunden darauf hin. Wenn erforderliche Angaben fehlen, wird ebenfalls ein Dialog gestartet, der dem Kunden hilft, die Konfiguration zu vervollständigen.

Während der interaktiven Konfiguration kann auch nach Produktvarianten gesucht werden, deren Ausprägung den zu diesem Zeitpunkt ausgewählten Eigenschaften des konfigurierbaren Produktes entspricht. Die Produkteigenschaften gefundener Produktvarianten können mit den ausgewählten Produkteigenschaften verglichen werden. Wenn eine der gefundenen Produktvarianten den Wünschen des Kunden entspricht, kann er diese bestellen ohne die Konfiguration fortzusetzen.

Um den Kunden schneller beliefern zu können, kann nach Beenden der interaktiven Konfiguration eine Variantenfindung und -ersetzung automatisch durchgeführt werden. Wenn die gewünschte Produktvariante bereits im Bestand ist, kann sie direkt dem Kunden verkauft werden.

Die Preisfindung erfolgt auf der Basis der spezifizierten Produkteigenschaften. Entsprechend der ausgewählten Merkmalsausprägungen der Papierbogen, z. B. Güteklasse oder Format, aktualisiert SAP IPC den Preis.

Angabe des Wunschliefertermins und Verfügbarkeitsprüfung (optional)
Nachdem der Kunde Menge und Produktvariante mit 80 000 Stück im Auftrag festgehalten hat, gibt er sein Wunschlieferdatum ein. Anschließend hat er die

Möglichkeit, die Lieferfähigkeit des Herstellers zum gewünschten Termin zu überprüfen. Die Verfügbarkeitsprüfung der Produktvariante des Papierbogens erfolgt dann in mySAP ERP zuerst gegen den Lagerbestand (Available-to-Promise). Wenn auf diese Weise keine Volllieferung der Position möglich ist, prüft das System, in welcher Zeit die Produkte wiederbeschafft werden können und bestimmt darüber, wann die Gesamtmenge der bestellten Ware verfügbar ist. Auf dem Positionsübersichtsbild wird das Datum angezeigt, zu dem die Papierbogen in der gewünschten Produktvariante geliefert werden können.

Sichern des Auftrags und Auftragsbearbeitung
Nach der Sicherung des Auftrags wird dem Kunden eine Bestätigung angezeigt. Gleichzeitig erfolgt die Übertragung des Auftrags in das SAP ERP-System. Die Komponente SAP APO von mySAP SCM plant alle Fertigungsschritte und löst die Fertigung bzw. die interne oder externe Beschaffung der benötigten Rohstoffe aus. Sämtliche Ausführungsschritte in Fertigung und Beschaffung finden im SAP ERP-System statt. Dort findet auch der Lieferprozess und die Fakturierung des Kundenauftrags statt. Der Auftragsstatus wird permanent im CRM-System aktualisiert. Nach dem Abmelden kann der Kunde sich jederzeit wieder neu im Webshop anmelden, um den Auftragsstatus zu überprüfen.

5.3.4 Praxisbeispiel: Schneidersöhne – Auftragsannahme im Internet

Trotz der zunehmenden Digitalisierung von Geschäftsprozessen hat sich der Papierverbrauch in den letzten 20 Jahren fast verdoppelt. Der Papierhersteller Schneidersöhne (*www.schneidersoehne.com*) profitiert von diesem ungebrochenen Bedarf. Das Familienunternehmen mit 23 Standorten in der Welt produziert jährlich rund 1 Million Tonnen Papier und macht damit einen Umsatz von 1,1 Milliarden EUR. Das Produktsortiment enthält 8000 verschiedene Möglichkeiten der Produktausprägungen, die mit Hilfe von mySAP CRM nun auch über das Internet bestellt werden können (*www.schneidersoehne-online.com*).

Schneidersöhne hatte schon früh auf den Vertriebskanal Internet gesetzt und dazu einen eigenen Webshop entwickelt. Dieser Webshop war nicht mit dem unternehmenseigenen SAP R/3-System verbunden, sodass den Kunden keine sofortige Verfügbarkeitsprüfung, automatische Preisermittlung oder Auftragsstatusverfolgung zur Verfügung stand.

Wenn ein Kunde eine Frage zu einem im Webshop aufgegebenen Auftrag hatte, musste er den Betreuer bei Schneidersöhne anrufen, was den Bestellvorgang über das Internet weder komfortabel noch effizient machte.

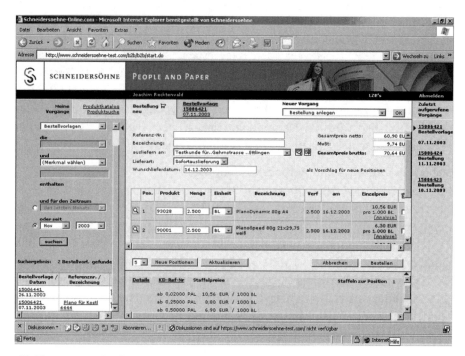

Abbildung 5.12 Verkauf von Papierprodukten über das Internet bei Schneidersöhne (Quelle: Schneidersöhne)

Schneidersöhne hat daher den selbst entwickelten Webshop durch die E-Commerce-Lösung von mySAP CRM ersetzt. Dank der engen Integration mit dem SAP R/3-Backend werden tagesaktuelle Preisinformationen zu den Produkten angezeigt und die Verfügbarkeit auf der Basis des Wunschlieferdatums geprüft bzw. disponiert. Ein persönlicher Bestellmanager speichert kundenindividuell die Bestellvorgänge, sodass diese bei späteren Aufträgen als Vorlagen genutzt werden können.

5.3.5 Geschäftsszenario: Objektgeschäft am Beispiel der Baustoffindustrie

In der Baustoff- und Metallindustrie besteht häufig die Anforderung, ein bestimmtes Objekt, beispielsweise ein Gebäude oder eine Wohnung, mit gewissen Produkten auszustatten. Dazu werden Verträge abgeschlossen, die alle für das Objekt benötigten Waren und Dienstleistungen umfassen. Man spricht dann von Objektgeschäft. Beispiele hierfür sind:

▶ Bereitstellung des für das Objekt benötigten Zements, Betons oder der Ziegel

▶ Verkabelung des Objekts

Entscheidend ist beim Objektgeschäft, dass nicht die exakte Materialmenge – 200 m Kabel, 5 Paletten Ziegel etc. – festgelegt, sondern die Komplettversorgung des Objekts vereinbart wird. Häufig ist bei diesem Geschäftstyp das Angebot der Ware mit einer Dienstleistung verknüpft. Die Kunden, mit denen ein Objektgeschäft abgeschlossen wird, sind in der Regel Großabnehmer wie Unternehmen, Institutionen oder die öffentliche Verwaltung [Handelswissen 2002].

Gerade Produkte wie Ziegel, Zement und Beton sind einfach herzustellen, sodass keine nennenswerten Möglichkeiten zur Verbesserung der Fertigungsprozesse bestehen. Demgegenüber bietet der Verkaufsprozess erheblich mehr Optimierungspotenzial, wobei auch die hohen Transportkosten berücksichtigt werden müssen. Beispielsweise lässt sich Zement unter wirtschaftlichen Gesichtspunkten nicht weiter als 200 bis 300 km transportieren. Das Geschäft mit derartigen Produkten ist daher lokal begrenzt. Die Herausforderung liegt darin, bei Bauvorhaben in der jeweiligen Region möglichst häufig den Zuschlag zu bekommen.

Von der Ausschreibung eines Bauvorhabens bis zum Zuschlag für den Lieferanten vergehen meist einige Monate, da die Entscheidungen auf Kundenseite durch verschiedene Ansprechpartner beeinflusst werden. Zu den zahlreichen Entscheidungsträgern gehören der Bauherr, die Investoren, Architekten, Baufirmen und Händler, die über eingesetzte Produkte und Konditionen mit entscheiden. Die Auftragsakquisition wird dadurch komplex.

Wenn ein Bauvorhaben ausgeschrieben wird, bewerben sich verschiedene Architekten und Bauunternehmer um den Auftrag. In dieser Phase bereits versuchen die Vertriebsmitarbeiter von Baustoffunternehmen, Einfluss auf die verschiedenen Entscheidungsträger zu nehmen und Preise mit den Bauunternehmern, die sich um die Generalunternehmerschaft bei dem geplanten Bauvorhaben bewerben, zu verhandeln. Meist arbeiten mehrere Vertriebsmitarbeiter des Baustoffunternehmens daran, den Auftrag für ein Bauvorhaben zu bekommen.

Im folgenden Geschäftsszenario wird demonstriert, wie sich ein Objektgeschäft mit Hilfe von mySAP CRM abwickeln lässt. Die Vertriebsmitarbeiter haben dabei stets Zugriff auf aktuelle Informationen zum Bauvorhaben und den Fortschritt der eigenen Vertriebsbemühungen. Die Auftragsakquise wird dadurch transparenter gestaltet.

Das Geschäftsszenario im Überblick

Im Objektgeschäft werden die Kunden direkt von Vertriebsmitarbeitern im Außendienst betreut. Um ihnen die nötigen Funktionen und Informationen zur Abwicklung ihrer Vertriebstätigkeit vor Ort zur Verfügung zu stellen, sind sie mit Laptops, die über die Mobile-Sales-Lösung von mySAP CRM verfügen, ausgestattet. Damit Innen- wie Außendienst stets mit aktuellsten Daten versorgt sind, synchronisieren die Außendienstmitarbeiter die Daten der Laptops in regelmäßigen Abständen mit dem zentralen CRM-System [Buck-Emden/Zencke 2003].

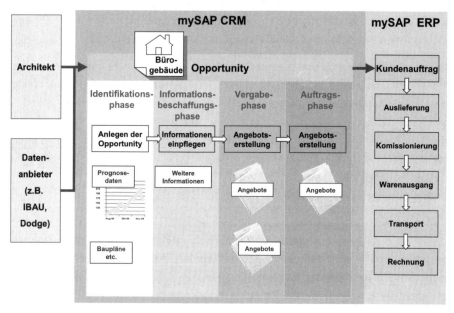

Abbildung 5.13 Szenarioablauf »Objektgeschäft«

Das Objektgeschäft wird mit dem Opportunity Management von mySAP CRM abgebildet. Eine Opportunity stellt eine Verkaufsgelegenheit dar, in diesem Fall ein Bauvorhaben, bei dem das Unternehmen seine Produkte platzieren möchte. Das Geschäftsszenario verläuft in folgenden Phasen (siehe Abbildung 5.13):

▶ Identifikation der Verkaufsgelegenheit

▶ Informationsbeschaffung

▶ Angebotserstellung in der Vergabephase

▶ Angebotserstellung in der Auftragsphase

▶ Auftragsausführung und Auswertung des Vertriebsvorgangs

Da ein Vertriebsmitarbeiter in der Regel in mehr als ein Objektgeschäft involviert ist und außerdem verschiedene Vertriebsmitarbeiter an einem Objektgeschäft beteiligt sind, lassen sich zwischen den einzelnen Objektgeschäften, also den einzelnen Opportunities, und den beteiligten Vertriebsmitarbeitern m:n-Beziehungen festlegen. Für einen Vertriebsmitarbeiter sind nur die Objekte im CRM-System sichtbar, denen er als Bearbeiter zugeordnet ist.

Eine Opportunity durchläuft verschiedene Phasen, die mit Hilfe des Verkaufszyklus abgebildet werden können. Der Verkaufszyklus endet mit der Auftragserteilung für ein Objekt. Die Auftragsabwicklung kann beispielsweise von SAP R/3 übernommen werden.

Ablauf im Detail

Identifikation der Verkaufsgelegenheit

Ein Außendienstmitarbeiter des Zementherstellers CEMENT4YOU erhält von einem Architekten Informationen über ein neu geplantes Bürogebäude innerhalb seines Bezirkes. Der Außendienstmitarbeiter legt das geplante Bürogebäude als Opportunity in der Mobile-Sales-Anwendung auf seinem Laptop an. Beim nächsten Synchronisationsvorgang wird diese Opportunity an das zentrale SAP CRM-System übertragen. Eine andere Möglichkeit ist, dass Informationen zu Objekten von einem Datenanbieter wie zum Beispiel IBAU in Deutschland oder Dodge in den USA eingekauft und als Opportunities entweder vom Innendienst manuell oder über eine Schnittstelle automatisch in mySAP CRM angelegt werden.

In der Opportunity werden alle bereits bekannten Informationen zu dem möglichen Objektgeschäft festgehalten:

▶ Partnerinformationen, z. B. Architekten und Bauunternehmer, die im Wettbewerb um das Objekt stehen, oder Behörden

▶ Prognosedaten, z. B. geschätztes Auftragsvolumen

▶ Organisationsdaten, z. B. Beschreibung des Objekts mit Adresse, Typ, Baubeginn bzw. Baustadium

▶ Produktdaten: Produkte, die für das Objekt in Frage kommen

▶ Informationen zum Verkaufszyklus, z. B. aktueller Status der Opportunity, Interaktionshistorie

Notizen oder Dokumente wie Baupläne oder Skizzen lassen sich der Opportunity ebenfalls beifügen und stehen dann allen Vertriebsmitarbeitern zur Verfügung.

Die neue Opportunity wird einem Vertriebsleiter im Innendienst zur Prüfung vorgelegt. Eine automatisch generierte E-Mail oder eine Nachricht in der Inbox von mySAP CRM informiert ihn über das neue Objekt. Er überprüft die Opportunity auf ihre Richtigkeit, kontrolliert, ob dieses Objekt eventuell bereits im System vorhanden ist, und entscheidet anhand von Umsatzerwartung und Produktionskapazitäten, ob es sich lohnt, die Opportunity weiter zu verfolgen.

Nach der Freigabe durch den Vertriebsleiter verteilt mySAP CRM die Opportunity nach festgelegten Regeln an die verantwortlichen Vertriebsmitarbeiter im Innen- und Außendienst. Dazu steht eine automatische Partnerfindung zur Verfügung, die die Opportunity aufgrund relevanter Kriterien wie Lage des Objekts, Status der Opportunity, Name des Architekten oder Bauunternehmers oder Gebiet des Baustoffhändlers den zuständigen Vertriebsmitarbeitern zuordnet. Genau ein Mitarbeiter bekommt die Hauptverantwortung an dem Objektgeschäft übertragen. Beim nächsten Synchronisationsvorgang bekommen die betreffenden Vertriebsmitarbeiter die Opportunity dann auf ihre Laptops zugestellt.

Innerhalb der Partnerfindung steht ein so genanntes *Business Add-In* (BAdI) zur Verfügung, in dem spezielle Anforderungen an die Partnerfindung, die sich nicht konfigurieren lassen, ausprogrammiert werden können. Ein BAdI ist eine vom Entwickler definierte Stelle in einem Programm, an der Partner und Kunden Programmcode einfügen können, ohne das Originalobjekt zu modifizieren.

Informationsbeschaffung

In Gesprächen mit dem Bauherrn, dem Architekten oder den Bauunternehmen, die sich um die Durchführung des ausgeschriebenen Bauvorhabens bewerben, erfahren die Vertriebsmitarbeiter weitere Details zum Bauvorhaben. Diese Informationen, wie zum Beispiel über die Bemühungen und Preisvorstellungen der Konkurrenz, können im weiteren Vertriebsprozess hilfreich sein und werden daher allen beteiligten Vertriebsmitarbeitern zur Verfügung gestellt. Die Vertriebsmitarbeiter erfassen neu gewonnene Information jeweils in der Opportunity. Nach der Speicherung werden die aktualisierten Daten an alle beteiligten Vertriebsmitarbeiter verteilt, sodass alle stets auf dem Laufenden sind.

Mit Hilfe des Buying Centers, einem Element der Vertriebsmethodik im Opportunity Management von mySAP CRM, kann auf einer separaten Sicht in der Opportunity das Beziehungsnetzwerk zwischen den einzelnen Entscheidungsträgern für das Bauvorhaben übersichtlich abgebildet werden. Die einzelnen Personen werden durch Rechtecke dargestellt. Mittels Linien, denen Beziehungsarten zugeordnet sind, lassen sich formelle und informelle Beziehungen der Personen zueinander darstellen. Zum Beispiel hat das Bauunternehmen A einen Mitarbeiter B, der die Kontaktperson des Vertriebsmitarbeiters von CEMENT4YOU ist. Diese Beziehung wird durch die Zuordnung »B ist Mitarbeiter von A« ausgedrückt. Bei den Eigenschaften von B ist aufgeführt, dass er die Kontaktperson ist. Wie es in der Baubranche manchmal passiert, ist der Geschäftsführer von A der Stammtischbruder des Architekten. Auch diese informelle Beziehung wird festgehalten, da diese Information für den Verlauf des Geschäfts relevant sein kann. Es werden auch zusätzliche für den Entscheidungsprozess wichtige Informationen zu den einzelnen Entscheidungsträgern im Buying Center abgelegt, z.B. Präferenzen bezüglich Bauweisen oder in anderen Bauprojekten verwendeten Baustoffen.

Angebotserstellung in der Vergabephase

Verschiedene Bauunternehmen bewerben sich um die Durchführung des ausgeschriebenen Bauvorhabens und erstellen dafür Angebote. Diese Bauunternehmen sollen, wenn sie den Zuschlag bekommen, möglichst den Zement von CEMENT4YOU verwenden. Daher erstellen die Vertriebsmitarbeiter von CEMENT4YOU Angebote für die Bauunternehmen, die diese wiederum als Grundlage für ihre eigenen Angebotskalkulationen verwenden. Die Angebote werden mit Bezug zu der Opportunity angelegt.

Bei der Angebotserstellung sind die Preiskonditionen ein wichtiger Aspekt, da bei Objektgeschäften der Preisdruck sehr hoch ist. Die verschiedenen Angebote sind mit der Opportunity verknüpft, sodass die Rabatte und Preiskonditionen der verschiedenen Angebote für ein Objektgeschäft verglichen werden können. Die Vertriebsmitarbeiter pflegen die objektspezifischen Produktpreise, die dann gegen die im System hinterlegten kundenspezifischen Rabattgrenzen geprüft werden.

Es werden immer wieder Angebote mit den verschiedenen Bauunternehmern ausgetauscht, bis ein Bauunternehmen die Ausschreibung gewonnen hat. Sobald der endgültige Bauunternehmer festgelegt wurde, ändert sich der Status der Opportunity.

Angebotserstellung in der Auftragsphase

Die Auftragsphase unterscheidet sich von der Vergabephase nur sehr wenig. Es werden weiterhin Angebote erstellt. Allerdings werden nur noch Angebote für diesen einen Bauunternehmer erfasst, der nun Generalunternehmer ist. Die Phase endet damit, dass die Angebote vom Bauunternehmer akzeptiert werden. Aus dem Angebot wird ein Auftrag.

Auftragsausführung und Auswertung des Vertriebsvorgangs

In der Ausführungsphase wird ein Auftrag mit Bezug zum akzeptierten Angebot für das Objekt und dem damit verbundenen endgültigen Auftraggeber angelegt.

Die Auftragsabwicklung mit Produktion, Lieferung und Rechnungsstellung lässt sich über ein angebundenes ERP-System, wie beispielsweise SAP R/3, abwickeln.

Auswertungen und Reports geben dem Vertriebsleiter stets den Überblick darüber, welche Opportunities sich gerade in welchem Status befinden. Auf Objektgeschäfte, die drohen verloren zu gehen, kann er gezielt seine besten Vertriebsmitarbeiter ansetzen. Auf der Basis gewonnener Aufträge können den beteiligten Vertriebsmitarbeitern Provisionen zugewiesen werden.

Zahlreiche SAP-Kunden haben ihr Objektgeschäft erfolgreich mit mySAP CRM abgebildet, beispielsweise der Baustoffhersteller Knauf (*www.knauf.de*) und der Hersteller von Sanitär- und Heizungssystemen Viega (*www.viega.de*).

5.3.6 Weiterentwicklung kundenorientierter Geschäftsprozesse

Mit der Integration von CRM- und SCM-Systemen in die bestehende IT-Infrastruktur werden immer mehr Prozesse in der Metall-, Holz-, Papier-, Baustoff- und Textilindustrie digitalisiert und automatisiert. In der Textilindustrie gibt es Bestrebungen die komplette textile Produktions- und Vertriebskette vom Unternehmen der Textilindustrie (z. B. Veredler) über Unternehmen der Bekleidungsindustrie (z. B. Hersteller von Konfektionsmoden) bis zu den Händlern softwarebasiert abzuwickeln. Schon beim Design soll die Kooperation zwischen Bekleidungshersteller und Textilhersteller so eng sein, dass die Spezifikationen der benötigten Stoffe und Garne direkt mit dem Lieferanten aus der Textilindustrie entwickelt werden. Die Bestellung der Ware wird im Procurement-System des Bekleidungsherstellers aufgegeben und direkt an die Auftragserfassung im CRM-System des Textilherstellers weitergeleitet. Ebenso kommuniziert das Bestandssystem des Händlers mit dem CRM-System des Bekleidungsherstellers [Artschwager/Fischer 2001], [Jammernegg/Reiner/Trcka 2000].

In Zukunft wird die Integration von CRM-Anwendungen mit Supplier-Relationship-Management-(SRM)-Anwendungen, insbesondere für Collaborative Sourcing und E-Procurement, und mit Product Lifecycle Management für Engineering Collaborative Design spezielle Anforderungen an die Software-Industrie stellen. Innerhalb der SAP-Softwarelösungen gibt es schon einige Ansätze zur Unterstützung dieser Szenarios.

Innerhalb der Zement- und Betonindustrie gewinnt die Idee einer stärker zentralisierten Organisationsstruktur, insbesondere im Bereich der Auftragsannahme und Disposition, immer größere Bedeutung. Da die Kunden direkt bei den lokalen Zement- und Betonwerken anrufen, um ihre Bestellung durchzugeben, ist dazu in jedem Werk ein eigener Vertriebsmitarbeiter erforderlich. Um dies zu vermeiden, verfolgen einige Unternehmen der Zement- und Betonindustrie die Strategie, die Auftragserfassung in einem Call Center zu zentralisieren, das dann für mehrere Werke zuständig ist. Das Call Center erfordert weniger Personal und kann bei Bedarf auch 24 Stunden am Tag Aufträge annehmen. Eingegangene Aufträge werden automatisch an die einzelnen Werke verteilt. Als zusätzlicher Vorteil lässt sich über die zentrale Auftragsannahme auch die Produktions- und Transportplanung optimieren.

5.3.7 Kritische Erfolgsfaktoren bei der CRM-Einführung

E-Commerce – wichtig ist der gute Start

Ein schneller ROI ist bei einem E-Commerce-Projekt nur möglich, wenn der Webshop bald von vielen Kunden genutzt wird. Aus unserer Erfahrung heraus lohnt es sich daher durchaus, vor der Implementierung von Webshops zu analysieren, welche bzw. wie viele Kunden reif für den Interneteinkauf sind. Bei der Projektdurchführung ist es sodann wichtig, Kunden gezielt für den Einkauf im neuen Webshop zu werben. Gegebenenfalls kann man in der Anfangsphase auch seine Kunden durch spezielle Internetrabatte an den Einsparungen bei den Prozesskosten beteiligen, die der Webshop ermöglicht. Grundsätzlich gilt natürlich, dass eine einfache Bedienbarkeit und schnelle Antwortzeiten, speziell bei Katalogsuchen und Produktkonfiguration, die Akzeptanz erhöhen.

Ebenso gilt es zu bedenken, welche Produkte sich für den Verkauf über das Internet am besten eignen. Ist es am besten, den Kunden erst einige spezielle Produkte über den Webshop anzubieten, denen später ein größeres Sortiment folgt oder lohnt es sich, als erstes Szenario den Sonderpostenverkauf bzw. Überhangverkauf anzugehen? Solche Fragen müssen zu Projektbeginn geklärt werden.

Objektgeschäft

Dubletten sind häufig eine besondere Herausforderung bei der Identifizierung von neuen Objekten. Wenn Informationen über neue Objekte von den eigenen Vertriebsmitarbeitern stammen und zusätzlich von einem oder mehreren Datenanbietern eingekauft worden sind, gilt es sicherzustellen, dass nicht ein und dasselbe Objekt mehrfach im System vorhanden ist.

Ein weiterer, wichtiger Erfolgsfaktor ist die Motivation der Vertriebsmitarbeiter, bei ihrer Arbeit die neuen Funktionen und Möglichkeiten zu nutzen. Speziell sollten Anreize für die Vertriebsmitarbeiter entwickelt werden, damit sie bereit sind, ihre wertvollen Informationen im CRM-System zu erfassen. Falls die Akzeptanz von Laptops bei den Vertriebsmitarbeitern gering ist, eignet sich als Alternative ein Vertriebsportal, das Online-Zugriff auf die Objektgeschäfte bietet. Im Portalszenario sammeln die Vertriebsmitarbeiter ihre Informationen wie bisher und erfassen sie dann regelmäßig von ihrem Büro-PC aus im Vertriebsportal. Geringeren Einsparungen bei der Prozessoptimierung stehen gegebenenfalls geringere Betriebskosten gegenüber.

5.3.8 Auswahl wichtiger kundenorientierter Geschäftsszenarios

Folgende kunden- und marktorientierte Anwendungen sind nach unseren Erfahrungen am wichtigsten für hybride Prozessfertiger:

Geschäftsszenario	Kurzbeschreibung
External List Management	Verwendung von extern beschafften Datenbeständen als Marketinglisten für die Generierung von Leads und Interessenten im Marketingprozess
Angebots- und Auftragsmanagement	Unterstützung des gesamten Auftragsprozesses von Anfrage über Angebot bis zum Auftrag mit Produktkonfiguration, Verfügbarkeitsprüfung, Preisfindung und der Integration in die Auftragsabwicklung, unabhängig vom Kommunikationskanal der Auftragserfassung
Kontraktmanagement	Funktionen für die Erstellung und Bearbeitung von Mengen- und Wertkontrakten, d.h. langfristigen Kundenverträgen mit Einräumung individueller Preise und Lieferbedingungen
Vertriebs- und Absatzplanung	Mehrdimensionale Planung, z.B. für Verkaufsgebiete, Produktgruppen und Kundenhierarchien, auf der Basis beliebiger Kennzahlen, etwa Absatzmengen, Umsatz oder Kundenzufriedenheit, mit entsprechenden Auswertungsmöglichkeiten und grafischen Analysen
Opportunity Management	Begleitung des Vertriebszyklus von der Identifikation von Verkaufschancen bis zum erfolgreichen Abschluss. Einheitliche Sicht auf zugeordnete Vorgänge, Historie, Termine, Fortschritte und zuständige Entscheidungsträger
Aktivitätsmanagement	Planung, Durchführung und Management von Vertriebsaktivitäten und Organisation des Vertriebstagesgeschäfts zur schnelleren Erzielung von Verkaufsabschlüssen
Reklamations- und Retourenabwicklung	Abwicklung von Reklamationsprozessen von der Reklamationsannahme über die technische Analyse bis zu Servicebereitstellung, Gutschriftenerstellung und Retourenabwicklung
Katalogmanagement und Auftragsabwicklung im E-Commerce	Organisation von Produkten und Produktinformationen in Katalogform für Webshops. Personalisierungsmöglichkeiten für Nutzer mit kundenspezifischen Sichten, Produktempfehlungen, Preise und Kontrakte. Auftragsabwicklungsfunktionalität der Sales-Szenarios. Optional direkte Anbindung an SAP R/3 (Szenario *Katalogmanagement und Auftragsabwicklung im E-Commerce Internet Sales (R/3 Edition)*
Interaktiver Verkauf	Internetgestützte Bearbeitung komplexer Kundenanfragen, -angebote oder -aufträge. Kundenführung durch den Produktkonfigurationsprozess und Sicherstellung der Einhaltung vorgegebener Geschäftsregeln
Partnermanagement	Management der Partnerbeziehungen über den gesamten Kooperationszyklus von Partnerrekrutierung, -registrierung, -planung, -segmentierung, -training bis hin zur Partnerzertifizierung

6   Pharmabranche

»Gesundheit ist nicht alles, aber ohne Gesundheit ist alles nichts«
Arthur Schopenhauer, deutscher Philosoph, 1788-1860

Gehören Sie auch zu den Menschen, die genau überlegen, ob sie ein teures Originalarzneimittel oder ein preiswerteres Generikum bevorzugen? Dann tragen auch Sie dazu bei, dass sich Arzneimittelhersteller heute zunehmend Gedanken über die Vermarktung ihrer Produkte machen. Der traditionelle Vertriebsweg, bei dem Pharmareferenten im Außendienst Ärzte in Praxen oder Krankenhäusern persönlich aufsuchen, wird den Erwartungen sowohl der verschreibenden Ärzteschaft als auch der Patienten als Konsumenten von Pharmaprodukten nicht mehr vollständig gerecht. Um sich dieser Herausforderung zu stellen, suchen Pharmafirmen nach neuen Vertriebskanälen und bemühen sich, das Außendienstgeschäft auf gewinnbringende Kunden hin auszurichten.

6.1   Patentschutz und Generika

Das weltbekannte Arzneimittel Aspirin® – quasi ein »Gründerzeitprodukt« – wurde bereits 1899 als Marken- und Warenzeichen beim Kaiserlichen Patentamt in Berlin angemeldet und im Jahr 1900 von den US-amerikanischen Behörden unter dem Patent mit der Nummer 644 077 registriert. Obwohl seither über 100 Jahre vergangen sind, bleiben Erfolg, Bekanntheit und Wertschätzung der Marke ungebrochen [Busse 1999]. Heutzutage haben Hersteller neuer Arzneimittel selten die Chance der Gründerzeitjahre, ihr Produkt mehr als zehn Jahre lang exklusiv vertreiben zu können. Die typische Patentlaufzeit liegt zwar bei 20 Jahren und kann für Produkte, die klinische Tests durchlaufen müssen, durch ein Schutzzertifikat um fünf Jahre verlängert werden. Andererseits fechten Konkurrenten immer erfolgreicher Patente an oder führen Nachahmerpräparate bzw. Konkurrenzprodukte auf dem Markt ein, die den bestehenden Patentschutz nicht berühren [Die Welt 2003]. In Deutschland liegt der Anteil der Generika an Verordnungen bereits bei rund 40 %, nach Umsatz immerhin bei etwa 30 %. Selbst wenn man berücksichtigt, dass nicht alle Arzneimittelwirkstoffe generikafähig sind, könnten Nachahmerprodukte doch bis zu 70 % der Verordnungen ersetzen – eine wachsende Herausforderung für die Hersteller von Originalpräparaten.

Doch auch patentgeschützte Medikamente garantieren nicht unbedingt langfristigen Umsatz. Diverse Organisationen kontrollieren die Sicherheit von Arzneimitteln heute strenger als früher, sodass auch sehr selten auftretende Nebenwirkungen dazu führen können, dass Pharmafirmen ein Präparat, das die Hürden der Test- und Genehmigungsprozesse bereits bewältigt hat, wieder vom Markt nehmen müssen.

6.2 Vertriebsprozesse der pharmazeutischen Industrie im Wandel

Um die Patentlaufzeit möglichst effizient zur Umsatzgenerierung nutzen zu können, müssen Arzneimittel schnell zur Marktreife gebracht und den Abnehmern bekannt gemacht werden. Arzneimittelhersteller investieren aus diesem Grund nicht nur in die Optimierung ihres Produktionsbereichs, sondern auch in ihre Absatzprozesse. Die Auswertung der Ausgaben erfolgreicher Arzneimittelhersteller zeigt, dass Forschung und Entwicklung (F&E) nicht den größten Kostenblock darstellen. Tatsächlich investieren Pharmakonzerne doppelt so viel in Marketing und Vertrieb wie in F&E-Aktivitäten. In den drei bis fünf Jahren vor der Markteinführung eines potenziellen Kassenschlagers oder »Blockbusters« geben Arzneimittelfirmen üblicherweise zwischen 300 und 500 Millionen US$ für das Marketing aus, während sich die Gesamtkosten für die Entwicklung eines Arzneimittels auf 500 bis 800 Millionen US$ belaufen [Families 2002].

6.2.1 Detailing – der klassische Pharmavertrieb

Auch die Gesamtausgaben der Pharmaindustrie für Marketing erreichen beeindruckende Höhen. Im Jahr 2002 summierten sie sich z. B. in den USA auf stolze 12 Milliarden US$. Darin enthalten sind generelle Marketingaufwände z. B. für Publikationen in Fachzeitschriften oder Fachveranstaltungen. Hierbei werden Ärzte zu Veranstaltungen mit wissenschaftlichem Hintergrund eingeladen, die Fachvorträge und Beiträge von Firmenvertretern über die Vorzüge der eigenen Produkte kombinieren. Der größte Teil der Marketingausgaben fällt indes für den Pharmaaußendienst an. Pharmareferenten suchen Ärzte persönlich auf, um Informationen über Arzneimittel weiterzugeben und für diese zu werben. Bei diesem klassischen Marketing- und Vertriebskonzept der Pharmaindustrie, dem Detailing, überreichen die Außendienstmitarbeiter den Ärzten vielfach Probepackungen ihrer Produkte, um auf eine für das Unternehmen positive Verschreibungspraxis hinzuwirken. Die Aktivitäten des Pharmaaußendienstes schlagen je nach Pharmaunternehmen mit 40 bis 75 % der gesamten Marketingkosten zu Buche. Im Jahr 2002 belief sich der Verkaufswert von pharmazeutischen Mustern an Ärzte in den USA auf 11 Milliarden US$ [NDC 2003].

Allerdings sind dem »Wettrüsten« der Vertreter Grenzen gesetzt. Wie viele Ärzte aufgesucht werden können, ist durch die Anzahl Arztpraxen und Krankenhausärzte des Einzugsgebiets vorgegeben. Einer nahezu konstanten Anzahl von Ärzten steht eine ständig steigende Schar von Pharmavertretern gegenüber. Außerdem lässt sich die Zeit, die ein Arzt mit dem Empfang von Außendienstmitarbeitern verbringt, nicht beliebig steigern. Im Gegenteil, der Kostendruck der Krankenkassen und die Bemühungen um Prozessoptimierung in Krankenhäusern führen dazu, dass Pharmareferenten Krankenhausärzte häufig nur kurz oder überhaupt nicht persönlich sprechen können.

Auf 90 000 Pharmareferenten kommen in den USA etwa 400 000 praktizierende Ärzte, von denen 250 000 Ärzte 80 % aller Rezepte ausstellen. Da die meisten Vertriebsmitarbeiter nur die 150 000 Top-Verschreiber aufsuchen, ist die Marktsättigung mehr als deutlich [IBM 2002, Lehman 2001]. Für Pharmafirmen sind deshalb Investitionen in den Ausbau ihres Außendienstgeschäfts nicht mehr sonderlich gewinnbringend. Zudem verursachen persönliche Besuche der Referenten bei der Ärzteschaft hohe Kosten von durchschnittlich 100 bis 150 US$, Aufwendungen für Arzneimittelproben, die im Schnitt weitere 100 US$ betragen, nicht eingerechnet [Elling 2002]. Ob der Pharmareferent dem Arzt in Erinnerung bleibt, die Botschaft des Vertreters beim Arzt richtig aufgenommen wird und der Mediziner tatsächlich häufiger Pharmaka aus dem Produktportfolio der werbenden Arzneimittelfirma verschreibt, bleibt nach einer McKinsey-Studie vor allem dann zweifelhaft, wenn der Referent nur ein paar kostenlose Proben verteilt, mit dem Arzt nicht zusammentrifft und keine persönliche Beziehung zu ihm aufbaut. Von 100 Pharmareferenten, die einen Arzt aufsuchen wollen, sprechen im Schnitt nur acht den Arzt und bleiben in seiner Erinnerung. 15 kommen nicht bis an die Rezeption, 65 hinterlassen nur Arzneimittelproben und 12 sprechen erfolglos mit dem Arzt [Elling/Fogle/McKhann/Simon 2002].

6.2.2 Der Pharmavertrieb auf dem Weg zu Direktmarketing

Die Bedeutung der Ärzte als Absatzmittler sinkt für Pharmaunternehmen kontinuierlich. Immer mehr Patienten verlassen sich bezüglich verschreibungspflichtiger Medikamente nicht mehr auf den Arzt, sondern recherchieren eigenmächtig im Internet, z.B. in Gesundheitsportalen, oder werden durch Pharmamarketing auf ein Produkt aufmerksam und verlangen beim nächsten Arztbesuch explizit das Wunschpräparat. Möchte der Arzt den Patienten nicht verlieren, wird er in der Regel dessen Vorlieben berücksichtigen. Der Erfolg von Direktwerbung für Produkte wie Schering-Plough's Claritin, einem führenden Antiallergikum, zeigt, dass Patienten ihre Ärzte durchaus bei der Verschreibung von Arzneimitteln beeinflussen können. Nach einer Studie der amerikanischen Verbraucherschutzbehörde FDA (Food and Drug Administration) bitten fast 25 % der Patienten ihren Arzt um ein bestimmtes Arzneimittel. 60 % dieser Patienten erhalten genau dieses Präparat [FDA 2003]. Patienten rücken daher sukzessiv in den Fokus der Marketingaktivitäten der Pharmabranche.

Noch deutlicher wird die Bedeutung der Patienten bei nicht verschreibungspflichtigen Präparaten, den OTC-(Over-the-Counter-)Produkten. Umfragen in Deutschland zufolge ist die Einstellung potenzieller Patienten im Wandel begriffen. Statt 33,6 % der Befragten im Jahr 1990 hatten im Jahr 2000 nur noch 26 % die Absicht, zum Arzt zu gehen, wenn sie sich krank fühlen. Der Anteil der Umfrageteilnehmer, die eine Selbstmedikation in Betracht ziehen, stieg im gleichen Zeitraum um 19 % [AWA 2000].

Auch bei der Verordnung von Lifestyle-Arzneien nimmt der Einfluss der Patienten zu. Lifestyle-Produkte wie Stimmungsaufheller, Rauchentwöhnungs- oder Schlankheitsmittel, Potenzpräparate (z.B. Viagra) oder Produkte gegen Fettleibigkeit (z.B. Xenical) und männlichen Haarausfall (z.B. Propecia) bekämpfen keine lebensgefährlichen Krankheiten, sondern erhöhen die Lebensqualität. Den Verbrauchern suggerieren sie Defizite in ihrer momentanen Lebensführung. Diese werden dazu animiert, ihren Arzt aufzusuchen und auf die Verschreibung des Präparats hinzuwirken.

Darüber hinaus bemühen sich Pharmafirmen darum, die Umsatzphase im Lebenszyklus eines Arzneimittels zu verlängern, indem sie seine Exklusivität gegenüber den Patienten hervorheben, z.B. durch neue Indikationen, Ausrichtung auf spezielle Zielgruppen (z.B. Kinder oder Jugendliche) oder veränderte Darreichungsformen. Packungsgrößen und die Aufbereitung als Tabletten, Tropfen usw. wurden schon immer genutzt, um die Anwendung von Medikamenten zu erleichtern oder ihre Einnahme komfortabler und sicherer zu machen. Als strategische Maßnahme verhelfen neue Darreichungsformen aber auch zu einer Vergrößerung des Marktanteils, zur Realisierung von Wettbewerbsvorteilen und im Extremfall gar zu einer Patentverlängerung.

Direktwerbung ist jedoch nicht unumstritten. Da die Pharmaindustrie gesetzlich nur zu einem Minimum an Angaben zu Nebenwirkungen verpflichtet ist, werden Befürchtungen laut, dass die Verbraucher unzureichend geschützt würden. Auch gibt es Hinweise, dass Direktwerbung die Nachfrage nach Pharmaprodukten erhöht und die Patienten erst dazu ermuntert werden, überhaupt zum Arzt zu gehen. In vielen Ländern ist Direktmarketing für verschreibungspflichtige Präparate bis heute nicht zulässig.

Traditionell haben Pharmakonzerne 90 % ihres Marketingbudgets auf die Umwerbung von Ärzten verwendet [IMS Health 2001]. Schätzungen zufolge gaben Pharmakonzerne in den USA im Jahr 2002 aber bereits etwa 2,7 Milliarden US$ für Direktwerbung aus. Für die Zukunft ist mit weiteren Anstiegen zu rechnen. Diese Veränderung zeigt deutlich, dass die Branche den wachsenden Patienteneinfluss auf die Verschreibungsentscheidung der Ärzte erkannt hat und sich Patienten als direkt anzusprechende Abnehmer nicht mehr aus dem Vertrieb des Pharmasektors wegdenken lassen.

6.2.3 Pharmaunternehmen im Netzwerk ihrer Kontraktpartner

In aller Welt nimmt der Preisdruck auf die Arzneimittelhersteller, bedingt durch die Kostenexplosion im Gesundheitswesen, zu. In den USA steigen beispielsweise die Ausgaben für pharmazeutische Produkte jährlich um zweistellige Prozentsätze. Sie betragen dort circa 10 % der Gesamtausgaben des Gesundheitswesens. Außerdem wird in den USA ein immer höherer Anteil der Arzneimittelausgaben durch private Krankenversicherungen und öffentliche Gesundheitseinrichtungen (Medicaid und seit kurzem Medicare) finanziert. Managed-Care-Organisationen nehmen an Verbreitung zu, arbeiten aktiv an Einsparungen an Gesundheitsausgaben und fordern höhere Ermäßigungen und Boni, um ihre Ausgaben für rezeptpflichtige Arzneimittel zu reduzieren. Komplexe Kontrakte bilden die Absprachen über Preisnachlässe ab. Da aber das Arzneimittelgeschäft indirekt über Großhändler und Apotheken abgewickelt wird, finden wesentliche Zahlungsmittelflüsse erst nach dem tatsächlichen Verkauf durch Rückvergütungen und nachträgliche Boni statt. Die Kontraktverpflichtungen für Rückerstattungen aufgrund zu gewährender Preisnachlässe belaufen sich auf circa 5 bis 20 % des Verkaufsergebnisses. Je nach Größe des Pharmaherstellers entspricht dies etwa 50 Millionen bis 1 Milliarde US$. Bedingt durch das hohe Rückzahlungsvolumen bedeuten selbst kleine Fehler bei der Berechnung und Prüfung von Rückvergütungen eine bedeutende Gewinnschmälerung. Untersuchungen deuten darauf hin, dass ohne adäquate Kontrollroutinen in IT-Systemen die Rückzahlungen zum Schaden der Pharmaunternehmen um 4 bis 8 % zu hoch ausfallen.

Verträge mit Kontraktpartnern der Pharmaindustrie sind heutzutage komplexer als je zuvor und werden häufig nicht in den vorhandenen, aber inflexiblen IT-Systemen verwaltet. Es erweist sich daher für Pharmaunternehmen als schwierig, den Überblick über ihren Finanzmittelstatus zu behalten. Eine unsachgemäße Buchführung über nachträgliche Ausgleichszahlungen – vor allem gegenüber den staatlichen Trägern, wie z. B. Medicaid – kann in den USA dazu führen, dass dem Konzern die Nichteinhaltung der Preisfindungsrichtlinien der US-Regierung oder des Sarbanes Oxley Act (US-amerikanisches Gesetz von 2003, das das Vertrauen der Anleger in die Richtigkeit der veröffentlichten Finanzdaten von Börsenunternehmen wieder herstellen soll) unterstellt wird. Ein weiteres Risiko finanzieller Art ergibt sich aus der Berechnung der Durchschnitts- und Bestpreise (»Average Manufacturer's Price«, AMP und »Best Price«, BP) für Arzneimittelverkäufe. Der Best Price stellt beispielsweise denjenigen Preis dar, der den staatlichen Gesundheitsprogrammen Medicare und Medicaid gewährt werden muss. Er wird anhand einer Formel aus den tatsächlichen Medikamentenverkaufspreisen errechnet. Die Best-Price-Regelung soll sicherstellen, dass die staatlichen Gesundheitsorganisationen von günstigen Arzneimittelpreisen profitieren. Legen Pharmaunternehmen die Best-Price-Marke fälschlicherweise zu hoch fest, so können ihnen Zinsen,

Strafen oder Bußgelder auferlegt und gerichtliche Maßnahmen eingeleitet werden. Andererseits führt eine überzogen niedrige Preisberechnung zu übermäßigen Rabatten an Medicare und Medicaid, was wiederum den Profit der Pharmafirmen schwächt. Um alle Risiken überblicken und abschätzen zu können, müssen Pharmahersteller ihre vertraglichen Verpflichtungen genau kontrollieren. Hierzu benötigen sie eine geeignete IT-Lösung. Das Kontraktmanagement von mySAP CRM stellt umfangreiche Funktionen bereit, um die Einnahmen der Pharmafirmen zu erhöhen, mehr Einsicht in Kundenbeziehungen zu gewinnen und die operativen Kosten zu senken.

In den meisten Staaten sind die Anforderungen an ein Kontraktmanagement nicht so dezidiert wie in den USA. Zum einen sind die Märkte deutlich kleiner und die Kontrakte daher überschaubarer. Auf der anderen Seite sind die rechtlichen Grundlagen für Kontrakte, Rückvergütungen und Boni in vielen Fällen nicht gegeben. Allerdings könnten diese Beschränkungen – vor allem im Hinblick auf den Kostendruck im Gesundheitssystem – vielerorts fallen. Als prominentes Beispiel sei das am 1. Januar 2003 in Deutschland in Kraft getretene Beitragssatzsicherungsgesetz genannt, das Herstellern »teurer« Arzneimittel einen 6 %igen Rabatt gegenüber den gesetzlichen Krankenkassen auferlegt. Im Jahr 2004 erhöht sich die Verpflichtung zur Rabattgewährung bei einem Großteil des Pharmaprodukt-portfolios gar auf 16 % [Keller 2003].

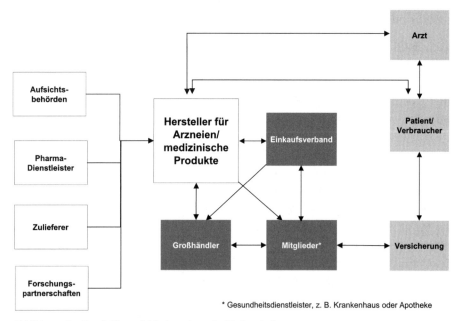

Abbildung 6.1 Geschäftsumfeld eines Arzneimittelherstellers

Der Hauptgrund für die Unübersichtlichkeit der Vertragsbeziehungen ist das komplexe Geschäftsumfeld eines Pharmaherstellers. Jedes Mitglied der Logistikkette hat mit verschiedenen Vertriebspartnern zu tun. Daraus resultieren umfangreiche Absprachen, Informationsaustausch und Vertragsverhandlungen. Letztlich führen verspätete Preisinformationen zu fehlerhaften Rückforderungen (Chargebacks), basierend auf veralteten Preisangaben – in der Regel zum Nachteil des Pharmakonzerns. Abbildung 6.1 zeigt das typische Geschäftsumfeld eines Arzneimittelherstellers.

6.3 Softwarelösungen für das Kundenbeziehungsmanagement in der Pharmabranche

IT-Lösungen zum Kundenbeziehungsmanagement in der Pharmabranche müssen vielfältige Probleme lösen:

▶ Verwaltung einer großen Zahl an Außendienstmitarbeitern, z.B. mehrere Tausend in einem einzigen Vertriebsteam eines Pharmaherstellers

▶ Zuordnung von Vertriebsgebieten an Pharmareferenten

▶ Kostenreduktion im Pharmavertrieb durch Öffnung neuer Kommunikationskanäle (z.B. Call Center oder Internet)

▶ Bereitstellung detaillierter analytischer Funktionen, die proaktiv zur Problembewältigung beitragen, etwa durch Data-Mining-Funktionalität zur Kundengruppensegmentierung

▶ Implizite Beachtung aller gesetzlichen Regelungen, die den Pharmamarkt betreffen, in den USA beispielsweise den Prescription Drug Marketing Act (PDMA)

Abbildung 6.2 zeigt die Solution Map von *SAP for Pharmaceuticals*, der SAP-Lösung für die Pharmaindustrie.

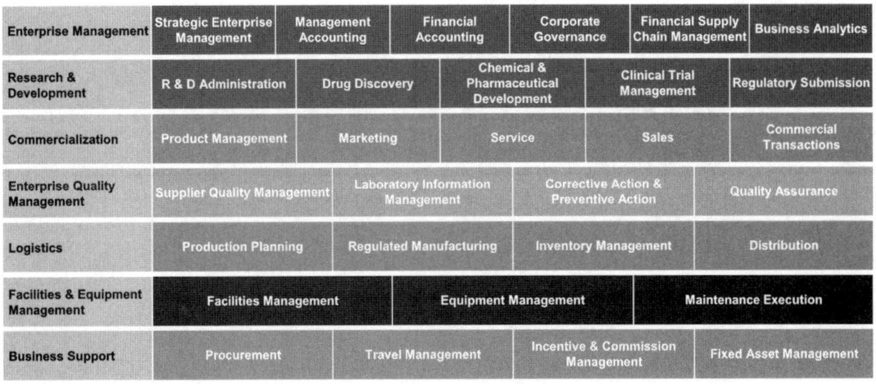

Enterprise Management	Strategic Enterprise Management	Management Accounting	Financial Accounting	Corporate Governance	Financial Supply Chain Management	Business Analytics
Research & Development	R & D Administration	Drug Discovery	Chemical & Pharmaceutical Development	Clinical Trial Management		Regulatory Submission
Commercialization	Product Management	Marketing	Service	Sales		Commercial Transactions
Enterprise Quality Management	Supplier Quality Management	Laboratory Information Management	Corrective Action & Preventive Action			Quality Assurance
Logistics	Production Planning	Regulated Manufacturing	Inventory Management			Distribution
Facilities & Equipment Management	Facilities Management		Equipment Management		Maintenance Execution	
Business Support	Procurement	Travel Management	Incentive & Commission Management		Fixed Asset Management	

Abbildung 6.2 Solution Map von SAP for Pharmacenticals

Neben den generischen Bereichen Enterprise Management und Business Support liegt der Fokus der SAP-Branchenlösung vor allem auf den spezifischen Themen »Forschung und Entwicklung«, hier vor allem auf der Unterstützung der administrativen und logistischen Prozesse, dem unternehmensweiten Qualitätsmanagement, der Logistik und Produktion mit ihren besonderen Anforderungen bezüglich Chargenverwaltung und Audit Trail sowie dem Facility und Equipment Management. Der Bereich »Kommerzialisierung« deckt sich weitestgehend mit dem Lösungsspektrum von mySAP CRM.

Das Customer Relationship Management für die pharmazeutische Branche lässt sich in den Marketing- und Vertriebsbereich einerseits und auftragsabwicklungsbezogene Abläufe andererseits aufteilen. Marketing- und Vertriebsaufgaben, wie z. B. Marketing- und Vertriebsanalysen, Segmentierung von Kundengruppen, Zuordnung von Vertriebsgebieten und die Organisation und Abwicklung des Außendienstgeschäfts, deckt das Geschäftsszenario *Wertorientiertes Kundenmanagement* (Value-Based Detailing) ab. Für die Auftragsabwicklungsseite mit Vertrags-, Rabatt- und Rückvergütungsverwaltung steht das Geschäftsszenario *Contracts und Chargeback* (Kontrakte und Rückvergütungen) zur Verfügung.

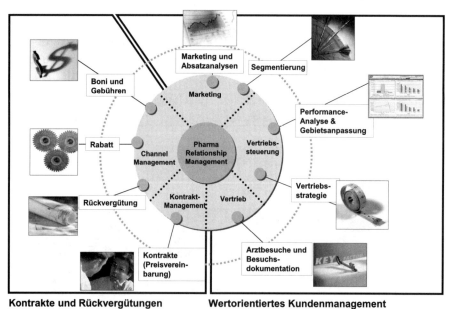

Kontrakte und Rückvergütungen   **Wertorientiertes Kundenmanagement**

Abbildung 6.3 Geschäftsszenarios und -prozesse des Pharmavertriebs

6.3.1 Wertorientiertes Kundenmanagement

Das wertorientierte Kundenmanagement bemüht sich um die Gewinnung profitabler Kunden, d.h. von Ärzten, die Rezepte für die firmeneigenen Medikamente ausstellen, und umschließt Geschäftsprozesse von der Besuchsplanung über die

Besuchsdurchführung und -dokumentation bis zur Musterverwaltung. Das Prozessportfolio beginnt mit Marketingaktivitäten und setzt sich über Vertriebsprozesse in den Lokalitäten der Pharmahersteller bis zum Außendienstgeschäft fort.

Marketing

Marketing- und Vertriebsanalysen sind der Schlüssel des Pharmamarketings. Dazu gehören Funktionen zur Marktforschung, zum Auffinden von Marktchancen, für Verkaufsanalysen nach Gebieten und für die Rentabilitätsanalyse einzelner Kundensegmente (Kunden-Ergebnisanalyse). Die Vertriebsabteilungen von Pharmaunternehmen müssen analysieren, welche Regionen und Kundengruppen sich vielversprechend für Marketingkampagnen darstellen. Als Vorbereitung für eine erfolgversprechende Kampagnenstrategie versuchen sie, die Muster zu verstehen, nach denen Ärzte Rezepte ausstellen. Wie detailliert diese Untersuchungen angestellt werden dürfen, hängt allerdings stark von geltenden Datenschutzbedingungen ab. Während Pharmareferenten in einigen Ländern das Verschreibungsverhalten der Ärzte im Detail nachvollziehen können, stehen ihnen anderswo nur anonymisierte Daten zur Verfügung, z.B. aggregierte Verschreibungszahlen je Postleitzahlengebiet oder RPM-Segment (Regionaler Pharmamarkt). In den USA geht der Analysetrend so weit, dass Vertriebsabteilungen auswerten, ob Patienten die verschriebenen Rezepte auch wirklich in der Apotheke eingelöst haben. Über viele entscheidungsrelevante Informationen in Form von messbaren Parametern, mit deren Hilfe eine Erfolgsbewertung des Außendienstes, die Messung der »Sales Force Effectiveness«, vorgenommen werden kann, z.B. die Zahl der ausgestellten Rezepte je Arzt oder die Einlösequote in der Apotheke, verfügt ein Pharmaunternehmen nicht selbst. Stattdessen stellen Datenlieferanten wie IMS Health, NDCHealth oder Scott Levin den Herstellern externe Verkaufsdaten zur Verfügung, die mySAP CRM in die Datensammlung zu den Aktivitäten des Außendienstes, zu Musterabgaben oder zu besprochenen Medikamenten integriert und damit die Bemühungen der Referenten erst mess- und bewertbar macht.

Die Marketingplanung nimmt die Aufteilung des verfügbaren Budgets auf Marketingkanäle vor. Eine Vorabanalyse erleichtert die Profilerstellung und die Segmentierung von Ärzten. Die Kundensegmentierung nutzt Verfahren wie Cluster-Bildung, Data Mining und Entscheidungsbäume, um eine geeignete Zielgruppe für einen Pharmareferenten ausfindig zu machen. Beispielsweise kann sich ein Marketingprofi auf eine Gruppe von Herzspezialisten in seiner Region konzentrieren, die insgesamt ein hohes Verschreibungsvolumen auf sich vereinen, aber kaum auf Produkte seiner Firma zurückgreifen. Er hat somit die Möglichkeit, gezielt auf Ärzte zuzugehen, die ihr Verschreibungsverhalten am ehesten zu Gunsten seiner Firma ändern werden. Die Segmentgröße lässt sich beliebig klein wählen und kann im Extremfall nur einen einzigen Arzt umfassen.

Innendienstvertrieb

Die Erfolgsquote eines Pharmareferenten hängt von der Organisationsstruktur des Vertriebsteams und der Gebietsaufteilung ab. Performance Analytics und Funktionen zum Gebietsabgleich bilden die Schlüsselfaktoren zur Optimierung des Vertriebserfolgs. Hierzu teilen Pharmakonzerne ihre Absatzgebiete in Unterbereiche auf (Territory Management) und ordnen diesen Vertriebsstrukturen zu (Mapping), um die Verantwortlichkeiten der Vertriebsmitarbeiter festzulegen. Ausgehend von kontinuierlichen Auswertungen zu den Vertriebserfolgen einzelner Vertriebsteams müssen Gebietsaufteilungen ständig neu überdacht und angepasst werden, um den Vertriebserfolg zu maximieren. Beispielsweise gelten Gebiete mit einer großen Anzahl verschreibungsfreudiger Ärzte als erfolgversprechend und müssen intensiv betreut werden. Sie werden in kleine Unterbereiche aufgeteilt. Gebiete, die durch wenige Ärztestandorte gekennzeichnet sind, kann hingegen ein kleines Vertriebsteam bearbeiten, auch wenn die Mediziner dort große Mengen von Rezepten ausstellen. Die Gebietsverteilung wird dann dahingehend angepasst, dass ein großer Verantwortlichkeitsbereich kleinere Gebiete zusammenfasst. Hinzu kommt eine tendenziell hohe Mitarbeiterfluktuation unter den Pharmareferenten. Gebietsverantwortlichkeiten müssen daher schnell wiederbesetzbar sein und an neue Referenten vergeben werden können (Realignment). mySAP CRM integriert hierzu bewährte Werkzeuge zur Gebietsplanung und -optimierung von Drittanbietern.

Um alle Marktsegmente effizient anzusprechen, wird das Multi-Channel-Kampagnenmanagement genutzt. Dies ermöglicht es dem Vertriebsteam, Ärzte, die viel verschreiben, direkt und solche, die wenig verschreiben, durch E-Detailing und andere kostengünstigere Marketingkanäle anzusprechen.

Fragen Ärzte als Reaktion auf eine Kampagne nach weiteren Informationen oder Proben, muss der Pharmavertrieb unmittelbar reagieren. Denn aus der Rückmeldung eines Arztes kann geschlossen werden, dass er sich an die Botschaft der Kampagne erinnert und möglicherweise in Zukunft sein Verschreibungsverhalten zu Gunsten des Pharmakonzerns ändern wird. Um Anfragen von Ärzten beantworten zu können, sollten Interaction-Center-Agenten:

▶ Den Arzt sofort erkennen

▶ Die gesamte Kundenhistorie bzw. das Informationsblatt des Arztes einsehen können

▶ Zugang zu einer Lösungsdatenbank haben, in der sie nach Lösungsalternativen suchen

▶ In der Lage sein, Beschwerden und Rücknahmen anzunehmen

Die Lösung *SAP for Pharmaceuticals* beinhaltet alle diese Möglichkeiten und kann deshalb Kundenkontakte dazu nutzen, die Rentabilität des Unternehmens zu erhöhen.

Vertriebsunterstützung für Außendienstmitarbeiter

Unter den Geschäftsprozessen des *Wertorientierten Kundenmanagements* kommt der *Sales Operation* besondere Bedeutung zu. Bei zunehmend komplexeren Marktgegebenheiten der Pharmabranche, kürzeren Produktlebenszyklen von Arzneimitteln, abnehmender Effizienz des Vertriebsstabs und neu zu erschließenden Vertriebs- und Kommunikationskanälen benötigen Pharmaunternehmen valide Informationen darüber, welchen Gewinn sie mit welchen Kunden erzielt haben. Nur so sind sie in der Lage, den Bedürfnissen profitabler Kunden in besonderem Maße entgegenzukommen und sie damit langfristig an den Konzern zu binden. Interne Informationen und Fremddaten müssen zu Auswertungszwecken zusammengeführt werden und werkzeuggestützt analysierbar sein. Darüber hinaus sind bei allen Vertriebsaktivitäten die geltenden gesetzlichen Vorgaben einzuhalten. *SAP for Pharmaceuticals* begleitet deshalb die Kernprozesse des pharmazeutischen Außendienstvertriebs, darunter:

► Kontaktmanagement und Besuchsplanung

► Besuchsdurchführung und Reporting

► Musterverwaltung

Kontaktmanagement und Besuchsplanung

Persönliche Besuche von Ärzten sollten aufgrund der dafür anfallenden Kosten und im Sinne der Vertriebserfolgsmaximierung detailliert geplant werden. Hierzu werden nicht nur Reiserouten simuliert, sondern auch auf der Basis früherer Besuche Profile zu Ärzten erstellt, die festlegen, wie jeder Mediziner am besten angesprochen werden kann, um die Botschaft des Pharmakonzerns zu vermitteln. *SAP for Pharmaceuticals* stellt hierzu diverse Portalfunktionen und eine große Auswahl mobiler Lösungen für Laptops, Palmtops usw. bereit (*Mobile Sales for Pharma*), die sowohl die Kunden- und Ärzteverwaltung als auch das Aktivitätsmanagement übernehmen.

Besuchsdurchführung und Reporting

Nach dem Planungsprozess begleitet der Ausführungs- und Reportingprozess den tatsächlichen Besuch beim Arzt. Die SAP-Branchenlösung macht es möglich, strukturierte Besuchsnotizen festzuhalten, Umfragen durchzuführen und alle Details der Kampagne auszuwerten, einschließlich Reise- und Spesenmanagement.

Musterverwaltung

Die Musterverwaltung ist eng in den Besuchsprozess integriert. Musterabgabe, Entgegennahme von Unterschriften nach den Regeln des PDMA (Prescription Drug Marketing Act – Gesetz zur Regulierung der Vermarktung von rezeptpflichtigen Arzneimitteln) und Bestellungen nicht mitgeführter Proben sind direkt in das Reporting des Arztbesuchs eingebunden und reduzieren so die indirekten Kosten während des Gesprächs. Alle Musterabgaben schreiben PDMA-konform unmittelbar das Inventar des Vertreters fort. Weiterhin stehen Funktionen für die Bestandsführung und die Auftragsabwicklung von Bestellungen für Ärzte inklusive Nachverfolgung von Bestellungen und Übersichten zur Probenhistorie zur Verfügung.

Die kostenlose Abgabe von Arzneimittelmustern an Ärzte ist eines der wichtigsten Marketinginstrumente. In der Vergangenheit wurden jedoch viele Muster zweckentfremdet und zum Beispiel weiterverkauft. Aus diesem Grund hat der US-Kongress den Federal Food, Drug and Cosmetic Act von 1932 (Bundesgesetz für Nahrungs-, Arznei- und Betäubungsmittel sowie Kosmetikprodukte) erweitert und den Prescription Drug Marketing Act von 1987 (PDMA) erlassen. Der PDMA setzt strenge Richtlinien für den Umgang mit Arzneimittelmustern. So müssen Ärzte die Muster explizit anfordern und zusätzlich offizielle Quittungen für erhaltene Muster unterschreiben, die zu speichern und zu archivieren sind und später von Prüfern kontrolliert werden. Entsprechende Vorschriften gelten analog in allen Ländern der Europäischen Union, entweder unmittelbar aufgrund der EU-Richtlinien der Europäischen Gesundheitsbehörde, des EMEA (European Agency for the Evaluation of Medicinal Products, auch: European Medicines Evaluation Agency) oder auf der Basis der lokalen, den EU-Richtlinien folgenden Gesetzgebung [EMEA 2004].

Heutzutage wird der größte Teil der Quittungen, die von Ärzten unterschrieben wurden, in Papierform verwaltet. So entsteht für die Pharmahersteller durch Milliarden von Belegen ein immenser Dokumentenverwaltungs- und Archivierungsaufwand, weil alle Dokumente zu Prüfzwecken einsehbar bleiben müssen. Stehen den Pharmareferenten mobile Laptops oder Handheld-Geräte für die Erledigung ihrer täglichen Aufgaben zur Verfügung, entschärft sich dieses Problem. Ärzte unterschreiben mit einem Eingabestift auf dem Gerät, und die Daten werden auf einem Server gespeichert, von wo sie mühelos abgerufen werden können (siehe Abbildung 6.4). Doch für die Umstellung von Papier auf elektronische Medien sind viele Vorgaben zu beachten, darunter in den USA z.B. der Code of Federal Regulation, Teil 11 (21CFR Part 11), der regelt, wie mit elektronischen Daten im Allgemeinen und handschriftlichen wie digitalen Unterschriften im Besonderen umzugehen ist, damit sie rechtsverbindliche Gültigkeit erlangen.

Die Musterverwaltung in *SAP for Pharmaceuticals* stellt sicher, dass alle Unterschriften, die über mobile Geräte geleistet werden, entsprechend der gesetzlichen Bestimmungen gespeichert werden. Quittungen, auf die sich eine Unterschrift bezieht, sind entweder überhaupt nicht mehr änderbar oder Änderungen werden anhand von Änderungsbelegen lückenlos nachvollzogen. Für den Datenaustausch und die Synchronisierung zwischen dem mobilen Endgerät und den Backend-Servern trifft die Lösung verschiedene Vorkehrungen, um die Datensicherheit zu gewährleisten. Beispielsweise berechnen Hash-Algorithmen mittels mathematischer Prozeduren einen Hash-Wert für das Dokument, der gleich einem Fingerabdruck einzigartig ist. Würde auch nur ein Datenbit des Dokumenteninhalts geändert, kalkuliert der Algorithmus einen anderen Hash-Wert. Bewahrt man den Hash-Wert eines Dokuments auf, kann später mit Sicherheit nachgewiesen werden, ob das Dokument manipuliert wurde. Im Manipulationsfall würde nämlich der ursprünglich gespeicherte Hash-Wert nicht mehr mit dem Wert identisch sein, den die Hash-Funktion zu einem späteren Zeitpunkt aus dem Dokument ermittelt. Nach der Synchronisation archiviert die Backend-Seite das fertige, jederzeit abrufbare Dokument.

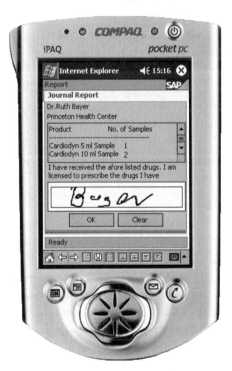

Abbildung 6.4 Arztunterschrift auf einem Handheld

Neben der Speicherung von Unterschriften und der Verwaltung elektronischer Quittungen spielt die Musterverwaltung eine wichtige Rolle. Pharmareferenten können jederzeit einen Überblick über ihren Bestand an Arzneimittelmustern gewinnen und die Inventurergebnisse dem Innendienst melden, der die Bestände abgleicht oder im Fall erheblicher Verluste oder Diebstähle Nachermittlungen einleitet. Die jeweilige lokale Gesetzgebung regelt, welche Inventurverfahren für die Musterlager erlaubt und wie Diebstähle oder andere außerordentliche Abschreibungen zu erfassen sind. Eine Verfolgung der Bestände auf den mobilen Endgeräten ist dazu nicht ausreichend. Auch Innendienst und Management müssen zeitnah einen vollständigen Überblick über die Bestände des gesamten Außendiensts haben – eine komplexe Aufgabe, die bei Tausenden von Außendienstmitarbeitern nur mit Hilfe einer integrierten IT-Lösung zu bewältigen ist.

Die Musterverwaltungslösung (*Sample Management*) von *SAP for Pharmaceuticals* verbindet dazu Front- und Backoffice-Funktionen. Im Frontoffice unterstützt die Lösung Außendienstmitarbeiter bei der Musterzählung; im Backoffice deckt sie ebenso die Aufstockung der Bestände des Außendienstmitarbeiters ab, wie Empfangsbestätigungen für Musterbestellungen von Referenten, das Verlust- und Diebstahlsberichtswesen sowie die Auditierung der Pharmareferenten, bei denen der korrekte Umgang mit den Arzneimittelmustern und die Einhaltung der Dokumentationsrichtlinien kontrolliert wird. Front- und Backoffice-Anwendungen sind aufeinander abgestimmt. Werden zum Beispiel Probenlieferungen auf einem mobilen Handheld-Gerät eingegeben, stellt die enge Integration die Synchronisation mit dem CRM-Server und die sofortige Verbuchung im SAP R/3-Backendsystem sicher. Durch die zentrale Bestandsführung sind alle Muster sichtbar, die dem Verkaufsteam firmenweit zur Verfügung stehen. Alle Managementebenen sind jederzeit in der Lage, die Musterbestände zu prüfen, und Musterlieferungen lassen sich quasi in Echtzeit verfolgen.

Unterstützung für administrative und E-Learning-Prozesse
Der Trainings- und Verwaltungsprozess deckt das Reise- und Ausgabenmanagement sowie Self Services und E-Learning für Mitarbeiter ab. Reise- und Ausgabenmanagement sind online wie offline nutzbar und können von Außendienstmitarbeitern z. B. in der Zeit genutzt werden, während der sie auf einen Arzt warten. E-Learning gewinnt in einer Zeit immer mehr an Bedeutung, in der die Effizienz der Vertriebsabläufe in den Mittelpunkt rückt und in der es nicht mehr möglich ist, Vertriebsteams mit mehreren Hundert Mitarbeitern über längere Zeit an einem Ort zusammenzubringen, um sie über ein neues Medikament oder eine innovative Marketingkampagne zu informieren. *SAP for Pharmaceuticals* stellt Weiterbildungsinhalte sowohl online als auch offline zur Verfügung. Vertriebsmitarbeiter sind in der Lage, Ausfallzeiten spontan einer sinnvollen Nutzung zuzuführen und aktuelle Materialien zu Markteinführungsstrategien durchzusehen.

6.3.2 Praxisbeispiel: Mobile Vertriebsunterstützung bei ratiopharm

ratiopharm ist die meistverordnete Arzneimittelmarke in Deutschland und führender europäischer Generikaanbieter. Das 1974 gegründete Pharmaunternehmen ratiopharm hat seine über 500 Vertriebsmitarbeiter mit der Laptop-Lösung von mySAP CRM ausgestattet. Damit gehören die Zeiten der schwierigen Daten- und Prozessintegration mit immer wieder unvollständigen Kundendaten der Vergangenheit an. Durch die Verknüpfung von mySAP CRM mit einem externen Adressenpool bekommen die Außendienstmitarbeiter aktuelle Informationen über Kunden und Ansprechpartner. Außerdem werden Terminvereinbarungen, Korrespondenzen, Expertenauswahl und Tourenplanung erleichtert.

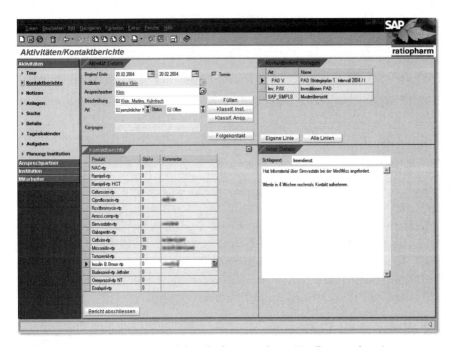

Abbildung 6.5 Laptop-Lösung Mobile Sales bei ratiopharm (Quelle: ratiopharm)

Durch den Einsatz der Lösung konnte ratiopharm die Gesamtzahl an Kundenkontakten um 17 % und den Umsatz mit den wichtigsten Kunden um 46 % steigern [Millar 2002].

6.4 Kontrakte und Rückvergütungen

Das Gesundheitswesen in den USA wurde im letzten Jahrzehnt von Fusionen und Übernahmen dominiert. Hersteller und Großhändler waren von diesem Trend gleichermaßen betroffen. Derzeit kontrollieren drei US-Arzneimittelgroßhändler bereits mehr als zwei Drittel des amerikanischen Absatzmarkts von ca. 220 Milliarden US$ und somit immerhin etwa ein Fünftel des weltweiten Pharmaumsatzes. Für die Pharmakonzerne bedeutet dies, dass ein immer größerer Anteil des Geschäftes über wenige Zwischenhändler abgewickelt wird. Da die Hersteller gleichzeitig vermehrt vertragliche Verpflichtungen zu Liefer- bzw. Abnahmevolumen und Preisgestaltung mit Einkaufsverbänden eingehen, nehmen die aus den Kontrakten resultierenden Rückvergütungsansprüche und Verbindlichkeiten deutlich zu. Zusammen mit der Konzentration der Großhändler führt dies dazu, dass einzelne Rückvergütungsansprüche extrem hoch sind. Somit können selbst kleine Abweichungen bei der Chargeback- oder Bonuskalkulation zu Gewinneinbußen bis hin zum Verlustgeschäft führen. Gleichzeitig sind ausgehandelte Kontrakte immer schwerer zu verwalten, weil das Beziehungsgeflecht zwischen Kunden, Zwischenhändlern, Verkaufskanälen und Prozessen immer komplexer wird. So tun sich immer mehr Betroffene zu Interessensgemeinschaften zusammen. Organisationen handeln dabei Verträge für ihre Mitglieder aus, z. B.:

▶ Pharmacy Benefit Manager für die angeschlossenen Krankenversicherungen

▶ Einkaufsorganisationen für die beauftragenden Apotheken und Krankenhäuser

Folglich werden Rückvergütungsprüfungen immer schwieriger, und das Risiko von Überzahlungen wächst.

Indirekte Arzneimittelkäufe lassen sich danach unterscheiden, ob die Medikamente an Verkaufsstellen geliefert werden, die sie an »externe Patienten« weitergeben (z. B. Apotheken) oder an Krankenhäuser und Pflegeeinrichtungen, die die Pharmaprodukte für interne Patienten einsetzen. Die Prozessschemata in Abbildung 6.6 zeigen die Komplexität der Geschäftsprozesse, bei denen der Hersteller jegliche Vertragszahlungen, z. B. Chargeback-Buchungen oder Bonuszahlungen, auf Positionsebene genau prüfen und validieren muss, um zu vermeiden, dass Auszahlungen die tatsächlichen Ansprüche übersteigen.

Das Geschäftsszenario *Contracts and Chargeback* beinhaltet folgende Prozesse:

▶ Kontraktverhandlungen und -management

▶ Weiterverkaufs- und Lastschriftanspruchsmanagement (Ausgleich)

▶ Verwaltung von Bonuszahlungen

Weitere Finanzprozesse wie Rückstellungen, Klärung von Streitfällen sowie Abzügen, Anfechtungen und Logistikfunktionen, z. B. Versand und Abrechnung, ergänzen den Kernprozess.

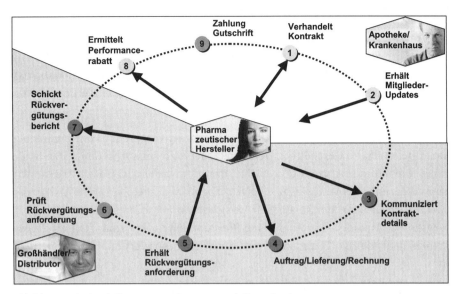

Abbildung 6.6 Geschäftsszenario »Contracts and Chargeback«

Als Hauptanforderungen an das Kontraktmanagement lassen sich folgende Themenbereiche identifizieren:

▶ Transparente Kundenhistorie

▶ Vollständiger Überblick über Vertragspreise und Ansprüche der Mitglieder von Einkaufsorganisationen

▶ Effiziente Erstellung von Kontrakten und Bonusabsprachen

▶ Auswertung der Abkommensstruktur und Rentabilitätsermittlung

▶ Kontraktablaufmanagement

▶ Automatische Information über Angebotszuschläge

In Kontraktverhandlungen besprechen Hersteller, Einkaufsverbände und berechtigte Endabnehmer den geltenden Kontraktpreis. Kontrakte erlauben Verkaufsstellen wie Krankenhäusern oder Apotheken den Einkauf vom Großhändler zu Preisen, die teils sogar unter den Großhandelspreisen liegen. Der Contract Manager begutachtet die Kontrakthistorie der Prozessbeteiligten, prüft die Einhaltung früherer Vereinbarungen und versucht, die Verhandlung möglichst effizient zu gestalten.

Die Einkaufsverbände reichen Listen derjenigen Mitglieder ein, in deren Namen sie verhandeln. Die Liste zeigt, welche Kunden zum Einkaufsverband gehören und Anspruch auf die ausgehandelten Produktpreise haben. Der Anspruch eines Mitglieds auf einen bestimmten Kontraktpreis richtet sich darüber hinaus häufig nach zusätzlichen Kriterien, z.B. der Kundengruppe, in den USA etwa gemäß der

COT-(Class-of-Trade-)Einteilung. So bekommt etwa eine Ausbildungsklinik einen besseren Preis als ein Krankenhaus der Basisversorgung. Kontrakte führen dann für ein Produkt des Herstellers unterschiedliche Preise je nach COT des Abnehmers auf. Mitgliederlisten ändern sich häufig. Hier ist IT-Unterstützung unabdingbar, um Mitgliedslisten mit Kontrakten zu verbinden und Veränderungen allen Partnern entlang der Logistikkette mitzuteilen.

Vor Vertragsabschluss ist ein Genehmigungsprozess vorgesehen, um unrentable oder unvorteilhafte Geschäfte zu vermeiden. Würden Rabatte in den USA z.B. für einen Kunden in solcher Höhe gewährt, dass der Nachlass den Best Price senkt, kann dies enorme Verluste zur Folge haben, weil die Best-Price-Marke die Rabatte festlegt, die der staatlichen Versicherung für sozial schwache Bevölkerungskreise, Medicaid, zustehen. Eine Preissenkung für ein strategisch wichtiges Krankenhaus, das ein Pharmahersteller durch ein besonders günstiges, eventuell sogar nicht kostendeckendes Einzelpreisangebot als Kunde gewinnen möchte, kann dazu führen, dass das betroffene Arzneimittel fortan auch an Medicaid zum selben Preis abgegeben werden muss. Im Verlauf der Vertragsgenehmigung muss daher überprüft werden, ob ein Angebot den nach einer komplexen Formel kalkulierten Best Price beeinflusst.

Der Kontrakt wird mit der Angebotsannahme des Einkaufsverbandes gültig. Dem Pharmakonzern obliegt nun die Aufgabe, den betroffenen Großhändlern Vertragsbedingungen, verhandelte Produkte sowie Preis- und Mitgliederdaten mitzuteilen. Im ersten Schritt der Logistikkette verkauft der Hersteller nun dem Großhändler das Produkt zum Listen- bzw. Großhändlereinkaufspreis (Wholesale Acquisition Cost, WAC). Weil der Großhändler Rückvergütungen und Boni für die Pharmaprodukte erwartet, kann der Hersteller nicht mit dem vollen Erlös rechnen. Er muss also Rückstellungen bilden, die nach Zahlung der Rückvergütungen und Boni gelöscht werden. Ein effizientes Kontraktmanagement nutzt Kontraktdaten der Vergangenheit, um die Höhe der Rückstellungen valide abzuschätzen, unnötige Rückstellungen des Herstellers zu vermeiden und so den Cashflow zu optimieren.

Wenn ein Krankenhaus als Mitglied in einem Einkaufsverband beim Großhändler ein Produkt des Herstellers kauft, fordert es den Kontraktpreis vom Großhändler. Weil dieser Preis unter den Anschaffungskosten des Großhändlers liegt, beantragt dieser beim Hersteller eine Rückvergütung (Chargeback) in Höhe der Differenz zwischen Wiederverkaufs- und Einkaufspreis des Großhändlers. Die Rückforderungen gehen beim Hersteller üblicherweise via EDI ein.

Der Hersteller muss den Antrag auf Rückvergütung gründlich prüfen, um eine Überzahlung zu vermeiden. Die erste Prüfung kontrolliert nach einstellbaren Regeln die Vollständigkeit des Antrags. Weitere Überprüfungen beziehen Material- und Kundennummern mit ein, wobei das System fehlende Informationen wie Maßeinheiten und Kontrakte automatisch ableitet. Eventuell muss der Hersteller die vom Großhändler erhaltenen Informationen aber auch manuell überarbeiten. Dafür stehen Funktionen wie Kopieren, Massenänderungen, erneutes Überprüfen, Auswählen, Löschen und Freigeben zur Verfügung. Jede Veränderung einer Rückvergütungsposition erzeugt eine neue Version dieser Position, damit alle Änderungen nachverfolgt werden können.

Der Hersteller schickt dem Großhändler schließlich das Ergebnis der Rückvergütungsprüfung in Form eines Berichts per EDI, FAX, Ausdruck oder E-Mail. Der Chargeback-Antrag ist damit angenommen bzw. abgelehnt, falls die Anforderungen des Herstellers nicht erfüllt waren. Im letzteren Fall lassen sich beliebige Fehlercodes bei Nichteinhaltung von Regeln setzen. Für akzeptierte Rückvergütungsforderungen führt das System eine Duplikatprüfung durch, um auszuschließen, dass derselbe Anspruch mehrmals ausgezahlt wird. Abhängig von der Ergebnissumme akzeptierter Anträge werden im Fall positiver Beträge Gutschriftanforderungen, im Fall negativer Beträge Lastschriftanforderungen und nach Genehmigung Gut- bzw. Lastschriften erstellt.

Auf vollständig oder teilweise abgelehnte Rückvergütungsanträge hin reichen Großhändler eventuell weitere Informationen nach, mit denen sie die Höhe des Originalanspruchsbetrags begründen. Der Hersteller kennzeichnet solche abgelehnten oder nur zum Teil ausgezahlten, wiedereingereichten Rückvergütungsanträge als Wiedervorlage, wobei neue Rückvergütungspositionen entstehen, die sich auf den alten Antrag beziehen. Akzeptierte Anträge führen zu periodischen Bonuskalkulationen und -auszahlungen. Für die Auszahlungsmodalitäten sind insbesondere bei Regierungskontrakten gesetzliche Regularien zu beachten, deren Nichteinhaltung enorme Bußgelder zur Folge haben kann und die deshalb streng kontrolliert werden müssen.

Zum Abschluss des Rückvergütungsablaufs löst der Hersteller die gebildeten Rückstellungen auf und klärt gegebenenfalls Unstimmigkeiten über die Höhe des Vergütungsbetrags mit dem Großhändler in individuellen Verhandlungen.

6.4.1 Geschäftsszenario: Kontraktabschluss und Abwicklung von Rückvergütungen

Im Beispielszenario stellt das Pharmaunternehmen PharmaComp das Arzneimittel MediCin her, das in Tablettenform in Packungen à 100 Stück zu je 100 US$ angeboten wird.

Rollen

Pharmaunternehmen

Die Vertragsverwaltung übernimmt ein Contract Administrator. Für die Klärung und Abwicklung von Rückvergütungsansprüchen ist bei PharmaComp ein Charge-back Analyst zuständig.

Großhändler

PharmaComp vertreibt seine Pharmaprodukte über den Pharmagroßhändler DrugDealer.

Kunden

In der Einkaufsgemeinschaft DrugBuyer haben sich diverse Krankenhäuser zusammengeschlossen, um gemeinsam ihren Arzneimittelbedarf mit möglichst geringem finanziellen Aufwand zu decken. Unter anderem gehört die Klinik CareHouse der Gruppe an.

Ablauf im Detail

Bevor die CareHouse-Klinik Pharmapräparate von PharmaComp erwirbt, muss DrugBuyer in Vertragsverhandlungen klären, zu welchem Preis die angeschlossenen Krankenhäuser das Präparat beziehen können. Auf der Basis dieser Vereinbarungen werden die Krankenhausapotheken Arzneimittel zu ermäßigten Preisen vom Großhändler DrugDealer kaufen, selbst wenn die Preise unterhalb von dessen Einkaufspreisen liegen. Der Vertragsverwalter von PharmaComp prüft die früheren Verträge mit DrugBuyer daraufhin, ob die Vertragsbedingungen stets eingehalten wurden und versucht, das zu erwartende Umsatzvolumen mit DrugBuyer abzuschätzen. Im Verlauf der Verhandlungen kalkuliert PharmaComp genau, wie weit es DrugBuyer entgegenkommen kann, ohne die Herstellkosten zu unterschreiten und damit ein Verlustgeschäft zu machen.

Die Einkaufsgruppe DrugBuyer reicht zur Verhandlung eine Liste der Mitglieder ein, in deren Namen sie verhandelt. Die Mitgliederliste zeigt PharmaComp an, welche Kunden zur Gruppe gehören und Anspruch auf den verhandelten Preis haben. PharmaComp braucht eine Softwarelösung, die die Listen verwaltet und zu den Verträgen in Verbindung setzt. Weil sich die Mitgliederliste häufig ändert und das Tagesgeschäft der Großhändler beeinflusst, müssen Aktualisierungen der Mitgliedschaft automatisch in bestehende Verträge aufgenommen und an Drug-Dealer kommuniziert werden.

Kommt der Vertrag mit DrugBuyer zustande, kann PharmaComp mit lukrativen Umsatzzahlen rechnen, weil die Käufergemeinschaft eine große Anzahl bettenstarker Häuser hinter sich vereint. Als potenziell hochprofitablem Kunden gelingt es DrugBuyer, für das Präparat MediCin einen Preis von 80 US$ auszuhandeln.

Dieser Betrag entspricht einem Rabatt von 20 % auf den Listenpreis des Medikaments.

Im Folgenden ordert CareHouse eine erste Lieferung des Arzneimittels MediCin von DrugDealer. PharmaComp liefert die gewünschte Menge an DrugDealer und berechnet die Lieferung zunächst nach dem Listen- bzw. Großhändlereinkaufspreis. Weil DrugDealer laut den Verträgen mit DrugBuyer dazu verpflichtet ist, MediCin weit unter Listenpreis abzugeben, erwartet der Großhändler einen Vergütungsausgleich. Da der Erlös für PharmaComp geringer ausfallen wird, bildet der Konzern antizipativ Rückstellungen in Höhe der erwarteten Rückvergütungsforderung.

Für die Bestellung des Medikaments MediCin bei DrugDealer muss CareHouse nun lediglich den vertraglich vereinbarten Preis von 80 US$ je Packung zahlen. Dieser Preis liegt um 10 US$ unterhalb der Einkaufskosten von DrugDealer, sodass dieser in Höhe der Differenz zwischen Vertrags- und Großhändlerpreis eine Rückzahlung bei PharmaComp einfordert. PharmaComp muss den Antrag auf Rückzahlung gründlich prüfen, um eine Überzahlung zu vermeiden. Zum Beispiel muss der Antrag vollständig sein und Material- und Kundenkennzeichen enthalten. Fehlende Informationen, wie Vertragsnummern oder Mengeneinheiten, leitet das System automatisch ab. Zusätzlich hat PharmaComp unternehmensindividuelle Prüfungen konfiguriert, mit denen Mitarbeiter die Rückzahlungsanträge nach firmenspezifischen Regeln und Verfahren prüfen.

Um DrugDealer über das Prüfungsergebnis zu informieren, übersendet ihm PharmaComp einen Bericht über die Rückzahlungsentscheidung. Da alle Angaben korrekt waren und den vertraglichen Vereinbarungen entsprechen, nimmt PharmaComp die Forderung an und löst die Rückzahlung aus.

6.5 Product Lifecycle Management mit Krankenhäusern als Herausforderung für die Zukunft

Unter sich verschärfenden Wettbewerbsbedingungen müssen Pharmakonzerne Möglichkeiten finden, den Wert ihrer Produkte zu maximieren. Das ist umso wichtiger, als die Produktivität von Forschung und Entwicklung nachlässt und Arzneimittel immer strenger von Aufsichtsbehörden kontrolliert werden. Aufgrund der hohen Kosten für Produktentwicklung, Marketing und Markteinführung der Produkte suchen Pharmaunternehmen zunehmend nach Möglichkeiten, das Risiko von Fehlentwicklungen zu vermeiden. Sie suchen engeren Kontakt zu ihren Kunden und versuchen, deren Anforderungen in die Produktentwicklung einfließen zu lassen. Daher bemühen sie sich nicht nur um Patienten, die in Zukunft einen steigenden Preisanteil teurer Markenprodukte tragen werden, sondern insbesondere um Krankenhäuser als Kommunikationspartner und involvieren diese frühzeitig in den Produktentwicklungsprozess im Sinne eines gemeinsamen Product Lifecycle Managements. Die Wünsche der zukünftigen Kunden müssen berücksichtigt werden, lange bevor ein Produkt Marktreife erlangt und Kontraktverhandlungen mit Einkäufergruppen oder Krankenhäusern aufgenommen werden. Ist die Produktentwicklung abgeschlossen, sind Konzeptänderungen kaum noch möglich oder unverhältnismäßig teuer. Um ihre Produktinnovationen genauer an den Marktanforderungen auszurichten, arbeiten Pharmafirmen mit Krankenhäusern zusammen: Krankenhäuser führen für Pharmakonzerne die für die Zulassung vorgeschriebenen klinischen Tests (Phase-IV-Untersuchungen) durch und geben den Herstellern zeitnah Feedback. Umgekehrt profitieren Krankenhäuser durch die frühzeitige Einbindung, lernen Produktneuerungen früher als die Konkurrenz kennen und können sich gegenüber ihren Patienten mit Hilfe von Therapieangeboten auf dem neuesten Stand medizinischer Forschung profilieren. Die klinischen Daten aus den Phase-IV-Studien bilden für Pharmaunternehmen wiederum die Grundlage für Marketingmaterial und Pressemeldungen. Außerdem sind Krankenhäuser bereits an die spezifischen Produkte des Pharmakonzerns gewöhnt, was das Risiko eines Abwanderns zur Konkurrenz mindert. Die Kooperation mit Krankenhäusern verspricht insgesamt beiderseitige Vorteile und wird das Kundenbeziehungsmanagement der Pharmabranche weiter verändern.

6.6   Kritische Erfolgsfaktoren bei der CRM-Einführung

Ziel einer jeden CRM-Implementierung sollte es sein, eine Rundumsicht auf die eigenen Kunden zu bekommen und Geschäftsprozesse auf dieser Basis effizienter durchzuführen. Dies gilt für alle Branchen, beinhaltet aber in der pharmazeutischen Industrie die zusätzliche Problematik, dass die Kunden zum einen sehr heterogen sind. Ärzten, Pharmazeuten und Patienten auf der einen Seite stehen Großhändler, Einkaufsverbände, Versicherer, die Regierung, Krankenhäuser etc. auf der anderen Seite gegenüber. Zudem muss sich eine Lösung für die pharmazeutische Industrie mit einer sehr großen Anzahl von Kunden, etwa mehreren 100 000 Ärzten, auseinandersetzen. Die Datenkonsistenz ist daher von vornherein entweder durch geeignete IT-Lösungen für das Master Data Management oder mit Hilfe externer Serviceprovider zu gewährleisten.

Ein weiteres Hauptaugenmerk sollte auf dem Gebiet der Regulatory Compliance liegen, d.h. die Implementierung – sei es für eine Außendienststeuerung oder eine Contracts-and-Chargeback-Lösung – muss den Anforderungen der Gesetzgebung folgen. In den allermeisten Fällen gibt es in pharmazeutischen Unternehmen Experten, die sich mit diesen Regularien im Detail auskennen, und es gilt, diese frühzeitig in das Projekt einzubeziehen und ihnen die notwendigen Entscheidungskompetenzen zu geben.

Als letzter wichtiger Punkt für ein erfolgreiches Projekt sei hier die Integration in Backoffice-Systeme wie mySAP ERP zu nennen. In vielen Implementierungen, vor allem im Bereich der Außendienststeuerung, wird die Integration in Innendienstprozesse, wie Reisekostenabwicklung, Personalverwaltung oder strategische Planung, erst im Nachhinein oder gar nicht durchgeführt. In diesen Fällen verzögert sich der ROI oder es fallen hohe Zusatzkosten an, wenn sich die ausgewählte CRM-Lösung im Nachhinein als nicht integrierbar erweist.

6.6.1 Auswahl wichtiger kundenorientierter Geschäftsszenarios

Geschäftsszenario	Kurzbeschreibung
Kampagnen-management	Optimierung der Kampagnenabwicklung von der Marktanalyse bis zur Ergebnisprüfung
Marketing-planung	Planung und Steuerung aller Marketingaktivitäten von der Budgetierung bis zur Ergebnisanalyse
Kunden-segmentierung	Einteilung des Kundenbestands in Segmente zur Differenzierung und Personalisierung der Produkt- und Dienstleistungsangebote (ohne Programmieraufwand)
Gebiets-management	Vertriebsstrukturierung und -organisation durch Gebietseinteilung nach frei wählbaren Kriterien wie Größe, Entfernungen oder Erträge. Hierarchische Gebietsgliederung, gebietsbezogene Definition von Vertriebszielen und Zuordnung von Vertriebsmitarbeitern zu Gebieten
Account and Contact Management	Bereitstellung aller wichtigen Informationen über Kunden, Interessenten und Partner für Interaktionshistorie, Aktivitätenverfolgung und Analyse erfolgreicher oder kritischer Geschäftsbeziehungen
Information Help Desk	Unterstützung der Interaction-Center-Agenten bei der Beantwortung von Fragen zu Produkten und Dienstleistungen durch skriptgestützte Gesprächsführung und Zugriff auf Lösungsdatenbanken, z.B. als IT Help Desk für interne und externe Meldungsbearbeitung oder als Employee Interaction Center bzw. interner HR Help Desk für Mitarbeiter
Marketing Analytics	Verbesserung der Effizienz und Effektivität von Marketingmaßnahmen, ausgehend von Marktanalysen über die vorausschauende Beurteilung von Marketingprogrammen bis hin zur abschließenden Erfolgsanalyse
Sales Analytics	Verbesserung der Effizienz und Effektivität von Vertriebsprozessen, ausgehend von der Vertriebsplanung über die vorausschauende Analyse der Geschäftsentwicklungen und entsprechende Pipeline-Analysen bis hin zur abschließenden Erfolgsanalyse im Vertrieb

Geschäftsszenario	Kurzbeschreibung
Contracts and Chargeback für die pharmazeutische Industrie	Verwaltung von Verträgen und Preisen, Entgegennahme, Prüfung und Abwicklung von Rückläufen, Verifizierung von Gutschriftenansprüchen und Ermittlung von Gutschriftsbeträgen
Wertorientiertes Kundenmanagement für die pharmazeutische Industrie	Integrierte Prozesse zu Marketing, Vertriebsplanung, Gebiets- und Aktivitätsmanagement zur Entwicklung profitabler Kundensegmente in Zeiten wechselnden Verschreibungsverhaltens und zunehmenden Kostendrucks im Gesundheitswesen

7 Konsumgüterbranche

Die Konsumgüterbranche umfasst alle Unternehmen, die private Endverbraucher mit Gebrauchsartikeln des täglichen Bedarfs versorgen. Dazu zählen Lebensmittel- und Bekleidungshersteller, Unterhaltungselektronikproduzenten, aber auch der gesamte Einzelhandel, der die Produkte an den Verbraucher vertreibt. Denn die Produzenten in der Konsumgüterbranche verkaufen in den seltensten Fällen direkt an den Endverbraucher. Deshalb ist es für sie besonders wichtig, Mittel und Wege zu finden, ihre Produkte möglichst effektiv über den Einzelhandel zu vermarkten. Verkaufsfördernde Maßnahmen wie befristete Sonderangebote, Mengenrabatte oder Probierhäppchen gehören deshalb zum Marketingalltag von Konsumgüterherstellern. Wie der folgende Abschnitt zeigt, kann moderne Informationstechnologie dabei eine wertvolle Hilfe sein.

Im Filialgeschäft steht der Einzelhandel vor dem grundlegenden Problem, dass der Kunde, der private Endverbraucher, in der Regel anonym bleibt. Eine persönliche 1:1-Beziehung lässt sich daher schwerlich aufbauen, da es an den Möglichkeiten fehlt, das Kaufverhalten des Kunden zu beobachten und auszuwerten. Kundenkartenprogramme bieten hier Hilfestellung. Da insbesondere mit dem Internet ein weiterer wichtiger Vertriebskanal zum klassischen Filial- oder Katalogverkauf hinzugekommen ist, gilt es, die verschiedenen Vertriebskanäle mit einer Multi-Channel-Retailing-Strategie zu verbinden.

7.1 Hersteller von Konsumgütern

>In difficult economic times, enterprises can find ways to ensure their survival and even steal market share from competitors by employing customer relationship management technology and processes. That is particularly true of consumer goods companies.<
Gartner Group [Hagemeyer/Berg 2003]

»Kaffee oder Tee?« ist eine Frage, die meist recht einfach zu beantworten ist. Die Auswahl zwischen Smarties und M&M, Vittel oder Bonaqua, Buitoni oder Barilla fällt dem Konsumenten dagegen nicht immer leicht, denn die Produkte sind mehr oder weniger austauschbar. Deshalb entscheidet die Marke, welche bunten Schokoladentaler, welches Mineralwasser oder welche Nudeln den Vorzug erhalten.

7.1.1 Markenartikel und die Bedeutung des Marketings

Markennamen, besonders deren Botschaft und Bekanntheit, gehören zum wertvollsten Kapital, das Unternehmen der Konsumgüterindustrie besitzen. Nicht umsonst stellt Coca Cola mit über 84 Milliarden US$ die wertvollste und bekannteste Marke der Welt dar [Geffken 2000]. Die Marke Coca Cola steht dabei nicht nur für das Getränk, sondern auch für Werte wie Vertrauen, familiäre Verbundenheit, Freiheit und Selbstvertrauen [Müller 2003]. Der Wert einer Marke entwickelt sich über einen langen Zeitraum, wobei der geschickte Einsatz von Werbung und Public Relations eine wichtige Rolle spielt.

Häufig entscheidet der Konsument bei qualitativ ähnlichen Produkten allein aufgrund der Marke, welche Produkte er kauft. Mit der richtigen Strategie kann sowohl der Absatz gesteigert als auch ein höherer Preis bei praktisch identischen Produkten erzielt werden. Die Werbung für eine Marke und die verkaufsfördernden Maßnahmen für die entsprechenden Produkte haben daher erheblichen Einfluss auf den Absatz von Konsumgüterartikeln. Zugkräftige Markennamen finden sich deshalb in allen Produktkategorien der Konsumgüterbranche:

▶ Verbrauchsgüter (Fast Moving Consumer Goods) wie Lebensmittel, Getränke, Tabak und Haustierprodukte usw.

  ▶ Nescafé, Perrier, Maggi, Smarties von Nestlé

  ▶ M&Ms, Uncle Ben's, Whiskas von Mars

  ▶ Coca Cola, Fanta, Bonaqua von Coca Cola

▶ Haushalts- und Körperpflegeprodukte wie Bodenreiniger, Küchentücher, Wasch- und Bleichmittel usw. von Herstellern wie Colgate-Palmolive, Kimberley-Clark oder Procter & Gamble

▶ Gebrauchsgüter und Unterhaltungselektronik wie Waschmaschinen und Trockner, Küchenherde und Öfen, Haushaltsthermostate, Stereoanlagen, Fernseher und Heimkinos usw; hierzu gehören Anbieter wie Bosch, Bose oder Sony

▶ Mode- und Luxusartikel wie Kleidung, Schuhe, Heimtextilien, Sportbekleidung, Schmuck, Uhren, Koffer und Sonnenbrillen usw., darunter die Markenhersteller adidas-Salomon, Nike, Tommy Hilfiger

Normalerweise kaufen die Konsumenten die Ware nicht direkt beim Hersteller, sondern über den Einzelhandel. Der Handel vermarktet die Produkte und hat somit direkten Kontakt zum Kunden. Es ist für die Konsumgüterhersteller daher wichtig, nicht nur über Werbung mit dem Endverbraucher zu kommunizieren, sondern darüber hinaus darauf hinzuwirken, dass in den Einzelhandelsgeschäften die eigenen Produkte gelistet und besonders herausgestellt werden. Diesem Zweck dienen verkaufsfördernde Maßnahmen in Kooperation mit dem Einzelhandel. Der Hersteller gewährt einen Preisnachlass oder offeriert mehr Ware zum gleichen Preis, zum Beispiel sechs Batterien zum Preis von vier oder eine Packung mit 20 % zusätzlichem Inhalt zum selben Preis. Zusätzlich präsentiert der Händler dem Kunden die Ware an auffallender Stelle in seinem Laden oder Supermarkt. Derartige Promotions spielen eine immer größere Rolle im Marketingbudget der

Konsumgüterhersteller. Seit 1978 hat sich das Budget für Promotions fast verdreifacht, während die Ausgaben für andere Arten der Werbung stagnieren [Accenture 2001].

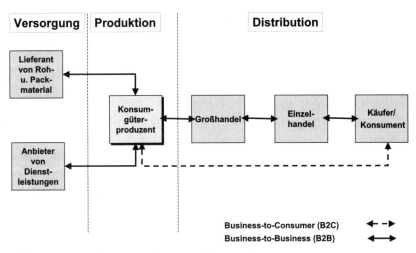

Abbildung 7.1 Beziehung Hersteller – Handel – Kunde

Um den Absatz eines Produktes zu verbessern oder gar ein neues Produkt erfolgreich auf dem Markt einzuführen, werden verschiedene Marketingmaßnahmen ausgewählt und kombiniert:

▶ Auswahl der »richtigen«, den größten Erfolg versprechenden Kunden- bzw. Zielgruppe, die angesprochen werden soll

▶ Werbung über geeignete Medien wie Fernsehen, Zeitungen, Plakate, Radio, Internet etc.

▶ Durchführung von Handelsaktionen im Einzel-und Großhandel

Zudem haben die Konsumgüterhersteller sicherzustellen, dass Produkte immer verfügbar sind, wenn sie im Handel platziert und von den Kunden verlangt werden. Kontraproduktiv ist es, wenn aufgrund der Aktion die Nachfrage steigt, aber die Produktion nicht liefern kann (Out-of-Stock). Speziell bei Verbrauchsgütern bedarf es hier genauer Planung.

Der Handel im Konsumgüterbereich wird zunehmend von großen Handelsketten bestimmt. Wal-Mart mit Sitz in den USA mit einem weltweiten Umsatz von 231,2 Milliarden EUR im Jahr 2002 und Metro mit Sitz in Deutschland und einem Umsatz von 51,5 Milliarden EUR im Jahr 2002 sind die bekanntesten Beispiele. Durch ihr hohes Umsatzvolumen bauen diese Handelsketten gegenüber den Herstellern eine enorme Einkaufsmacht auf. Sie üben entsprechenden Druck auf den Preis aus. Zudem bilden sie eigene Marken (die so genannten Handels- oder

Eigenmarken bzw. »Private Labels«) heraus, die in Konkurrenz zu den Hersteller-marken treten. In diesem Umfeld wird es für die Hersteller schwieriger, die eige-nen Markenartikel in den Regalen des Handels zu platzieren.

7.1.2 Fehlende Transparenz in Marketing und Vertrieb

Die Verbraucherbedürfnisse verändern sich ständig. Dies lässt sich teilweise auf neue Lebensumstände wie beispielsweise eine wachsende Anzahl von Singles, aber auch auf Modetrends zurückführen. Um die sich stetig wandelnden Verbrau-cherbedürfnisse zu erfüllen, kreieren Konsumgüterhersteller kontinuierlich neue Produkte. Schließlich spielen Produktinnovationen eine bedeutende Rolle bei der Umsetzung einer Wachstumsstrategie. Allerdings verlaufen nur wenige Produkt-einführungen erfolgreich; und das, obwohl Konsumgüterhersteller im Schnitt ein Viertel ihrer Ausgaben für Marketing und verkaufsfördernde Maßnahmen ver-wenden.

Innerhalb der Verkaufsförderungsmaßnahmen sind Trade Promotions ein wesent-licher und ständig wachsender Anteil. Aber obwohl Konsumgüterhersteller 25 Milliarden US$ jährlich in Trade Promotions investieren, erzielen sie damit nur zwei bis vier Milliarden zusätzlich generierten Umsatz [Accenture 2001]. Zu den Gründen gehören folgende:

▶ Fernsehen, Internet und mobile Geräte haben die Verfügbarkeit und die Menge von Informationsquellen für den Verbraucher bedeutend erweitert. Mehr als 1000 kommerzielle Informationen erreichen einen Verbraucher im Schnitt pro Woche über die verschiedenen Medien. Es fällt bei dieser Fülle schwer, den Erfolg von Werbemaßnahmen zu analysieren.

▶ Im Konsumgütermarketing werden enorme Summen ausgegeben in der Hoff-nung, damit die Marke besser am Markt gegen den Wettbewerb zu positionie-ren und höhere Margen zu erzielen. Tatsächlich kann selten belegt werden, welche Aktionen sich gelohnt haben und wie hoch der zusätzlich generierte Gewinn wirklich ist.

▶ Im Bereich Logistik und Produktion fehlen zuverlässige Vorhersagen von Bedarf und Absatz. Überproduktion oder im Falle von Mangel teure Nachproduktion in Sonderschichten ist die Folge. Mögliche Gewinne durch Umsatzsteigerun-gen aufgrund erfolgreicher Kampagnen werden in diesem Fall durch erhöhte Produktionskosten zunichte gemacht.

Betriebswirtschaftliche Softwareanwendungen, die integrierte Lösungen für Mar-keting, Vertrieb, Produktion und Logistik bieten, ermöglichen die Bereitstellung und Auswertung von Informationen an der richtigen Stelle zur rechten Zeit. Sie tragen dazu bei, dass Handelsaktionen zu effizienten Marketinginstrumenten werden und Entscheidungen auf der Basis valider Informationen erfolgen können.

7.1.3 Softwarelösungen für die Konsumgüterindustrie

Analysten empfehlen Konsumgüterherstellern, verstärkt in automatisierte Geschäftsprozesse zu investieren, da dies die bedeutendste steuerbare Größe zur Steigerung des Umsatzes sei [Hagemeyer/Berg 2003]. Allerdings konzentrieren sich viele Unternehmen der Konsumgüterbranche bei der Prozessoptimierung noch auf Produktion und Logistik, vernachlässigen aber den Bereich Marketing und Vertrieb. Derweil bietet die Einführung einer CRM-Lösung das Potenzial, auch hier Kosten zu senken und gleichzeitig Kunden durch entsprechende Marketing- und Vertriebsaktivitäten effizienter von den eigenen Marken und Produkten zu überzeugen und an diese zu binden. Besonders wenn diese CRM-Systeme in die bestehende Infrastruktur von Enterprise-Resource-Planning- und Supply-Chain-Management-Systemen integriert sind, wird die gesamte Herstellungs- und Vertriebskette transparent. Im Zusammenhang mit Marketingkampagnen fließen z.B. die Ergebnisse von Absatzprognosen in die entsprechende Produktionsplanung ein. Es wird möglich, Abhängigkeiten zwischen Absatzschwankungen und Marketingaktionen zu erkennen, zu quantifizieren und zu einer optimierten Planung zu nutzen.

Ein Beispiel für ein integriertes Anwendungsportfolio ist die Lösung *SAP for Consumer Products* (siehe Abbildung 7.2), die durchgängige End-zu-End-Prozesse in allen Geschäftsbereichen unterstützt.

Enterprise Management	Strategic Enterprise Management	Management Accounting	Financial Accounting	Corporate Governance	Financial Supply Chain Management	Business Analytics
Consumer	Consumer Insight		Consumer Relations	Consumer Promotions		Media & Advertising
Customer	Account Analytics		Account Management	Trade Promotion Management		Customer Service
Product	Program Management	New Product Development	Collaboration	Recipe Management	Quality Management	Product Safety
Marketing	Market Research & Analysis		Brand Management	Product Management		Category Management
Sales	Sales Cycle Management		Multi-Channel-Sales	Full Service Vending		Sales Force Management
Sourcing & Procurement	Strategic Sourcing		Operational Procurement			Supplier Collaboration
Supply Chain Planning	Strategic Planning & Monitoring	Demand & Supply Planning	Production Planning & Scheduling	Distribution Planning		Transportation Planning
Supply Chain Execution	Manufacturing	Warehouse Management	Order Fulfillment & Transportation	Direct Store Delivery		Foreign Trade & Legal Services
Business Support	Travel Management	Incentive & Commission Management	Fixed Asset Management	Employee Life-Cycle Management	Employee Transaction Management	HCM Service Delivery

Abbildung 7.2 Solution Map von SAP for Consumer Products

Im Bereich Kunde und Verbraucherbeziehung konzentriert sich *SAP for Consumer Products* auf die zentralen Geschäftsprozesse innerhalb von Marketing, Vertrieb und Service bei Markenherstellern. Dabei werden sowohl die Prozesse betrachtet, die sich auf den Händler als direkten Kunden des Herstellers beziehen (Account und Category Management, Trade Promotion Management, Vertriebsprozesse), als auch die Geschäftsprozesse, die auf den für die Hersteller meist anonymen Käufer bzw. Konsumenten abzielen (Marketing, Brand Management, Kampagnen, Internet- und Interaction-Center-Szenarios).

Branchenspezifische Prozesse wie die Unterstützung von Promotions (Trade Promotion Management) und segmentspezifische Funktionen wie telefonischer Vertrieb (Telesales) für die Getränkeindustrie ergänzen das Portfolio. Für Unternehmen der Bekleidungs- und Schuhbranche beinhaltet *SAP for Consumer Products* spezielle Erweiterungen, die unter der Lösung SAP Apparel and Footwear zusammengefasst sind (siehe Abschnitt 7.1.4). Zusätzlich finden gesetzliche Vorschriften wie beispielsweise Regelungen zur Herstellung von Lebensmitteln der Food-and-Drug-Administration (FDA) Berücksichtigung.

Die aus der Erfahrung von SAP wichtigsten kundenbezogenen Szenarios von *SAP for Consumer Products* werden im Folgenden vorgestellt:

Marketing

Auswertungen und Analysen bieten Marketing Managern einen Überblick über den Marktanteil, den Umsatz und die Bekanntheit einer Marke im Vergleich zur Konkurrenz, aufgegliedert nach verschiedenen Zielgruppen und Vertriebsregionen. Der Überblick zeigt auf, wie viel jedes einzelne Produkt und jede Marke zum Unternehmensumsatz beiträgt. Manager nutzen diese Informationen, um im Voraus zu planen: von Handelsaktionen für einzelne Produkte bis zu großen Marketing-Events. Auch das Budget und die Ausgaben für den Rest des Jahres lassen sich festlegen. Der Marketingkalender zeigt übersichtlich alle Marketingaktivitäten für einen bestimmten Zeitraum. Neben der Planung begleitet die Marketingfunktionalität auch die Durchführung von Marketingkampagnen oder Handelsaktionen. Der Segment Builder, ein Werkzeug zur Auswahl und Segmentierung von Kunden, hilft bei der Definition von Zielgruppen für Marketingaktionen.

Account Management

Account Management von *SAP for Consumer Products* bietet Account-Managern Zugang zu allen relevanten Kundeninformationen. Kunden lassen sich nach regionalen oder organisatorischen Kriterien den Kundenbetreuern oder Vertriebsmitarbeitern zuordnen. Diese verwalten Kundenprofile, planen, starten und protokollieren Aktivitäten im Zusammenhang mit dem Account und überprüfen

Auftragseingänge sowie die Rentabilität der Kunden. Termine, Besprechungen, Präsentationen, Handelsaktionen, Messen oder die Eröffnung neuer Filialen halten sie als kundenspezifische Aktivitäten fest. Account Management eröffnet die komplette Sicht auf einen Handelspartner unter Einbeziehung aller vorhandenen Informationen.

Category Management

Konsumgüterhersteller mit einem breiten Produktangebot bieten Einzelhändlern als Serviceleistung an, die Präsentation der Produkte im Laden vor Ort zu planen und zu optimieren. In Zusammenarbeit mit dem Einzelhändler legt der Konsumgüterhersteller die Anordnung der eigenen Ware sowie von Ware derselben Kategorie von anderen Herstellern im Regal des Händlers fest. Durch den breiten Erfahrungswert, den der Hersteller mit Waren dieser Produktkategorie hat, wird die Ware so angeordnet, dass der Absatz maximiert wird. Man spricht in diesem Zusammenhang von Category Management, einer Technik, die mittlerweile in fast allen Supermärkten, Läden, Großmärkten und Drogerieketten üblich ist.

Die Lösung von SAP für Category Management ist entsprechend den Empfehlungen der ECR Europ (Efficient Consumer Response) entwickelt und kann flexibel an die Bedürfnisse eines Herstellers angepasst werden. Absatzzahlen oder Werte aus Verbraucherumfragen oder Marktstudien zu herstellereigenen oder fremden Produkten werden verwendet, um die optimale Präsentation der Waren zu erstellen.

7.1.4 Praxisbeispiel: SAP Apparel and Footwear bei adidas-Salomon

Modetrends kommen und gehen. Entsprechend schnell und flexibel müssen Unternehmen der Bekleidungs- und Schuhbranche ihre Kollektionen entwickeln, herstellen und vermarkten. Als Bestandteil des Lösungsportfolios für die Konsumgüterindustrie hat SAP daher SAP Apparel and Footwear (SAP AFS) entwickelt. SAP AFS umfasst spezielle Funktionen für das Saisongeschäft, die Abwicklung von Eigen- oder Lohnfertigung, die Vertriebsabwicklung über verschiedene Absatzwege und die Massendatenverarbeitung. Durch die ständig neuen Designs, die häufigen Saison- und Kollektionswechsel und die große Menge an Lagermengeneinheiten fallen bei Unternehmen der Bekleidungs- und Schuhbranche große Mengen an Daten an. Zudem untergliedert sich ein Artikel nach Farbe, Größe und Qualität in unterschiedliche Produkte. Um diese Datenmenge als Stammdaten im System abzubilden, baut SAP AFS auf eine flexible Stammdatenstruktur, die Eigenschaften wie Farbe, Größe oder Qualität auf der Ebene der Lagermengeneinheiten berücksichtigt. Ein-, zwei- oder dreidimensionale Matrizen lassen sich mit verschiedenen Dimensionskombinationen für Einkauf, Produktion und Ver-

trieb definieren. So vereinfacht sich die Datenpflege und -haltung. Auch vereinfacht SAP AFS die für die Branche typischen Massenänderungen von Stammdaten.

Zur Abbildung kundenorientierter Geschäftsprozesse nutzt SAP AFS die Kapazitäten von mySAP CRM. Dabei wurde speziell der Webshop Internet Sales erweitert,
sodass die Online-Bestellung von Bekleidung oder Schuhen mit der Auswahl von
Farbe, Modell oder Größe auf einfache Weise möglich ist.

Der Sportartikelhersteller adidas-Salomon hat zur IT-Unterstützung seiner Kundenorientierung SAP AFS eingeführt.

Das Projekt bei adidas-Salomon

Im Laufe seiner fünfzigjährigen Geschichte hat sich adidas-Salomon von einem
deutschen Familienunternehmen zu einem globalen Sportartikelhersteller entwickelt. Zum Markenportfolio gehören die Kernmarke adidas sowie die Freizeit-
marke Salomon und die Golfmarke TaylorMade-adidas Golf. 13 800 Mitarbeiter in
einigen hundert Niederlassungen arbeiten weltweit für das Unternehmen. In fast
jeder dieser Niederlassungen waren unterschiedliche IT-Systeme von verschiedenen Softwareunternehmen im Einsatz. Die so fragmentierte Systemlandschaft
machte es schwierig, die durch die Software unterstützten Geschäftsprozesse an
neue Bedingungen anzupassen. Das Unternehmen adidas-Salomon hat daher SAP
AFS eingeführt, um die Systemlandschaft zu vereinheitlichen. Ausschlaggebend
war die funktionale Ausrichtung von SAP AFS auf die Anforderungen des Sportar-
tikelherstellers.

Für die Verbesserung der Kundenbeziehungen nutzt adidas-Salomon mySAP
CRM. Der Großteil der Beziehungen zu den weltweit verteilten Händlern wird
mittlerweile über das Interaction Center von mySAP CRM abgewickelt.

Der Kundenservice von adidas-Salomon dient dabei der Beratung und Unterstützung der Händler in Bezug auf die Planung und den aktuellen Status ihrer Aufträge. Die Lösung von SAP steigert die Produktivität des Kundenservices durch
einen automatisierten und standardisierten Workflow in das SAP Backendsystem.
Durch die Computer Telephony Integration (CTI) hat der Mitarbeiter im Call Center direkten Zugriff auf die Daten des Anrufers. Aktuelle sowie erledigte Aufträge
werden dem Call-Center-Mitarbeiter sofort angezeigt.

Mit der Unterstützung von mySAP CRM erhöhte sich die interne Produktivität der
Abteilung Customer Service. Außerdem wurde der Kundeservice gegenüber den
unterschiedlichen Händlern verbessert.

7.1.5 Geschäftsszenario: Trade Promotion Management (TPM)

Im Rahmen von Verkaufsförderungsaktionen sind Trade Promotions schon lange eine große Herausforderung für Konsumgüterhersteller. Konsumgüterhersteller geben heutzutage im Schnitt 23 % ihres jährlichen Umsatzes für Marketing aus. 12 % und damit der größte Anteil dieser Investitionen sind Ausgaben für Trade Promotions, wobei die meisten Unternehmen nicht genau analysieren können, welche Umsatz- und Gewinnzuwächse durch diese Ausgaben erzielt werden [Accenture 2001]. Der Wettbewerb erhöht den Druck auf die Hersteller, auch in Zukunft große Geldsummen in Trade Promotions zu investieren, um seine Markenartikel in den Läden des Handels zu listen und so dem Konsumenten anzupreisen. Dabei sind sie gezwungen, sich auf einen Dritten, den Händler, der den direkten Kontakt zum Endkunden pflegt, zu verlassen.

Konsumgüterhersteller benötigen daher Prozesse und Lösungen, um Promotions besser zu planen, auszuführen, zu kontrollieren und auszuwerten. Diese Prozesse müssen mit denen der Auftragsabwicklung und der Produktionsplanung integriert sein und den Außendienst mit einbeziehen.

Um Konsumgüterherstellern eine auf diese Anforderungen zugeschnittene Lösung an die Hand zu geben, hat SAP in enger Zusammenarbeit mit führenden globalen Konsumgüterherstellern aus verschiedenen Branchensegmenten die Anwendung SAP Trade Promotion Management als Bestandteil von mySAP CRM entwickelt.

Diese zeichnet sich durch folgende Eigenschaften aus:

▶ Integrierte Top-Down- und Bottom-Up-Planung für Vertriebs- und Marketingstrategien und -aktivitäten

▶ Analyse- und Auswertungswerkzeuge für Kampagnen (Consumer Activities) und Trade Promotions

▶ Mobile Laptop-Lösung für Außendienstmitarbeiter

▶ Voll automatische und integrierte Abwicklung aller logistischen Prozesse

▶ Integration von mySAP ERP und mySAP SCM, um den bei Promotionen anfallenden zusätzlichen Bedarf zu planen und abzudecken

▶ Rollenbasierter Zugriff durch SAP Enterprise Portal

SAP Trade Promotion Management ermöglicht es Konsumgüterherstellern, gezielt Ausgaben für Promotions zu tätigen und zu kontrollieren. Der Erfolg von Kampagnen durch Umsatzsteigerung lässt sich genau verfolgen, sodass Kosten und Nutzen von Promotions stets unternehmensweit transparent sind.

Das Geschäftsszenario im Überblick

Im Folgenden wird beispielhaft erläutert, wie die Lösung der SAP das gesamte Geschäftsszenario Trade Promotion Management unterstützt. SAP Trade Promotion Management lässt sich flexibel konfigurieren und unterstützt daher weitere Varianten des Geschäftsszenarios.

Das fiktive Unternehmen ACME stellt Süßwaren, Hygieneartikel und Haushaltreiniger her, die unter den Marken Star, Spring Fresh und Skineva vermarktet werden. Einer der größten Abnehmer ist die Supermarktkette REMA. Dieses Geschäftsszenario beschreibt die Top-Down-Planung und anschließende Umsetzung von Vertriebs- und Marketingaktivitäten für ein Jahr. Das Szenario verläuft in folgenden Schritten (siehe Abbildung 7.3):

▶ Strategische Vertriebsplanung in der Unternehmenszentrale

▶ Planung der Trade Promotions

▶ Kundenbesuch und Vereinbarung über die durchzuführenden Promotions

▶ Voll integrierte Ausführung und Validierung der Promotion

▶ Bewertung und Analyse der abgelaufenen Promotions und Kampagnen

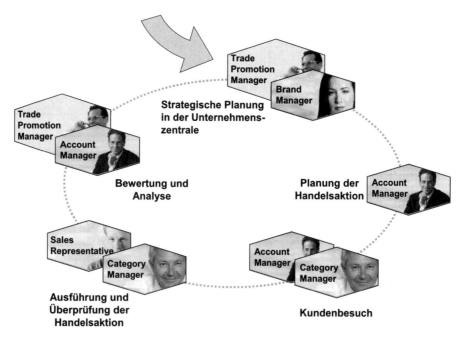

Abbildung 7.3 Ablauf des Geschäftsszenarios Trade Promotion Management

Rollen

Für das Szenario stellt *SAP for Consumer Products* spezielle Rollen zur Verfügung:

▶ Der *Brand Manager* ist für eine Marke verantwortlich. Sein Hauptziel ist es, die Bekanntheit der Marke und den Umsatz der zugehörigen Produkte zu steigern. Dazu plant er Marketing- und Vertriebsaktivitäten und überwacht deren Durchführung.

▶ Der *Trade Marketing Manager* erstellt den Budgetplan für alle Promotions inklusive der Zielvorgaben für einzelne Account Manager, Kunden und Marken und koordiniert diese. Er ist am Genehmigungprozess beteiligt, verantwortet die Erstellung der Marketingmaterialien und sichert das einheitliche Erscheinungsbild des Unternehmens bzw. der Marke über alle Kampagnen hinweg.

▶ Der *Account Manager* betreut einen oder mehrere wichtige Kunden/Händler des Konsumgüter herstellenden Unternehmens, mit denen er regelmäßig kommuniziert, um die Handelsbeziehung zu intensivieren, das Auftragsvolumen zu erhöhen oder auch neue Produkte zu positionieren. In Zusammenarbeit mit den Einzelhändlern plant er die Durchführung von Handelsaktionen.

▶ Vertriebsmitarbeiter (*Sales Representative*) im Außendienst betreuen die Händler vor Ort. Bei der Durchführung von Promotions stellen sie zusammen mit dem Account Manager sicher, dass die Marketingunterlagen in der Filiale ankommen und richtig eingesetzt werden.

Die einzelnen Phasen des Trade Promotion Management kann ACME folgendermaßen mit mySAP CRM abwickeln:

Ablauf im Detail

Strategische Planung in der Unternehmenszentrale
Im Herbst werden bei ACME die Strategien und Budgets für das kommende Jahr geplant. Dem Brand Manager, dem Trade Promotion Manager und dem Account Manager stehen dafür in ihrem jeweiligen Portal spezielle Planungsbildschirme zur Verfügung. Ausgehend von den Ist-Zahlen für Umsatz oder Marketingausgaben der vergangenen Jahre schlägt das System mögliche Zielwerte für das nächste Jahr vor, die vom jeweiligen Manager angepasst werden. Es können bei dieser Analyse auch Daten von externen Informationsquellen genutzt werden.

Als Mitglied im strategischen Planungsteam hat der Brand Manager für die Region USA das Ziel, den Umsatz um 9 % zu steigern. Aufbauend darauf legt er das Budget für verkaufsfördernde Maßnahmen fest (siehe Abbildung 7.4). Er möchte den Umsatzzuwachs durch einen erhöhten Absatz an Süßwaren der Marke Star erreichen. Sobald der Finanzchef diese und weitere Planzahlen abgestimmt und genehmigt hat, gibt der Brand Manager den Plan frei. Die Planwerte werden in die Plantafeln des Trade Promotion Managers und des Account Managers übertragen und stehen dort nach Freigabe automatisch als Ausgangspunkt zur weiteren Detailplanung zur Verfügung.

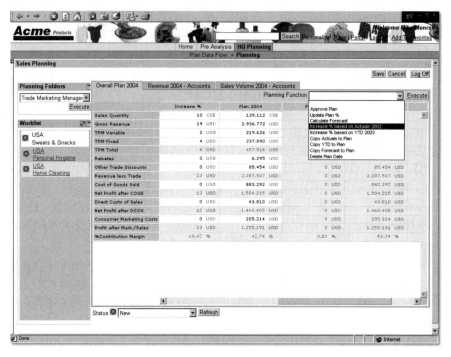

Abbildung 7.4 Strategische Unternehmensplanung

Dem Trade Marketing Manager stehen zahlreiche Auswertungen der Verkaufszahlen nach Marke, Region und Vertriebskanal zur Verfügung. Anhand dieser Analysen sieht er, dass der Absatz an Süßwaren über die Supermarktkette REMA, einen der größten Kunden von ACME, im letzten Jahr im Vergleich zu anderen Abnehmern niedrig war. Im Sinne des Planungsziels, im Folgejahr den Umsatz bei Süßwaren zu steigern, erhöht er die Planungsvorgaben für REMA.

Nachdem der Trade Marketing Manager seine Planung abgeschlossen hat, benachrichtigt das CRM-System den Account Manager von REMA automatisch. Dieser ist für die Volumenplanung (Absatzplanung) zuständig, greift die Vorgaben des Trade Marketing Managers auf und hinterlegt die angestrebten Absatzzahlen.

Planung der Promotion

ACME gibt unternehmensweite Promotions vor, die die Account Manager lediglich in ihr Budget einbeziehen und durchführen. Zusätzlich setzen die Account Manager in Eigenverantwortung weitere Promotions auf. Beide Prozesse werden von mySAP CRM unterstützt. Der Account Manager für REMA prüft im Marketingkalender, wann welche Kampagnen bereits geplant sind und legt daraufhin den Termin für eine Sommer-Keks-Aktion bei REMA fest. Vom Marketingkalender kann er direkt in die Planungsmaske für die Promotion navigieren (siehe Abbildung 7.5). Dort legt er unter anderem Folgendes fest:

▶ Typ der Promotion: Preisreduzierung

▶ Produkte: in diesem Fall mehrere Sorten Kekse der Marke Star

▶ Geplante Kosten

▶ Zusätzlich benötigte Warenmenge

Letztere fließt in die Produktionsplanung ein, damit rechtzeitig die benötigten Mengen während der Promotion in den Filialen verfügbar sind und die Produktion dieser Mengen rechtzeitig in dem notwendigen Umfang angestoßen wird. Dadurch kann vermieden werden, dass bei einer erfolgreichen Promotion die benötigte Ware teuer in Zusatzschichten produziert werden muss, nur weil die Planung der Produktion die erhöhten Absatzmengen nicht berücksichtigt hat.

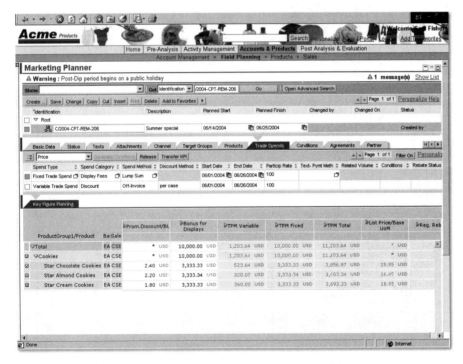

Abbildung 7.5 Trade-Promotion-Planung

Kundenbesuch

Nachdem der zuständige Trade Promotion Manager die Promotion genehmigt hat, besucht der Account Manager den Category Manager für Süßwaren bei

REMA, um mit ihm die Durchführung der von ACME geplanten Promotions zu besprechen.

Der Marketingkalender sowie die Daten der Promotions stehen über die Mobile-Sales-Anwendung von mySAP CRM auch auf dem Laptop des Account Managers zur Verfügung (siehe Abbildung 7.6). Er kann so nicht nur jederzeit auf die aktuellen Daten zugreifen, sondern auch die Promotions unterwegs oder beim Kunden bearbeiten und bei Bedarf neue Promotions anlegen.

Im Gespräch mit dem Category Manager von REMA erläutert der Account Manager von ACME die Planungen anhand der aktuellen Zahlen. Da ein Konkurrenzunternehmen von ACME bereits eine Promotion für Kekse im geplanten Zeitraum durchführt, beschließt er in Absprache mit dem Category Manager, die Handelsaktion um zwei Wochen zu verschieben. Der Account Manager ändert dementsprechend die Daten auf seinem Laptop. Auch das erwartete Absatzvolumen korrigiert er aufgrund der Einschätzung des Category Managers nach oben. Diese Informationen werden vollautomatisch weitergeleitet, sobald der Account Manager seinen Laptop synchronisiert hat, d.h., die Informationen über die Vereinbarung stehen den anderen Beteiligten im Prozess umgehend zur Einsicht und Weiterverarbeitung zur Verfügung. Der Trade Marketing Manager und der Brand Manager sind informiert, und die Produktion kann entsprechend planen.

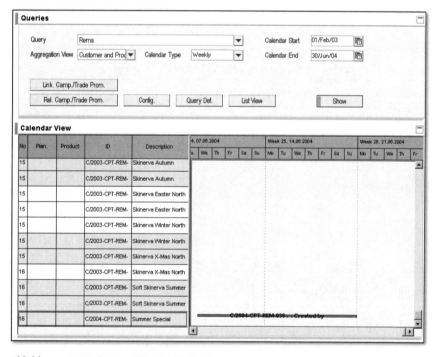

Abbildung 7.6 Marketing Calender (Offline)

Ausführung der Promotion

REMA bestellt für die Zeit der geplanten Promotion Waren. Die Auftragsübermittlung an ACME kann auf verschiedene Weise geschehen, beispielsweise elektronisch über EDI, über eine Auftragserfassung im Internet oder telefonisch über das Interaction Center. Sobald der Auftrag bei ACME in dem vereinbarten Bestellzeitraum eingegangen ist, werden die vereinbarten Konditionen automatisch dieser Bestellung zugeordnet. Die Preisberechnung kalkuliert z.B. automatisch die Rabatte, die für diese Promotion vereinbart wurden.

Da die Produktionsplanung bereits vollautomatisch über die Vereinbarung mit dem Händler informiert worden ist, hat sie den erhöhten Bedarf während der Promotion berücksichtigt, und die erforderliche Warenmenge steht termingenau bereit. ACME liefert die Kekspackungen rechtzeitig, sodass zu Beginn der Promotion die Regale der REMA-Filialen korrekt gefüllt sind.

Die CRM-Anwendung hat während der Zeit der Promotion automatisch Besuchstermine für einige REMA-Filialen bei einem Vertriebsmitarbeiter von ACME eingeplant. Dieser prüft vor Ort, ob die Promotion im Sinne von ACME umgesetzt wird. Um auch während seiner Besuche vor Ort über die Promotion, deren Konditionen und die eingesetzten Marketingmaterialien informiert zu sein, ist er mit einem Laptop mit der Mobile-Sales-Lösung ausgestattet. Dort meldet er seine bearbeiteten Aktivitäten, protokolliert die Besuche und erfasst die Reisespesen zur späteren Abrechung.

Auswertung

Mitte des Folgejahres stellt sich der Account Manager für REMA die Frage, wie die Promotions gelaufen sind. Wurden die Ziele für Umsatz, Absatzmenge, Marktanteil und Profit erreicht? Zur Beantwortung der Fragen stehen ihm zwei Reports zur Verfügung:

▶ Vergleich der Ausgaben für Promotions

▶ Volumenabgleich – Plan-Werte versus Ist-Werte

Bei der Auswertung der Sommer-Promotions stellt er zufrieden fest, dass der Netto Umsatz um 18 % höher ausgefallen ist als geplant (siehe Abbildung 7.7).

Die Auswertungsergebnisse können in die Planung der nächsten Promotions und in die Vertriebsstrategie einfließen. Trade Promotion Management von mySAP CRM unterstützt so den gesamten Kreislauf von der Planung über die Durchführung und Auswertung bis zur Planung der nächsten Promotion.

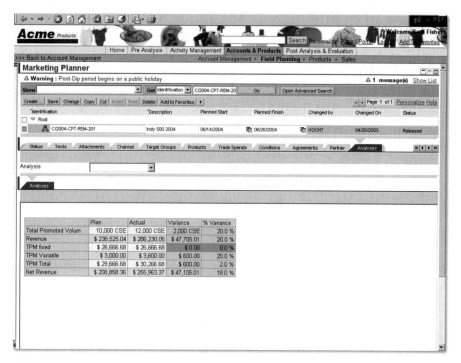

Abbildung 7.7 Auswertung der Trade Promotion

7.1.6 Kritische Erfolgsfaktoren bei der CRM-Einführung

Unzureichende Transparenz in Marketing und Vertrieb gehören mit Hilfe integrierter CRM-Anwendungen der Vergangenheit an, insbesondere wenn sie branchenspezifische Prozesse unterstützen. Unternehmen der Konsumgüterbranche wie Nestlé, Colgate-Palmolive oder Danone setzen zu diesem Zweck *SAP for Consumer Products* ein, eine Lösung, die spezielle funktionale Anforderungen der Konsumgüterbranche abdeckt, wobei zugleich die verschiedenen Lösungskomponenten wie mySAP CRM, mySAP ERP, SAP BW usw. eng miteinander integriert sind.

Der komponentenbasierte Ansatz von *SAP for Consumer Products* ermöglicht es Konsumgüterherstellern, jeweils nur die Geschäftsszenarios umzusetzen, die für sie zur Zeit betriebswirtschaftlich sinnvoll sind. Auch lassen sich Projekte in einzelnen Schritten umsetzen, wobei bereits nach dem ersten Schritt ein Mehrwert für das Unternehmen erzielt wird. Um die erzielten Erfolge bewerten und messen zu können, ist es wichtig, anhand von verschiedenen Kennzahlen (Marktanteil, Umsatz mit einzelnen Produkten in bestimmten Vertriebsregionen) die Ausgangsituation zu bestimmen und diese dann nach Implementierung der neuen Lösung mit deren Erfolg vergleichen zu können.

Beispielhaft sei die schrittweise Einführung anhand von Trade Promotion Management veranschaulicht:

Schrittweise Einführung von Trade Promotion Management

Stammdaten

In einem ersten Schritt müssen alle Stammdaten, also Produkt- und Geschäftspartnerdaten, auf deren Basis später die Promotionsplanung erfolgt, an einer zentralen Stelle verfügbar gemacht werden. Dabei kann sowohl SAP R/3 als auch SAP CRM das führende System sein.

Planung

mySAP CRM wird auch für die Promotionsplanung selbst im Rahmen des Marketings genutzt. Um eine effiziente Promotionsplanung durchzuführen, sind interne und externe Daten zu analysieren, was mittels SAP BW inklusive der Planungsanwendung SAP Strategic Enterprise Management (SAP SEM) möglich ist.

Demand- and Supply-Network-Planning

Im Rahmen von Trade Promotions wird eine Absatzsteigerung geplant, die auch produziert werden muss. Hierfür steht die Integration in das SAP Demand- und Supply-Network-Planning zur Verfügung (SAP APO). Hierüber kann auch die Out-of-Stock-Problematik (d.h., durch die gestiegene Nachfrage nach Produkten in der Promotion ist die Ware beim Händler nicht mehr im ausreichenden Umfang verfügbar) verhindert werden.

Hiermit wäre dann die Grundlage für den Trade-Promotion-Management-Prozess geschaffen. Trade Promotion Management integriert die einzelnen Bausteine zu einem gesamten, in sich geschlossenen Prozess.

7.1.7 Auswahl wichtiger kundenorientierter Geschäftsszenarios

Geschäftsszenario	Kurzbeschreibung
Marketingplanung	Planung und Steuerung aller Marketingaktivitäten von der Budgetierung bis zur Ergebnisanalyse
Kunden-segmentierung	Einteilung des Kundenbestands in Segmente zur Differenzierung und Personalisierung der Produkt- und Dienstleistungsangebote (ohne Programmieraufwand)
Vertriebs- und Absatzplanung	Mehrdimensionale Planung, z.B. für Verkaufsgebiete, Produktgruppen und Kundenhierarchien, auf der Basis beliebiger Kennzahlen, etwa Absatzmengen, Umsatz oder Kundenzufriedenheit, mit entsprechenden Auswertungsmöglichkeiten und grafischen Analysen

Geschäftsszenario	Kurzbeschreibung
Gebiets-management	Vertriebsstrukturierung und -organisation durch Gebietseinteilung nach frei wählbaren Kriterien wie Größe, Entfernungen oder Erträge. Hierarchische Gebietsgliederung, gebietsbezogene Definition von Vertriebszielen und Zuordnung von Vertriebsmitarbeitern zu Gebieten
Account and Contact Management	Bereitstellung aller wichtigen Informationen über Kunden, Interessenten und Partner für Interaktionshistorie, Aktvitätenverfolgung und Analyse erfolgreicher oder kritischer Geschäftsbeziehungen
Reklamations- und Beschwerde-management im Interaction Center	Erfassung von Produktreklamationen, Retouren und Serviceleistungen durch Interaction-Center-Agenten für eingehende Kundenbeanstandungen
Marketing Analytics	Verbesserung der Effizienz und Effektivität von Marketingmaßnahmen, ausgehend von Marktanalysen über die vorausschauende Beurteilung von Marketingprogrammen bis hin zur abschließenden Erfolgsanalyse
Sales Analytics	Verbesserung der Effizienz und Effektivität von Vertriebsprozessen, ausgehend von der Vertriebsplanung über die vorausschauende Analyse der Geschäftsentwicklungen und entsprechende Pipeline-Analysen bis hin zur abschließenden Erfolgsanalyse im Vertrieb
Trade Promotion Management für Consumer Products	Planung und Durchführung von Verkaufsförderungsmaßnahmen (Handelsaktionen, Trade Promotions)
Mobile Sales: Angebots- und Auftrags-management	Unterstützung des gesamten Auftragsprozesses von der Anfrage über das Angebot bis zum Auftrag inklusive Produktkonfiguration, Verfügbarkeitsprüfung, Preisfindung und Integration in die Auftragsabwicklung. Aktualisierung des Laptop-Datenbestands von Außendienstmitarbeitern mit Kundendaten und Produktinformationen vom zentralen CRM-System und Zurückspeicherung mobil erfasster Auftragsdaten, auch im besonderen Format für Handheld-Geräte (*Mobile Sales für Handhelds*)
Mobile Sales: Trade Promotion Management	Planung, Durchführung und Auswertung von Verkaufsförderungsmaßnahmen (Handelsaktionen, Trade Promotions) im Feld

7.2 Handel

»Today, the »store« is wherever the customer wants to shop. That means the customer defines what the »store« is.«
[Puleo 2002]

Der Handel gehört zu den ältesten Wirtschaftsbereichen. Heute ist er allein in der Europäischen Union der zweitgrößte Arbeitgeber mit insgesamt 4,5 Millionen Handelsunternehmen und 22 Millionen Arbeitsplätzen. Betriebswirtschaftlich fällt dem Handel die Aufgabe zu, »die in räumlicher, zeitlicher, qualitativer und quantitativer Hinsicht bestehenden Spannungen zwischen Vorgängen der Produktion und der Konsumtion auszugleichen« [Barth 2002]. Der Handel dient damit als Bindeglied zwischen Unternehmen (B2B) oder zwischen Unternehmen und Endverbrauchern (B2C). Die Art und Weise, wie dieser Spannungsausgleich vollzogen wird, hat sich über die Jahrhunderte allerdings gewandelt. Die Entwicklungen der vergangenen Jahrzehnte waren u.a.:

▶ Verlängerung der Ladenöffnungszeiten

▶ Verbreitung von Handelsketten und Marken

▶ Bau von Shopping-Centern auf der grünen Wiese

▶ Etablierung innerstädtischer Ladenpassagen

▶ Eroberung von Marktanteilen durch Discounter

▶ Erschließung des Internet als neuer Vertriebskanal

7.2.1 Vertriebswege als Herausforderung

Die meisten der großen Handelsketten wenden heute ähnliche Produktstrategien und Logistikkonzepte an. Daher fällt es Handelsunternehmen immer schwerer, sich über die Produktpalette oder Lieferzeiten vom Wettbewerber zu unterscheiden. Ihre Aufmerksamkeit konzentrieren sie deshalb auf den Kunden. Gesucht sind Mittel und Wege, attraktive Kunden längerfristig an Unternehmen und Marke zu binden [Rensmann 2000]. Eine 5%ige Erhöhung der Kundenbindung kann dabei den Gewinn um 25% bis 95% steigern [Reichheld/Schefter 2000].

Die Mittel und Wege, Kunden enger an ein Unternehmen zu binden, hängen auch von den unterschiedlichen Vertriebswegen ab. Dabei spielen folgende Vertriebskanäle eine Rolle:

▶ Stationärer Einzelhandel/Filialgeschäft

▶ E-Commerce

▶ Versandhandel

Da sich Kunden meist nicht mehr mit einem einzigen Bezugskanal zufrieden geben, muss die Kundenbeziehungspflege alle Vertriebskanäle umfassen. Gerade das Internet hat sich neben der klassischen stationären Verkaufsfläche und dem Katalogversandhandel als zusätzlicher Vertriebskanal etabliert. In Zukunft werden mobiler Handel (M-Commerce) und interaktives Fernsehen hinzukommen, wenn auch später als erwartet. M-Commerce erlaubt den Einkauf über ein mobiles Endgerät, beispielsweise einen PDA [SAP 2002b].

Filialen

Filialen bleiben auch weiterhin ein Grundpfeiler des Einzelhandels, denn sie bieten eine Reihe von Vorteilen:

▶ Filialnetze erreichen eine große Zahl von Verbrauchern

▶ Verbraucher wollen Waren auch heute noch mit allen Sinnen betrachten, anfassen und ausprobieren

▶ Verbraucher können sich vor Ort persönlich beraten lassen

▶ Die Produkte stehen sofort zur Verfügung

▶ Filialen vermitteln dem Verbraucher ein persönliches Einkaufserlebnis

▶ Die Filiale ist für Kunden ein wichtiger sozialer Treffpunkt

Allerdings stellt gerade die Aufgabe, Beziehungen zu den Kunden aufzubauen und zu pflegen, den Filialhandel vor ein besonderes Problem. Im legendären »Tante-Emma-Laden« waren die Kunden dem Inhaber, der zumeist gleichzeitig Verkäufer war, mit Namen bekannt. Die Kundenbeziehung zwischen Kunde und Verkäufer war persönlicher Natur. Im modernen Filialhandel bleibt der Kunde bei einem Einkauf für das Handelsunternehmen in der Regel anonym. Zu einem Geschäftspartner, dessen Name und Adresse nicht bekannt ist, lässt sich jedoch nur schwer eine Beziehung aufbauen.

E-Commerce

Im Weihnachtsgeschäft 2003 wurden in Deutschland Waren im Wert von 3,6 Milliarden EUR (in den USA: 15,8 Milliarden US$) über das Internet verkauft, was eine Steigerung von 34 % im Vergleich zum Vorjahr bedeutet [ECC 2004]. Die Steigerungsraten zeigen, dass E-Commerce eine ernst zu nehmende Rolle spielt. Nicht zuletzt belegen die mittlerweile schwarzen Zahlen von Amazon und eBay, dass sich mit E-Commerce Geld verdienen lässt [Delhagen 2003, Hudetz 2003].

Eine der Ursachen für das rapide Wachstum im E-Commerce liegt in der zunehmenden Erfahrung der Verbraucher mit dem Einkaufen über das Internet. Je vertrauter die Kunden mit dem Online-Shopping sind, desto höher ist die Wahrscheinlichkeit, dass sie dieses Medium auch für zukünftige Einkäufe nutzen. Dabei ändert das Internet nicht nur die Art und Weise, wie Verbraucher ihre Kaufentscheidungen treffen, sondern auch ihre Ansprüche an Informationen und zusätzliche Dienstleistungen. Es wird mittlerweile von einem Unternehmen erwartet, dass es eine Internetpräsenz hat, auf der Kunden beispielsweise nach der nächstgelegenen Filiale suchen können. Auch kann ein Webshop deutlich mehr sein als die digitale Fassung eines gedruckten Katalogs. Die Interaktivität des Mediums ermöglicht es, neue Wege bei Produktpräsentation oder Preisfindung zu beschreiten. Der Online-Händler Amazon bietet beispielsweise seinen Kunden in seinem Audio-CD-Angebot die Möglichkeit, einzelne Musikstücke anzuspielen. Über das Modell der Online-Auktion, wie es eBay für den B2C-Bereich und zahlreiche Marktplätze für den B2B-Bereich anbieten, wird der Preis direkt entsprechend der aktuellen Nachfrage bestimmt.

Vieles spricht für den Einstieg in den E-Commerce [Hudetz 2003]:

▶ Imageverbesserung durch Internetpräsenz, die Informationen über das Unternehmen wie Ladenöffnungszeiten, Filialnetz, Anfahrtskizzen etc. bereit stellt

▶ Erschließung neuer Marktsegmente weltweit

▶ Zeitnahe Interaktion mit dem Kunden über das Internet

▶ Bestellangebot rund um die Uhr im Webshop

▶ Erweiterung des Angebots um ergänzende Serviceleistungen, wie E-Mail-Newsletter oder Zusatzinformationen, darunter beispielsweise Testberichte oder Rezensionen, Online-Verfügbarkeitsprüfungen etc.

▶ Möglichkeit zur Käuferanalyse im Webshop

Dabei genügt es jedoch nicht, die herkömmlichen Methoden, die im traditionellen Versand- oder Filialgeschäft erfolgreich waren, einfach nur anzupassen. Die Herausforderung besteht vielmehr darin, eine E-Commerce-Strategie zu entwickeln, die sich vom Wettbewerber positiv unterscheidet. Folgende Ansätze zur Abhebung von der Konkurrenz sind denkbar:

▶ Synchronisierung des Webshops mit allen anderen Vertriebskanälen

▶ Einbindung von multimedialen Produktkatalogen mit leistungsfähigen Suchfunktionen

▶ Aktuelle Preis- und Verfügbarkeitsinformationen

▶ Statusprüfung online und Auftragsbestätigung per E-Mail

▶ Schnelle Auftragsabwicklung durch integrierte Geschäftsprozesse, von der Auftragsannahme am Frontend bis zu Lieferung und Rechnungsstellung im Backend

▶ Geeignete Instrumente für individuelles Marketing mit personalisierten Angeboten zu Cross- oder Up-Selling

▶ Service-Hotline für Kunden, die Probleme im Webshop haben und Hilfestellungen beim Besuch des Webshops durch Co-Browsing, bei dem ein Servicemitarbeiter sich gleichzeitig mit dem Kunden durch den Webshop bewegt

Kataloge

Der Vertriebsweg des klassischen Versandhandels scheint vom E-Commerce am meisten bedroht. Dennoch wird er nicht so schnell von der Bildfläche verschwinden, da der herkömmliche Versandhauskatalog dem Verbraucher nach wie vor eine Reihe von Vorteilen bietet:

▶ Ein gedruckter Katalog ist für Kunden ohne Internetzugang verfügbar

▶ Der Katalogeinkauf hat sich im Vergleich zum Internet-Shopping bereits etabliert

▶ Ein gedruckter Katalog ist übersichtlich und kundenfreundlich

▶ Kataloge bieten ein breites Produktspektrum

▶ Der Kunde kann Produkte bequem zu Hause auswählen

▶ Wie beim Einkauf im Internet lernt der Händler den Kunden schon beim ersten Kauf kennen

Für den Katalogversandhandel ist dabei gerade der Kanal Internet eine lohnenswerte Ergänzung zum bisherigen Vertriebsweg. Die Verkaufs- und Lieferprozesse sind bei beiden Kanälen gleich. Auch Produktabbildungen und -beschreibungen, die für den gedruckten Katalog erstellt werden, lassen sich in der Regel problemlos im Webshop wiederverwenden. Der Unterschied zwischen den Vertriebskanälen liegt nur im Medium, über das die Bestellung eingeht: per Post oder Telefon beim Katalogversand oder elektronisch im Webshop. Erfolgreiche Internetauftritte von ursprünglichen Versandhändlern sind beispielsweise Otto (*www.otto.de*) oder der Elektronikversand Conrad (*www.conrad.de*).

Versandhändler müssen ein gewaltiges Datenvolumen verarbeiten und neben einer Vielzahl von Artikeldaten auch eine ständig wachsende Menge von Kundeninformationen verwalten. Aus Marketingsicht stellt das Wissen über die Verbraucher das größte Kapital eines Versandhändlers dar. Sie sammeln Daten aus verschiedenen Kanälen, um dadurch mehr über den einzelnen Kunden und die von ihm nachgefragten Produkte zu erfahren. Die so gewonnenen Erkenntnisse ermöglichen gezielte Marketingaktivitäten, die auf bestimmte Kundengruppen oder sogar Einzelkunden abgestimmt werden können.

7.2.2 Multi-Channel Retailing mit Hilfe von CRM-Systemen

Kunden erwarten heutzutage, sich fallweise für einen Kanal entscheiden zu können. Sie recherchieren Produkt- und Preisinformationen über das Internet, bestellen per Postkarte aus dem Katalog, wenden sich für Serviceleistungen an Call Center und geben fehlerhafte Ware in der regionalen Filiale zurück. Bietet der Händler den vom Kunden gewünschten Kanal gar nicht an, besteht die Gefahr, dass der Kunde sich einen alternativen Anbieter sucht. Die Praxis zeigt, dass Kunden demjenigen Anbieter den Vorzug geben, der bei identischem Produkt, gleichem Preis und ähnlicher Qualität mehr Kanäle abdeckt. Man spricht in diesem Fall vom »Loyalen Channelhopper« [Scharmacher 2002].

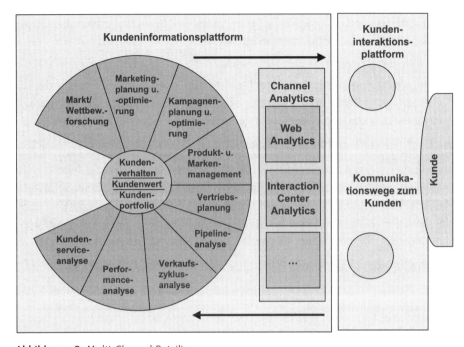

Abbildung 7.8 Multi-Channel Retailing

Wenn Handelsunternehmen verschiedene Vertriebkanäle eingerichtet haben, betreiben sie diese meist unsynchronisiert nebeneinander, beispielsweise Filiale und Webshop. Die Kunden- und Auftragsdaten werden für jeden Kanal separat gespeichert. Wenn der Kunde über einen anderen Vertriebskanal als bisher mit dem Händler in Kontakt tritt, wird er nicht als Kunde erkannt. Das Ziel einer Kundenbeziehungsmanagement-Lösung muss es also vorrangig sein, die Kundendaten über alle Vertriebskanäle hinweg zu sammeln und zu synchronisieren. Dieses Konzept, die verschiedenen Vertriebswege zu integrieren, wird auch Multi-Channel Retailing oder Multi-Channeling genannt [SAP 2002b].

Durch die Integration der verschiedenen Vertriebswege entsteht ein einheitlicher Blick des Handelsunternehmens auf den Kunden unabhängig vom Kontaktkanal (siehe Abbildung 7.8). Umgekehrt muss aber auch das Handelsunternehmen mit seinen Marken für den Kunden immer als Einheit hinter allen Vertriebskanälen erkennbar sein.

Handelsunternehmen brauchen daher eine Lösung, die

▶ Kundeninformationen über verschiedene Systeme integriert

▶ Vertriebs- und Marketingaktivitäten über alle Vertriebswege hinweg abwickelt

▶ Produktverfügbarkeiten an verschiedenen Lagerorten prüft

▶ Frontoffice- und Backoffice-Systeme für eine effiziente Auftragsabwicklung unabhängig vom Kontaktkanal integriert

▶ Mobile Geräte, wie z. B. Barcode Scanner, unterstützt

▶ Analytische Funktionen bereitstellt, um Kunden- sowie Verkaufsdaten zu ordnen, auszuwerten und schließlich gewinnbringend in operative und strategische Entscheidungen einfließen zu lassen

▶ Die Einführung eines Kundenkartenprogramms für den stationären Handel ermöglicht

Nach dem Ergebnis des Forschungsprojekts »Multi-Channel Retailing« lohnt sich das Angebot mehrerer, miteinander integrierter Vertriebskanäle im Handel. 76 % der befragten Unternehmen, die Multi-Channel Retailing betreiben, bestätigen demnach eine Steigerung der Kundenbindung [Scharmacher 2002].

Weitere wichtige Erkenntnisse der Studie sind:

▶ Die Kauffrequenz konnte in 52 % der Fälle mindestens tendenziell, meist sogar deutlich gesteigert werden.

▶ Es wurde eine signifikante Erhöhung der Neukundenrate um 60 % erreicht.

▶ 64 % der teilnehmenden Handelsunternehmen sehen einen spürbaren Erfolg ihrer Investitionen.

Ein Beispiel für ein Unternehmen, dass Multi-Channel Retailing sogar auf den Bereich Lebensmittel angewendet hat, ist der Schweizer Handelsriese Coop.

7.2.3 Praxisbeispiel: Coop – Nahrungsmittel aus dem Webshop

Coop ist mit mehr als 45 000 Mitarbeitern sowie einem Jahresumsatz von mehr als 13 Milliarden CHF pro Jahr das zweitgrößte Detailhandelsunternehmen der Schweiz. Das Unternehmen Coop hat zusätzlich zu seinem Filialnetz von 1600 Verkaufsstellen in Supermärkten, Tankstellen oder auch Restaurants das Internet als zusätzlichen Vertriebskanal ausgebaut. Seit August 2001 bietet Coop Endkunden im Großraum Zürich mit dem »Coop Online Supermarkt« (*http://shop.coop.ch*) die Möglichkeit, Produkte des täglichen Bedarfs über das Internet zu bestellen. Die Aufträge können auch per Telefon, Telefax oder E-Mail erteilt werden. Die Entgegennahme der Aufträge über diese zusätzlichen Kommunikationsmedien hat Coop an einen schweizerischen Call-Center-Betreiber in Biel vergeben. Im Jahr 2003 wurde das Angebot auf die Städte Basel und Bern ausgeweitet. Um auch in andere Regionen der Schweiz zu expandieren, ist die Mehrsprachigkeit des Webshop relevant, der außer in deutscher Sprache auch in italienischer und französischer Sprache verfügbar sein muss [Coop 2002, Borgerding 2002].

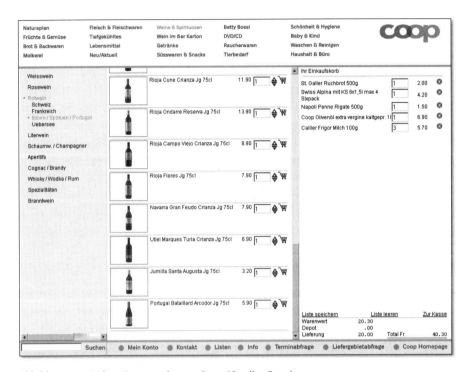

Abbildung 7.9 Online-Supermarkt von Coop (Quelle: Coop)

Die Kunden können im Coop Online Supermarkt aus einem breit gefächerten Sortiment von ungefähr 4000 Artikeln aus den Bereichen Getränke, Nahrungsmittel inkl. Frischfleisch und Tiefkühlware sowie Gebrauchsgüter auswählen. Das Angebot entspricht damit dem einer kleineren Coop-Verkaufsstelle. Auch die Preise der Artikel im Coop Online Supermarkt sind identisch mit denen der Filialen. Allerdings kommt im Webshop noch eine Lieferkostenpauschale von 10 CHF dazu, solange der Einkaufswert weniger als 120 CHF beträgt. Die Mehrzahl der Kunden greift gerne auf das Angebot der kostenlosen Belieferung zurück. So umfasst der durchschnittliche Warenkorb ca. 20 bis 25 Einkaufspositionen mit einem Gesamtwert von ca. 180 CHF.

Coop hat für seine Kunden mit der so genannten *Supercard* ein Bonussystem eingerichtet. Bei jedem Einkauf, ob in der Filiale oder über das Internet, kann der Coop-Kunde Superpunkte sammeln, die gegen Prämien eingelöst werden können. 70 % aller Schweizer Haushalte setzen die Supercard regelmäßig ein [Coop 2002].

Coop kann so die Einkäufe der Kunden über alle Kanäle hinweg erfassen, ihre Vorlieben analysieren und das Service- und Produktangebot entsprechend anpassen. Auch lassen sich Marketingaktionen zielgerichteter durchführen, wenn sie sich auf Zielgruppen mit speziellen Eigenschaften fokussieren.

Entscheidend für die Kundenzufriedenheit ist die prompte Belieferung, vor allem da es sich bei Nahrungsmitteln häufig um Frischwaren handelt. Um die logistischen Anforderungen des Online-Supermarkts zu lösen, hat Coop ein eigenes Logistikcenter mit Fuhrpark eingerichtet. In Zürich befindet sich das zentrale Verteilzentrum, in dem auch die Warenbereitstellung für Basel und Bern erfolgt. Sattelschlepper, auf denen die Kundenaufträge vorkommissioniert geladen sind, fahren die beiden Städte zweimal täglich an. In Basel und Bern wurden Umschlagslager eingerichtet, die die vorkommissionierten Lieferungen vor der Zustellung auf Auslieferfahrzeuge umladen. Spezielle Rollcontainer sowie die Ausstattung der Fahrzeuge mit Kühlaggregaten sorgen für eine schnelle und fachgerechte Anlieferung. Beim Kunden angekommen, erhält dieser neben der eigentlichen Ware Lieferschein und Rechnung, bezahlt den Einkauf gegebenenfalls noch bar und hat auch die Möglichkeit, dem Lieferfahrzeug Leergut mitzugeben.

Softwaretechnische Unterstützung

Coop hat den gesamten Verkaufsprozess vom ersten Kundenkontakt über die Bestellannahme bis hin zur Rechnungsstellung und Auslieferung mit der Branchenlösung *SAP for Retail* abgebildet. Die miteinander integrierten Lösungen mySAP CRM und mySAP ERP bilden den Kern der von SAP in Zusammenarbeit mit Coop konzipierten und implementierten IT-Infrastruktur. Die Solution Map (Abbildung 7.10) gibt einen Überblick über das Spektrum an betriebswirtschaftlichen Szenarios, das *SAP for Retail* abdeckt.

Abbildung 7.10 Solution Map von SAP for Retail

Auftragserfassung im Webshop oder im Call Center

Die Kundendaten verwaltet das CRM-System, auf das auch die Agenten des Call Center zugreifen. Alle Informationen werden damit unabhängig vom Vertriebskanal gespeichert. Beispielsweise sind so die Daten über den Einkauf eines Kunden im Webshop auch im Call Center verfügbar. Falls es Probleme mit der Lieferung gibt, ruft der Kunde im Call Center an, wo ihm der Agent auf der Basis der ihm vorliegenden Informationen fachkundig Auskunft gibt.

Im Webshop werden folgende Funktionen bereitgestellt:

▶ Produktauswahl über einen multimedialen, hierarchisch nach Themen gegliederten Katalog (unter »Früchte & Gemüse« findet man beispielsweise die Auswahl zwischen »Saisonfrüchten«, »Äpfel/Birnen«, »Exotische Früchte«, »Salat/Kräuter« usw.)

▶ Produktsuche mit Hilfe einer leistungsfähigen Suchmaschine

▶ Detailsichten zu einzelnen Produkten mit Angaben zu Herkunftsland, Inhaltsstoffen usw.

▶ Möglichkeit zur Speicherung persönlicher Einkaufslisten zur späteren Wiederverwendung

▶ Unterbreitung personalisierter Angebote auf der Basis von Kundenbestellhistorien

▶ Warenkorbfunktionalität

▶ Versand von Auftragsbestätigungen per E-Mail

▶ Online-Zahlungsoption durch Angabe der Kreditkartennummer mit automatischer Kartenvalidierung durch eine Clearing-Stelle. Alternativ besteht die Möglichkeit der Bar- oder Kredikartenzahlung bei Lieferung

▶ Abonnement eines E-Mail-Newsletter, der monatlich über Neuigkeiten in Sortiment oder Service bzw. über aktuelle Sonderangebote informiert

Auftragsabwicklung

Zur Rechnungsstellung und Lieferung werden die Aufträge an mySAP ERP weitergeleitet, das die Clearingstelle einschaltet und über eine entsprechende Schnittstelle die Kreditkartenzahlungen täglich automatisch abrechnet.

Den Warenausgang erfassen mobile Geräte und melden ihn an das ERP-System, das mit Hilfe dieser Daten stets den aktuellen Bestand kennt. Wareneingänge werden automatisch auf der Basis von Rechnungsdaten aus dem Verteilzentrum ins ERP-System übernommen. mySAP ERP liefert die benötigten Ladelisten, Lieferscheine und Rechnungen und versorgt das eingesetzte Tourenplanungssystem mit Lieferdaten. Das Tourenplanungssystem errechnet die optimale Route für die einzelnen Auslieferungsfahrzeuge und übermittelt die Anfahrziele über SMS

(Short Messaging Service) an die Lieferfahrzeuge, die zur Streckenführung GPS-Navigationssysteme (Global Positioning System) einsetzen. So ist es möglich, den Kunden eine Lieferung zum Wunschtermin mit einem Spielraum von nur 30 Minuten zu garantieren.

Nach der Rückkehr der Auslieferfahrer werden die Zahlungseingänge, Retouren oder aufgrund von Kundenreklamationen ausgestellte Gutschriften direkt im ERP-System erfasst und im Rechnungswesen verbucht.

7.2.4 Auswertung von Kundenbeziehungen

Die Integration der Vertriebskanäle in Form von Multi-Channel Retailing ist die Vorrausetzung für alle weiteren Maßnahmen zur Erhöhung der Kundentreue. Denn dies ermöglicht es erst, Wissen über Kunden kanalübergreifend (Internet, Filiale etc.) zu sammeln und auszuwerten. Ein modernes Business-Information-Warehouse-System ermöglicht es, die gespeicherten Informationen nach den verschiedensten Aspekten zu analysieren. Auf der Basis genauer Kenntnisse über die eigenen Kunden, deren Vorlieben und Kaufverhalten lassen sich herkömmliche Fragestellungen des Handels zum Warensortiment folgendermaßen erweitern [Merkel/Franz 2003]:

▶ Es wird nicht nur analysiert, welche Waren ins Sortiment aufgenommen werden sollen, sondern auch, für welche Kunden bzw. Kundengruppen oder -segmente die Ware ins Programm aufgenommen wird.

▶ Die Frage, mit welchen Artikeln die höchsten Erträge erzielt werden, wird um die Untersuchung ergänzt, welche Kunden die höchsten Erträge einbringen.

▶ An die Festlegung, welche Waren beworben werden sollen, schließt sich die Frage an, auf welche Kundengruppen die Werbung zielt.

Der Fokus auf Ware und Sortiment im Handel wird um den Blick auf den Kunden ergänzt. Diese Herangehensweise kann durchaus zu anderen Konsequenzen führen als konventionelle Auswertungen: Beispielsweise stellt ein Buchhändler fest, dass er nur sehr wenige der teuren Bildbände, die er im Sortiment hat, verkauft. Viel besser läuft Belletristik, vor allem moderne Romane und Klassiker. Es würde also bei klassischer Vorgehensweise nahe liegen, die Bildbände aus dem Sortiment zu nehmen. Eine Analyse des Einkaufsverhaltens der Kunden zeigt aber, dass die besten Kunden des Buchhändlers ausgerechnet diejenigen sind, die ab und zu auch einen Bildband kaufen, den sie dann in der Regel als Geschenk verpacken lassen. Seine ertragreichsten Kunden schätzen also dieses Angebot in bestimmten Situationen – nämlich dann, wenn sie ein Geschenk benötigen. Das Sortiment an Bildbänden ist somit ein zusätzliches Angebot für die treuesten Kunden und damit doch eine lohnenswerte Investition.

Folgende Kennzahlen geben unter anderem Auskunft über das Kundenverhalten:

▶ Customer Lifetime Value

▶ Deckungsbeitrag

▶ Bon- oder Auftragssumme

▶ Loyalitätsrate

▶ Cross-Selling-/Up-Selling-Erfolge

▶ Rücksendequote

▶ Wiederkaufrate

Des Weiteren liefern kanalbezogene Analysen Antworten auf spezifische Fragen eines Vertriebskanals. Dazu gehören Click-Stream-Analysen des Internetauftritts oder des Webshops, die prüfen, welche Seiten Kunden gerne ansteuern oder wie viele Kunden den Kaufprozess abbrechen, da er vielleicht zu kompliziert ist. Statistiken zur Anrufbearbeitung im Interaction-Center helfen beispielsweise den Personaleinsatz zu optimieren. Rentabilitätsanalysen können mit beliebigem Detaillierungsgrad bis hin zum einzelnen Artikel durchgeführt werden.

7.2.5 Kundenkarten zur Kundenbindung in der Filiale

90 % des Handels wird immer noch über Filialen abgewickelt. An dieser Stelle findet der Kontakt mit dem Kunden statt. Neben den Beschaffungs-, Warenbewegungs- und Verkaufsbuchungen, die beispielsweise mit SAP Retail Store an die Handelszentrale übermittelt werden, müssen auch am Point of Sale (POS) die Informationen über die Kunden und ihr Verhalten gesammelt werden.

Im Betriebstyp Filiale finden mit Bedienung und Beratung zwar soziale Kontakte zwischen Verkäufer und Kunden statt, allerdings bleibt der Kunde dabei meist anonym. Eine gezielte Kundenansprache und -bewerbung ist unmöglich, da Name und Adresse unbekannt bleiben. Auch lässt sich der Wert des Kunden für das Unternehmen zum Zeitpunkt des Einkaufs nicht bestimmen. Vielleicht verbirgt sich hinter einem Kunden, der gerade in der Filiale ein Produkt umtauschen möchte, einer der Premiumkunden des Webshops, dem man besonders weit entgegenkommen würde. Der anonyme Filialkunde kann aber keinem namentlich bekannten Webshopkunden zugeordnet werden. Ohne Kundendaten fehlen also die Vorrausetzungen für eine systematische Beziehungspflege [Merkel/Franz 2003].

Um Information über den Kunden zu erlangen, müssen die anonymisierten Transaktionen an der Kasse in personalisierte Käufe überführt werden [Kotler 2002]. Das einzige Mittel dazu ist die Einführung von so genannten Kunden- oder Treuekarten. Der Kunde weist sich bei einem Einkauf in der Filiale mit der Karte aus und wird dafür belohnt.

Die grundlegendste Funktion einer Kundenkarte ist die Identifizierung des Kunden beim Einkauf. An der Kasse wird dem Kassenbon die Kundennummer des Käufers zugeordnet. Elektronische Kartenlesegeräte greifen die Kundennummer ab [Stengl 2001]. Mit den so gesammelten Daten lassen sich Einsichten über das Kaufverhalten des Kunden gewinnen, um ihn dadurch in zukünftigen Marketingaktivitäten persönlich entsprechend seiner Bedürfnisse anzusprechen und ihm zum Beispiel genau die Produkte anzubieten, für die er erwiesenermaßen Interesse zeigt.

Darüber hinaus sind Filialmitarbeiter in der Lage, Kunden, die sich mit der Karte ausweisen, namentlich anzusprechen. Dies gestaltet die Beziehung zwischen Verkäufer und Kunden persönlicher. Außerdem demonstrieren Einkäufer durch das Mitführen der Karte auch nach außen hin ihre Zugehörigkeit zum Unternehmen. Implizit erhöht das ihre Loyalität zur Handelskette.

Die Kundenkarte hat allerdings für den Kunden nur einen Sinn, wenn sie ihm einen greifbaren Nutzen einbringt. Derartigen Mehrwert liefern besondere Serviceleistungen, Prämien für häufiges Einkaufen oder die Einladung zu speziellen Veranstaltungen in der Filiale wie Produkttests. Karstadt hat beispielsweise die Anzahl der Besitzer einer Kundenkarte innerhalb von vier Jahren von 400 000 auf ca. 6 Millionen erhöht, indem den Nutzern der Kundenkarte beim Einkauf ein Rabatt angeboten wurde [Merkel/Franz 2003]. Rabatte sind monetäre Preisreduzierungen, beispielsweise 1 % auf die aktuelle Einkaufssumme oder bei zukünftigen Einkäufen. Die Supercard von Coop ermöglicht dagegen das Sammeln von Treuepunkten, die sich später gegen Prämien eintauschen lassen. Der Kunde erwirbt bei jedem Einkauf – ob in der Filiale oder im Webshop – einen Treuepunkt für jeden bezahlten Franken. Zusätzliche Punkte können Kunden beim Einkauf von Produkten zu einem bestimmten Zeitpunkt oder bei bestimmten Aktionen gewinnen. Beispielsweise gibt es 1000 Punkte für einen Einkauf von mehr als 120 CHF im Webshop. Das Punktesystem kann so auch als Steuerungs- und Marketinginstrument genutzt werden. Ab einer bestimmten Punktzahl ist der Karteninhaber berechtigt, die gesammelten Punkte in Prämien einzutauschen. In Deutschland setzen bereits 13 % aller Händler Kundenkarten mit Gewährung von Prämien und 17 % aller Händler Rabattkarten ein [HDE 2002]. Der Trend bewegt sich hin zu Kundenkartenverbünden mehrerer Handelsunternehmen, die noch mehr Aufschlüsse über das Einkaufsverhalten gewähren.

Das folgende Geschäftsszenario beschreibt, wie sich ein Kundenkartensystem mit *SAP for Retail* umsetzen lässt (zum Ablauf siehe auch Abbildung 5. 7).

7.2.6 Geschäftsszenario: Treueprogramm für Kunden

Das Geschäftsszenario *Customer Loyalty Marketing* von mySAP CRM eröffnet die Möglichkeit, Filialkunden mit Hilfe eines Kundenkartenprogramms gezielt zu bewerben. Das Szenario ist im B2C-Bereich angesiedelt. Im ersten Schritt werden die Daten zu den Einkäufen der Kunden mit Hilfe der Kundenkarte erfasst. Analytisches CRM ermöglicht dann, das Einkaufsverhalten auszuwerten und mit dieser Information die Zielgruppe für eine geplante Marketingkampagne zusammenzustellen.

Rollen

Der *Marketing Manager* ist verantwortlich für die Entwicklung einer unternehmensweiten Marktstrategie. Er plant die Verwendung des Marketingbudgets, definiert die Interaktionsart mit den Kunden und überwacht Märkte und Wettbewerber. Basierend auf Marketing- und Vertriebsanalysen erstellt er Marketingpläne und plant Kampagnen.

Ablauf im Detail

Das fiktive Handelsunternehmen REMA bietet seinen Kunden eine Kundenkarte an, die den Kunden bei jedem Einkauf einen Rabatt von 1 % auf den Kaufpreis gewährt. Jeder Kunde erhält eine Kundennummer, die sowohl auf der Karte als auch bei den Geschäftspartnerdaten im CRM-System abgespeichert wird.

Bei einem Einkauf mit Kundenkarte erfasst ein Kartenleser die Kundennummer und speichert diese zusammen mit den Daten des Kassenbons ab. Die Daten werden an das SAP Business Warehouse übermittelt, das sie mit Kundeninformationen aus dem CRM-System anreichert. Zu jedem Kunden sind nun charakteristische Merkmale wie Wohnort, Alter und Inhalt des Einkaufskorbs auswertbar. Diese Verbindung von soziodemografischen Informationen und Warenkorbdaten ermöglicht es, das Einkaufsverhalten von Kundengruppen zu analysieren. Beispielsweise lässt sich herausfinden, welche Produkte von Kunden welcher Altersgruppe bevorzugt gekauft werden. Die Auswertung könnte etwa ergeben, dass der teure französische Rotwein, den das Handelsunternehmen im Sortiment hat, besonders gern von Männern im Alter zwischen 40 und 50 Jahren gekauft wird.

Die Filiale des Handelsunternehmens in München beschließt, diese Kundengruppe gezielt anzusprechen und zu einer besonderen Weinprobe in die Filiale einzuladen. Dazu erhalten alle männlichen Kundenkarteninhaber im Alter von 40 bis 50 Jahren mit Wohnsitz in München eine persönliche Einladung per Post. Die Zielgruppe kann der Marketing Manager im Segment Builder zusammenstellen (siehe Abbildung 7.11).

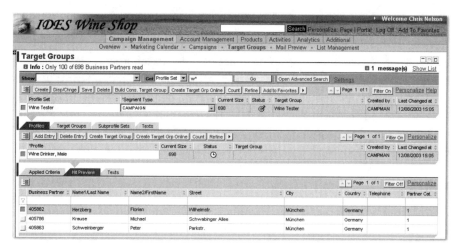

Abbildung 7.11 Zielgruppenauswahl für Marketingkampagne

Nach Ablauf der Kampagne und erfolgter Weinprobe lässt sich der Erfolg der Kampagne analysieren. Es wird ausgewertet, ob die Teilnehmer der Weinprobe in den folgenden sechs Wochen mehr Rotwein gekauft haben als zuvor. Um eine Kennzahl für den Erfolg der Kampagne zu erhalten, wird der zusätzliche Gewinn mit den Kampagnenkosten verrechnet.

Derartige Analysen ermöglichen es dem Unternehmen, aus jeder Kampagne und Marketingaktivität zu lernen und die Folgeaktionen iterativ zu verbessern.

7.2.7 Metro Future Store – die Zukunft des Filialhandels

Wie das Einkaufserlebnis im Supermarkt der Zukunft aussehen kann, untersucht die Metro Group. In Zusammenarbeit mit den Partnern SAP, Intel und IBM u.a. hat die Metro Group in Rheinsberg eine besondere Supermarktfiliale eröffnet, den Metro Future Store. Dort wird ausprobiert, wie sich neueste Technologien wie Touch Screens, intelligente Etiketten oder kabellose Übertragungstechniken auf das Filialgeschäft der Zukunft auswirken [Nagel 2003, Quack 2003].

Wer im Future Store einkauft, bekommt am Eingang einen persönlichen Einkaufsberater ausgehändigt. Dieser Einkaufsberater ist ein Handheld-Computer mit Touch Screen und integriertem Barcode Scanner (siehe Abbildung 7.12). Der Kunde kann ihn nutzen, um seine Einkaufsliste zusammenzustellen, die Preissumme der Waren im Einkaufswagen zu berechnen oder zusätzliche Informationen zu den Produkten anzuzeigen. Ebenso kann der persönliche Einkaufsberater dem Kunden sagen, wo er welche Produkte findet und wie er am schnellsten zum entsprechenden Regal gelangt.

Abbildung 7.12 Einkaufen mit persönlichem Einkaufsberater (Quelle: Metro)

Beim Einkauf von Obst und Gemüse muss sich der Einkäufer keine Zahlen merken, die eine Sorte kennzeichnen. Eine intelligente Waage erkennt von selbst die auf die Waagschale gelegte Sorte und berechnet den passenden Preis. Bei den Kunden ist die intelligente Waage die beliebteste der Neuerungen. Zwei Drittel aller Kunden nutzen sie [Metro 2003].

Am Ende des Einkaufs wird der Kunde selbst zum Kassierer. An den Selbstzahlerkassen kann er die Produkt- und Preisdaten, die er mittels seines Einkaufsberaters während des Einkaufs eingescannt hat, an die Kasse übermitteln. Er bezahlt sofort in bar oder mit EC/Kreditkarte, ohne die Ware noch einmal aus dem Wagen zu räumen. Anschließend legt er die Produkte in eine Warentüte, die automatisch gewogen wird. Weicht das Gewicht der Tüte von dem der gescannten Waren ab, erhält ein Mitarbeiter am Informationsschalter eine automatische Meldung.

Persönliche Einkaufsberater, intelligente Waagen und Selbstbedienerkassen sollen das Einkaufen kundenfreundlicher und angenehmer gestalten. Erste Umfragen zeigen, dass selbst ältere Menschen die neuen Anwendungen regelmäßig nutzen [Metro 2003].

Die Logistikkette wird durch die Kennzeichnung der Artikel mit Radio-Frequency-Identification-(RFID-)Etiketten von der Produktion bis in die Verkaufsfiliale transparent. Ein RFID-Etikett ist ein programmierbarer Mikrochip mit einem Sender.

Die auf dem Chip gespeicherten Informationen, wie beispielsweise Produktnummer, Hersteller, Preis oder Verfallsdatum, können ohne Sichtkontakt über ein tragbares Gerät gelesen, verarbeitet oder geändert werden. Der Warenaus- und -eingang von mit RFID-Etiketten ausgezeichneter Ware kann damit völlig ohne manuelle Arbeitsschritte verbucht werden. Spezielle intelligente Regale prüfen ihren Bestand selbst, indem sie die RFID-Etiketten der Ware im Regal abfragen. Sie melden dem Bestandssystem, wenn Ware fehlt oder wenn ein falscher Artikel im Regal steht. Diese Information kann an den Hersteller weitergeleitet werden, der dann kurzfristig den Bedarf decken kann und selbst vom beschleunigten und transparenten Warenfluss profitiert. Die Warenbewegungen der realen Welt werden so unmittelbar in der Software abgebildet [Nagel 2003].

Bei so viel Service und Bequemlichkeit für den Kunden darf eines nicht fehlen. Natürlich gibt es im Future Store auch eine Kundenkarte: die Extra Future Card.

7.2.8 Kritische Erfolgsfaktoren bei der CRM-Einführung

Kostenbewusstsein

Der hohe Wettbewerbsdruck und die häufig niedrigen Gewinnmargen zwingen den Handel zu starker Kostenkontrolle. Zudem hat die Optimierung der Logistikprozesse eine hohe Priorität, sodass ein Großteil des IT-Budgets dort investiert wird. Um dem Kostenbewusstsein Rechnung zu tragen, ist es bei der Projektplanung für eine CRM-Implementierung besonders wichtig, die Ziele detailliert festzulegen und darauf aufbauend eine gründliche Aufwandschätzung durchzuführen. Es empfiehlt sich, sich bei der Einführung möglichst auf Standardfunktionalitäten der Software zu beschränken.

Stammdaten – insbesondere Artikeldaten – als zentrale Herausforderung

Stammdaten sind grundsätzlich eine wichtige Thematik bei der Einführung einer betriebswirtschaftlichen Softwarelösung. Speziell im Groß- und Einzelhandel sind die Menge und die Dynamik der Artikeldaten eine Herausforderung, die es nahe legen, das Thema Stammdaten einem eigenen Unterprojekt anzuvertrauen. Es gilt sowohl den initialen Download der Stammdaten in das frisch installierte CRM-System sorgfältig zu planen und zu überwachen, als auch die starke Dynamik der Stammdaten, beispielsweise durch sich verändernde saisonale Angebote und Preise, bei der Planung der Systemlandschaft zu berücksichtigen. Bei der Umsetzung eines Multi-Channel-Retailing-Konzepts muss sichergestellt werden, dass Änderungen des Sortiments, der Artikeldaten oder der Preise rasch, fehlerfrei und konsistent in allen Kanälen aktualisiert werden. Damit ein Webshop auch während der Aktualisierung oder der Neuindizierung des Online-Katalogs verfügbar ist, muss die Systemlandschaft redundant ausgelegt sein. Während der Webshop mit den alten Katalogdaten weiterarbeitet, werden auf einem anderen Server die Katalogdaten aktualisiert.

Falls das Handelsunternehmen über ein eigenes Category Management verfügt, gilt es auch den Informationsaustausch zwischen diesem und den CRM-Prozessen sicherzustellen. Das Sortiment und die Katalogstrukturen sollen über alle Vertriebskanäle einheitlich dargestellt werden.

Leistungsverhalten der Anwendung

Während CRM-Lösungen bereits von Haus aus darauf ausgelegt sind, mit sehr umfangreichen Kundenstämmen umzugehen, kommt im Bereich Handel zusätzlich die bereits im Absatz zuvor diskutierte Komponente »Artikel« mit einem üblicherweise beträchtlichen Mengengerüst hinzu. Aus diesem Grunde sollte man von Anfang an bestrebt sein, die Laufzeiten von CRM-Prozessen, in denen Kunden und Artikel die zentralen Geschäftsobjekte darstellen, zu messen, zu überwachen und zu optimieren. Nur so kann eine entsprechende Akzeptanz bei den Anwendern und somit in letzter Konsequenz auch der Erfolg einer CRM-Lösung gewährleistet werden.

7.2.9 Auswahl wichtiger kundenorientierter Geschäftsszenarios

Geschäftsszenario	Kurzbeschreibung
Kampagnen-management	Optimierung der Kampagnenabwicklung von der Marktanalyse bis zur Ergebnisprüfung
Marketingplanung	Planung und Steuerung aller Marketingaktivitäten von der Budgetierung bis zur Ergebnisanalyse
Produktvorschlag	Generierung von Empfehlungen und Vorschlägen für Kunden aufgrund von Top-n-Produktlisten oder Cross-/Up-Selling-Informationen
Kunden-segmentierung	Einteilung des Kundenbestands in Segmente zur Differenzierung und Personalisierung der Produkt- und Dienstleistungsangebote (ohne Programmieraufwand)
Angebots- und Auftragsmanagement	Unterstützung des gesamten Auftragsprozesses von Anfrage über Angebot bis zum Auftrag mit Produktkonfiguration, Verfügbarkeitsprüfung, Preisfindung und der Integration in die Auftragsabwicklung, unabhängig vom Kommunikationskanal der Auftragserfassung
Reklamations- und Retourenabwicklung	Abwicklung von Reklamationsprozessen von der Reklamationsannahme über die technische Analyse bis zu Servicebereitstellung, Gutschriftenerstellung und Retourenabwicklung

Geschäftsszenario	Kurzbeschreibung
Katalogmanagement und Auftragsabwicklung im E-Commerce	Organisation von Produkten und Produktinformationen in Katalogform für Webshops. Personalisierungsmöglichkeiten für Nutzer mit kundenspezifischen Sichten, Produktempfehlungen, Preise und Kontrakte. Auftragsabwicklungsfunktionalität der Sales-Szenarios. Optional direkte Anbindung an SAP R/3 (Szenario *Katalogmanagement und Auftragsabwicklung im E-Commerce Internet Sales (R/3 Edition)*)
Shop-Management	Unterstützung von Webshop-Managern bei der Neuanlage, Konfiguration, Bearbeitung oder Löschung von Webshops für B2B- oder B2C-Szenarios. Produktkatalogverwaltung optional in SAP R/3 (Szenarioversion *Shop Management Internet Sales (R/3 Edition)*)
Inbound Telesales	Bearbeitung eingehender Kunden- oder Interessentenanfragen im Interaction Center mit Angebots- und Auftragserfassung, Produktinformationssuche und Verfügbarkeitsprüfung sowie Unterstützung der Agenten bei der Generierung von zusätzlichem Umsatz durch Cross- und Up-Selling-Strategien
Outbound Telesales	Aktiver Produktverkauf aus dem Interaction Center heraus durch Abwicklung von Verkaufskampagnen und periodischen, über Anruflisten gesteuerten Kontaktaufnahmen unter Nutzung aller Möglichkeiten, die auch Inbound Telesales bietet
Content Management	Knowledge Management und Document Management zur gezielten Information der Vertriebspartner abhängig von deren Profil
Product Analytics	Untersuchung der von Kunden bevorzugten Produkte und Produkteigenschaften sowie der Produktprofitabilität
Marketing Analytics	Verbesserung der Effizienz und Effektivität von Marketingmaßnahmen, ausgehend von Marktanalysen über die vorausschauende Beurteilung von Marketingprogrammen bis hin zur abschließenden Erfolgsanalyse
Customer Analytics	Analyse des Kundenverhaltens und Kundenwertes zur persönlicheren und gezielten Ansprache von Kunden
Interaction Channel Analytics	Analyse und Vergleich der Performance der einzelnen Kommunikationskanäle. Weitere analytische Funktionen je Kommunikationskanal in den Geschäftsszenarios E-Analytics, Partner und Channel Analytics, Field Analytics, Interaction Center Analytics

8 Medien- und Unterhaltungsbranche

»What the mass media offers is not popular art, but entertainment which is intended to be consumed like food, forgotten, and replaced by a new dish.«
W. H. Auden

Der Konsument mit seiner begrenzten Aufnahmezeit von maximal 24 Stunden pro Tag steht im Zentrum der Aufmerksamkeit von Unternehmen der Medien- und Unterhaltungsbranche. Medienunternehmen ringen darum, einen möglichst großen Anteil am Aufnahmevermögen der Verbraucher für sich zu gewinnen, sei es durch den Konsum ihrer Medienprodukte selbst oder durch die damit einhergehende Werbung. Fünf Hauptgruppen von Unternehmen lassen sich im Mediensektor unterscheiden, die in ihren Geschäftsprozessen teilweise sehr unterschiedliche Anforderungen aufweisen (siehe auch Abbildung 8.1):

▶ Werbe-, Marketing- und PR-Agenturen, z. B. Ogilvy, McCann Erickson, Dentsu

▶ Musik- und Filmbranche, beispielsweise Warner Bros., Disney, EMI, MGM, Paramount oder EM.TV

▶ Radio- und Fernsehanstalten sowie Kabelanbieter, etwa ABC, CNN, ARD und RTL

▶ Zeitungen und Verlage, z. B. The Washington Post, New York Times, Cox Publishing, Neue Züricher Zeitung, Süddeutsche Zeitung, Heyne

▶ Händler und Verteildienstleister wie Amazon, Blockbuster, WH Smith oder lokale Kioske

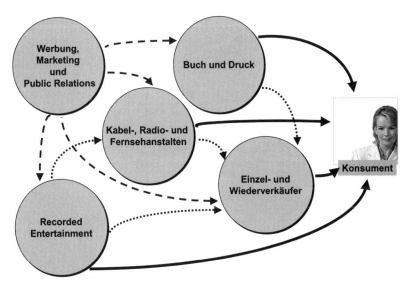

Abbildung 8.1 Geschäftsfelder in der Medien- und Unterhaltungsbranche

Während in vielen Branchen unstrukturierte Information (*Content*) die Produkte nur ergänzt, sind im Medien- und Entertainmentsektor gerade diese Inhalte und die dazugehörigen Rechte die Umsatzträger. Die Verwertungsrechte an geistigem Eigentum sind hier hochwertige, immaterielle Vermögenswerte (*Assets*), die in der Regel einen großen Teil des gesamten Bilanzvolumens ausmachen. So bilden ein gutes Management und eine möglichst optimale Verwertung der Rechte an den Inhalten die Basis für den langfristigen Erfolg eines Medienunternehmens.

8.1 Digitalisierung als Herausforderung

Die Medienindustrie befindet sich in einem raschen und radikalen Wandel, der zu einem großen Teil von neuen Technologien bestimmt wird: Die Digitalisierung von Text, Bild und Ton ermöglicht die einfache Speicherung, Verarbeitung, Vervielfältigung und Verbreitung aller Arten von Medienprodukten. Die Wiederverwendung von Inhalten für die verschiedensten Ausgabeformate ist leicht möglich. Mit Online Publishing, digitalem und interaktivem Fernsehen sowie der immer stärkeren Nutzung des Internets ergeben sich zudem neue Kommunikationskanäle für mediale Inhalte. Das dahinter stehende Konzept heißt Cross-Media, d.h. die Vermarktung eines Produkts über verschiedene Kanäle, z.B. eines Films über Fernsehen, DVD und als Videospiel.

Um im digitalen Zeitalter bestehen und wachsen zu können, müssen Medienunternehmen in der Lage sein, ihr intangibles Vermögen möglichst vielfältig zu verwerten. Je breiter die Palette an Kanälen, über die sich ein Produkt vermarkten lässt, umso größer ist der potenzielle Gewinn für das Medienunternehmen. Die »Dino-Welle« parallel zur Ausstrahlung von Steven Spielbergs »Jurassic Park«, themenbezogene Accessoires wie T-Shirt oder Tassen zu Harry-Potter-Büchern und -Filmen oder die Mickey-Mouse-Bettwäsche sind Beispiele für die Auswertung eines Medienprodukts über möglichst viele Formate und Kanäle. Die »Matrix-Reloaded«-Kampagne der Wachowski-Brüder mit Film, Web-Site, Filmmusik-CD und Computerspiel zeigt, wie sich dies in einer digitalisierten Welt umsetzen lässt. Besonders die junge Generation erhöht ständig Akzeptanz und Nachfrage nach digitalen Medien, ein Trend, der zum Beispiel traditionellen Zeitungsverlagen einen Strategiewechsel aufzwingt.

Erfolgreiche Unternehmen wissen, welche Kombination von Vertriebskanälen den größten Umsatz bringt und welches der kosteneffizienteste Mix an Produkten und Dienstleistungen zur Verwertung eines Rechtes ist.

8.1.1 Softwarelösungen für die Medien- und Unterhaltungsbranche

Seit einiger Zeit kann auch in den brachenspezifischen Kernprozessen der Medienindustrie ein Trend hin zu Standardsoftwarelösungen beobachtet werden. Integrierte Gesamtlösungen ersetzen nach und nach die heterogenen Systemlandschaften, bestehend aus Eigenentwicklungen, speziellen Nischenlösungen und kostspieligen manuellen Prozessschritten. Begleitet wird diese Entwicklung durch eine verbreitete Standardisierung im Backofficebereich. Dabei gilt es insbesondere, die stark gewachsene Notwendigkeit zur Unterstützung multinationaler Geschäftsprozesse zu beachten, z. B. die globale Verwertung von Urheberrechten und -lizenzen, die finanztechnische Konsolidierung in Konzernen oder das Human Capital Management auf der Basis multinationaler Standards.

Wie eine umfassende Softwarelösung, bestehend aus den Komponenten für die einzelnen Aufgabenbereiche der Branche, aussieht, zeigen die Solution Maps für *SAP for Media*, in den Abbildungen 8.2 und 8.3 beispielhaft für Zeitungen und Zeitschriften sowie für den Unterhaltungssektor dargestellt.

Enterprise Management	Strategic Enterprise Management	Management Accounting	Financial Accounting	Receivables & Collections Mgmt for Circulation	Corporate Governance	Financial Supply Chain Management	Business Analytics
Product Planning & Development	Idea Management			Project Management			
Marketing	Marketing Planning	Customer Segmentation	Campaign Management	Lead Management		Personalization	
Advertising Sales	Sales Planning	Account & Contact Management	Activity Management	Sales of Advertising for Print Products	Sales of Advertising for Online Media	Customer Service	
Circulation & Product Sales	Sales Planning	Subscription Sales	Single-Copy Sales to Resellers	Single-Copy Sales to POS	Additional Product Sales	Customer Service	
Purchasing & Production	Purchasing	Production Planning		Production Controlling		Media Object Editing & Composing	
Distribution	Distribution Planning	Subscription - Mail Distribution	Subscription - Home Delivery	Single-Copy Sales - Delivery to Resellers & POS		Distribution for Additional Product Sales	
Business Support & Human Capital Management	Master Data Management	Procurement	Fixed Asset Management	Travel Management	Employee Life-Cycle Management	Employee Transaction Management	HCM Service Delivery	Workforce Deployment

Abbildung 8.2 Solution Map Newspaper & Magaziner Publisher

Beide Solution Maps in den Abbildungen 8.2 und 8.3 verfügen über einen großen Anteil an kundenorientierten Prozessen, da die Medienindustrie heute wie auch in der Zukunft eindeutig ein Kundenmarkt ist. *SAP for Media* bietet Lösungen für alle genannten kundenorientierten Prozesse, darunter:

▶ Integriertes Kampagnenmanagement

▶ Kundenservice

▶ Werbeverkauf

▶ Produkt- und Serviceverkauf

▶ Lizenz- und Rechtevertrieb

Enterprise Management	Management Accounting		Strategic Enterprise Management		Financial Accounting		Business Analytics
Intellectual Property Development	New IP Development		Rights & Content Acquisition		Collaborative Project Management		Content Management
IP Production	Film Production Planning & Controlling		Rights Management		Supply Chain Management		Licensor Collaboration
Intellectual Property Release	Licensing: Customer Engagement	Sales Planning	Licensing: Business Transaction	Film Distribution		Licensing: Order Fulfillment	Royalty Accounting
Product Sales & Distribution	Customer Engagement	Sales & Distribution Planning	Business Transaction	Distribution		Order Fulfillment	Customer Service
Human Capital Management	Employee Life-Cycle Management		Employee Transaction Management		HCM Service Delivery		Workforce Deployment
Business Support	Fixed Asset Management	Incentive & Commission Management	Travel Management	Procurement		Generic Global Functions	Localization

Abbildung 8.3 Solution Map Entertainment

SAP for Media stellt das Lösungsportfolio von SAP für die Medienbranche dar. Je nach Anforderung kommen unterschiedliche SAP-Lösungen wie mySAP ERP, mySAP CRM oder SAP BW mit den entsprechenden branchenspezifischen Erweiterungen und Inhalten zum Einsatz.

8.1.2 Geschäftspartner und ihre Rollen

Kunden und Partner sind in der Medienbranche sehr vielfältig. Da gibt es Kunden, Lieferanten, Konsumenten, Händler bzw. Großhändler, dazu Rechteinhaber, wie Schauspieler, Autoren, Musiker, Sänger, Regisseure usw., und Agenturen, die Rechteinhaber vertreten, etwa Anzeigenagenturen, Abo-Vermittler usw. Von der Branchenlösung unterstützte kundenbezogene Prozesse müssen in der Lage sein, alle Geschäftspartner mit ihren Rollen in verschiedenen Geschäftsbeziehungen abzubilden.

SAP for Media setzt dies mit mySAP CRM konsequent um. Einzelpersonen oder Firmengeschäftspartner werden in einer einheitlichen Datenbank verwaltet. Diesen Geschäftspartnern sind konkrete Rollen zugeordnet, die ersichtlich machen, welcher Art ihre Beziehung zum Medienunternehmen ist. So ist ein Geschäftspartner als Lieferant, Interessent oder aktueller bzw. ehemaliger Kunde bekannt.

Ein Geschäftspartner kann beliebig viele Rollen innehaben. Mitarbeiter oder mittelständische Anzeigenkunden sind als Abonnenten eventuell gleichzeitig Kunden. Eine Agentur vertritt gegebenenfalls Rechteinhaber und kauft zugleich Rechte für Lizenznehmer. Denkbar sind unbegrenzte Kombinationsmöglichkeiten.

Darüber hinaus lassen sich Beziehungen zwischen den Geschäftspartnern abbilden. Den Geschäftspartnern wird dazu im System eine Beziehung zugeordnet, wobei der Beziehungstyp die Art der Beziehung festlegt. Beispiele für Beziehungstypen sind: »ist Ansprechpartner von« oder »ist verheiratet mit«. Es können aber auch neue Beziehungstypen definiert werden, um folgende Szenarios abzubilden:

▶ Eine Agentur arbeitet etwa mit vielen Anzeigenkunden zusammen und kauft dabei Werbedienstleistungen für unterschiedlichste Produkte der Kunden ein.

▶ Eine Schauspielagentur vertritt die verschiedensten Rechteinhaber.

Eine Beziehung kann zeitlich begrenzt werden. Darstellen lassen sich die Beziehungen eines Geschäftspartners nicht nur in einer Liste oder Hierarchie, sondern auch grafisch in einem Netzplan.

8.1.3 Geistiges Eigentum als Produkt

Das Angebot von Produkten und Dienstleistungen in der Medien- und Unterhaltungsbranche lässt sich nach verschiedenen Kriterien klassifizieren:

▶ Nach dem Medium, über das die Inhalte verbreitet werden, in physische Produkte (Bücher, Zeitungen, Zeitschriften, CD, DVD, Videobänder etc.) und digitale Produkte (Rundfunk- und Fernsehprogramm, Download von Audio- und Video-Content über das Internet, Informationsdatenbanken, mobile Dienste wie SMS usw.)

▶ Nach dem »Vermarktungskanal« in Endkundengeschäft (Buchclubs, Internetvertrieb), Fachhandel (Buchhändler, Kiosk), Kaufhaus, Theater und Kino sowie Rundfunk und Fernsehen

▶ Nach der Bezugsart in Einzelverkauf- oder Abonnementprodukte

▶ Nach der Produktfamilie in Episoden oder Reihen- bzw. Fortsetzungsprodukte

Geistiges Eigentum (Intellecual Property, IP) stellt die Grundlage aller Medienprodukte dar. Medienunternehmen verkaufen und verwerten Rechte an geistigem Eigentum. Dieses »Recht« gilt es mit all seinen Dimensionen in der Branchenlösung abzubilden, um es verwaltbar zu machen. Zu den Dimensionen gehören unter anderem die Märkte, in denen das geistige Eigentum, also der Text, das Bild, der Film, das Musikstück, später verbreitet werden sollen (Kino, TV, Video-Verleih etc.), die Länder und Regionen, die Sprachen sowie die Formate (Hard- und Softcover-Bücher, Audiobooks usw.).

Die Bewertung von Rechten (*Assets*) ist ein komplexes Unterfangen. Es sind keine internationalen Bewertungsstandards verfügbar, sondern nur branchenspezifische und teilweise auch länderabhängige Regeln. Die Medienbranche stellt spezielle Anforderungen an das interne wie externe Rechnungs- und Berichtswesen. Intern nutzen Medienunternehmen ein spezielles Finanzwesen (Controlling, Cash-Management und Erfolgsrechnungen auf Titelebene). Das Betrachtungsobjekt ist der so genannte *Titel*, der eine Art Familie von Urheberrechten und Medienprodukten darstellt. Ein Buchtitel beispielsweise umfasst die verschiedenen Ausgaben und auch die verschiedenen Medienarten (Buch, Vorlese-CD, Malbuch usw.). Titel im Entertainmentumfeld können Charaktere (Harry Potter) oder auch einzelne Filme sein. Im titelbezogenen Rechnungswesen werden nun dem Titel alle getätigten Geschäftstransaktionen zugeordnet. Kosten für Dienstleistungen, etwa für Werbekampagnen und Produktion, sowie Personalaufwendungen erfassen die Medienunternehmen titelspezifisch. Beim Einkauf von Rechten werden die Honorare detailliert auf die einzelnen Titel verteilt. Auch die Erlöse durch den Verkauf von Rechten oder Produkten werden dezidiert dem Titel zugeschrieben. Die Titelerfolgsrechnung fügt alle diese Detaildaten zu einem umfangreichen Titelreporting zusammen.

SAP for Media liefert im SAP Business Information Warehouse passend vordefinierte Strukturen. Die feingranularen Daten unterscheiden nicht nur den jeweiligen Titel, sondern weisen auch die bedienten Märkte (im Entertainment z.B. Kino, Free- und Pay-TV, Produktverkauf und Verleih von CD, DVD etc.), Regionen und Sprachversionen aus und erlauben die Erfolgsanalyse nach unterschiedlichsten Kriterien.

8.1.4 Praxisbeispiel: Dienstleistungen im Medienbereich bei der Neuen Züricher Zeitung

Nicht nur die Medienprodukte wie Film, Buch oder CD, sondern auch die begleitenden Dienstleistungen sind ein wesentlicher Teil des Mediengeschäfts. So entwickeln und erstellen Werbe- und PR-Agenturen Werbekampagnen und -materialien. Sie kaufen Werbedienstleistungen ein und sorgen für einen optimalen Werbeauftritt ihrer Kunden. Ebenso sind Druckereien, Film- und Videoverleih, aber auch Netzbetreiber im Dienstleistungsgeschäft tätig. Ein optimaler Kundenservice steht dabei im Vordergrund – ein weiterer Fall für Customer Relationship Management.

Für Zeitungs- und Zeitschriftenverlage spielen die Dienstleistungen rund ums Abonnement eine wichtige Rolle. Einer ersten Abonnementbestellung folgen weitere Prozesse wie Adressänderungen, Abonnementunterbrechungen und Nachsendeanträge. Die Neue Züricher Zeitung (NZZ), eine der renommiertesten Tageszeitungen der Schweiz, setzt auf der Funktionalität von *SAP for Media* auf und bietet diese Dienstleistungen im Internet als Self Services an. Abonnenten können einfach und unkompliziert vor der Fahrt in den Urlaub ihr Abonnement unterbrechen, unmittelbar bevor der Versand des Folgetages geplant wird – wenn es sein muss, also noch in der Nacht vor Urlaubsantritt.

Abbildung 8.4 Self Services der Neuen Züricher Zeitung (Quelle: Neue Züricher Zeitung)

8.2 Abonnementwerbung und Anzeigenverkauf für Zeitungs- und Zeitschriftenverlage

Für Zeitungen und Zeitschriften wird es zunehmend wichtiger, Auflagenzahlen zu halten und im Bereich der Abonnementwerbung zielgerichtet neue Leser zu werben. Abonnenten binden sich nicht nur länger an eine Zeitung, sie sind auch eher bereit, dem Verlag Informationen über ihre persönlichen Lesevorlieben mitzuteilen. Das genaue Wissen um die Leserschaft ermöglicht geeignetes Marketing für einzelne Kundengruppen und Verbreitungsgebiete. So kann beispielsweise über mehrere Medienarten hinweg erfolgreiches Cross-Selling betrieben werden. Etwa wird zum Abonnement einer Zeitschrift die Datenrecherche in thematisch passenden Wissensdatenbanken angeboten.

Voraussetzung für solche Angebote ist eine Sicht auf den Kunden mit all seinen Geschäftsbeziehungen. Viele Verlage sind allerdings nicht in der Lage zu erkennen, ob ein Kunde, der eine Kleinanzeige schaltet, auch Abonnent der Zeitung ist, weil sich die entsprechenden Prozesse auf isolierte Insellösungen verteilen. Da neben der Gesamtauflage vor allem Details über die Leserschaft die Hauptargumente für die Anzeigenpreisdefinition darstellen, wird eine Gesamtsicht auf den Geschäftspartner und alle mit ihm unterhaltenen Beziehungen jedoch zu einem entscheidenden Wettbewerbsvorteil.

Aufbauend auf die einheitliche und zentrale Sicht auf die Geschäftspartner in *SAP for Media*, ermöglicht das integrierte Kampagnenmanagement, gezielt Kunden anzusprechen. Im Zeitungs- und Zeitschriftenumfeld ist etwa folgendes Vorgehen denkbar. Ein Verlag bringt eine neue Männerzeitschrift auf den Markt. Zur Gewinnung von Abonnenten ist eine Telefonkampagne geplant. Der Zielgruppe, den potenziellen Kunden im Verbreitungsgebiet, bietet der Verlag ein Testabonnement an, das nach Ablauf durch einfache Bestätigung des Kunden in ein reguläres Abonnement umgewandelt wird. Im Detail gestaltet sich der Ablauf wie folgt:

▶ Der Marketingverantwortliche legt die Kampagne im System an und definiert als Kampagneneigenschaften ihre Dauer, die Art des Testabonnements und »Telefon« als Marketingkanal.

▶ Danach selektiert er als Zielgruppe alle Männer im Alter zwischen 20 und 45 Jahren, die bereits Abonnent einer anderen Zeitung des Verlages sind.

▶ Das Interaction Center erhält die Daten der Zielgruppe zur Durchführung der Kampagne. Jedem Interaction-Center-Agenten wird eine Liste von Kunden und deren Telefonnummern zur Abarbeitung zugeordnet. Ein auf die Kampagne zugeschnittenes Dialogskript unterstützt den Agenten während des Gesprächs und gibt ihm den Gesprächsverlauf sowie mögliche Antwortbausteine vor.

▶ Nach Ablauf der Testphase setzen sich die Interaction-Center-Agenten mit den potenziellen Kunden in Verbindung und legen bei Zustimmung des Gesprächspartners automatisch das neue Abonnement an. Lehnt der Kunde das Angebot ab, erfassen sie den Grund für die Absage.

▶ Zusammen mit dem Abonnement werden die Daten der ursprünglichen Kampagne abgelegt. Dies ermöglicht die Messung des Kampagnenerfolgs nach Ablauf der Kampagne anhand der Abonnementzahlen.

Das beschriebene Geschäftsszenario von *SAP for Media* nutzt mySAP CRM für die Kampagnenplanung und -abwicklung, analytische Daten zur Kundensegmentierung liefert das SAP Business Warehouse. Das Szenario kann mit den gleichen Prozessschritten für den Anzeigenverkauf genutzt werden. Häufig bietet es sich allerdings an, Anzeigen direkt vor Ort an Kunden zu verkaufen und sie dabei zu beraten. Die mobile Lösung von SAP erlaubt es, Auftragsdaten auf den mobilen Endgeräten der Anzeigenverkäufer zu erfassen, die automatisch mit den zentralen Daten in das Anzeigenmanagement übernommen werden können.

8.3 Rechteverwertung

Was haben Madonna, Star Wars und Harry Potter gemeinsam? Diese sehr unterschiedlichen »Produkte« werden über die verschiedensten Medien vermarktet. Aus Sicht der Medienunternehmen steckt dahinter die effiziente Lizenzierung und der Verkauf von Urheberrechten an Kunden und Lizenznehmer. Dieses Kerngeschäft wird umfassend von *SAP for Media* unterstützt.

Betrachtet man den Lebenszyklus von Medienprodukten, so erkennt man drei maßgebliche Phasen:

▶ Innovation

▶ Entwicklung

▶ Verwertung

In der Phase der Innovation generieren und bearbeiten die Medienunternehmen neue Produktideen, kalkulieren die zu erwartenden Kosten sowie Erlöse und entscheiden letztendlich darüber, ob das konkrete Produkt oder der Titel mit seinen unterschiedlichen Ausprägungen entwickelt und somit in das zukünftige Produktangebot aufgenommen wird.

Der Entwicklungsprozess beinhaltet die Erstellung der Inhalte sowie die eigentliche Produktion. Beispielsweise wird ein Film zunächst gedreht oder ein Buch wird in digitaler Form aus einzelnen Kapiteln, Bildern, Zeichnungen etc. komponiert. Anschließend erfolgt die Übertragung der Inhalte in unterschiedliche Formate, etwa in Bänder für Kinovorführungen, in DVDs für Videoverleih und Handel oder in Bücher in Hardcover- oder Taschenbuchausführung.

Die Verwertungsphase beschäftigt sich mit dem Vertrieb und der Distribution der Medienprodukte. Dabei bietet das Internet ideale Voraussetzungen für zusätzliche oder alternative Verbreitungswege.

Mit *Intellectual Properties Management* beinhaltet das Lösungsportfolio *SAP for Media* eine End-to-End-Prozessunterstützung für den Einkauf von Rechten und die Abwicklung der entsprechenden Honorare für die Rechteinhaber (*Outgoing Royalties*). Die erworbenen oder auch die durch eigene Content-Entwicklung selbst generierten Rechte werden in einer Rechtebibliothek gespeichert und stehen für eine Verwertung in eigenen Medienprodukten oder im Lizenzverkauf zur Verfügung. Die Rechteübertragung vom Rechteinhaber zum Verwerter sowie der Geldfluss von den Lizenzeinnahmen (*Incoming Royalties*) zu den Honoraren (*Outgoing Royalties*) wird durch *Intellectual Properties Management* unterstützt. Diese Szenarios sind voll integriert in die Gesamtlandschaft der SAP-Lösungen, sodass auch zugehörige Auswertungen wie Cash-by-Title im Rechnungswesen abfragbar sind.

Intellectual Properties Management wurde in Zusammenarbeit mit Unternehmen der Medien- und Unterhaltungsbranche entwickelt. Geeignet ist die Lösung jedoch nicht nur für das Rechtemanagement in Medienunternehmen. Auch Unternehmen anderer Wirtschaftszweige, deren Produkte und Lösungen Rechte verwerten, sind mögliche Zielgruppen für *Intellectual Properties Management*, darunter etwa die High-Tech- oder die Pharmabranche.

Zu den Funktionen, die *Intellectual Properties Management* neben dem Rechteverkauf abbildet, gehören:

▶ Entwicklung eigener Urheberrechte

▶ Ankauf und Lizenzierung von Rechten von fremden Rechteinhabern, wie z. B. Autoren, Schauspielern, Patentinhabern usw.

▶ Verwaltung der Rechte mit Reservierung von Verfügbarkeitsfenstern und Window-Management für die Vermarktungskanäle

▶ Bewertung von Rechten. *Intellectual Properties Management* liefert die hierfür notwendigen Daten an die Erfolgsrechnung. In einigen Ländern haben sich die Unternehmen auf ein einheitliches Bewertungsverfahren von intangiblen Vermögenswerten geeinigt, deren Berechnungsformeln sowohl aktuelle Kosten und Erlöse als auch prognostizierte Werte berücksichtigen. Weltweit einheitliche Bewertungsrichtlinien liegen jedoch zurzeit noch nicht vor.

Im Folgenden wird der Rechteverkauf mit *Intellectual Properties Management* anhand eines Beispiels ausgeführt.

8.3.1 Geschäftsszenario: Rechtevergabe mit Intellectual Property Management

Das fiktive Medienunternehmen Asta Entertainment ist im Besitz von Rechten an einigen erfolgreichen Historiendokumentationen, die ursprünglich von der Firma History Inc. produziert wurden. Der kanadische Kabelfernsehanbieter All Media Company hat ein Paket an Ausstrahlungsrechten für Geschichtsdokumentationen erworben, das allerdings ausläuft. All Media ist daran interessiert, eine der Dokumentationen weiterhin auszustrahlen. Die Rechteverkäuferin von Asta Entertainment, Tina Wilson, kümmert sich darum.

Das Geschäftsszenario nutzt die *Intellectual Property Management*-Funktionalität in mySAP CRM und zur Abrechnung mySAP ERP. Der Ablauf des Geschäftsszenarios ist in Abbildung 8.5 dargestellt.

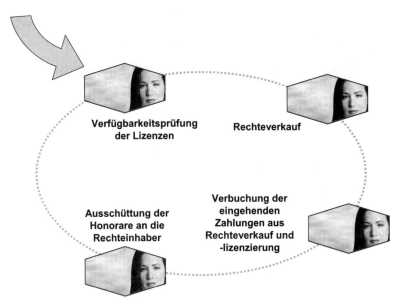

Abbildung 8.5 Geschäftsszenario »Intellectual Property Management«

Rollen

Folgende Rollen sind im *Intellectual Property Management* verfügbar:

▶ Der *Rechteverkäufer* führt eine Verfügbarkeitsprüfung durch. Er erkennt so die genaue Sachlage bezüglich verfügbarer Rechte und kann in der Verhandlung mit dem Lizenznehmer ein individuelles und den Kundenwünschen entsprechendes Angebot machen.

▶ *Lizenznehmer* ist der Kunde, der während des Rechtekaufes mit dem Verkäufer verhandelt. Nach Vertragsabschluss kann er über Internet-Self-Services Verbrauchsdaten melden oder sich Vertragsstände anschauen – gesetzt den Fall, das Medienunternehmen hat ihm die entsprechenden Zugriffsrechte erteilt.

▶ *Agenturen* und *Rechteinhaber* – Medienunternehmen können ihren Rechteinhabern oder den sie vertretenden Agenturen Self-Services anbieten. So könnte die Agentur eines Rechteinhabers z.B. die aktuelle Honorarabrechnung prüfen, indem sie die zugrundeliegenden Verkaufsdaten einsieht.

Ablauf im Detail

Verfügbarkeitsprüfung

Durch eine automatische Analyse der Vertragsdaten erhält die Rechteverkäuferin Tina Wilson in ihrem Eingangskorb eine Nachricht darüber, dass der Vertrag von All Media in den nächsten sechs Wochen ausläuft. Die Ausstrahlungsrechte eines Paketes von Dokumentationen würde dann an Asta Entertainment zurückfallen.

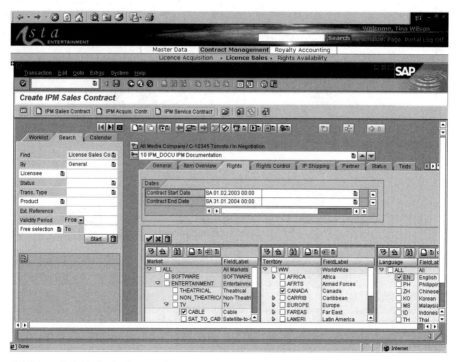

Abbildung 8.6 Verfügbarkeitsprüfung

Per Knopfdruck navigiert Tina Wilson zum bestehenden Vertrag und analysiert die Situation. Der Lizenznehmer All Media hat seine Rechte fast vollständig ausgeschöpft, da die meisten Filme fünfmal innerhalb der letzten zwei Jahre ausgestrahlt wurden. Im Vertrag findet sie eine Gesprächsnotiz, die dokumentiert, dass der Lizenznehmer zwischenzeitlich bei Asta Entertainment nachgefragt hat, ob ihm eine der Dokumentationen auch weiterhin zur Verfügung stehen könnte.

Die Kontaktdaten von All Media findet Tina im Vertrag. Sie nimmt mit dem Lizenznehmer telefonisch Kontakt auf und vereinbart die Erstellung eines Angebots für die Dokumentation »IPM Documentation«. Zuerst prüft sie die Verfügbarkeit der Ausstrahlungsrechte im gewünschten Zeitraum. Sie gibt den Namen des Films und den gewünschten Zeitraum ein und wählt »Kabelfernsehen« als Ausstrahlungskanal, »Kanada« als Ausstrahlungsgebiet sowie die Sprachen Englisch und Französisch (siehe Abbildung 8.6). Die von Tina angestoßene Verfügbarkeitsprüfung ergibt, dass die Ausstrahlungsrechte für den gewünschten Zeitraum in Kanada nur in Englisch verfügbar sind. Nach einer telefonischen Rückfrage akzeptiert All Media diese Einschränkung.

Rechteverkauf

Nun erstellt Tina Wilson ein Angebot für die Lizenzierung der Dokumentation. Die Geschäftspartnerdaten übernimmt sie aus dem bestehenden Kontrakt. Sie ergänzt das Ausstrahlungsrecht für »IPM Documentation« über Kabel in Kanada auf Englisch.

Für die spätere Abrechnung der Lizenzgebühren muss Tina Wilson ein Datenprofil auswählen, das beschreibt, welche Nutzungsdaten zur Berechnung der Lizenzgebühr herangezogen werden. Sie wählt als Berechnungsgrundlage den Umsatz abzüglich der Werbungsausgaben. Asta Entertainment verlangt als Lizenzgebühr 30 % des Umsatzes, den All Media mit dem Film generiert. Die Zahlungen sind vierteljährlich fällig. Tina ergänzt eine einmalige Vorauszahlung von 1000 US$. Alternativ hätte sie statt einer variablen Preisfindung auch einen Festpreis eingeben können.

Um sicher zu gehen, dass in der Zwischenzeit niemand die Rechte anderweitig verkauft, versieht sie das Angebot mit dem Status »reserviert«. Dann übermittelt sie das Angebot per E-Mail an All Media, die das Angebot annehmen möchten, sofern die Einmalzahlung auf 800 US$ gesenkt wird. Tina ändert das Angebot entsprechend und wandelt es in einen gültigen Vertrag um.

Der Vorgang löst Folgeaktivitäten in anderen Organisationseinheiten von Asta Entertainment aus, die per Workflow über weitere notwendige Prozessschritte informiert werden. Die Vertragsabteilung erstellt etwa systemgestützt das Vertragsdokument und schickt es an All Media. Nach einigen Verhandlungen und kleineren Änderungen kommt der Vertrag unterschrieben zurück. Da eine Vorauszahlung vereinbart ist, wird automatisch die erste Rechnung an den Lizenznehmer ausgestellt.

Verbuchung der eingehenden Zahlung aus Rechteverkauf und -lizenzierung

Während der Vertragslaufzeit meldet All Media vierteljährlich den Umsatz, den sie mit der Ausstrahlung von »IPM Documentation« machen, über einen Internet-Self-Service an Asta Entertainment. Die eingegangenen Werte sieht Tina Wilson zur Prüfung in ihrem Eingangskorb (siehe Abbildung 8.7). Nachdem sie die Umsatzzahlen freigegeben hat, wendet das System die Kontraktbedingungen darauf an und kalkuliert die Rechnungssumme für All Media.

Ausschüttung der Honorare (Outgoing Royalties) an die Rechteinhaber

Der Kreis schließt sich, wenn alle Zahlungs- und Umsatzdaten in die Titelerfolgsrechnung einfließen und per System für die zukünftigen Honorarzahlungen an die Rechteinhaber gesammelt und kumuliert werden. Im betrachteten Fall erhält die Firma History Inc. als Produzent der Dokumentation 50 % des Umsatzes.

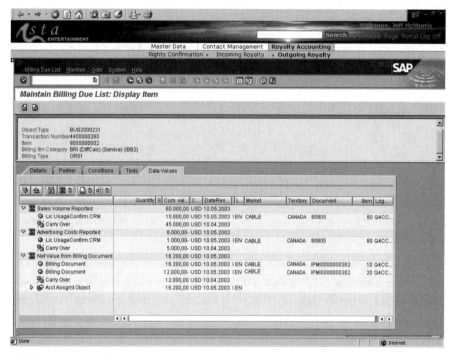

Abbildung 8.7 Abrechnung der Honorare

8.4 Zukünftige Herausforderungen für die Medien- und Unterhaltungsbranche

Besondere Schwierigkeiten entstehen Medien- und Unterhaltungsunternehmen bei der Rechteverwaltung und -sicherung durch das Medium Internet. Raubkopien von Musik, Software und Filmen und ihre Verbreitung über z. B. Peer-to-Peer-Netze lassen sich mangels internationaler Regelungen nicht unterbinden. Um eine sichere Belieferung des Kunden mit digitalen Medieninhalten zu garantieren (Secure Digital Delivery) und eine unautorisierte Verwendung zu vermeiden, müssen Digital-Asset- und Rights-Management-Lösungen in die Gesamtsystemarchitektur integriert werden.

Doch nicht nur die Sicherung der Umsätze durch Vermeidung kostenloser Zugangs- und Nutzungsmöglichkeiten beschäftigt die Medienbranche, sondern auch die Erhöhung ihres Anteils am Mediengesamtkonsum einzelner Personen. Die Medienflut, der das Publikum ausgesetzt ist, erschwert eine Profilierung und Abhebung von der Konkurrenz. Damit beispielsweise die eigenen Kanäle unter über 1000 Programmen im Digitalfernsehen die Aufmerksamkeit der Zuschauer erregen, müssen die Programme möglichst genau den Erwartungen und dem Geschmack der Kunden entsprechen. Vielfach werden für diese Fragestellungen

Analysen von externen Dienstleistern eingekauft, die professionelle Verfahren entwickelt haben, um z. B. das Zuschauerverhalten zu erfassen und statistisch aufzubereiten. In Zeiten, in denen es um die einzelnen Kunden geht, kann diese statistische Information allerdings nur ein Baustein eines umfangreichen Informationsmosaiks sein. Der einzelne Endkonsument rückt zunehmend in den Fokus der Medienindustrie und nimmt auch innerhalb der Geschäftsprozesse der Medienbranche eine immer wichtigere Rolle ein. Jede Art von Medienangebot muss einen starken »Special-Interest«-Charakter haben, um die Wünsche des Endkonsumenten zu treffen. Und hierbei spielt nun das Internet wieder eine herausragende Rolle. Neben all den kritischen Faktoren, die bei der digitalen Verbreitung der Inhalte betrachtet werden müssen, bietet das Internet genau diesen individualisierbaren Kommunikationsweg mit dem Kunden. Im sinnvollen Mix mit allen anderen »klassischen« Medien erlaubt es die spezielle Bedienung der individuellen Wünsche des Konsumenten.

8.5 Kritische Erfolgsfaktoren bei der CRM-Einführung

Medienunternehmen bemühen sich aufgrund des zunehmenden Marktdrucks – ausgelöst durch eine ständig größer werdende Vielfalt unterschiedlicher Medieninhalte und die konsequente Ausnutzung aller Verbreitungskanäle – immer mehr um konsequente Kundenorientierung. Allerdings haben die wenigsten Medienunternehmen bereits eine CRM-Strategie entwickelt. Als Hilfestellung können folgende Grundsätze dienen:

Strategiedefinition

Ohne eine ganzheitliche, alle beteiligten Organisationseinheiten einbeziehende Unternehmensstrategie werden CRM-Implementierungen zu rein lokal wirksamen Verbesserungen, die im Gesamtunternehmen sogar zu erhöhtem Aufwand bei der Geschäftsprozessabwicklung führen können. Vor der eigentlichen Einführung von CRM-Prozessen sollte die Gesamtstrategie definiert werden, um folgende Fragen beantworten zu können: Was bedeutet für unser Unternehmen die zentrale Sicht auf den Kunden? Welche Organisationseinheiten sind beteiligt? Wer erfüllt welche Aufgabe und wie greifen die einzelnen Tätigkeiten des Gesamtprozesses ineinander?

Erst wenn das Gesamtziel klar ist, können einzelne Schritte zur Umsetzung dieser Unternehmensvision sinnvoll angegangen werden. Bei allen dann durchgeführten Projekten sollte vor Projektstart geklärt werden, wie die Projektziele zur Gesamtstrategie passen und inwiefern sie zur Erfüllung des Gesamtziels beitragen.

Organisation prüfen und Grenzen überwinden

Da es bei der Definition von CRM-Strategien und bei der Implementierung von Teilprojekten immer um integrierte Prozesse geht, sollten alle beteiligten Organisationseinheiten von Beginn an einbezogen werden. Bei den einzelnen Implementierungsschritten muss auch die bestehende Organisation dahingehend geprüft werden, ob sie den geplanten Gesamtprozess unterstützt. Insbesondere ist es wichtig, ein Gesamtverständnis zu erarbeiten und organisatorische Grenzen im Einzelfalle zu überdenken.

Internet als Mittel zum verbesserten Kundenservice

In der Medienindustrie spielt das Internet eine herausragende Rolle. Medieninhalte eignen sich wie kein anderes »Produkt« für den Vertrieb und auch die Belieferung über das Internet. Deshalb sollte bei der Definition der CRM-Gesamtstrategie dem Internet als Vertriebskanal, als Mittel zur verbesserten Kundenkommunikation, letztendlich als moderner Ausdruck der »Marke« des Unternehmens ein entsprechender Stellenwert eingeräumt werden. In der richtigen Kombination mit den traditionellen Produkt- und Serviceangeboten lässt sich daraus eine zukunftsweisende Gesamtstrategie erarbeiten.

8.5.1 Auswahl wichtiger kundenorientierter Geschäftsszenarios

Geschäftsszenario	Kurzbeschreibung
External List Management	Verwendung von extern beschafften Datenbeständen als Marketinglisten für die Generierung von Leads und Interessenten im Marketingprozess
Marketing-planung	Planung und Steuerung aller Marketingaktivitäten von der Budgetierung bis zur Ergebnisanalyse
Kunden-segmentierung	Einteilung des Kundenbestands in Segmente zur Differenzierung und Personalisierung der Produkt- und Dienstleistungsangebote (ohne Programmieraufwand)
Opportunity Management	Begleitung des Vertriebszyklus von der Identifikation von Verkaufschancen bis zum erfolgreichen Abschluss. Einheitliche Sicht auf zugeordnete Vorgänge, Historie, Termine, Fortschritte und zuständige Entscheidungsträger
Aktivitäts-management	Planung, Durchführung und Management von Vertriebsaktivitäten und Organisation des Vertriebstagesgeschäfts zur schnelleren Erzielung von Verkaufsabschlüssen

Geschäftsszenario	Kurzbeschreibung
Inbound Telesales	Bearbeitung eingehender Kunden- oder Interessentenanfragen im Inter-action Center mit Angebots- und Auftragserfassung, Produktinformati-onssuche und Verfügbarkeitsprüfung sowie Unterstützung der Agenten bei der Generierung von zusätzlichem Umsatz durch Cross- und Up-Selling-Strategien
Outbound Telesales	Aktiver Produktverkauf aus dem Interaction Center heraus durch Abwicklung von Verkaufskampagnen und periodischen, über Anruflis-ten gesteuerten Kontaktaufnahmen unter Nutzung aller Möglichkeiten, die auch Inbound Telesales bietet
Marketing Analytics	Verbesserung der Effizienz und Effektivität von Marketingmaßnahmen, ausgehend von Marktanalysen über die vorausschauende Beurteilung von Marketingprogrammen bis hin zur abschließenden Erfolgsanalyse
Kampagnen-management für die Medienbranche	Besondere Funktionen des Kampagnenmanagements zur Unterstützung von Werbemaßnahmen und Abonnentengewinnung
Intellectual Property Manage-ment für die Medienbranche	Hilfen für die Verwaltung geistigen Eigentums an Rechten und Lizenzen, Optimierung der wirtschaftlichen Verwertung und Berechnung von Lizenzgebühren

9 Transport- und Logistikunternehmen

Unternehmen der Transport- und Logistikindustrie sind als Dienstleister allein aufgrund ihres »Produkts« näher am Kunden als Unternehmen der Fertigungs- oder Prozessindustrie. Dienstleistung ohne Kundenorientierung kann nicht funktionieren, denn die Pflege der Kundenbeziehung beginnt schon beim Erbringen der Dienstleistung. Ein herausragender Service schafft die notwendige Grundlage, um das Vertrauen des Kunden zu gewinnen. Herausragender Service kann eine schnelle und freundliche Abwicklung von Beschwerden bei einer Fluglinie oder ein adäquat zusammengestelltes Angebot für eine Eillieferung sein.

Verspätungen, auch wenn sie nicht vom Transportunternehmen selbst verursacht werden, gehören zum täglichen Geschäftsrisiko. Kunden, die mit dem Service zufrieden sind und das Gefühl haben, das Transportunternehmen ist daran interessiert, sie zufrieden zu stellen, nehmen derartige Verzögerungen gelassener auf und bleiben trotz einmaliger schlechter Erfahrung dem Unternehmen treu. Kundenservice wird so zur Grundlage erfolgreicher Geschäftsabwicklung.

9.1 Fluggesellschaften

> *»Although the development of more cost-effective operations is an essential short-term tactic for airlines to pursue, competitive advantage in the long term will be based in large part on solid, differentiated customer relationships.«*
> *[Boland/Morrison/O'Neill 2002]*

»Die Flugbranche war bisher selten profitabel«, urteilte der *Economist* im Februar 2003 [Economist 2003]. Höhen und Tiefen in der saisonalen, monatlichen, wöchentlichen, täglichen und stündlichen Auslastung der Flüge führen zu schwankenden Einnahmen bei gleichzeitig hohen Betriebskosten. Variierende Buchungszahlen erschweren zudem die Planung von Personal und Flugzeugen. Das Produkt »Flugreise« ist höchst vergänglich: Sobald ein Flugzeug abgehoben hat, stellen freie Sitzplätze verlorene Einkünfte dar. Darüber hinaus ist die Branche sehr kapital- und personalintensiv und leidet unter einem extrem hohen Fixkostenniveau.

Flugreisende erwerben ihre Tickets zu sehr unterschiedlichen Preisen, wobei nur circa 25 bis 30 % der Passagiere tatsächlich einen kostendeckenden Preis für ihren Flug bezahlen [IATA 2001]. Viele Kunden nutzen unterschiedlichste Rabattangebote. Geschäftsreisende, die den vollen Preis bezahlen, sind somit die wertvollsten Kunden einer Fluggesellschaft. Der Anteil der Kundschaft, der bereit ist, Angebote im Hochpreissegment zu buchen, ist allerdings stark konjunkturabhängig. Verschlechtert sich die wirtschaftliche Lage, verzichten viele potenzielle Kunden auf Urlaubs- und Geschäftsreisen.

9.1.1 Kundenbeziehungsmanagement in schwierigem wirtschaftlichen Umfeld

Die angespannte Wirtschaftslage, die Angst zu reisen und erhöhte Kraftstoffkosten führten in den letzten Jahren zum Teil zu hohen Verlusten, sodass einige Fluggesellschaften vor dem Konkurs stehen [Brelis 2002]. Branchenexperten erwarten keine baldige Verbesserung der Situation. Laut der Jahresprognose der amerikanischen Zivilflugbehörde Federal Aviation Administration (FAA) werden die Flugverkehrszahlen in den USA den Stand vor dem 11. September 2001 nicht vor dem Jahr 2006 wieder erreichen [ATW 2003].

Herausforderungen für die Luftfahrtindustrie sind:

▶ **Starker Rückgang des Flugverkehrs**
Wegen der Wirtschaftsflaute verzeichneten die Fluggesellschaften schon vor dem 11. September 2001 einen Rückgang der Passagierzahlen. Mehrere Fluggesellschaften hatten daher bereits unrentable Routen gestrichen. Nach dem 11. September 2001 ließ der Flugverkehr aufgrund zusätzlicher Sicherheitsbedenken weiter nach. Auch SARS beeinträchtigte die Nachfragen nach Flugreisen, vor allem in Asien.

▶ **Verstärkte Sicherheitsmaßnahmen**
Zusätzliche Sicherheitsmaßnahmen machen Flugreisen für die Passagiere aufgrund langer Wartezeiten bei der Abfertigung unattraktiv. Fluggesellschaften leiden unter den gestiegenen Versicherungskosten.

▶ **Gesunkenes Vertrauen**
Fluggäste machen sich nicht nur Sorgen um ihre Sicherheit, sie erwarten auch guten Service zu günstigen Preisen. Fluggesellschaften müssen große Anstrengungen unternehmen, um unter diesen Bedingungen das Vertrauen der Passagiere zurückzuerobern, neue Kunden zu gewinnen und zu halten.

▶ **Sinkende Einnahmen aus Geschäftsreisen**
In der momentanen wirtschaftlichen Lage trachten viele Firmen danach, ihre Reisekosten zu senken und ermuntern ihre Angestellten, elektronische Kommunikationsmittel zu nutzen und auf Geschäftsreisen zu verzichten. Erweist sich eine Reise als notwendig, sind die Mitarbeiter oft gehalten, Billigflugangebote zu nutzen. Geschäftreisende – früher die Nachfrageklientel für Hochpreisangebote – sind wesentlich preisbewusster geworden.

▶ **Hohe Arbeitskosten**

Langfristige Arbeitsverträge, die in Jahren des Aufschwungs unterzeichnet wurden, stellen für Fluggesellschaften mittlerweile ein ernstes Problem dar, da die Personalausgaben einen großen Anteil der Gesamtkosten ausmachen.

▶ **Gestiegene Kraftstoffpreise**

Schließlich haben die Kraftstoffpreise Einfluss auf die Gesamtkosten. Je höher der Kerosinpreis steigt, umso schwieriger wird es für Fluggesellschaften, rentabel zu arbeiten.

Aufgrund der aktuellen Welle von Konkursen, Fusionen und Allianzen erwarten viele Experten eine deutliche Konsolidierung der Luftfahrtbranche. Der Kostenfaktor rückt somit zunehmend ins Blickfeld. Fluggesellschaften suchen nach Wegen, Kosten zu reduzieren, um wieder die Gewinnschwelle zu überschreiten, insbesondere da Billigfluganbieter trotz extrem niedriger Flugpreise profitabel wirtschaften und der Branchenkrise trotzen.

Konkurrenz für traditionelle Fluggesellschaften durch Billigfluganbieter

Während Fluggesellschaften mit einer traditionellen Drehkreuzstruktur große Verluste verzeichnen, boomt das Geschäft der Billigfluganbieter wie Southwest Airlines in den USA oder Ryanair und EasyJet in Europa. Billigfluganbieter bieten normalerweise weder Anschlussflüge, Unterhaltungsprogramme während des Flugs, Papiertickets oder Bordkarten, noch kostenlose Mahlzeiten, Upgrades in die erste Klasse oder Platzreservierungen. Für wenig Geld bekommt der Kunde zwar nur eingeschränkten Service, aber die gewünschte Transportleistung. Derzeit erweist sich dieses Geschäftsmodell als sehr erfolgreich. Selbst Geschäftsreisende greifen immer häufiger auf Billigflugangebote zurück. McKinsey prognostiziert dem Billigfliegermarkt ein jährliches Wachstum von 20 bis 25 % [Henkel/Thiede 2003].

Und jetzt Kundenbeziehungsmanagement?

Bisher reagieren Fluggesellschaften auf die wirtschaftlichen Herausforderungen der Billigfluganbieter hauptsächlich mit Kostensparplänen, Flugroutenstraffung und Verhandlungen über niedrigere Arbeitnehmerlöhne. Strukturelle Veränderungen nehmen sie bislang kaum in Angriff [Donoghue 2003]. Aber reicht die Kostenreduktion aus, um unter diesen harten Wettbewerbsbedingungen auf dem Markt zu bestehen?

Analysten gehen davon aus, dass die Entwicklung von kostengünstigeren Arbeitsabläufen zwar eine unverzichtbare kurzfristige Taktik darstellt, dass sich Wettbewerbsvorteile aber langfristig nur durch solide, differenzierte Kundenbeziehungen sichern lassen [Boland/Morrison/O'Neill 2002, McKenzie 2002]. Fluggesellschaften sollten sich strategisch so positionieren, dass sich einerseits ihre Produkte von der Konkurrenz abheben, dass sie sich jedoch andererseits auf ihre Kunden konzentrieren und die Bindung zu diesen mit Hilfe von Kundenbeziehungsmanagement aufbauen und pflegen [Doganis 2001].

Verschiedene Luftfahrtunternehmen landen normalerweise auf den gleichen Flughäfen, setzen Flugzeuge des gleichen Typs ein und greifen auf dieselben Serviceanbieter zurück. Die Servicequalität und der Eindruck, der bei den Passagieren zurückbleibt, wenn sie das Flugzeug verlassen haben, sind die wichtigsten Unterscheidungsfaktoren zwischen Fluggesellschaften. Wenn sich eine Fluglinie durch besondere Kundennähe auszeichnet, so erwirbt sie bei den Passagieren Vertrauen, was sie von Konkurrenten abheben wird [Paine 2002]. Kundenbeziehungsmanagement ist damit kein Luxus, sondern ein wichtiges Mittel für eine Fluggesellschaft, sich von Mitbewerbern zu differenzieren.

9.1.2 Der Moment der Wahrheit

Kundenbindungsprogramme sind in der Flugbranche nichts Neues. Fluggesellschaften gehörten zu den ersten, die Treuesysteme einführten, um mehr über ihre Vielflieger zu erfahren und ihnen einen Anreiz zu geben, der Fluglinie die Treue zu halten. Modernes Kundenbeziehungsmanagement geht aber durch ein maßgeschneidertes Dienstleistungsangebot darüber weit hinaus [Trevelyan 2002].

Dienstleistungen sind für Kunden nur im Moment ihrer Inanspruchnahme erfahrbar. Die Zeitdauer zwischen der Flugbuchung und dem Verlassen des Flugzeugs empfinden Fluggäste daher als »moment of truth«, denn hier treten die Mitarbeiter der Fluggesellschaft in direkten Kontakt zu ihnen. Jon Carlzon, ehemaliger Präsident und Geschäftsführer der Scandinavian Airlines, definiert den »Moment der Wahrheit« als »jegliche Situation, in der der Kunde mit irgendeinem Teil der Organisation in Kontakt kommt und einen Eindruck von der Qualität ihres Service bekommt« [Carlzon 1989].

Die Kostensparmaßnahmen einiger Fluglinien, die Dienstleistungen reduzieren oder Zusatzgebühren für Stand-by, Einchecken eines dritten Gepäckstücks und alkoholische Getränke verlangen, irritieren Kunden, die bereits die Unbequemlichkeiten zusätzlicher Sicherheitsmaßnahmen in Kauf nehmen müssen.

Indem Fluggesellschaften ein umfassenderes Verständnis für ihre Kunden gewinnen, können sie ihr Angebot anpassen und mit Hilfe geeigneter Marken- und Preisentwicklung, Vertriebskanalöffnung und Servicebereitstellung verbessern [Boland/Morrison/O'Neill 2002]. Die Hauptaufgabe besteht darin, mehr Informationen über die Kunden zu bekommen, um in der Lage zu sein, ihnen ein maßgeschneidertes Produkt und mehr persönlichen Service anzubieten. Die Implementierung einer passenden Softwarelösung kann dazu wesentlich beitragen.

Die Einführung einer Softwareanwendung für das Kundenbeziehungsmanagement, die Umstrukturierung von Prozessen und die Ausrichtung von Unternehmen und Mitarbeitern auf den Kunden verursachen allerdings zuerst einmal Kosten. Laut einer Studie von McKinsey zahlen sich diese Investitionen aber aus, denn die genauere Kenntnis und das verstärkte Eingehen auf profitable Kunden und ihre Fluggewohnheiten kann die Einnahmen um 2,4 % vermehren. Bei einer großen Fluggesellschaft belaufen sich die so erzielbaren jährlichen Mehreinnahmen leicht auf 100 bis 250 Millionen US$ [Binggeli/Gupta/de Pommes 2002].

9.1.3 SAP-Softwarelösungen für Fluggesellschaften

Im Rahmen des Lösungsportfolios *SAP for Aerospace and Defense* stellt SAP ein breites Spektrum an Lösungen für Fluggesellschaften zur Verfügung. Dazu gehören Funktionen im Rechnungswesen und Strategic Enterprise Management, wie z. B. eine detaillierte Streckenprofitabilitätsrechnung mit Simulations- und Planungsfunktionen. Es zählen auch zahlreiche Lösungen aus dem Personalwesen dazu, wie Employee Self-Service, Vergütungsmanagement, Trainingsmanagement und E-Recruitment; des Weiteren Lösungen zur Einkaufsabwicklung oder Anlagenverwaltung. (siehe Abbildung 9.1). SAP bietet darüber hinaus eine branchenspezifische Lösung für den gesamten Wartungsbereich. Je nach Geschäftsszenario und Problemstellung werden verschiedene SAP-Komponenten zu einer passenden Lösung zusammengestellt.

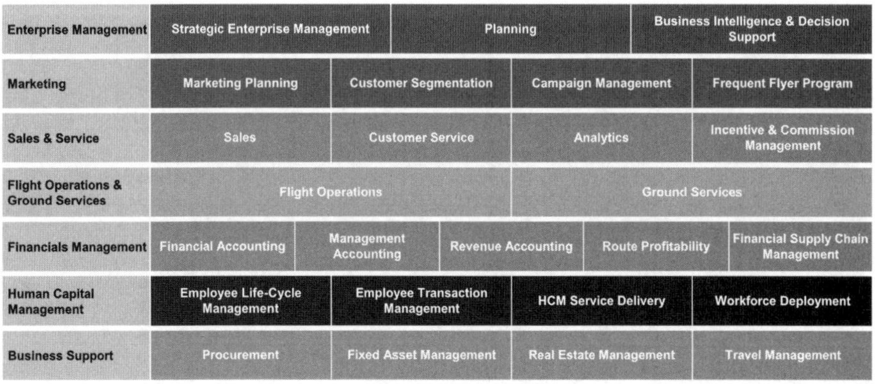

Enterprise Management	Strategic Enterprise Management		Planning		Business Intelligence & Decision Support
Marketing	Marketing Planning	Customer Segmentation	Campaign Management		Frequent Flyer Program
Sales & Service	Sales	Customer Service	Analytics		Incentive & Commission Management
Flight Operations & Ground Services	Flight Operations			Ground Services	
Financials Management	Financial Accounting	Management Accounting	Revenue Accounting	Route Profitability	Financial Supply Chain Management
Human Capital Management	Employee Life-Cycle Management	Employee Transaction Management	HCM Service Delivery		Workforce Deployment
Business Support	Procurement	Fixed Asset Management	Real Estate Management		Travel Management

Abbildung 9.1 Solution Map von SAP for Aerospace & Defense for Airline Management

Für die Abbildung kundenorientierter Geschäftsprozesse setzt *SAP for Aerospace and Defense* auf die Funktionalität von mySAP CRM. Für Fluggesellschaften stellen sich im Bereich Kundenbeziehungsmanagement folgende zentrale Herausforderungen:

- Einheitliche Sicht auf alle Kundendaten
- Zielgerichtete Ansprache potenzieller Kunden im Marketing
- Beschwerdemanagement, das Kunden zufrieden stellt
- Personalisierter Service am Kunden durch bessere Unterstützung der Mitarbeiter
- Pflege der Beziehungen zu Partnern, wie beispielsweise Reisebüros

SAP for Aerospace and Defense begegnet diesen Herausforderungen folgendermaßen:

Einheitliche Betrachtung des Kunden

Nur wenn eine Fluggesellschaft ihre Kunden genau kennt, ist sie in der Lage, deren Bedürfnisse zu erfüllen und sie so zur Treue gegenüber der Fluggesellschaft zu motivieren. Ein Kundenprofil, in dem grundlegende Informationen über Kunden gesammelt und verwaltet werden, ermöglicht kundenindividuelle Dienstleistungen [ATW 2003a]. Die Grundlage bildet ein Kundendatenmanagement, das folgende Hauptprozesse umfasst:

- Vernetzung aller relevanten Systeme, Zusammenführung von Kundendaten aus verschiedenen Quellsystemen und Konsolidierung der Informationen in einer Datenbasis
- Kontinuierliche Aktualisierung der Kundeninformationen
- Unternehmensweiter bedarfsgerechter Informationszugriff, meist über das Internet

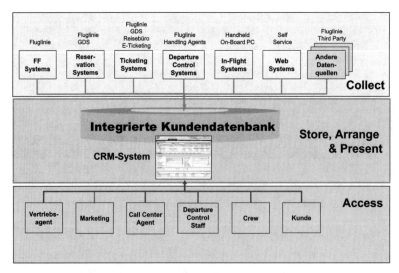

Abbildung 9.2 Einheitliche Kundenbasis (Quelle: SITA)

Die Kundendaten der Fluggesellschaften sind in der Regel über verschiedene Datenbanken verteilt. Teilweise ist dieselbe Person mehrfach mit unterschiedlichen Stammsätzen abgelegt, beispielsweise unter einer alten und einer aktuellen Adresse. Die zentrale Verfügbarkeit aller relevanten Kundendaten ist für viele Fluggesellschaften immer noch eine Herausforderung, da sie die Zusammenführung und Konsolidierung der Kundendaten aus den zahlreichen Altsystemen in einem zentralen CRM-System erfordert [Trevelyan 2002]. Kundenstammsätze, die in mehreren Systemen mit unterschiedlichen Attributen gepflegt wurden, müssen zu einem gemeinsamen Datensatz zusammengeführt werden (siehe Abbildung 9.2). Die Komponente *SAP Master Data Management* enthält zu diesem Zweck spezielle Werkzeuge, die helfen, Kundenstammdaten aus verschiedenen Systemen zusammenzubringen und abzugleichen. SAP Master Data Management erlaubt es, Stammdaten zu speichern, zu aktualisieren und zu konsolidieren und gewährleistet, dass diese Daten konsistent in alle anderen Systeme der IT-Landschaft verteilt werden.

Aktuelle Kundenstammdaten sind um die Kundeninteraktionshistorie zu ergänzen. Diese enthält alle Interaktionen des Kunden mit der Fluggesellschaft, wie gebuchte und in Anspruch genommene Flüge, Umbuchungen oder Beschwerden. Die Bereitstellung dieser Informationen ermöglicht es Mitarbeitern der Fluggesellschaften, individuell auf einen Kunden einzugehen.

Personalisiertes Marketing auf der Basis analytischer Auswertungen

Die Betreiber großer Fluglinien bemühen sich um Unterscheidungsmerkmale von den Mitbewerbern, indem sie ihr Markenimage ausbauen. Für ein aktives und hochsegmentiertes Marketing lässt sich die zentrale Kundendatenbank von mySAP CRM im zweiten Schritt nutzen, wenn umfangreiche und detaillierte Kundenprofile aufgebaut sind. Fluglinien können im Kampagnenmanagement von mySAP CRM Zielgruppen für spezielle Marketingaktionen und Angebote anhand von Kundenattributen, wie geflogenen Meilen oder Altersgruppe, auswählen und dann die Kunden im Sinne eines One-to-one-Marketing individuell ansprechen [Doganis 2001].

Dabei sind Fluggesellschaften vor allem an genauen Kenntnissen über solche Kunden interessiert, die hohe Preise zahlen. Die Vollzahler sind in einer Branche, in der nur ein Teil der Passagiere überhaupt einen kostendeckenden Flugpreis bezahlt, als Zielgruppe für Marketingbemühungen besonders interessant. Marketinginitiativen mit Partnern lassen sich auf dieselbe Weise optimieren. mySAP CRM ermöglicht es mittels seiner analytischen Funktionen im Anschluss an abgeschlossene Werbemaßnahmen, Kosten sowie Ergebnisse der Marketingaktivitäten zu verfolgen und die Rentabilität einzelner Marketingmaßnahmen zu analysieren.

Analytische Auswertungen mittels mySAP CRM unterstützen Fluggesellschaften nicht nur dabei, ihre Marketingaktivitäten zu optimieren. Sie stellen auch eine wichtige Datenbasis dar, aus der Fluggesellschaften ableiten können, in welche Richtung sie Produkte und Serviceangebote weiterentwickeln müssen, um die Bedürfnisse der Fluggäste am besten zu befriedigen.

Beschwerdemanagement

Der korrekte Umgang mit Beschwerden hat kritischen Einfluss auf die Kundenzufriedenheit. Die Möglichkeiten von mySAP CRM zur Bearbeitung von Beschwerden erlauben es Kundendienstmitarbeitern, deutlich besser auf Kundenmeldungen zu reagieren. Die Mitarbeiter können alle Informationen, die zur Problemlösung, beispielsweise bei Schwierigkeiten mit Flügen oder Gepäck, notwendig sind, abrufen und in einer Wissensdatenbank nach Vorgehensweisen und Lösungshilfen suchen.

Die Bedeutung der Angestellten für den Dienst am Kunden

Die für den Passagier spürbare Qualität des Kundenservice beeinflusst im Wesentlichen der Eindruck, den eine Fluggesellschaft bei einem Kunden hinterlässt. Da die Passagiere bereits mit hohen Erwartungen zum Schalter kommen, ist es schwer, diese mit einem »besonderen« Service zu übertreffen. Entscheidend ist der Aufbau einer »Servicekultur« [Doganis 2001]. Nur wenn sich die Kunden von der Fluggesellschaft und ihren Mitarbeitern besonders geschätzt fühlen, entsteht Kundentreue [Sims 2001].

Das Entstehen einer »Servicekultur« hängt eng mit den Entscheidungsbefugnissen des Flug- und Bodenpersonals zusammen. Verhältnismäßig viele Angestellte einer Fluggesellschaft stehen in direktem Kontakt zu den Passagieren. Sie spielen als Beteiligte am »Moment der Wahrheit« eine wichtige Rolle für Kundenzufriedenheit und Kundentreue. Fluggäste übertragen das Bild, das sie von den Mitarbeitern haben, auf ihren Gesamteindruck der Fluggesellschaft. Eine erfolgreiche CRM-Strategie bemüht sich insofern nicht nur um die sorgfältige Auswahl gut ausgebildeter sowie befähigter Mitarbeiter, sondern auch um die Schaffung einer Konzernstruktur, die ein positives Arbeitsklima und das Wohlbefinden der Mitarbeiter fördert. Umfassend informiertes und motiviertes Personal ist am besten dazu geeignet, einen positiven Eindruck über einen gerade beendeten Flug bei den Passagieren zu hinterlassen. Dies gilt auch für Billigfluganbieter wie Southwest Airlines [Freiberg 1998]. Cees van Woudenberg, Geschäftsführer und Personalverantwortlicher von KLM, äußert in diesem Zusammenhang: »Ihre Kunden werden mit Ihnen niemals zufriedener sein als Ihre Angestellten« [IATA 2001].

Angestelltenbeziehungsmanagement ist somit die Voraussetzung für erfolgreiches Kundenbeziehungsmanagement.

Ein Intranet-Mitarbeiterportal mit speziellen Service- und Informationsangeboten für die Angestellten erleichtert deren Arbeit und trägt außerdem zu einer Einsparung der Prozesskosten bei. Lufthansa hat beispielsweise auf der Basis von *SAP Enterprise Portal* ein solches Portal, genannt eBase, für 70 000 Anwender eingerichtet. Das Portal stellt Mitarbeitern unter anderem folgende Dienste für den rollenbasierten Zugriff bereit [Gläsener-Cipollone 2003]:

▶ Aktuelle Unternehmensnachrichten

▶ Employee Self Services, wie Urlaubsanträge, Pflege der eigenen Personalstammdaten, z.B. bei Änderung der Bankverbindung etc.

▶ Manager Self Services

▶ Business Travel Management

▶ Elektronische Beschaffung

▶ Kollaborationswerkzeuge

Das Mitarbeiterportal beschleunigt zeitaufwändige papiergebundene Prozesse und vergrößert den Zeitanteil, der Mitarbeitern zur Verfügung steht, um sich um ihre Kunden zu kümmern.

Partnerbindung

Traditionelle Fluggesellschaften verkaufen einen Großteil ihrer Tickets über Reisebüros oder treffen besondere Abmachungen mit Großabnehmern, beispielsweise Konzernkunden. Softwarelösungen optimieren diese engen Geschäftsbeziehungen und ermöglichen unter anderem eine automatische Rechnungsstellung für eingegangene Aufträge, gezieltes Partnermanagement und die Abwicklung von Bonusprogrammen. Bei Bonusvereinbarungen schreibt die Fluggesellschaft entsprechend der Vermittlung bzw. Abnahme von Flugtickets dem Partner einen Bonus gut.

9.1.4 Praxisbeispiel: Austrian Airlines Group – Optimierte Bonusprogramme für Reisebüros

Im Jahr 2002 hat die Austrian Airlines Group beschlossen, ihre Bonusprogramme für Reisebüros und Konzerne zu überarbeiten. Die neue Lösung sollte flexibel genug sein, um folgende Anforderungen an ein Bonusmanagement abdecken zu können:

▶ Standardisierung der Bonusprogramme

▶ Korrekte Fakturierung

- ▶ Individuelle Vertragsverwaltung
- ▶ Eingebundenes Verkaufs- und Marketingmanagement für Firmenkunden
- ▶ Simulation von Kupondaten und Ertragsoptimierung

Die Software, die implementiert wurde, basiert auf dem SAP *Incentive & Commission Management* und mySAP CRM sowie auf dem *SAP Business Information Warehouse*.

9.1.5 Kundenbeziehungsmanagement bei Billigfluganbietern?

Der Erfolg der Billigfluganbieter beruht darauf, dass sie rechtzeitig erkannt haben, wie radikal sich die Wünsche der Flugpassagiere ändern würden. Kunden wollen möglichst günstig von A nach B kommen und nehmen dabei Abstriche bei den Serviceleistungen in Kauf. Dem kommen die Billigfluganbieter mit extrem günstigen Flugtickets, die sie aufgrund einer drastischen Kostenkontrolle anbieten können, entgegen. Als zweite Säule ihres Erfolgs sind Online-Buchungsmöglichkeiten im Internet zu nennen. Mit diesem Erfolgsrezept ist es Billigfliegern in Europa gelungen, bereits einen Marktanteil von 16 % zu erringen [Henkel/Thiede 2003].

Obgleich bei Billigfluganbietern weniger Serviceleistungen im Preis inbegriffen sind, liegen ihnen doch Servicequalität und die gezielte Kundenansprache am Herzen. Bei Southwest Airlines haben beispielsweise hervorragendes Marketing und entsprechender Service wesentlich zum Unternehmenserfolg beigetragen [Freiberg 1998]. CRM-Prozesse und -Systeme stellen auch für Billigfluganbieter wertvolle Informationen zur Verfügung [Boland/Morrison/O'Neill 2002]. Dazu gehören ausgereifte, intuitiv bedienbare Flugbuchungsanwendungen im Internet, CRM-Funktionen zur effizienten Betreuung des Kunden im Verlauf seines Reiseerlebnisses und nicht zuletzt Funktionen zum gezielten Marketing und zur Auswertung von Kunden- und Buchungsdaten. Beispielsweise sah sich Southwest Airlines noch im Jahr 2002 vor das Problem gestellt, nicht auswerten zu können, welche Passagiere den vollen Ticketpreis zahlen oder welche Fluggäste Geschäftsreisende waren [Canon 2002].

Die folgende Beschreibung zeigt auf, wie sich mit mySAP CRM der Customer-Support-Prozess bei der Germanwings GmbH, einem Tochterunternehmen der Fluggesellschaft Eurowings, umsetzen lässt. Eurowings ist seit dem Jahr 2001 SAP-Kunde und setzt unter anderem SAP für das Rechnungswesen und die Personalwirtschaft ein. Das Geschäftsszenario wurde im Rahmen einer Diplomarbeit evaluiert [Hopp 2003].

9.1.6 Geschäftsszenario: Customer Support bei der Germanwings GmbH

Die Fluggesellschaft Germanwings GmbH (*www.germanwings.com*), die für sich als »Ihre Günstig-Airline« wirbt, zählt zu den Billigfluglinien. Vom Heimatflughafen Köln/Bonn aus reichen ihre innereuropäischen Flugziele von Edinburgh, Lissabon und Budapest bis Istanbul. Ende August 2003 beschäftigte Germanwings 318 Mitarbeiter.

Prozesse des Bereichs »Customer Support«

Die Abteilung Customer Support von Germanwings kümmert sich um Kundenanfragen und -beschwerden. Kunden können bei Germanwings im Fall von Reklamationen, Beschwerden oder Rückfragen zwischen den Kontaktkanälen Telefon, Post, E-Mail oder Fax wählen. In den meisten Fällen kommt der Kundenkontakt telefonisch über das Call Center zustande und wird von dort, soweit die Agenten nicht unmittelbar eine Lösung herbeiführen können, an die Abteilung Customer Support weitergeleitet. Call-Center-Agenten unterrichten die Mitarbeiter des Customer Support entweder per E-Mail oder über das führende Buchungssystem von Germanwings, das System OpenSkies von Softwareanbieter Navitaire. Ein Vermerk in der Buchungsmaske des betroffenen Fluges eines Kunden bewirkt, dass die Flugbuchung im zentralen Eingang des Customer Support landet.

Die Mitarbeiter des Customer Support bearbeiten daraufhin die relevante Flugbuchung entsprechend dem Anliegen des Kunden. Bei einer Informationsanfrage prüft der Mitarbeiter den Sachverhalt und antwortet dem Kunden per E-Mail. Handelt es sich um eine Forderung nach einer Rückerstattung, so klärt der Mitarbeiter, ob der Anspruch berechtigt ist. Muss der Anspruch als unbegründet abgewiesen werden, so wird der Kunde wiederum in einer E-Mail informiert. Im Fall der Gewährung einer Rückerstattung leitet der Customer-Support-Mitarbeiter die Forderung an die Rechnungswesenmodule des SAP R/3-Systems weiter, das die Buchung zu Gunsten des Kunden durchführt. Diese Rückerstattungen sind Rückbuchungen vom Konto von Germanwings auf das Kundenkonto und werden im Rahmen eines Lastschriftverfahrens vorgenommen.

Den Abschluss des Vorgangs markiert die Archivierung der relevanten Datensätze. Die Buchung selbst erhält im Buchungssystem OpenSkies einen erläuternden Kommentar. Die Abbildung 9.3 veranschaulicht den gesamten Prozess.

CRM-Potenziale im Bereich »Customer Support«

Ein wesentlicher Auftrag des Customer Supports bei Germanwings ist die Abwicklung von Rückerstattungen. Dieser Prozess lässt sich durch den Einsatz von mySAP CRM wesentlich effizienter gestalten.

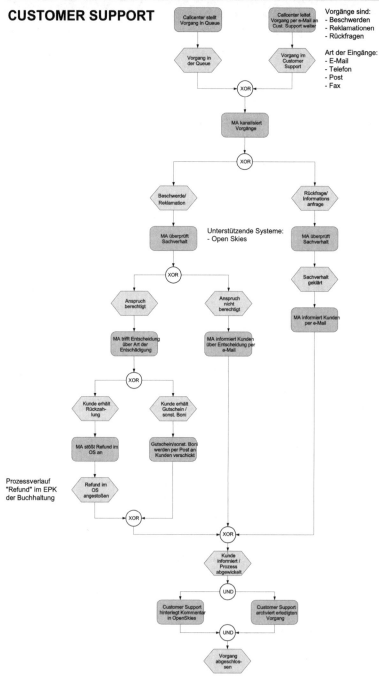

CUSTOMER SUPPORT

germanwings

Abbildung 9.3 Prozessdiagramm (Quelle: Germanwings)

Mit Hilfe von Internet Self Services erfassen Kunden ihre Beschwerden direkt im Internet und sind jederzeit in der Lage, den Bearbeitungsstatus anhand der Beschwerdenummer zu verfolgen. Die eigenständige Eingabe der Beschwerde durch die Kunden verringert die Bearbeitungsdauer für Germanwings. Da eine Beschwerde bereits zu Beginn der Bearbeitung vollständig in Schriftform vorliegt, entfallen zeitaufwändige Rückfragen an die Kunden. Auf der anderen Seite hat jeder Kunde über die Statusabfrage die Möglichkeit zu prüfen, ob sein Anliegen bereits bearbeitet wird.

Das Interaction Center dient als zentrale Anlaufstelle für alle Kundenkontaktkanäle, sei es Telefon, E-Mail, Brief, Fax oder Webformular. Für die Bearbeitung von Kundenanfragen stehen den Mitarbeitern des Customer Support alle wichtigen Informationen auf einer einzigen übersichtlichen Benutzungsoberfläche zur Verfügung, darunter:

▶ Kundenstammdaten, wie Name, Anschrift, E-Mail-Adresse und Telefonnummer

▶ Buchungs- und Check-In-Daten

▶ Zahlungsinformationen

▶ Aktueller Kundenkontaktstatus, z. B. »Offen«, »In Arbeit« oder »Abgeschlossen«

Durch eine komplette Sicht auf alle wesentlichen Kundendaten in einem zentralen System sind die Mitarbeiter der Abteilung Customer Support in der Lage, den Zeitaufwand pro Transaktion deutlich zu reduzieren. Beispielsweise erübrigen sich durch die Vorhaltung der Finanzdaten telefonische Abstimmungen zwischen Buchhaltung und Customer Support.

9.1.7 Kritische Erfolgsfaktoren bei der CRM-Einführung

Eine der größten Herausforderungen von CRM-Projekten bei Fluggesellschaften ist es, trotz heterogener Systemlandschaft, in der Kundendaten in unterschiedlichsten Systemen gehalten werden, zu einer einheitlichen Sicht des Kunden zu gelangen. Dazu sollte man im Projekt Zeit einplanen und auch die neuesten technischen Möglichkeiten für die Vereinheitlichung von Kundendaten nutzen, wie es beispielsweise SAP Master Data Management ermöglicht.

9.1.8 Auswahl wichtiger kundenorientierter Geschäftsszenarios

Geschäftsszenario	Kurzbeschreibung
Kampagnen-management	Optimierung der Kampagnenabwicklung von der Marktanalyse bis zur Ergebnisprüfung
Kunden-segmentierung	Einteilung des Kundenbestands in Segmente zur Differenzierung und Personalisierung der Produkt- und Dienstleistungsangebote (ohne Programmieraufwand)
Kontrakt-management	Funktionen für die Erstellung und Bearbeitung von Mengen- und Wert-kontrakten, d.h. langfristigen Kundenverträgen mit Einräumung indivi-dueller Preise und Lieferbedingungen
Information Help Desk	Unterstützung der Interaction-Center-Agenten bei der Beantwortung von Fragen zu Produkten und Dienstleistungen durch skriptgestützte Gesprächsführung und Zugriff auf Lösungsdatenbanken, z.B. als IT Help Desk für interne und externe Meldungsbearbeitung oder als Employee Interaction Center bzw. interner HR Help Desk für Mitarbeiter
Customer Service und Support im Interaction Center	Beantwortung von Kundenfragen, Klärung technischer Probleme, Beschwerdemanagement, Retourenabwicklung, Veranlassung von Umtauschaktivitäten, Erfassung von Serviceaufträgen und Unterbrei-tung von Vorschlägen zu weiteren Serviceprodukten durch Online-Zugriff auf die Lösungsdatenbank und alle relevanten Kundendaten
Reklamations- und Beschwerde-management im Interaction Center	Erfassung von Produktreklamationen, Retouren und Serviceleistungen durch Interaction-Center-Agenten für eingehende Kundenbeanstan-dungen
Marketing Analytics	Verbesserung der Effizienz und Effektivität von Marketingmaßnahmen, ausgehend von Marktanalysen über die vorausschauende Beurteilung von Marketingprogrammen bis hin zur abschließenden Erfolgsanalyse
Customer Analytics	Analyse des Kundenverhaltens und Kundenwertes zur persönlicheren und gezielten Ansprache von Kunden

9.2 Logistikdienstleister

> »Canada Post will be a world leader with innovative physical and electronic delivery solutions, creating value for all customers, employees, and Canadi-ans.«
> Corporate Vision of Canada Post Corp [Holliday 2002b].

9.2.1 Logistikdienstleistungen im Umbruch

Gemeinhin werden unter dem Begriff Logistik die Erbringung und Bereitstellung von Transport-, Umschlag-, Kommissionierungs- und Lagerdienstleistungen (Logi-stic Services) zusammengefasst. Unternehmen, die derartige Dienste anbieten, werden als Logistikdienstleister bezeichnet. Diese Branche befindet sich aktuell in einer grundlegenden Umbruchphase – sowohl was Angebot und Nachfrage an logistischen Dienstleistungen, also das Dienstleistungsspektrum, als auch Veränderungen in der Organisationsstruktur, darunter Unternehmenszusammenführungen und -abspaltungen, betrifft. Logistik nimmt als betriebliche Querschnittsfunktion immer mehr an Bedeutung zu. Da Unternehmen in der Vergangenheit meist im Produktionsbereich rationalisiert haben, stecken in der Optimierung des Dienstleistungsbereiches – und hierbei insbesondere in der Logistik – noch erhebliche Verbesserungspotenziale. Drei wesentliche Trends bestimmen zurzeit die Entwicklung der Logistikdienstleistungsbranche:

▶ Strukturwandel im Unternehmensbereich und damit einhergehend organisatorische Veränderungen des Dienstleistungsmarktes

▶ Änderungen des Kundenverhaltens

▶ Erweiterte Anforderungen an logistische Dienstleister aufgrund von Veränderungen in der Leistungsbreite und -tiefe der angebotenen Dienste

Lean Management, d.h. die Konzentration auf das Kerngeschäft mit dem Ziel der Kostenreduzierung, führt bei den meisten Unternehmen zur Auslagerung von Sekundärfunktionen, wie z.B. der Transportlogistik. Outsourcing wurde in diesem Zusammenhang zum Schlagwort. Konzentrationsprozesse und Globalisierung führen zu integrierten Angeboten umfassender Logistikdienstleistungen. Die Branche entwickelt sich zu einem oligopolistischen Markt mit Global-Player-Akteuren. Nach einer Delphi-Studie zur Transportlogistik werden funktionale Spezialisten (z.B. reine Transporteure), Branchenspezialisten (etwa in der Automobil- oder der Konsumgüterbranche) und Systemdienstleister, die geschlossene Logistiksysteme aufbauen und betreiben, in Zukunft den Markt dominieren [Delphi-Studie 2002].

Kunden mit ihren steigenden Ansprüchen rücken immer mehr in den Fokus der Logistikdienstleister. Der Kunde ist wählerischer geworden. Er kann sich diese Haltung erlauben, weil die steigende Markttransparenz ihm gestattet, sich über die Angebote der Wettbewerber zu informieren und bei passenden Angeboten schnell zu einem Konkurrenzanbieter zu wechseln. Um die individuellen Wünsche der Kunden zu erfüllen, müssen Logistikdienstleister zukünftig in der Lage sein, alle logistischen Leistungen der Logistikkette »aus einer Hand« abzudecken. Solche Full-Service-Pakete umfassen neben den klassischen Dienstleistungen, wie Transport, Lagerung und Kommissionierung, auch den gesamten Kommunikations- und Informationsfluss sowie zusätzliche Dienstleistungen, etwa das gesamte Retourenmanagement, Reparaturservices und Recyclingaufgaben. Häufig führen diese »integrierten Dienstleister« nicht alle Aufgaben selbst durch, sondern kooperieren in Netzwerken, in denen jeder Partner diejenigen Logistikaufgaben übernimmt, für die er die besten Kompetenzen vorweisen kann. Um ein reibungsloses Zusammenspiel zu gewährleisten, müssen die Parteien stets über aktuelle Informationen zu vorhandenen Ressourcen und Bedarfen entlang der Logistikkette verfügen. In Supply-Push-Szenarios der Bedarfsübermittlung wird hierzu das benötigte Ressourcenangebot abhängig von der prognostizierten Absatzmenge im Voraus von den Herstellern, d.h. vom Ende der Logistikkette her, geplant. Die Logistikdienstleister kommen dabei den von der Produktionsprogrammplanung vorgegebenen Gütermengen nach und sind für die termingerechte Güterversorgung verantwortlich. Diese früher gängigen Push-Szenarios werden zunehmend durch nachfragebestimmte Demand-Pull-Szenarios ersetzt, bei denen der Logistikdienstleister in der Lage ist, zeitnah den nachfragegesteuerten Produktionsprozess zu versorgen und die situativ benötigte Gütermenge am richtigen Ort, zum passenden Zeitpunkt und in optimaler Qualität bereitzustellen (Abbildung 9.4).

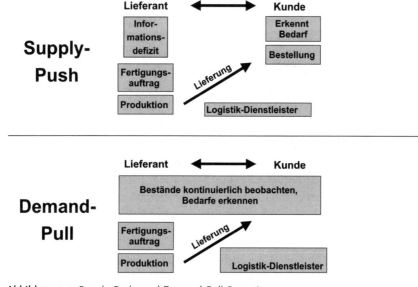

Abbildung 9.4 Supply-Push- und Demand-Pull-Szenario

Ein erfolgreicher Logistikdienstleister muss neben der Erweiterung des Dienstleistungsangebots darum bemüht sein, Alleinstellungs- bzw. Differenzierungsmerkmale zum Wettbewerb herauszuarbeiten. Dabei steht vielmehr die Qualität der angebotenen Leistungen als der Preis im Vordergrund. Da die Qualitätsbewertung von Dienstleistungen immer zumindest auch teilweise vom Empfinden und der Einschätzung der Kunden abhängt, stellt ein erfolgreiches Kundenbeziehungsmanagement den Schlüssel zum Erfolg dar.

9.2.2 Anforderungen an ein Kundenbeziehungsmanagementsystem für Logistikdienstleister

Im Rahmen einer kundenorientierten Unternehmensphilosophie erlaubt ein IT-gestütztes Kundenbeziehungsmanagement, ganzheitliche – teils standardisierte, teils individuelle – Marketing- und Vertriebskonzepte aufzubauen, zu betreiben und weiterzuentwickeln. Folgende Anforderungen muss eine Softwarelösung zur Abbildung kundenorientierter Geschäftsprozesse aus Sicht eines Logistikdienstleisters erfüllen:

▶ Verfügbarkeit einer konsolidierten Kundendatenbank, in der alle kundenrelevanten Daten zentral abgelegt sind, sowie die Möglichkeit der berechtigungsabhängigen zentralen und dezentralen Kundenanlage und -pflege. Die Verfügbarkeit einer mobilen Offline-Lösung kann weitere Wettbewerbsvorteile generieren.

▶ Bereitstellung von Werkzeugen zur effizienten und flexiblen Kundensegmentierung, beispielsweise zur Durchführung gezielter Marketingmaßnahmen. Geeignete Klassifizierungsmerkmale sind etwa geografische Daten, Branchenzugehörigkeiten sowie Umsatzzahlen und -mengen (z. B. bei einer Rasterung nach ABC-Kunden).

▶ Auswertungsmöglichkeiten durchgeführter Marketingmaßnahmen, etwa Anzahl neuer Kontakte pro Region oder Branche

▶ Flexible Möglichkeiten zur Zuordnung von Kunden zu verantwortlichen Vertriebsmitarbeitern. In Abhängigkeit der Kundenklassifikation sind unterschiedliche Vertriebsstrategien angebracht, beispielsweise direkte Betreuung der Topkunden durch die Geschäftsleitung, Etablierung eines Key-Account-Managements usw.

▶ Transparente Datenbereitstellung bezüglich aktueller und anstehender Vertriebsaktivitäten sowohl aus Sicht des Vertriebsmitarbeiters wie auch der Managementebene

▶ Werkzeuge zur Durchführung sowie zur Vor- und Nachbereitung von Verkaufsgesprächen

▶ Anbindung an die Systeme zur Logistikabwicklung

Selbstverständlich stellt eine passende IT-gestützte Lösung lediglich eine notwendige, aber keinesfalls hinreichende Bedingung zur Erreichung der genannten strategischen Ziele dar. Viele Logistikunternehmen müssen ihr gesamtes Unternehmensdenken verändern, neue Prozesse in Marketing und Vertrieb etablieren und Verhaltensänderungen bis hinunter auf die Mitarbeiterebene motivieren. Eine IT-Lösung zum Customer Relationship Management kann diese Evolution unterstützen, fördern und beschleunigen.

SAPs Softwarelösung für Logistikdienstleister

mySAP CRM als einer der fundamentalen Bestandteile der Branchenlösung *SAP for Logistics Service Providers* ist hervorragend geeignet, die obigen Anforderungen abzudecken. *SAP for Logistics Service Providers* ist eine vollständige integrierte Branchenlösung für logistische Dienstleister. mySAP CRM bildet hierin die Plattform zur Abbildung der kundenzentrierten Prozesse, wie zum Beispiel das Kundenmanagements, des gesamten Verkaufsprozesses, aber auch der Serviceabläufe. Die nachfolgenden Erläuterungen zeigen anhand einiger beispielhafter Beschreibungen, wie *SAP for Logistics Service Providers* ausgewählte CRM-Prozesse abbildet.

9.2.3 Geschäftsszenario: Kundenmanagement

Marketing- und Vertriebsprozesse gehen in der Praxis ineinander über und bilden so einen geschlossenen Kreislauf. Von der gezielten Marketingkampagne sowie der Interessentengenerierung und -bewertung (Lead-Qualifizierung) ausgehend ergeben sich Verkaufschancen (Opportunities), die der Vertrieb in konkrete Aufträge überführt. Ein IT-gestütztes Aktivitäts- und Kontaktmanagement unterstützt die Vertriebsteams. Angebots- und Auftragsabwicklung stellen die nächsten Schritte der Prozesskette dar und bilden wiederum die Ausgangsbasis für weitere Marketingmaßnahmen (siehe Abbildung 9.5).

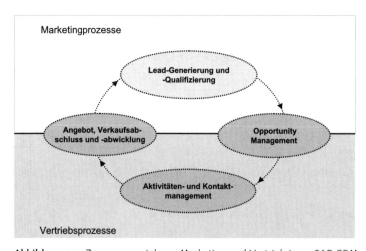

Abbildung 9.5 Zusammenspiel von Marketing und Vertrieb in mySAP CRM

Zentrale Ablage von Geschäftspartnerinformationen

Eine zentrale Anforderung der Logistikdienstleister ist die Dokumentation aller kundenrelevanten Daten in einer einheitlichen zentralen Ablage (Kundendatenbank). mySAP CRM stellt den Begriff »Kunde« allerdings in einen größeren

Zusammenhang. So kann es sein, dass sich ein anfänglich unverbindlicher Kontakt zu einem Vertrag entwickelt und aus einem Interessenten erst Schritt für Schritt ein Kunde wird. Ein Kunde im weiteren Sinne kann etwa auch der Auftraggeber oder Rechnungsempfänger eines Unternehmens sein. Aus diesem Grunde stellt das Datenmodell des Geschäftspartners, der die genannten und viele weitere Aspekte möglicher Geschäftsbeziehungen eines Unternehmens vereint, einen zentralen Baustein von mySAP CRM dar. Je nach Geschäftspartnertyp lassen sich Organisationen, natürliche Personen oder Gruppen von Personen bzw. Organisationen unterscheiden. Die Geschäftspartnerrolle bestimmt letztlich die jeweilige Funktion des Partners, etwa als Interessent, Kunde, Ansprechpartner, Auftraggeber, Rechnungsempfänger, Wettbewerber, Organisationseinheit usw.

Geschäftspartnerdaten können mit *SAP for Logistics Service Providers* auch mobil angelegt, gepflegt und verändert werden (siehe Abbildung 9.6). Nicht zu unterschätzende Wettbewerbsvorteile ergeben sich für den Vertrieb daraus, dass momentan bei einem Kunden befindliche Vertriebsmitarbeiter bereits vor Ort offline alle relevanten Kontakt- und Zusatzdaten aufnehmen können, auch wenn sie gerade eine Verkaufschance für einen Vertriebskollegen eines anderen Vertriebsbereichs verfolgen. Nach erfolgter Synchronisation mit dem zentralen CRM-System stehen diese Daten allen Vertriebskollegen zur Verfügung, sodass die Mitarbeiter aller Nachbarabteilungen unmittelbar die notwendigen Folgeaktivitäten einleiten können. Selbstverständlich ist auch die umgekehrte Synchronisation vom zentralen CRM-System auf die mobilen Endgeräte möglich.

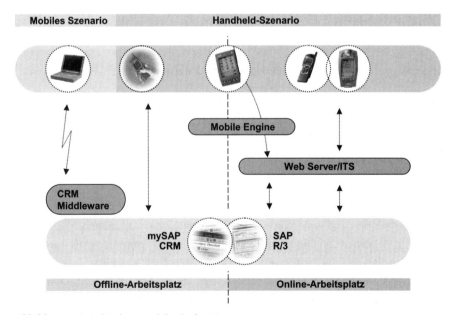

Abbildung 9.6 Anbindung mobiler Endgeräte

Als hilfreich erweist sich in diesem Zusammenhang das Informationsblatt des Geschäftspartnercockpits bzw. des Aktivitätsmanagements, das kundenbezogene Informationen für Logistiker, Vertriebsmitarbeiter sowie Vertriebs- oder Marketingleiter aus verschiedenen Quellen zusammenführt. So können beispielsweise Finanz- und logistische Zusatzdaten aus SAP R/3, Kunden- und Vertragsdaten aus SAP CRM sowie weitere Daten aus Fremdsystemen in verschiedenen Sichten rollenadäquat aufbereitet werden. Für alle beteiligten Mitarbeitergruppen entsteht ein schneller Überblick über den Kunden entsprechend ihrem Aufgabenspektrum.

Geschäftspartner stehen in komplexen, oftmals auch hierarchischen Beziehungen zueinander. Relationen erstrecken sich zwischen Personen und einem Unternehmen (z. B. Einkaufsleiter eines Kunden), zwischen Personen (etwa Ansprechpartner eines Vertriebsmitarbeiters) oder zwischen Unternehmen (beispielsweise Lieferant einer Firma).

Das Aktivitätsmanagement setzt auf der zentralen Kundendatenbank auf. Ein Vertriebsmitarbeiter verwaltet hier beispielsweise seine Termine und stellt sicher, dass er die im vorherigen Kundenbesuch dokumentierten Aufgaben gewissenhaft abarbeitet, um sich optimal für den Folgebesuch vorzubereiten. Der Vertriebsleiter verschafft sich schnell einen Überblick über alle Aktivitäten seiner Mitarbeiter und greift gegebenenfalls steuernd ein, etwa wertet er überfällige Aktivitäten aus. Für ein optimales Kundenmanagement ist es entscheidend, dass nicht nur Kundendaten und -beziehungen im System hinterlegt sind, sondern auch sämtliche Kontakte, z. B. Kundenbesuche und Telefonate. mySAP CRM unterstützt die hierfür notwendigen Geschäftsprozesse.

Kundensegmentierung für Marketingmaßnahmen

Analog zum Aktivitätsmanagement setzt auch die Marketing- und Kampagnenplanung unmittelbar auf den zentralen Kundenstammdaten auf. Kampagnen können über die verschiedensten Kommunikationskanäle gefahren werden, beispielsweise per E-Mail, Fax und Telefon oder auch über die mobilen Applikationen der Vertriebsmitarbeiter. Nach der Projektplanung einer Marketingkampagne und der Festlegung des Kampagnenbudgets, der Projektphasen sowie der Kennzahlen zur Erfolgsmessung muss die Zielgruppe segmentiert werden. In der genauen Zielgruppendefinition liegt ein erheblicher Erfolgsfaktor der Kampagne begründet. Aus Sicht des werbenden Dienstleisters ergibt sich eine Kostenersparnis durch die Vermeidung von Streuverlusten. Für die Adressaten lässt sich eine Überhäufung mit für sie uninteressanten Werbeangeboten vermeiden. Je spezifischer und gezielter ein Unternehmen seine potenziellen Kunden anspricht, umso höher sind Kampagnenerfolg und Effektivität eventueller Nachfassaktionen eines Call Centers. Die aktuelle Kundendatenbank von mySAP CRM stellt die Grundvoraussetzung für die Kundensegmentierung dar. Sie kann bei Bedarf um Informationen aus externen Datenquellen ergänzt werden.

mySAP CRM stellt mit dem Segment Builder ein universelles und sehr flexibles Werkzeug zur Zielgruppenbestimmung zur Verfügung. Anzusprechende Zielgruppen lassen sich mit der Maus per Drag&Drop als Kombination aus bestimmten Merkmalen und Ausprägungen, wie Branche, Region, Kundenumsatz usw., selektieren und nachfolgend, falls gewünscht, über getrennte Kommunikationskanäle ansprechen (siehe Abbildung 9.7). mySAP CRM als Baustein der Lösung *SAP for Logistic Services* erlaubt es, jedwede Segmentierung vorzunehmen. So kann es sinnvoll sein, in eine spezielle Marketingmaßnahme nur Kunden einer bestimmten Branche einzubinden, die gleichzeitig eine Mindestumsatzschwelle überschreiten. Für eine regional aufgesetzte Vertriebsmaßnahme sollen wiederum Kunden eines konkreten Vertriebsbezirks ausgewählt werden; und eine Up-Selling-Maßnahme wendet sich schließlich an alle Kunden, deren bestehende Verträge innerhalb der nächsten Perioden auslaufen. Mit der Kundengruppe legen die Organisationen auch die gewünschten Kommunikationskanäle fest. Eine Marketingkampagne startet beispielsweise mit einer E-Mail-Aktion, die regionale Vertriebsmaßnahme wird mit Hilfe der mobilen Applikationen der Vertriebsmitarbeiter (Mobile Sales) durchgeführt und die Up-Selling-Bemühungen nutzen die Dienste eines Call Centers.

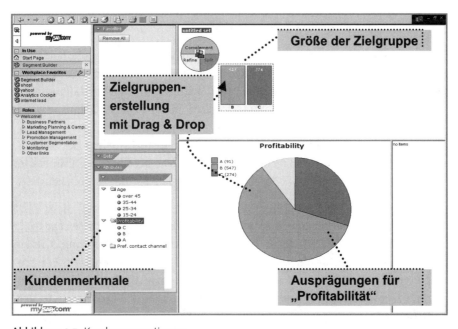

Abbildung 9.7 Kundensegmentierung

Kundenorientierte Entwicklung von Dienstleistungen

Eine Segmentierung von Logistikkunden mit mySAP CRM ist nicht nur für anstehende Marketing- oder Vertriebskampagnen sinnvoll, sondern auch zur kundenorientierten Entwicklung von Dienstleistungen. Eine zielgruppen- und kundenbezogene Anpassung des Leistungsportfolios sichert dem Logistikdienstleister die Wettbewerbsfähigkeit und verschafft ihm gegebenenfalls die notwendigen Alleinstellungsmerkmale. Hierzu werten die Unternehmen den Maßnahmenerfolg mit Hilfe von Analysewerkzeugen aus und lassen die Informationen über Erfolg bzw. Misserfolg der Kampagne in einem Kundensegment in nachfolgende Serviceangebote und zukünftige Marketingaktivitäten einfließen.

Lead- und Opportunity-Management

Als letztes Beispiel für das integrierte Zusammenspiel von Kundendatenmanagement und operativen CRM-Prozessen sei auf die frühen Phasen des Verkaufszyklus, d.h. auf das Lead- und Opportunity-Management, hingewiesen. Ein Lead, d.h. ein potenzieller Kaufinteressent, muss nicht notwendigerweise durch einen Kontakt zwischen dem Dienstleister und dem Interessenten zustande gekommen sein. Trotzdem ist es sinnvoll, schon früh Daten zu allen potenziellen Interessenten in der zentralen Kundendatenbank verfügbar zu haben, um sie in späteren Marketingmaßnahmen ansprechen zu können. Umgekehrt können auch die Kundendaten zu Leads aus einer zuvor durchgeführten Marketingkampagne entstanden sein, zum Beispiel dadurch, dass sie ihr unverbindliches Interesse an einem Dienstleistungsangebot dokumentiert haben.

Ein Lead kann sich schrittweise zu einer echten Verkaufschance (Opportunity) entwickeln. Zu Opportunities verwaltet mySAP CRM umfangreiche Zusatzinformationen, z.B. potenziell gewünschte Dienstleistungen, mögliches Auftragsvolumen, Auftragswahrscheinlichkeit usw. Sämtliche im Akquisezyklus hinzugewonnenen Daten stehen zusammen mit den Kundenstammdaten zur Verfügung. Kundenbezogene Auswertungen zeigen so nicht nur historische und aktuelle Auftragsdaten, sondern auch mögliche zukünftige Verkaufschancen an. Damit wird nicht zuletzt sichergestellt, dass der Kunde die optimale Betreuung des Dienstleisters erfährt.

Viele Logistikdienstleister betreiben kein Massenkundengeschäft. Ihre Leads sind häufig bestehende Kunden, denen eine neue logistische Dienstleistung, z.B. ein Value-Added-Service für die Reklamationsabwicklung, angeboten wird. Entsprechend wichtig ist für sie die Realisierung von Cross- bzw. Up-Selling-Potenzialen, d.h. die Umwandlung von identifizierten Bestandskunden-Leads in echte Verkaufschancen.

9.2.4 Praxisbeispiel: Canada Post

Canada Post Corp. ist Kanadas nationaler Postdienstleister. 37 Millionen Postsendungen liefert das Unternehmen täglich an mehr als 31 Millionen Kanadier und knapp 1 Million kanadische Unternehmen. Ende der 1990er Jahre wurde deutlich, dass die Zukunft von Canada Post davon abhing, inwieweit es dem Unternehmen gelingen würde, die aufkommenden Möglichkeiten des E-Business für sich zu nutzen. Die interne Jahr-2000-Systemanalyse hatte zudem gezeigt, dass diese Herausforderung mit der bestehenden IT-Infrastruktur aus Altsystemen und verteilten Informationssilos schwerlich zu bewältigen wäre. Da die unternehmensweiten Geschäftsprozesse nicht integriert abliefen, war es an der Zeit, die Art und Weise der Geschäftsabwicklung bei Canada Post neu zu überdenken [Nichols/Haggerty 2002].

Strategie

Canada Post entschloss sich, ein prozessbasiert agierendes, kundenorientiertes Unternehmen zu werden. Traditionelle Postdienstleistungen sollten neu strukturiert und veraltete Technologien ersetzt werden. Die Transformation beruhte softwareseitig auf der mySAP Business Suite. Im Zentrum des Projekts stand die Umsetzung von kundenzentrierten Prozessen mit mySAP CRM. Ziel des Prozessredesigns war es, nur Geschäftsprozesse zu etablieren, die eine Wertschöpfung für den Kunden, die Mitarbeiter oder das Unternehmen als Ganzes generieren [Eisenfeld 2002]. Für die vorbildliche Durchführung des CRM-Projekts wurde Canada Post im Jahr 2002 von der Gartner Group mit dem CRM Award of Excellence ausgezeichnet.

Um die Projektziele zu definieren, leitete Canada Post aus der Unternehmensvision fünf Hauptziele ab, die top-down in weitere Unterziele gegliedert wurden (siehe Abbildung 9.8).

Das Kundenbeziehungsmanagement sollte folgende Aufgaben erfüllen [Eisenfeld 2002]:

▶ Angebot von virtuellen Dienstleistungen und Self Services

▶ Nutzung von Kundendaten, z.B. zur persönlichen Kundenansprache und zur automatischen Anzeige relevanter Kundendaten

▶ Transparenz der Kundeninteraktionen über alle Kommunikationskanäle hinweg und die Nutzung der Interaktionsinformationen zur Ableitung von Interaktionsmustern und zur Gewinnung von Impulsen zur Entwicklung neuer Dienstleistungsangebote

▶ Sicherstellung positiver Kundenerfahrungen mit Hilfe verlässlicher und konsistenter Informationen über alle Interaktionskanäle hinweg

▶ Anwendung eines Beziehungsmodells mit unterschiedlichen Servicestufen je nach Kundenwert

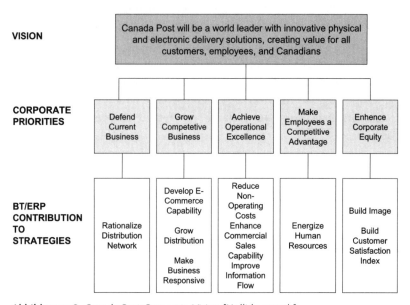

Abbildung 9.8 Canada Post Corporate Vision [Holliday 2002b]

Umsetzung

Das Projekt begann im Dezember 1999 und hatte eine Laufzeit von zwei Jahren. Im Juni 2001 wurde die neue Canada Post Website (*www.canadapost.ca*) mit diversen neuen Serviceleistungen für Privat- und Unternehmenskunden freigegeben (Abbildung 9.9). Zu den angebotenen Self Services gehören unter anderem Paketverfolgung, Portoberechung, Filialenfindung und ein Webshop. Später wurden Electronic-Shipping-Werkzeuge integriert, die es Unternehmenskunden ermöglichen, selbst Aufträge aufzugeben und alle notwendigen Lieferscheine zu erstellen.

Im September 2001 wurde mySAP CRM produktiv geschaltet, nachdem Canada Post zuvor den Order-to-Cash-Prozess im SAP R/3-System implementiert hatte. Im Januar 2002 folgten die ERP-Bereiche des Personal- und Rechnungswesens. Das Projekt schloss mit der Öffnung eines neuen Interaction Centers. Acht Contact Center, die um die sechs Millionen Anrufe jährlich entgegen nehmen, arbeiten mit mySAP CRM. Die Interaction-Center-Agenten finden nun Kundendaten und Interaktionshistorie, die vorher auf sechs nicht integrierte Ablagen verteilt waren, auf einem einzigen Bildschirm.

Viel Zeit investierte Canada Post in die unternehmensweite Unterstützung des Transformationsprozesses zu einem auf den Kunden ausgerichteten Unternehmen. Knapp 25 % des Budgets wurden für das Change-Management-Programm aufgewendet, um das sich ein Drittel der Projektmitarbeiter kümmerte [Nichols/Haggerty 2002].

Abbildung 9.9 CRM-Lösung bei Canada Post (Quelle: Canada Post)

Ergebnis

Mit der Implementierung der mySAP Business Suite hat Canada Post die Logistik- und Abwicklungsprozesse im Unternehmen eng mit den CRM-Prozessen verknüpft. Kundeninformationen sind an einer zentralen Stelle abgelegt und geben allen Mitarbeitern ein einheitliches Bild des Kunden. Ebenso stellt sich Canada Post nach außen gegenüber dem Kunden als kundenfreundliches Unternehmen dar, ganz gleich, wie ein Kunde Kontakt zum Unternehmen aufnimmt (*One face to the customer*). Insgesamt wurden 83 Legacy-Systeme durch die integrierte Plattformlösung der mySAP Business Suite ersetzt.

Um die Verbesserungen, die das CRM-Projekt bewirkt, messen zu können, hat Canada Post ein eigenes Team aufgestellt, das Kenngrößen für die Erfolgsmessung identifizierte. Die Metrik umfasst folgende Größen [Eisenfeld 2002]:

▶ Kundenzufriedenheit (Customer Satisfaction Index, CSI)

▶ Produktivität im Beschwerdemanagement (Gegenüberstellung von Prozesskosten und Anzahl der Beschwerden)

- Häufigkeit von Kundenbeschwerden zu bestimmten Themen
- Wiederholte Beschwerden eines Kunden
- Anzahl der Beschwerden, die im vorgegebenen Standardzeitraum zufriedenstellend gelöst wurden
- Anteil der Beschwerden, die beim ersten Kontakt gelöst wurden
- Anzahl eingegangener Aufträge pro Kanal
- Auftragswert und -menge pro Kanal und Periode
- Kosten pro Auftrag

Beispielsweise erbringt der mit der mySAP Business Suite umgesetzte Order-To-Cash-Prozess einen jährlichen Nutzen von 51 Millionen US$, die sich folgendermaßen zusammensetzen:

- 5 Millionen US$ Gewinnerhöhung durch die Abrechnungs- und Überwachungsfunktionen der Kontraktverwaltung
- 10 Millionen US$ Gewinnsteigerung durch zusätzliche Vertriebsaktivitäten
- 11 Millionen US$ Einsparungen aufgrund optimierter Geschäftsprozesse
- 25 Millionen US$ entfallene Umsatzeinbußen, bedingt durch bessere Prozesskontrolle und exaktere Kundendaten

Für die Implementierung des Order-To-Cash-Prozesses investierte Canada Post in zwei Jahren 100 Millionen US$. Somit lässt sich für die Einführung der SAP-Lösung ein ROI von 26 % veranschlagen [Holliday 2002b].

9.2.5 Kritische Erfolgsfaktoren bei der CRM-Einführung

Unternehmensinterne Prozessreorganisation

Die Potenziale von mySAP CRM liegen darin, dass einerseits interne Abteilungen wie Einkauf, Call Center, Vertriebsmitarbeiter und Partner eine vollständige integrierte Sicht auf alle kundenrelevanten Informationen haben. Andererseits ist für die Kundengewinnung und -bindung ein abgestimmtes Auftreten unerlässlich. Damit eine Softwarelösung diesen Erwartungen gerecht wird, müssen aber die Unternehmensprozesse auf diese Strategie hin ausgerichtet werden. mySAP CRM ist hierbei als Teil der Unternehmensstrategie zu verstehen, das kundenfokussierte Reorganisationsprozesse auslöst oder beschleunigt.

Phasenorientierter Rollout

Neben den strategischen Aspekten, die bei der Einführung einer CRM-Softwarelösung zu beachten sind, bewährt sich erfahrungsgemäß ein phasenorientierter Rollout. Hierbei werden, angefangen mit einer Pilotanwendung und einer strategisch wichtigen Pilotanwendergruppe (z. B. Teilen der Vertriebsorganisation) zunächst nur Teile des Gesamtszenarios produktiv gesetzt. Danach erfolgt, ergänzt um kontinuierliche Verbesserungen, die schrittweise Hinzunahme weiterer Organisationseinheiten bis hin zur vollständigen Abdeckung aller Bereiche, die direkt oder indirekt mit Kunden in Kontakt stehen bzw. über Kundeninformationen verfügen müssen. Eine erfolgversprechende Rolloutstrategie könnte etwa beim Vertrieb beginnen und sich über das Marketing bis hin zum Kundenservice ausdehnen.

Erfolg muss messbar sein

Die Verbesserung und Optimierung der Kundenprozesse und der Softwarelandschaft setzt ein Messsystem voraus, das qualitative wie quantitative Kennzahlen (Key Performance Indicators, KPI) bereitstellt, mit denen der Erfolg der Maßnahmen bewertet wird. Diese sollten frühzeitig definiert werden, damit sich stets ein Benchmarking gegen diese Größen vornehmen lässt. Beispiele für Kennzahlen sind:

▶ Erfolgs- bzw. Rücklaufquote einer Mailing-Aktion

▶ Verhältnis von Angeboten zu Aufträgen pro Kundensegment

▶ Mittlere Beantwortungszeit einer Kundenanfrage

▶ Durchschnittlicher Umsatz pro Kunde

9.2.6 Auswahl wichtiger kundenorientierter Geschäftsszenarios

Geschäftsszenario	Kurzbeschreibung
Kampagnenmanagement	Optimierung der Kampagnenabwicklung von der Marktanalyse bis zur Ergebnisprüfung
Lead Management	Automatisierung der verkaufsvorbereitenden Schritte. Konzentration auf die aussichtsreichsten Kaufinteressenten und Verkaufschancen
Marketingplanung	Planung und Steuerung aller Marketingaktivitäten von der Budgetierung bis zur Ergebnisanalyse
Kundensegmentierung	Einteilung des Kundenbestands in Segmente zur Differenzierung und Personalisierung der Produkt- und Dienstleistungsangebote (ohne Programmieraufwand)
Opportunity Management	Begleitung des Vertriebszyklus von der Identifikation von Verkaufschancen bis zum erfolgreichen Abschluss. Einheitliche Sicht auf zugeordnete Vorgänge, Historie, Termine, Fortschritte und zuständige Entscheidungsträger
Aktivitätsmanagement	Planung, Durchführung und Management von Vertriebsaktivitäten und Organisation des Vertriebstagesgeschäfts zur schnelleren Erzielung von Verkaufsabschlüssen

Geschäftsszenario	Kurzbeschreibung
Account and Contact Management	Bereitstellung aller wichtigen Informationen über Kunden, Interessenten und Partner für Interaktionshistorie, Aktvitätenverfolgung und Analyse erfolgreicher oder kritischer Geschäftsbeziehungen
Partnermanagement	Management der Partnerbeziehungen über den gesamten Kooperationszyklus von Partnerrekrutierung, -registrierung, -planung, -segmentierung und -training bis hin zur Partnerzertifizierung
Sales Analytics	Verbesserung der Effizienz und Effektivität von Vertriebsprozessen, ausgehend von der Vertriebsplanung über die vorausschauende Analyse der Geschäftsentwicklungen und entsprechende Pipeline-Analysen bis hin zur abschließenden Erfolgsanalyse im Vertrieb
Angebots- und Auftragsmanagement mit Mobile Sales	Unterstützung des gesamten Auftragsprozesses von der Anfrage über das Angebot bis zum Auftrag inklusive Produktkonfiguration, Verfügbarkeitsprüfung, Preisfindung und Integration in die Auftragsabwicklung. Aktualisierung des Laptop-Datenbestands von Außendienstmitarbeitern mit Kundendaten und Produktinformationen vom zentralen CRM-System und Zurückspeicherung mobil erfasster Auftragsdaten, auch im besonderen Format für Handheld-Geräte (*Mobile Sales for Handhelds*)

10 Telekommunikations- und Versorgungs-unternehmen

Für Dienstleistungsunternehmen der Versorgungs- und Telekommunikations-branche, die bisher in regulierten Märkten agierten, stellt Kundenbeziehungsma-nagement eine große, neue Herausforderung dar. Für sie wird der richtige Umgang mit ihren Kunden nun zu einem wichtigen Unterscheidungskriterium im Konkurrenzkampf. Solange der Markt reguliert war, waren jedem Unternehmen seine Kunden sicher. Das Ziel der Deregulierung, mehr Wettbewerb zu schaffen, bedeutet für die Unternehmen auch, dass die Beziehung zum Kunden plötzlich eine neue Wichtigkeit bekommt. Im Telekommunikations- und Versorgungsbe-reich binden sich Kunden in der Regel langfristig an ein Unternehmen. Wechsel finden nur statt, wenn der Kunde mit Produkt oder Service unzufrieden ist. In die-sem Fall ist es allerdings dann schwer, den Kunden zurückzugewinnen. Daher gilt es schnell und kundenorientiert zu reagieren, wenn ein Kunde sich beispielsweise über seine monatliche Telefonrechnung beschwert (siehe Abschnitt 10.1.5 f.). Für Versorgungsunternehmen ist beispielsweise die Erstellung eines passenden, kun-denindividuellen Angebots für Großabnehmer eine zentrale Herausforderung (siehe Abschnitt 10.2.3).

10.1 Telekommunikationsbranche

>*Focus will be on best serving customers in core business and creating value for shareholders through stronger profit and cash flow. A passion for custo-mers and profits.*«
Anders Igel, Präsident und CEO von TeliaSonera in einer Pressekonferenz, September 2002

Die verschiedenen Geschäftsmodelle in der Telekommunikationsbranche unter-scheiden sich einerseits bezüglich der genutzten Plattform und andererseits in Fokus und Umfang der angebotenen Produkte und Dienste (siehe Abbildung 10.1). Dabei ist immer noch der Festnetz-Telefonanschluss mit weltweit 2,21 Mil-liarden Anschlüssen führend vor Mobilfunk und Internet [ITU 2002].

In den folgenden Ausführungen werden vor allem Lösungen für Unternehmen betrachtet, die Festnetz-, Mobilfunk- und Onlinedienste anbieten oder Betreiber der Netzinfrastruktur sind. Auch Produzenten von Netzinfrastruktur, Telefongerä-ten und Zubehör werden häufig der Telekommunikationsbranche zugerechnet. Die Geschäftsprozesse in diesen Unternehmen entsprechen jedoch eher denen der High-Tech-Branche. Diese wird in Abschnitt 4.2 behandelt.

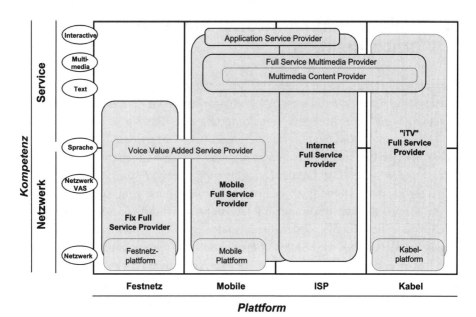

Abbildung 10.1 Geschäftsmodelle von Telekommunikationsunternehmen (Quelle: SAP/Gemini Consulting)

10.1.1 Die Trends: Profitabilität und Kundenorientierung

Im Zuge der Deregulierung traten viele neue Anbieter in den Telekommunikationsmarkt ein. Mittlerweile haben weltweit bereits mehr als die Hälfte aller Länder den Markt für Telekommunikation ganz oder teilweise privatisiert, sodass 85 % des Weltumsatzes mit Telekommunikation von nicht-staatlichen Unternehmen erzielt wird. Der Kampf um Marktanteile wurde meist über die Preise geführt. Die Phase, in der die ehemals staatlichen Anbieter mit den neuen privaten Konkurrenten erfolgreich über den Preis konkurrieren, war allerdings kurz [ITU 2002]. Mittlerweile sind zahlreiche Anbieter wieder vom Markt verschwunden. Wettbewerb ausschließlich über den Preis auszutragen, eignet sich nicht mehr als alleinige Erfolgsstrategie.

Neue Technologien – wie Breitband-Internet und Mobilfunk – haben die Kommunikation in den vergangenen Jahren weltweit revolutioniert und der Branche insgesamt einen großen Boom beschert. Aber auch die Wachstumsmöglichkeiten allein über die Einführung einer neuen Technologie sind begrenzt. Im Mobilfunkbereich, dem Wachstumsmarkt der vergangenen 10 Jahre, ist eine Sättigung eingetreten. Mittlerweile besitzt jeder sechste Mensch auf der Erde ein Mobiltelefon [ITU 2002]. Das geringe Marktwachstum, aber auch die hohen Wechselraten nach Vertragsablauf (churn rates) von jährlich 15 bis 18 %, stellen große Herausforderungen für Mobilfunkanbieter dar [Hart/Clark 2003].

Die Wettbewerbsfähigkeit der Telekommunikationsunternehmen, gemessen an der Profitabilität, hängt nun einerseits von der Kundenorientierung der Unternehmen ab, die durch folgende Maßnahmen gefördert wird:

▶ Attraktive Produktangebote, die auf Kundengruppen zugeschnitten sind und zugleich die vorhandene Infrastruktur effizient ausnutzen

▶ Bemühungen zur Stärkung der Kundenbindung, was insbesondere im Mobilfunkbereich ein Absenken der Kundenwechselrate bedeutet

▶ Besserer Kundenservice durch schnelle und gezielte Reaktionen bei Reklamationen und Fragen

Andererseits muss ein verstärkter Fokus auf die Effizienzsteigerung in Unternehmensprozessen gelegt werden, um so die Kosten zu reduzieren. Die Informationstechnologie leistet hierzu neben notwendigen strukturellen und organisatorischen Anpassungen einen wesentlichen Beitrag.

10.1.2 Telekommunikation als Teil der Informationstechnologie

Telekommunikations- und Informationstechnologie sind eng miteinander verknüpft. Die Aktivierung von Anschlüssen und Optionen, wie z. B. Anrufweiterschaltung sowie die Tarifberechung von Verbindungen und Datenübertragung, wäre ohne eng integrierte Softwareanwendungen nicht möglich.

Die Softwareanwendungen eines Telekommunikationsunternehmens werden typischerweise in drei Bereiche unterteilt. Die für den operativen Betrieb des Telekommunikationsnetzes eingesetzten Softwareanwendungen werden als Operation Support Systems (OSS) bezeichnet. Dazu zählen Lösungen für die Aktivierung und Bereitstellung von Anschlüssen, Network Management and Operations, Net Inventory Management u.ä.

Im Gegensatz dazu zählen Applikationen für die Abwicklung kundenorientierter und betriebswirtschaftlicher Prozesse zum Bereich der Business Support Systems (BSS). Darunter fallen Anwendungen für:

▶ Kundenservice (Customer Care and Service)

▶ Abrechnung und Rechnungsstellung (Billing and Invoicing)

▶ Forderungsmanagement (Receivables and Collections)

▶ Marketing- und Kampagnenmanagement

▶ Auftragserfassung

Buchhaltung, Personalwesen, Logistik und Einkauf werden meist einem separaten Bereich zugeordnet, der »Unternehmensadministration«. SAP deckt mit der Lösung *SAP for Telecommunications* neben dem administrativen Bereich auch einen Großteil von BSS ab (siehe Abbildung 10.2).

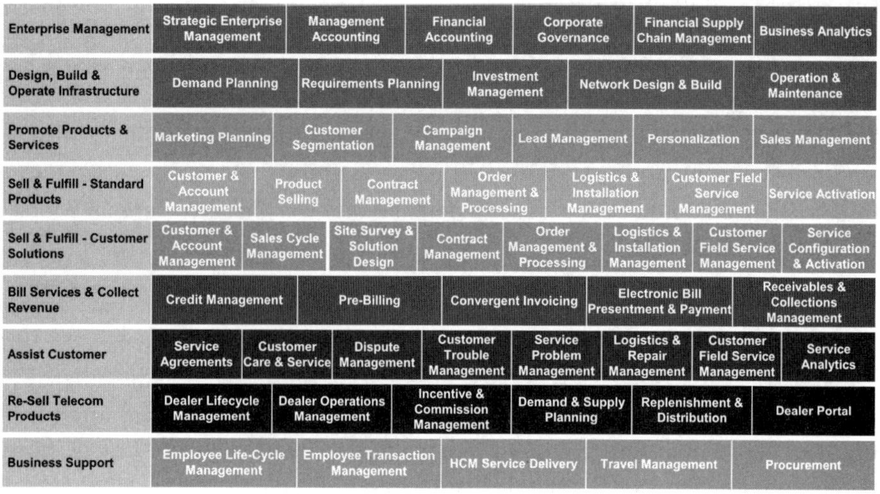

Enterprise Management	Strategic Enterprise Management	Management Accounting	Financial Accounting	Corporate Governance	Financial Supply Chain Management	Business Analytics
Design, Build & Operate Infrastructure	Demand Planning	Requirements Planning	Investment Management	Network Design & Build		Operation & Maintenance
Promote Products & Services	Marketing Planning	Customer Segmentation	Campaign Management	Lead Management	Personalization	Sales Management
Sell & Fulfill - Standard Products	Customer & Account Management	Product Selling	Contract Management	Order Management & Processing	Logistics & Installation Management	Customer Field Service Management	Service Activation
Sell & Fulfill - Customer Solutions	Customer & Account Management	Sales Cycle Management	Site Survey & Solution Design	Contract Management	Order Management & Processing	Logistics & Installation Management	Customer Field Service Management	Service Configuration & Activation
Bill Services & Collect Revenue	Credit Management	Pre-Billing	Convergent Invoicing	Electronic Bill Presentment & Payment	Receivables & Collections Management
Assist Customer	Service Agreements	Customer Care & Service	Dispute Management	Customer Trouble Management	Service Problem Management	Logistics & Repair Management	Customer Field Service Management	Service Analytics
Re-Sell Telecom Products	Dealer Lifecycle Management	Dealer Operations Management	Incentive & Commission Management	Demand & Supply Planning	Replenishment & Distribution	Dealer Portal
Business Support	Employee Life-Cycle Management	Employee Transaction Management	HCM Service Delivery	Travel Management	Procurement

Abbildung 10.2 Solution Map von SAP for Telecommunications

Zur lückenlosen Abbildung und Automatisierung von Geschäftsprozessen sind die betriebswirtschaftlichen Anwendungen des BSS eng mit den operativen des OSS verbunden. So löst beispielsweise die Auftragserfassung die Aktivierung eines Telefonanschlusses aus, oder die Nutzung des Netzes führt zur Rechnungsstellung. Da bei Telekommunikationsunternehmen nicht selten hunderte, vielfach spezialisierte individuelle Softwaresysteme im Einsatz sind, bedeuten Änderungen in den bestehenden Prozessen oder selbst die Einführung eines neuen Produktbündels einen immensen Integrationsaufwand. Telekommunikationsunternehmen liegen deshalb bei den Integrationsausgaben an der Spitze aller Branchen. Durch Einführung einer integrierten Gesamtlösung, z. B. von SAP, lassen sich diese Kosten signifikant senken.

Neben der Prozesssteuerung bereitet die Aktualisierung von Kunden- und Produktinformationen besondere Schwierigkeiten. Sie sind nicht nur auf verschiedene Systeme verteilt, sondern auch in unterschiedlicher Struktur vorhanden. Durchgängige und auf den Kunden fokussierte Geschäftsprozesse lassen sich so nur schwer einführen.

Für den Bereich BSS bietet *SAP for Telecommunications* auf der Basis der mySAP Business Suite eine umfassende Lösung an, die eine Gesamtsicht auf den Kunden ermöglicht und ein optimiertes Management der kundenorientierten Geschäftsprozesse über Systemgrenzen hinweg ermöglicht.

Im Folgenden wird auf die drei branchenspezifischen Phasen des Kundenlebenszyklus – Auftragserfassung, Rechnungsstellung und Vermeidung von Churns – eingegangen. Eine detaillierte Darstellung von Marketingkampagnen zur Kundengewinnung, die ebenso für Telekommunikationsunternehmen wichtig sind, findet sich in Abschnitt 7.2.

10.1.3 Verkaufsprozesse

Der Verkauf von Telekommunikationsdiensten stellt sehr unterschiedliche Anforderungen an den Vertriebsprozess, je nachdem ob private Verbraucher (B2C-Geschäft) oder Geschäftskunden (B2B-Vertrieb) die Zielgruppe bilden. Dabei spielt die konsistente Einbindung und Steuerung von Vertriebspartnern eine zunehmend wichtige Rolle.

Geschäftskunden erwarten individuell auf sie zugeschnittene Angebote und Lösungen, die den speziellen Bedürfnissen ihres Geschäftes entgegenkommen. Sie werden daher von persönlichen Vertriebsteams betreut. Die Verhandlungen zur Vereinbarung der Vertragsinhalte und -konditionen erstrecken sich meist über einen längeren Zeitraum. Dies gilt vor allem im Lösungs- und Projektgeschäft, wo für den Kunden komplexe Lösungen bereitgestellt werden müssen, z. B. bei der Verbindung verschiedener Standorte über Frame Relay oder IP-VPN.

Das Opportunity Management von mySAP CRM ist ein Werkzeug, um derartige Verkaufsprozesse strukturiert durchzuführen. Ein oder mehrere Vertriebsmitarbeiter arbeiten gemeinsam an einer Verkaufsgelegenheit (Opportunity) und protokollieren die gewonnenen Kundeninformationen, ihre Tätigkeiten, die Fortschritte sowie das vermutete Auftragsvolumen. Projektpläne, Angebote und eventuelle Aufträge erfassen sie bezogen auf die Opportunity, sodass sich später der Anteil erfolgreich abgeschlossener Opportunities auswerten lässt (Details siehe [Buck-Emden/Zencke 2003]).

Die privaten Konsumenten erhalten Beratung vornehmlich über Internet, Call Center oder den Einzelhandel. Die Abstimmung des Zusammenspiels unterschiedlicher Vertriebskanäle spielt dabei eine ebenso zentrale Rolle wie die korrekte und automatisierte Auftragsverarbeitung. Auftragsdaten sollten sofort nach der Erfassung in der Filiale im Call Center zur Verfügung stehen. Denn falls der Kunde den Auftrag nachträglich noch ändern möchte oder technische Probleme auftauchen, wird er sich im Call Center melden. Den Einzelhandelsfilialen, die ihre Produkte vertreiben, stellen Telekommunikationsunternehmen entsprechende Anwendungen und Informationen zur Verfügung. SAP hat zu diesem Zweck das *Händler-Portal for Telecommunications* in mySAP CRM entwickelt.

Portalgestütze Händleranbindung

Auf das *Händler-Portal for Telecommunications* greifen die Händler rollenbasiert über einen Browser zu. Entsprechend ihrer Aufgaben legt die Rolle fest, welche

Funktionen und Informationen das Portal anzeigt. Beispielsweise lässt sich auf diese Weise dem Verkaufspersonal eine andere Rolle zuordnen als dem Shop Manager.

Den Händlern stehen folgende Funktionen zur Verfügung:

▶ Auftragserfassung für Telekommunikationsdienstleistungen

▶ Anlegen und Bearbeiten von Serviceaufträgen

▶ Zugriff auf Marketingmaterialien und Produktinformationen

▶ Einsicht in die Höhe der eigenen Provisionen

▶ Materialbestellungen

Zur schnellen Aktivierung des Telekommunikationsdienstes integriert das Händlerportal eine Online-Auftragserfassung. Der Vertragsabschluss in einer Einzelhandelsfiliale läuft folgendermaßen ab (siehe Abbildung 10.3):

Der Kunde entschließt sich für einen neuen Mobilfunkvertrag, z. B. den Tarif Eco-Call inklusive Mobiltelefon. Der Händler gibt dazu im Händlerportal die Kundendaten ein, legt einen Auftrag vom Typ EcoCall an und erfasst zusätzlich erforderliche Parameter. Der Kunde unterzeichnet den ausgedruckten Kontrakt, woraufhin der Händler diesen freigibt. Dies löst die Folgeprozesse aus, wie z. B. Kreditprüfung und Aktivierung des Anschlusses. Die Prüfung der Kreditwürdigkeit des Kunden findet statt, um das Risiko nicht bezahlter Rechnungen zu reduzieren. Hierbei können beispielsweise die Anzahl der Mahnungen oder der fehlgeschlagenen Bankeinzüge in einem bestimmten Zeitraum berücksichtigt werden. Externe Kreditinformationen, etwa Schufa-Informationen oder in der Branche übliche »Schwarze Listen«, lassen sich ebenso verwenden.

Entsprechend des Ausgangs der Prüfung ändert sich der Status des Kontrakts. Sieht der Händler, dass die Kreditprüfung erfolgreich verlaufen ist, übergibt er dem Kunden das neue Mobiltelefon. Zur vollständigen Aktivierung wird der Kontrakt automatisch an das Aktivierungs- und das Billing-System weitergeleitet. Unmittelbar nach Abschluss der Aktivierung kann der Kunde mit seinem neuen Handy telefonieren.

Gegebenenfalls wird der Auftrag an weitere Applikationen übergeben, wie z. B. das Provisionsabrechnungssystem (SAP Incentive and Commission Management). Hier wird auf der Basis des Vertrags, den der Händler mit dem Telekommunikationsunternehmen hat, die korrekte Provision für den Auftrag berechnet und beim nächsten Zahllauf überwiesen. Der Händler kann über sein Portal seine Provisionen einsehen.

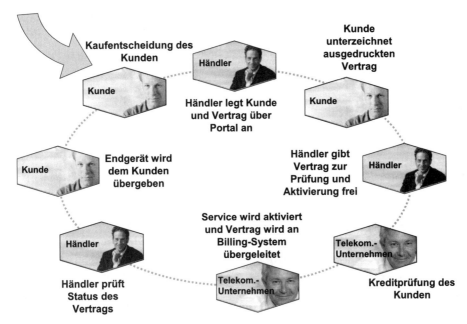

Abbildung 10.3 Szenarioablauf im Dealer Portal

10.1.4 Reduzierung der Wechselraten

Der Wechsel von einem Telekommunikationsanbieter zu einem anderen wird den Kunden durch die Vielzahl der Angebote und durch Serviceleistungen, z.B. die Möglichkeit zur Beibehaltung der Rufnummer, leicht gemacht. Da Kosten und Aufwand zur Gewinnung eines neuen Kunden hoch sind, müssen Telekommunikationsunternehmen versuchen, die Wechselrate möglichst niedrig zu halten. Dazu sind folgende Prozessschritte notwendig:

▶ Typische Gründe für den Wechsel der Kunden analysieren

▶ Proaktiv auf drohende Wechsel reagieren

▶ Aktionen zur Wiedergewinnung der Kunden durchführen

SAP for Telecommunications nutzt mySAP CRM und das SAP Business Warehouse zur Unterstützung aller drei Aufgabenfelder.

Analyse

Nur aussagekräftige Kunden- und Wettbewerbsanalysen eignen sich dazu, die Ursachen für Anbieterwechsel zu identifizieren. Folgende Fragen lassen sich beispielsweise mit den Analysefunktionen von mySAP CRM beantworten:

▶ Haben die Kunden, die wechseln, Gemeinsamkeiten, beispielsweise Umsatz, Tarifgruppe, Anteil der Ferngespräche oder Alter?

- Besteht eine Korrelation zwischen Kundenbeschwerden, Rechnungsreklamationen oder Serviceaufträgen und dem Wechsel?
- Tragen die wechselwilligen Kunden wesentlich zum Umsatz bei oder gehören sie zu den weniger profitablen Kunden?

Proaktive Reaktion

Um Kunden bei Ablauf ihres Vertrags zu einer Vertragsverlängerung zu bewegen, können sie frühzeitig mittels spezieller Kampagnen angesprochen werden. Auf der Basis von Kunden- und Vertragseigenschaften, wie beispielsweise Kundengruppe, Altersstruktur, Vertragstyp usw., werden Marketingzielgruppen definiert. Der Segment Builder von mySAP CRM ermöglicht eine komfortable Zusammenstellung der Zielgruppe. Er gruppiert Kunden mit gleichen Profilen, die in Marketingkampagnen angesprochen werden sollen. Alle Kunden der Zielgruppe können mit personalisierten Angeboten über alle Kanäle kontaktiert werden. Analysewerkzeuge helfen dabei, den Kampagnenerfolg zu messen.

Weiterhin können Kunden auf der Basis der vorherigen Analysen in Kundencluster mit ähnlichem Wechselrisiko gebündelt und somit auch speziell betreut werden.

Wiedergewinnung

Geht eine Kündigung ein, lassen sich automatisch Folgeaktivitäten initiieren, z.B. Versendung eines Briefes oder einer E-Mail mit einem neuen Angebot zur Vertragsverlängerung. Antwortet der Kunde nicht darauf oder verlängert er seinen Vertrag nicht, kann das System seinen Namen zur Anrufliste eines Call Centers hinzufügen, das auf die Wiedergewinnung speziell ausgerichtet ist. Der jeweilige Call-Center-Agent erfragt während des Telefonats die Gründe für den Wechsel und wirbt für eine Vertragsverlängerung. Folgeaktionen löst mySAP CRM zum Beispiel mit Hilfe der Funktionen zur Kampagnenautomatisierung aus.

10.1.5 Kundenbeziehungspflege bei der Abrechnung

In der Telekommunikationsbranche besteht zwischen Kunde und Anbieter meist ein längerfristiges vertragliches Verhältnis, das die Bereitstellung der Dienste, den Grundpreis, Kosten weiterer Einheiten sowie sonstige Konditionen regelt. Die in Anspruch genommenen Telekommunikationsleistungen werden üblicherweise monatlich abgerechnet. Eine Ausnahme ist das Prepaid-Geschäft, bei dem die Kunden im Voraus für die Leistungen zahlen, die sie dann über Prepaid-Karten abrufen.

Die Rechnungsabwicklung und die damit verbundenen Funktionen stellen daher für jedes Telekommunikationsunternehmen einen zentralen Geschäftsprozess dar.

Dies ergibt sich sowohl aus der großen Masse an zu verarbeitenden Daten als auch aus der Tatsache, dass die monatliche Rechnung die zentrale Kommunikation mit dem Kunden darstellt. Treten in diesem Bereich Probleme auf, wirkt sich das sofort auf die Kundenzufriedenheit aus.

Zur Rechnungsabwicklung gehören folgende Aufgaben:

▶ Abrechnung der in Anspruch genommenen Leistung und Rechnungserstellung

▶ Rechnungsstellung für Drittanbieter

▶ Abbuchung und Buchung der Zahlungseingänge

▶ Mahnungen bei überfälligen Zahlungen

▶ Abwicklung von Einsprüchen und eventuellen Korrekturbuchungen

Im zentralen Billingbereich (Pre-Billing), in dem die genutzte Leistung tarifiert und die Rechnung erstellt wird, haben sich spezialisierte Anbieter und Eigenentwicklungen der Unternehmen etabliert. SAP bietet hierfür keine eigene Lösung an. Für das anschließende Forderungsmanagement hat SAP die Lösung *Revenue Management and Contract Accounting* (RM-CA) entwickelt, das über offene, von SAP zertifizierte Schnittstellen eine Integration mit den Billingsystemen der Drittanbieter ermöglicht. Darüber hinaus haben SAP und Portal Software Inc. im Jahr 2003 eine Entwicklungspartnerschaft abgeschlossen, um gemeinsam eine erweiterte standardisierte Integration zu Billingsystemen anzubieten.

Mit RM-CA ermöglicht *SAP for Telecommunications* ein effektives und flexibles Forderungsmanagement. Bei ausstehenden Zahlungen mahnt es nach der vorgegebenen Zeit automatisch. Das mehrstufige Mahnverfahren lässt sich für Kunden unterschiedlich konfigurieren. So können die Texte der Mahnschreiben, die Mahnfristen oder der Zeitpunkt einer eventuellen Deaktivierung von der Kreditwürdigkeit des Kunden abhängen. Bezahlt der Kunde infolge der Mahnung, beendet dies den Prozess. Bleiben die Forderungen bestehen, kann eine automatische Deaktivierung des Anschlusses initiiert werden.

Im Gegensatz zu den Altsystemen einiger Telekommunikationsunternehmen ist in RM-CA das Forderungsmanagement zudem mit Buchhaltung und Controlling integriert. Dies kommt den Forderungen vieler Wirtschaftsprüfer nach, die kritisieren, dass es oft nicht möglich ist, die gebuchten Umsätze in der Buchhaltung anhand der Einzelumsätze in den Abrechnungssystemen zu überprüfen, was bei einigen Unternehmensinsolvenzen der letzten Jahre in unschöner Form offenbar wurde. Erweiterte Analysemöglichkeiten, eröffnen die vorkonfigurierten Analysen im SAP Business Warehouse.

Mittlerweile haben sich über 40 Telekommunikationsunternehmen für den Einsatz von RM-CA entschieden, um ihre Kundenprozesse im Forderungsmanagement zu optimieren und zu automatisieren. Das finnische Telekommunikations-unternehmen TeliaSonera erzielt durch den Einsatz von RM-CA eine fast 99,9 %ige automatische Zuordnung von Eingangszahlungen zu den entsprechen-den Rechnungen. Dies entspricht einer Verbesserung von 70 %. Gleichzeitig sank die Zahl der Mahnschreiben um 10 % und die Zahl der Deaktivierung von Anschlüssen infolge nicht bezahlter Rechnungen um 30 % [SAP 2002c].

Um die Kommunikation mit den Kunden noch einfacher und effizienter zu gestal-ten, wurde RM-CA in das Interaction Center von mySAP CRM integriert (Abbil-dung 10.4). Dem Interaction-Center-Agenten stehen somit die Kundeninforma-tionen und Funktionen aus RM-CA zur Verfügung. Anstelle schriftlicher Mahnungen lassen sich auch Anruflisten für das Interaction Center erzeugen. Die Interaction-Center-Agenten mahnen die Kunden telefonisch und halten eventu-elle Zahlungsversprechen fest. Zusätzlich werden auch webfähige Self-Service-Szenarios unterstützt.

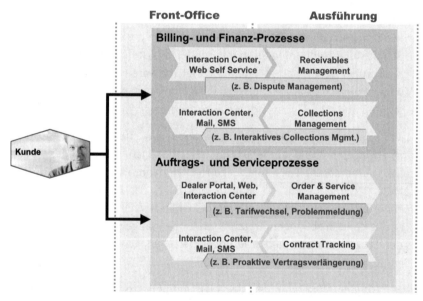

Abbildung 10.4 Integration von Interaction Center und Backend (RM-CA)

10.1.6 Geschäftsszenario: Beschwerdemanagement im Interaction Center

Unklarheiten bezüglich der übersandten Rechnung sind neben technischen Pro-blemen und Produktanfragen der häufigste Grund, warum Kunden sich bei ihrem Telekommunikationsanbieter melden. Kunden geben an, bestimmte auf der Rechnung ausgewiesene Telefonate nicht getätigt oder Dienste nicht in Anspruch genommen zu haben. Vertragliche Änderungen, z.B. des Tarifs, wurden bei der

Rechnungserstellung eventuell noch nicht berücksichtigt oder zeitlich falsch abgegrenzt. Oder es kommt zu Reklamationen von Mahngebühren, weil sich die Zahlung und die Mahnung überschnitten haben. Derartige Beschwerden müssen geprüft und bearbeitet werden. Mit dem Geschäftsszenario Dispute Management bildet *SAP for Telecommunications* diesen Prozess vollständig ab. Zum Einsatz kommen dabei die SAP-Lösungskomponenten mySAP CRM und RM-CA. Dispute Management schafft für Telekommunikationsunternehmen folgende Vorteile:

▶ Bei der hohen Zahl von Rechnungen, die monatlich erstellt werden, ist auch die Zahl der Einsprüche entsprechend groß. Eine effiziente Abwicklung spart Kosten und erhöht die Kundenzufriedenheit.

▶ Kunden erwarten bei einer gerechtfertigten Beschwerde zu Recht, dass unverzüglich Konsequenzen, z.B. Rückzahlungen, eingeleitet werden.

▶ Ist die Beschwerde zur Rechnung ungerechtfertigt, so ist es für das Unternehmen wichtig, dass Kunden ihre offene Rechnung baldmöglichst begleichen. Jeder Tag verspäteter Zahlung kostet zusätzlich Zinsen und mindert die Liquidität des Unternehmens. Daneben haben ungeklärte Rechnungsbeschwerden auch bilanzielle Auswirkungen, da sie zweifelhafte Forderungen darstellen.

Im folgenden Szenario meldet sich der Kunde Arthur Schnabel im Interaction Center des fiktiven Unternehmens TELCO4YOU und erhebt Einspruch gegen seine letzte Monatsrechnung. Der Agent nimmt die Beschwerde entgegen und leitet sie an die Fachabteilung weiter. Dort wird der Einspruch geprüft und für berechtigt befunden. Die Rechungsstelle leitet daher eine Rückzahlung an den Kunden ein. Der Ablauf des Geschäftsszenarios ist in Abbildung 10.5 dargestellt.

Rollen

SAP for Telecommunications enthält geeignete Rollen für die Mitarbeiter, die an der Bearbeitung von Beschwerdefällen beteiligt sind. Diese Rollen stellen den Mitarbeitern einen Arbeitsplatz für alle Aufgaben zur Verfügung, die für sie bei der Bearbeitung der Beschwerde anfallen. Am Beispielszenario sind folgende Rollen beteiligt:

▶ Der *Interaction-Center-Agent* nimmt Anfragen und Beschwerden von Kunden über Telefon, E-Mail, Fax, Chat etc. im Interaction Center entgegen. Wenn er die Anfrage nicht selbst klären kann, erfasst er die nötigen Informationen und leitet sie an die Fachabteilung weiter.

▶ Der *Beschwerdesachbearbeiter* prüft die über seinen Eingangskorb empfangenen Rechnungsbeschwerdefälle und entscheidet über sie. Die Rolle des Beschwerdesachbearbeiters kann mit der des Interaction-Center-Agenten zusammenfallen, falls das Interaction Center auf die Klärung von Einsprüchen spezialisiert ist. Für besonders komplexe Fälle können Dispute Manager benannt werden, die diejenigen Fälle bearbeiten und entscheiden, die außerhalb des Verantwortungsbereichs des Sachbearbeiters liegen.

▶ Der *Forderungssachbearbeiter* nimmt die vom Beschwerdesachbearbeiter initiierten Gutschriften und Korrekturbuchungen vor, sofern diese nicht automatisch ausgelöst werden. Je nach Organisation sind die Beschwerdesachbearbeiter auch befugt, eigenständig Buchungen vorzunehmen.

Abbildung 10.5 Ablauf des Szenarios »Forderungsmanagement«

Ablauf des Geschäftsszenarios

Kundenbeschwerde

Als Arthur Schnabel von TELCO4YOU das Angebot zum Abschluss eines 12-monatigen DSL-Vertrags erhält, bei dem ihm der Bereitstellungspreis von 99 EUR erlassen wird, greift er sofort zu. Überraschenderweise findet Arthur Schnabel auf seiner ersten Monatsabrechnung trotzdem einen Rechnungsposten über 99 EUR für die Bereitstellung. Um den Fall zu klären, ruft er im Interaction Center von TELCO4YOU an. Anhand der Telefonnummer des Anrufers identifiziert mySAP CRM den Kunden als Arthur Schnabel und zeigt dem Interaction-Center-Agenten die Kundendaten sowie die Interaktionshistorie an. Der Interaction-Center-Agent sieht auf diese Weise sofort, dass Arthur Schnabel erst vor vier Wochen seinen DSL-Vertrag abgeschlossen hat. Das Interaction Center bietet auch online Zugriff auf alle Abrechnungsdaten und den Kontostand des Kunden, sodass der Agent schnell überprüfen kann, ob Arthur Schnabels Angaben zu seiner Rechnung stimmen.

Erfassen des Einspruchs

Der Interaction-Center-Agent kann den Einspruch nicht abschließend klären, weshalb er einen Beschwerdefall im System anlegt. Der Beschwerdefall ist eine Art elektronischer Akte, die alle relevanten Informationen und Dokumente zur Bearbeitung des Falls zusammenfasst. Mit dem Beschwerdefall verknüpft mySAP CRM die Kunden-, Rechnungs- und Konteninformationen von Arthur Schnabel sowie den Auftrag. Neben den kundenbezogenen Daten werden weitere fallspezifische Informationen festgehalten, wie Bearbeiter, Datum, Kategorie, Priorität, Grund, Status etc. Eine Beschwerde ist stets einem Zuständigen zugeordnet, der für die gesamte Abwicklung der Beschwerde verantwortlich ist. In unserem Fall ist dies der Beschwerdesachbearbeiter. Der erste Bearbeiter ist der Interaction-Center-Agent. Das Anlegen eines Beschwerdefalles kann auch automatisch erfolgen, z.B. wenn eine Unterzahlung einer Rechnung vorliegt.

Notizen und eine automatische Aufzeichnung der Aktivitäten geben stets darüber Auskunft, welche Bearbeitungsschritte bereits durchgeführt wurden. Der Interaction-Center-Agent trägt z.B. als Notiz ein, dass in der Rechnung Nr. 01/03 von Arthur Schnabel eine Bereitstellungsgebühr gebucht ist, die jedoch im Angebot für Herrn Schnabel wegfallen sollte.

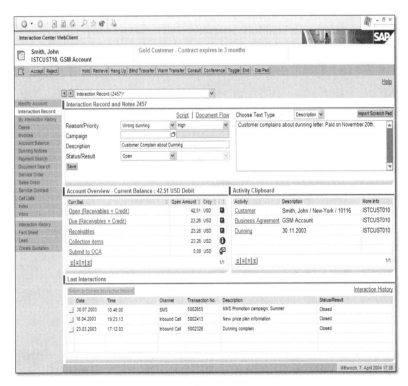

Abbildung 10.6 Sicht auf Kundenguthaben im Interaction Center

Beim Anlegen einer Beschwerde können vordefinierte Aktionen ausgeführt werden. Für die aktuelle Rechnung von Herrn Schnabel könnte so eine Mahnsperre gesetzt werden, denn ein zusätzliches Mahnschreiben würde die Kundenbeziehung sicherlich nicht fördern. Mahnsperren lassen sich für offene Posten setzen. Sie unterbinden die Ausstellung und Übersendung weiterer Mahnungen, bis der Fall entschieden ist. Werden lediglich Teilbeträge der Rechnung reklamiert, kann der Streitbetrag getrennt von der Gesamtrechnung behandelt werden, und Kunden können zwischenzeitlich unstrittige Rechnungsbestandteile in Teilzahlungen begleichen. Arthur Schnabel nimmt allerdings am Lastschrifteinzugsverfahren teil. Der Rechnungsbetrag wurde somit schon von seinem Konto abgebucht.

Der Interaction-Center-Agent speichert den Fall ab und teilt Arthur Schnabel mit, dass seine Beschwerde geprüft werde und er umgehend Bescheid bekomme.

Prüfung des Einspruchs

Das CRM-System leitet den Beschwerdefall workflowgestützt an den Beschwerdesachbearbeiter weiter, dem alle wesentlichen Informationen über den Kunden in der Fallakte vorliegen. Er kann nun anhand der Rechnung und des abgeschlossenen Mobilfunkvertrags von Arthur Schnabel den Sachverhalt prüfen. Falls er noch zusätzliche fallbezogene Auskünfte benötigt, bezieht er – wiederum per Workflow – andere Fachabteilungen in die Bearbeitung mit ein. Alle Sachbearbeiter sowie ihre Aktivitäten und Ergebnisse werden im Beschwerdefall mitprotokolliert. So stellt *SAP for Telecommunications* sicher, dass jeder Bearbeiter des Falles über alle Bearbeitungsschritte Bescheid weiß.

Die Überprüfung ergibt, dass der Einspruch von Arthur Schnabel berechtigt ist. Der Auftrag wurde falsch erfasst, wodurch automatisch der Bereitstellungsbetrag in Rechnung gestellt wurde.

Der Sachbearbeiter nutzt die Interaction-Center-Oberfläche, um eine E-Mail an Arthur Schnabel zu erfassen, in der sich TELCO4YOU für den Fehler entschuldigt und die unverzügliche Rückbuchung der Summe ankündigt. Anstatt den E-Mail-Text selbst auszuformulieren, greift der Sachbearbeiter auf vorformulierte Textbausteine zurück. Im CRM-System wird die E-Mail ebenfalls dem Beschwerdefall zugeordnet.

Als Folgeaktivität steht nun noch die Rückbuchung des zuviel gezahlten Betrages aus. Folgeschritte aus dem Beschwerdefall werden entweder manuell durchgeführt oder automatisiert angestoßen.

Folgeaktivitäten

Der Buchhalter findet in seinem Eingangskorb die Folgeaktivitäten zu Arthur Schnabels Beschwerde. Er nimmt die Korrekturbuchungen vor und erstellt einen Rückzahlungsauftrag.

Erst mit Abschluss aller Aktionen ist der Beschwerdefall erledigt. War die Beschwerde ungerechtfertigt, so werden die üblichen Prozesse, wie Ablauf der Mahnfrist und Eskalation des Mahnverfahrens, automatisch wieder in Gang gesetzt.

Für die Überwachung von Qualität und Effizienz der Beschwerdeabwicklung stehen statistische Auswertungen zur Verfügung. Die Anzahl der berechtigten Beschwerden, die durchschnittliche Bearbeitungszeit oder die Anzahl der beteiligten Mitarbeiter lassen sich beispielsweise anzeigen, um die Arbeit des Beschwerdeteams zu beurteilen. Werden vordefinierte Klärungs- und Bearbeitungszeiten überschritten, können über Eskalationsroutinen die verantwortlichen Manager informiert werden.

10.1.7 Kritische Erfolgsfaktoren bei der CRM-Einführung

Kundenorientierung als gesamtunternehmerische Herausforderung

In den 90er Jahren wurde die Einführung von ERP-Systemen eng mit einem »Business Reengineering« verknüpft, um so effizientere oder effektivere Prozesse zu erlangen. Ähnliche Anforderungen sollten auch an die Einführung kundenorientierter Lösungen gestellt werden. Die Implementierung des CRM-Systems ist lediglich eine Säule. Das Ergebnis hängt aber wesentlich von einem erfolgreichen »Customer Business Reengineering« und Changemanagement ab.

Durchgängige, kundenorientierte Geschäftsprozesse betrachten

Aufgrund der großen Zahl an Systemen, in denen Telekommunikationsunternehmen kundenbezogene Daten verwalten, stand in Projekten das Ziel »Eine Sicht auf den Kunden« vielfach im Vordergrund. Dies hat dazu geführt, dass eine an Frontoffice orientierte Sicht die Strategie dominierte und Ineffizienzen und Fehleranfälligkeiten in Unternehmensprozessen häufig nur unzureichend behoben wurden. Außerdem repräsentierten viele der eingesetzten Systeme eher eine Service- und Produktsicht. Deshalb ist es besonders wichtig, die Backoffice-Applikationen mit in den Blick zu nehmen und zu ermitteln, welchen Beitrag sie zu innovativen und effizienten kundenorientierten Geschäftsprozessen leisten können.

Integrierte Plattformlösungen

Das rasante Wachstum in den 90er Jahren, die wachsende Konkurrenz und somit der Druck, schnell Lösungen bereitstellen zu müssen, hat dazu geführt, dass vielfach eine große Zahl von Insellösungen installiert wurden. Heute stehen viele Telekommunikationsunternehmen unter dem Druck, verstärkt Kosten einsparen zu müssen. Die Wartung und Integration der vielen Lösungen wird auf Dauer zu teuer werden, vor allem, wenn dem kein entsprechender Mehrwert gegenübersteht. Umfassende Anwendungsplattformen und integrierte CRM-Systeme bieten heute eine solide Basis, um kundenorientierte Prozesse zu unterstützen.

Offene Architektur bietet Freiraum und Flexibilität

Auch in der Zukunft werden Telekommunikationsunternehmen zahlreiche Systeme integrieren müssen, um ihre Unternehmensprozesse zu unterstützen. Neben dem Zusammenspiel mit Integrationsplattformen (z.B. der Exchange Infrastructure von SAP NetWeaver) ist auf die Offenheit der Lösungen und die Unterstützung von Web Services zu achten.

Total Cost of Ownership: »An später denken«

Gerade im Telekommunikationsmarkt werden CRM-Systeme stets einem Wandel unterworfen sein. Viele Unternehmen erlebten ein böses Erwachen, als sich die implementieren Lösungen als nicht »upgradefähig« erwiesen. Der Wechsel zum höheren Release mit den neuen gewünschten Funktionalitäten wurde zur kompletten Neueinführung. Bei heutigen Entscheidungen für CRM-Systeme sollte insbesondere darauf geachtet werden, dass Releasestabilität gewährleistet wird.

10.1.8 Auswahl wichtiger kundenorientierter Geschäftsszenarios

Geschäftsszenario	Kurzbeschreibung
Angebots- und Auftragsmanagement	Unterstützung des gesamten Auftragsprozesses von der Anfrage über das Angebot bis zum Auftrag mit Produktkonfiguration, Verfügbarkeitsprüfung, Preisfindung und der Integration in die Auftragsabwicklung, unabhängig vom Kommunikationskanal der Auftragserfassung
Opportunity Management	Begleitung des Vertriebszyklus von der Identifikation von Verkaufschancen bis zum erfolgreichen Abschluss. Einheitliche Sicht auf zugeordnete Vorgänge, Historie, Termine, Fortschritte und zuständige Entscheidungsträger
Provisionen und Leistungsanreize	Vergütungsregelungen für Vertrieb, Partner oder andere Provisionsempfänger
Case Management	Zusammenfassung aller Informationen eines laufenden Vorgangs zu einem Fall sowie zur Strukturierung und Überwachung des Vorgehens bei der Abarbeitung des Falles
Mobile Service: Serviceauftragsabwicklung	Unterstützung der Abläufe im Servicebereich mit Anfragen und Angeboten, Auftragserstellung, Ersatzteilplanung, Mitarbeitereinsatzplanung und Abrechnung für Außendienstmitarbeiter mit Laptop. Abgleichmöglichkeit zum zentralen CRM-System sowie Online- und Offline-Arbeitsmöglichkeiten, auch im besonderen Format für Handheld-Geräte zum zeitnahen Abruf von Einsatzänderungen (*Mobile Service für Handhelds*)

Geschäftsszenario	Kurzbeschreibung
Inbound Telesales	Bearbeitung eingehender Kunden- oder Interessentenanfragen im Interaction Center mit Angebots- und Auftragserfassung, Produktinformationssuche und Verfügbarkeitsprüfung sowie Unterstützung der Agenten bei der Generierung von zusätzlichem Umsatz durch Cross- und Up-Selling-Strategien
Customer Service und Support im Interaction Center	Beantwortung von Kundenfragen, Klärung technischer Probleme, Beschwerdemanagement, Retourenabwicklung, Veranlassung von Umtauschaktivitäten, Erfassung von Serviceaufträgen und Unterbreitung von Vorschlägen zu weiteren Serviceprodukten durch Online-Zugriff auf die Lösungsdatenbank und alle relevanten Kundendaten
Customer Analytics	Analyse des Kundenverhaltens und Kundenwertes zur persönlicheren und gezielten Ansprache von Kunden
Financial Customer Care für die Telekommunikationsbranche	Management von Forderungen an Kunden. Bearbeitung von Kundenanfragen, z.B. Änderung von Zahlweg oder Bankverbindung, Setzen von Sperren oder Stundung. Bereitstellung aller relevanten Informationen über Kunden, Kontenstände, Rechnungen, Zahlungen, Mahnungen und Korrespondenzen
Interactive Collections für die Telekommunikationsbranche	Automatisierte Erstellung von Call-Listen zur telefonischen Mahnung und Eintreibung fälliger Posten sowie Funktionen zur Erfassung von Zahlungen, Stundungen oder Ratenplänen
Dispute Management für die Telekommunikationsbranche	Erfassung von Kundenbeschwerden zu Rechnungen mit Erstellung der notwendigen Korrespondenzen. Einbindung weiterer Bearbeiter zur Fallklärung und Gewährung von Gutschriften

10.2 Versorgungswirtschaft

Zur Versorgungswirtschaft gehören alle Unternehmen, die sich mit der Erzeugung, Übertragung, Verteilung und dem Verkauf von Versorgungsprodukten wie Strom, Gas, Wasser und Fernwärme beschäftigen. Der Sektor der Versorgungswirtschaft schließt auch Dienstleistungen ein, etwa den Zählerein- und -ausbau, die Zählerablesung, Wartungsleistungen sowie die Bereitstellung des Versorgungsnetzes. Für alle diese Unternehmen stellt die fortschreitende Deregulierung des Energiemarktes eine zentrale Herausforderung dar, die den Umgang mit den Kunden stark beeinflusst.

10.2.1 Deregulierung als Herausforderung

Die Deregulierung des Energiemarktes schreitet fort. Bis zum Jahr 2007 wird innerhalb der Europäischen Union Strom und Gas für Großunternehmen liberalisiert (siehe Abbildung 10.7). In den USA wurde die Deregulierung schrittweise in einzelnen Staaten durchgeführt, kam jedoch aufgrund gravierender Schwierigkeiten (z.B. im Bereich Energieerzeugung wie in Kalifornien) erheblich ins Stocken.

Amerikanische Versorgungsunternehmen haben durch diesen Aufschub die Gelegenheit, sich gezielt auf die Herausforderung deregulierter Märkte vorzubereiten.

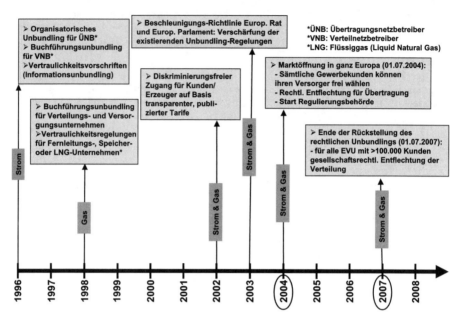

Abbildung 10.7 Verlauf der Deregulierung in Europa

Während in regulierten Märkten die Kunden den Energieversorgern fest zugeteilt sind, haben Verbraucher im liberalisierten Markt die Wahl zwischen verschiedenen Anbietern. In deregulierten Marktstrukturen müssen Versorgungsunternehmen daher:

▶ Gezielt um Kunden werben

▶ Bestandskunden durch guten Service an sich binden

▶ Den Erfolg in Marketing und Vertrieb sowie die Qualität ihrer Dienstleistungen messen und optimieren

Diese Ziele stellen einerseits Herausforderungen an Unternehmensstrategie und Firmenkultur der Versorger dar. Andererseits muss aber auch die Datenverarbeitung die Zielerreichung unterstützen.

Kundeninformationssysteme genügen nicht

Versorgungsunternehmen sind häufig der Ansicht, dass die bestehenden Kundeninformationssysteme (Customer Information System, CIS) die neuen Aufgaben des Kundenbeziehungsmanagements übernehmen sollten, insbesondere, da CRM-Systeme von vielen Herstellern zu wenig mit den versorgerspezifischen

Backendprozessen integriert sind und Kundeninformationssysteme bereits kundenbezogene Daten wie Anschlüsse, Verträge, Verbrauchsdaten und Rechnungen zu den einzelnen Verbrauchern ausweisen. Was bedarf es da noch mehr?

Im regulierten Markt erhöhen Versorger den Unternehmensgewinn, indem sie ihre operativen Kosten senken. Auch Kundeninformationssysteme wurden zur Optimierung der operativen Prozesse eingeführt, denn, wie der Gartner-Analyst E. Kolsky knapp formuliert: »Relationships with customers are seen as a necessary problem to continue operations« [Kolsky 2002]. Kundenbeziehungsmanagement heißt dagegen, den Kunden und seine Bedürfnisse zu kennen, ihn zufrieden zu stellen und den Umsatz mit ihm zu erhöhen. Dazu bieten CRM-Softwareanwendungen umfangreiche Marketing-, Vertriebs- und Servicefunktionalitäten, darunter Lead-, Opportunity- und Auftragsmanagement sowie die Möglichkeit, mittels analytischem CRM Auswertungen und Prognosen zu erstellen [Buck-Emden/Zencke 2003].

Im deregulierten Markt ist daher der Einsatz einer CRM-Lösung eine notwendige und sinnvolle Ergänzung zu den bestehenden abrechnungsfokussierten Kundeninformationsanwendungen, jedoch nur dann, wenn sie integriert betrieben werden.

Kundenspezifische Prozesse

Eine weltweite Umfrage unter 31 Versorgungsunternehmen, die CRM-Softwarelösungen eingeführt haben, ergab, dass eine Investition in zielgerichtete kanalspezifische Vertriebs- und Marketingprozesse die Wettbewerbsfähigkeit am meisten stärkt [Accenture 2002]. Die Versorgungswirtschaft kennt zwei Kategorien von Kunden, bei denen sich der Vertriebsprozess grundlegend unterscheidet:

▶ Privat- oder Tarifkunden
▶ Sonderkunden

Privat- bzw. Tarifkunden, die Strom, Gas oder Wasser zu einem festen Standardtarif beziehen, stellen den Löwenanteil unter den Kunden. Zu ihrer Betreuung eignen sich Call Center oder Internet-Self-Services. Sonderkunden sind dagegen Großabnehmer, mit denen die Versorger Verträge und individuelle Konditionen aushandeln. Dazu zählen einzelne Unternehmen, Handelsketten mit ihren Filialen (Kettenkunden, z. B. McDonalds) oder überbetriebliche Vereinigungen (Bündelkunden, etwa Bäckervereinigung Nordrhein-Westfalen). Jeder Kunde dieses besonderen Kundenkreises wird persönlich durch einen zugeordneten Vertriebsmitarbeiter, den Key Account Manager, betreut.

SAP for Utilities

SAP stellt mit *SAP for Utilities* Lösungen für alle Bereiche der Versorgungskette von der Erzeugung über die Verteilung, Übertragung und Installationsservices bis zum Energieverkauf bereit (siehe Abbildung 10.8). Eine genaue Darstellung sämtlicher Prozesse findet sich in [SAP 2002].

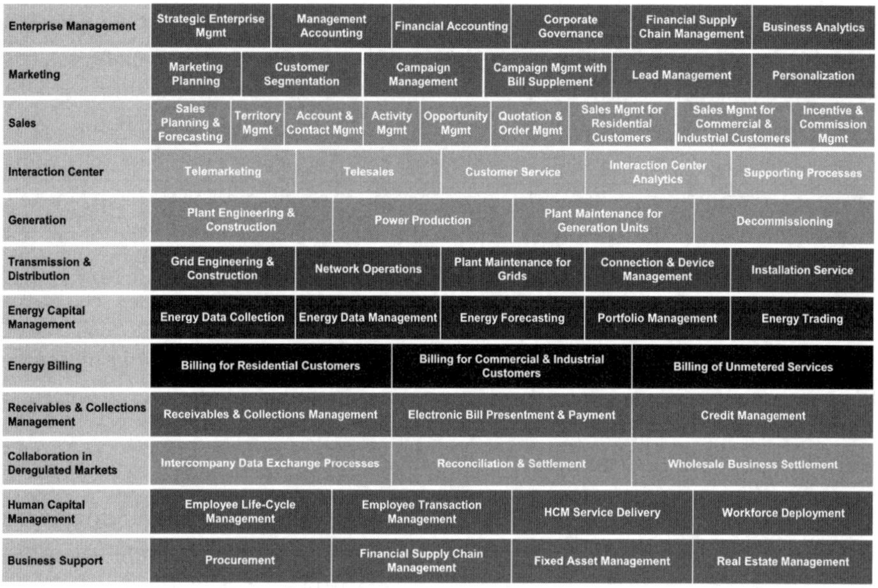

Enterprise Management	Strategic Enterprise Mgmt		Management Accounting		Financial Accounting		Corporate Governance		Financial Supply Chain Management		Business Analytics	
Marketing	Marketing Planning		Customer Segmentation		Campaign Management		Campaign Mgmt with Bill Supplement		Lead Management		Personalization	
Sales	Sales Planning & Forecasting	Territory Mgmt	Account & Contact Mgmt	Activity Mgmt	Opportunity Mgmt	Quotation & Order Mgmt		Sales Mgmt for Residential Customers		Sales Mgmt for Commercial & Industrial Customers	Incentive & Commission Mgmt	
Interaction Center	Telemarketing		Telesales		Customer Service		Interaction Center Analytics		Supporting Processes			
Generation	Plant Engineering & Construction		Power Production			Plant Maintenance for Generation Units			Decommissioning			
Transmission & Distribution	Grid Engineering & Construction		Network Operations		Plant Maintenance for Grids		Connection & Device Management		Installation Service			
Energy Capital Management	Energy Data Collection		Energy Data Management		Energy Forecasting		Portfolio Management		Energy Trading			
Energy Billing	Billing for Residential Customers			Billing for Commercial & Industrial Customers			Billing of Unmetered Services					
Receivables & Collections Management	Receivables & Collections Management			Electronic Bill Presentment & Payment			Credit Management					
Collaboration in Deregulated Markets	Intercompany Data Exchange Processes			Reconciliation & Settlement			Wholesale Business Settlement					
Human Capital Management	Employee Life-Cycle Management		Employee Transaction Management		HCM Service Delivery		Workforce Deployment					
Business Support	Procurement		Financial Supply Chain Management		Fixed Asset Management		Real Estate Management					

Abbildung 10.8 Solution Map von SAP for Utilities

Von weltweit 850 SAP R/3-Installationen in der Versorgungsindustrie nutzen 400 Unternehmen aus 52 Ländern mit insgesamt 250 Millionen Verträgen das SAP-Abrechnungssystem IS-Utilities (Stand: 2. Quartal 2003). Im Zuge der voranschreitenden Deregulierung werden zahlreiche dieser Unternehmen ihre Strategie intensiver auf ihre Kunden ausrichten. Die Integration von mySAP CRM mit IS-Utilities ermöglicht es, kundenorientierte Geschäftsprozesse durchgängig abzubilden. Im Folgenden wird dies anhand der Verkaufsprozesse für Tarif- und Sonderkunden dargestellt.

10.2.2 Der Vertriebsprozess für Tarifkunden

Versorgungsunternehmen sprechen Tarifkunden über Werbung an und informieren sie damit über interessante Tarife oder Zusatzangebote. Um Budget, Zielgruppe und Ablauf einer Marketingkampagne zu planen, die Aktion durchzuführen und am Ende ihren Erfolg zu messen, stehen in mySAP CRM zahlreiche Funktionen zum Kampagnenmanagement zur Verfügung (siehe [Buck-Emden/

Zencke 2003] und Abschnitt 4.2.5). Speziell für Versorgungsunternehmen wurde die Rechnungsbeilage als Marketinginstrument integriert.

Zur Kampagnendurchführung legt das System für jeden Kunden der Zielgruppe eine Aktivität an, sodass nachvollziehbar bleibt, wer an einer Kampagne teilgenommen hat. Reagiert ein Kunde auf die Kampagne, indem er beispielsweise Informationsmaterial anfordert oder unmittelbar einen Versorgungsvertrag abschließt, so entstehen ebenfalls entsprechende Aktivitäten. Auf diese Weise ist leicht auswertbar, wie viele Kunden durch die Kampagne geworben werden konnten.

Ein Kunde beschließt, aufgrund der Kampagne zum Versorgungsunternehmen zu wechseln, und meldet sich dazu im Interaction Center. Der Interaction-Center-Agent ruft die Adressdaten des Interessenten auf, die für die Kampagne bereits im System erfasst wurden, und erfragt nun den Vertragsbeginn, die Anschlussstelle, den geschätzten Verbrauch, den Zählerstand, den Vorversorger sowie die Bankverbindung. Mit diesen Daten erstellt er einen neuen Vertrag für den Kunden, der an das SAP-Backendsystem übertragen wird. Dort legt der Stammdatengenerator automatisch die für die Abrechnung notwendigen Stammdatenkonstrukte an, darunter Geschäftspartner, Vertragskonto, Vertrag, Anlage, Anschlussobjekt, Verbrauchsstelle usw. Zahlreiche manuelle Eingriffe entfallen auf diese Weise, und Fehler bei der manuellen Erfassung abrechnungsrelevanter Daten werden vermieden.

Im Folgenden können Ableseergebnisse der Zähler eingegeben und Verbräuche abgerechnet werden. Das Versorgungsunternehmen, das der Kunde verlässt, wird automatisch benachrichtigt. Den durch den neuen Kunden gewonnenen Umsatz ordnet das System selbstständig der Kampagne zu, damit der Erfolg der Kampagne durch eine Kosten-Nutzen-Auswertung verifiziert werden kann.

10.2.3 Geschäftsszenario: Vertriebsprozess für Sonderkunden

Im folgenden fiktiven Szenario interessiert sich der Maschinenbauer Dividox für einen Stromversorgungsvertrag von Energy4You. Der Key Account Manager von Energy4You, Peter Lindberg, nimmt mit Dividox Kontakt auf und unterbreitet ein Angebot, das von Dividox schließlich angenommen wird. Zur Abwicklung dieses Szenarios nutzt Peter Lindberg das Key-Account-Manager-Portal von *SAP for Utilities*, welches auf den Lösungskomponenten mySAP CRM, mySAP ERP mit branchenspezifischem Addon IS-Utilities und SAP SEM basiert. Der Ablauf des Geschäftsszenarios ist in Abbildung 10.9 dargestellt.

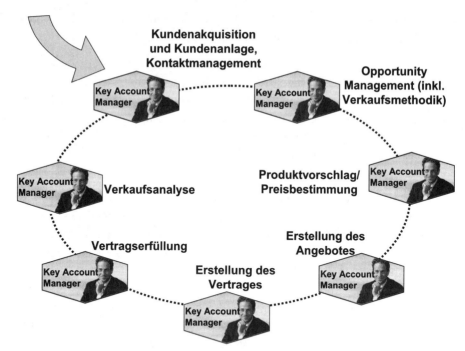

Abbildung 10.9 Szenarioablauf des Verkaufsprozesses für einen Sonderkunden

Rollen

Beim Versorgungsunternehmen Energy4You kümmern sich Key Account Manager persönlich um besonders wichtige Kunden. Ein einzelner Key Account Manager betreut bis zu 150 Kunden. Um eine individuelle Kundenbetreuung sicherzustellen und alle zeitlich parallel verlaufenden Vertriebsprozesse effizient zu organisieren, vereint die Rolle des Key Account Managers folgende Informationen und Funktionen:

▶ Liste der in naher Zukunft beim Geschäftspartner auslaufenden Verträge

▶ Übersicht über anstehende und geplante Aktivitäten

▶ Anzeige und Pflege von Geschäftspartnerdaten wie Adressen, Rechnungen, Angebote und Verträge

▶ Erstellen von Opportunities, Angeboten sowie Verträgen

▶ Anzeige von Verbrauchsstellendetails und Lastprofilen

▶ Analysen zur Verbrauchs- und Umsatzentwicklung

Darüber hinaus hat der Key Account Manager in seinem Portal Zugriff auf externe Informationsquellen, etwa auf die Strombörse bzw. die Websites seiner Kunden.

Ablauf des Geschäftsszenarios

Anlegen der Stammdaten

Da Dividox sich außerhalb des üblichen Versorgungsgebiets von Energy4You befindet, muss Peter Lindberg neben den Geschäftspartnerdaten auch die Anschlussstellen und Zählerpunkte in das CRM-System eingeben. Zunächst erfasst er Adresse und Ansprechpartner von Dividox sowie die Abnahmestelle.

Bei Ketten- und Bündelkunden ist die Erfassung der Stammdaten und die Angebotskalkulation komplexer, denn hier umfasst das Angebot nicht eine, sondern mehrere Abnahmestellen. Die Geschäftspartnerdaten und die Anschlussstellen müssen dabei für alle Filialen erfasst werden, da die Netznutzungsgebühren regional differieren können, wie es z. B. in Deutschland der Fall ist. *SAP for Utilities* fasst die einzelnen Filialen aus Gründen der Übersichtlichkeit in einer Kundengruppenhierarchie zusammen.

Anlegen einer Opportunity

Als Nächstes legt Peter Lindberg eine Opportunity für den Interessenten Dividox an, die ihm hilft, den Vertriebsprozess zu strukturieren. Peter Lindberg kennzeichnet die aktuelle Phase mit »Angebot« und trägt sich als verantwortlichen Mitarbeiter ein. Da für die Bearbeitung dieser Opportunity keine weiteren Kollegen nötig sind, erfasst er nur noch seinen Vorgesetzten, der ihn mit dem Fall Dividox beauftragt hat. Falls der Vertragsabschluss gelingt, ist klar, wem der Erfolg zu verdanken war. Außer den Verantwortlichkeiten beschreibt die Opportunity

▶ Die anzubietenden Produkte und Services

▶ Den zu erwartenden Umsatz (30 000 EUR)

▶ Eventuelle Mitbewerber

▶ Die geschätzte Abschlusswahrscheinlichkeit

Nutzung der Verkaufsmethodik

Zur Opportunity bietet das System Peter Lindberg eine Liste von Aktivitäten an, die bei einem erfolgreichen Vertriebsprozess anfallen (siehe Abbildung 10.10). Aus der Softwarekomponente *Verkaufsassistenten* heraus wählt Peter Lindberg die Aufgaben »Klärung der technischen Voraussetzungen beim Kunden« und »Schätzung des zukünftigen Verbrauchs« aus. Beide Aufgaben sind Bedingung, um überhaupt ein Angebot errechnen zu können. Die Aktivitäten erscheinen zunächst in seinem Aktivitätsplan zur Bearbeitung, können aber auch anderen Vertriebsmitarbeitern überantwortet werden.

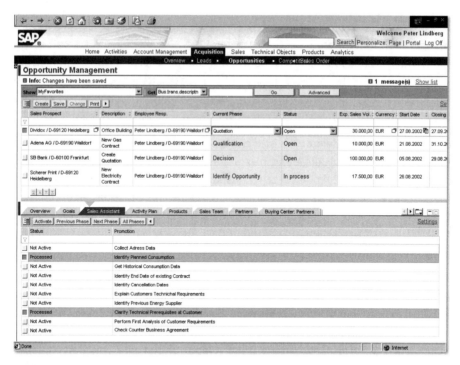

Abbildung 10.10 Unterstützung bei der Auswahl der Vertriebsaufgaben durch den Verkaufsassistenten

Der Verkaufsassistent ist ein Teil der softwarebasierten Realisierung der SAP-Verkaufsmethodik, die eine detailliertere und strukturiertere Erfassung und Bearbeitung einer Verkaufschance ermöglicht. Der Einsatz der Verkaufsmethodik ist sinnvoll, wenn mehrere Key Account Manager oder mehrere Kontaktpersonen beim Kunden involviert sind bzw. wenn das Angebot sehr komplexe Anforderungen enthält. SAP bietet für die Versorgungswirtschaft eine vordefinierte Verkaufsmethodik für Neuverträge bei Sonderkunden, die auch den Besonderheiten von Ketten- und Bündelkunden gerecht wird.

Beschreibung der technischen Objekte

Peter Lindberg beschließt, die erste Aktivität »Klärung der technischen Voraussetzungen« zu erledigen. Dazu ruft er im Key-Account-Portal den Bereich »Technische Objekte« auf. Über die Angabe der Adresse, der Sparte »Strom« und des Netzbereichs 220 V ermittelt das System Netzstruktur und Netznutzungskonditionen. Bei der späteren Angebotserstellung lädt es den Netzbetreiber und die entsprechenden Netznutzungskonditionen automatisch in das Kalkulationswerkzeug. Physikalisch liegen die Informationen zum Stromnetzwerk im SAP-Backend.

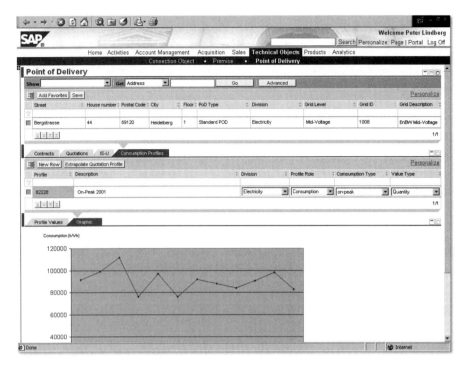

Abbildung 10.11 Anschlussstelle mit Verbrauchsstatistik

Um sein Angebot auf soliden Grundlagen kalkulieren zu können, fordert Peter Lindberg von Dividox ein Lastprofil der vergangenen 12 Monate an und ergänzt den Zählpunkt um die Angaben des Kunden (Abbildung 10.11). Simple Lastprofile (z. B. monatlicher Verbrauch im letzten Jahr) lassen sich als XML-Datei ins System laden oder manuell eingeben. Um einem Zählpunkt komplexe Intervallzählerprofile, also detailliertere Verbrauchsangaben je Auswertungszeitraum, zuzuordnen, ist ein integriertes Energiedatenmanagement nötig. *SAP for Utilities* setzt dazu das *SAP Energy Data Management* ein.

Erstellen des Angebotes

Peter Lindberg geht nun daran, auf der Grundlage der Opportunity ein Angebot zu erstellen. Das Angebot übernimmt die Daten aus der Opportunity. Zum Zählpunkt werden die vorhandenen Lastprofile ausgewiesen. Zur Angebotskalkulation kann Peter Lindberg die Daten aus dem Angebot in ein externes Kalkulationswerkzeug übernehmen und von dort das Kalkulationsergebnis zurückladen. Beispielsweise sind viele Key Account Manager daran gewöhnt, ihre Angebote mit Microsoft Excel zu berechnen. SAP stellt eine Microsoft-Excel-Kalkulationsvorlage zur Verfügung, die Peter Lindberg zu diesem Zweck verwendet (Abbildung 10.12). Das Kalkulationsresultat wird zur Preisvereinbarung im Angebot. Die ausführliche Microsoft-Excel-Kalkulation fügt Peter Lindberg als Anhang hinzu.

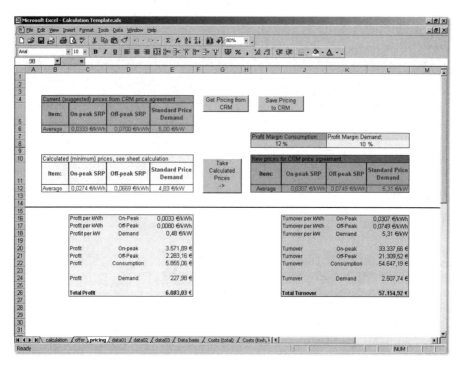

Abbildung 10.12 Angebotskalkulation mit MS Excel

Falls er das Angebot im Rahmen von Preisverhandlungen neu kalkulieren muss, erzeugt Peter eine neue Angebotsversion. Somit kann er den Verhandlungsverlauf jederzeit nachvollziehen.

Profitabilitätsanalyse

Bevor Peter Lindberg das Angebot an Dividox sendet, ermittelt er verschiedene Deckungsbeitragsstufen, um Informationen zur Profitabilität des Vertrags zu erhalten. Zur Deckungsbeitragsermittlung werden verbrauchsabhängige und -unabhängige Vertriebskosten, die im *SAP Strategic Enterprise Management System* (SEM) hinterlegt sind, zur Angebotskalkulation zugefügt. Als Ergebnis erhält Peter Lindberg die geplanten Deckungsbeitragsstufen des Angebots, die er wiederum im SEM-System speichern kann. Nach jeder Abrechnungsperiode kann er die geplanten Deckungsbeiträge mit den tatsächlich erwirtschafteten vergleichen. Diese Gegenüberstellung erfolgt grafisch in der Benutzungsoberfläche des Key Account Managers.

Vertragserstellung

Peter Lindberg vereinbart einen Kundentermin mit dem Ansprechpartner von Dividox und unterbreitet das Angebot. Da Dividox zusagt, wandelt Peter Lindberg das Angebot in einen Vertrag um.

Den Vertrag repliziert er in das Abrechnungssystem, wo der Stammdatengenerator auf der Grundlage von erfassten Vertragsdaten und produktspezifischen Stammdatenvorlagen automatisch weitere abrechnungsrelevante Stammdaten anlegt oder anpasst.

10.2.4 Kundenservice

Während Bestandskunden bislang hauptsächlich durch Call-Center-Agenten betreut wurden, stellen Internet-Self-Services für manchen Vorgang, z.B. die Änderung der Bankverbindung, eine preiswerte Alternative dar, da sie von den Kunden selbst vorgenommen werden. Auf Abnehmerseite schätzen viele Kunden die ständige zeitliche Verfügbarkeit dieser Funktionen.

Serviceprozesse im Interaction Center

Über 80 % aller Kundenanfragen beziehen sich auf Daten, die im Abrechnungssystem hinterlegt sind. Beispiele sind die Rechnungsreklamation, die Änderung des Abschlagsplans, Mahnungen etc. Deshalb stehen im Interaction Center von mySAP CRM die aus IS-Utilities bekannten Prozesse zur Verfügung:

▶ Umzugsbearbeitung mit speziellen Prozessen für Einzug und Auszug

▶ Bankdatenänderung

▶ Anpassungen des Abschlagsplans

▶ Rechnungsnachdruck

▶ Anlegen eines Ratenplans bei Zahlungsschwierigkeiten und vieles mehr

Customer Self Services via Internet

Internet Self Services entlasten das Interaction Center, weil die Kunden einfache Aufgaben selbst übernehmen. Zu den von *SAP for Utilities* angebotenen Internet Self Services gehören:

▶ Anzeige der Rechnung

▶ Änderung der Rechnungsanschrift

▶ Anzeige und Bezahlung offener Posten

▶ Meldung eines Ein- oder Auszugs

▶ Übermittlung der Ableseergebnisse

▶ Grafische Anzeige der Verbrauchshistorie bzw. des Lastprofils

▶ Erteilung einer Einzugsermächtigung

▶ Tarifrechner

Diese Services können rund um die Uhr genutzt werden und tragen erheblich zur Kosteneinsparung bei, da sie günstiger sind als ein Anruf im Interaction Center oder ein Besuch im Kundenbüro.

10.2.5 Praxisbeispiel: Energie Baden-Württemberg (EnBW)

Energie Baden-Württemberg (EnBW) ist der drittgrößte Energiekonzern im deregulierten deutschen Markt. EnBW hatte bereits SAP R/3 im Einsatz. Im Jahr 2002 wurden dann zur Abbildung kundenfokussierter Prozesse mySAP CRM und die Abrechnungslösung SAP IS-Utilities eingeführt. An der Entwicklungskonzeption des beschriebenen Verkaufsprozesses für Gewerbe- und Sonderkunden sowie an der Erstellung der versorgungsspezifischen Verkaufsmethodik für Neuverträge dieses Kundensegments war EnBW entscheidend beteiligt.

EnBW führte zunächst die CRM-Lösung für das 150 Mitarbeiter umfassende Call Center ein. Über dieses Call Center werden alle Kundensegmente der EnBW betreut. Auf die große Datenmenge von derzeit etwa 1,8 Millionen Kunden greift das Interaction-Center-Team von EnBW nun über mySAP CRM schnell und komfortabel zu. In einem nächsten Schritt sollen nun das SAP Business Warehouse sowie die Marketingfunktionalität von mySAP CRM eingeführt werden.

10.2.6 Kritische Erfolgsfaktoren bei der CRM-Einführung

Einbeziehung der Mitarbeiter in das Implementierungsprojekt

Die strategische Ausrichtung auf den Kunden bedeutet für viele Versorgungsunternehmen einen kompletten Wertewandel, denn Wettbewerb – und damit der Kampf um die Kunden – entsteht für Versorgungsunternehmen erst im Zuge der Deregulierung. Ausgenommen hiervon ist nur das Segment der Größtkunden, die bereits vor der offiziellen Deregulierung ihren Versorger frei wählen konnten.

Die Mitarbeiter von Versorgungsunternehmen trifft dieser Wandel gleich mehrfach:

▶ Die von den Unternehmen angebotenen Services werden umfassender und komplexer. Dies erfordert von den Mitarbeitern ein hohes Maß an Flexibilität und ein hohes Qualitätsbewusstsein bei der Arbeit.

▶ Die Kunden entwickeln ein neues Selbstverständnis – Wartezeiten im Call Center oder eine lästige Rufweiterleitung zwischen verschiedenen Mitarbeitern nehmen sie nicht mehr hin.

▶ Unternehmen fordern aufgrund der veränderten Rahmenbedingungen mehr Leistungen von ihren Mitarbeitern und geben den existierenden Kostendruck gleichzeitig an sie weiter.

Viele Versorgungsunternehmen versuchen, diesem Dilemma mit einer neuen Softwarelösung zu begegnen. Zwar kann eine optimal auf das Unternehmen abgestimmte Software tatsächlich zu schnelleren, transparenteren und besser auf die Kundenbedürfnisse ausgerichteten Prozessen beitragen, aber der Erfolg einer CRM-Implementierung hängt auch von denjenigen ab, die die Lösung später tagtäglich nutzen sollen.

Design von End-to-end-Prozessen im Call Center

Das Call Center ist der wichtigste Kommunikationskanal der Versorgungsindustrie mit Privatkunden. 80 % aller Anrufe im Call Center betreffen Serviceanfragen, die den Zugriff auf Daten im Backendsystem erfordern, darunter Rechnungsreklamation, Umzüge, Rückfragen zu Abschlägen, Mahnungen usw.

Diese Serviceanfragen wurden früher im Kundenbüro aufgenommen und an das Backoffice weitergeleitet, da die Sachbearbeiter zur Beantwortung der Anfrage auf eine Vielzahl von Daten aus dem Abrechnungssystem zugreifen mussten und die Bearbeitung des Anliegens recht komplex war.

Unternehmen, die im internationalen Wettbewerb stehen, ist es aus Kosten- und Akzeptanzgründen nicht möglich, die Kunden auf das Aufsuchen eines Kundenbüros zu verweisen und sie dann um Geduld bis zur Beantwortung ihrer Anfrage zu bitten. Die Kunden erwarten, sofort und umfassend bedient zu werden, und die Call-Center-Mitarbeiter müssen Anfragen so schnell und kompetent wie möglich bearbeiten, da in der Warteschleife bereits der nächste Anrufer wartet.

Bei der Implementierung einer Call-Center-Lösung müssen im Versorgungsbereich deshalb die wichtigsten Prozesse voll in das Backendsystem integriert sein. Nur so gelingt es den Agenten, einen Fall abschließend zu bearbeiten. Ebenso müssen die Implementierungsteams darauf achten, dass möglichst viele kundenspezifische Datenfelder auf den Eingabemasken bereits vorbelegt sind, denn dies reduziert den Erfassungsaufwand und damit die Bearbeitungszeit erheblich. Je umfassender und schneller Call-Center-Anfragen bearbeitet werden, umso effizienter, kostengünstiger und wettbewerbsfähiger agiert das Unternehmen, denn Privatkunden wählen ihr Versorgungsunternehmen nicht nur über den Preis, sondern zunehmend auch über die Servicequalität aus.

Als genau so bedeutend erweist sich eine selbsterklärende und auf die Wünsche des Mitarbeiters anpassbare Benutzungsoberfläche der Call-Center-Lösung. Call Center leiden häufig unter hohen Fluktuationsquoten und müssen die Einarbeitungszeit neuer Mitarbeiter aus Kostengründen oftmals auf ein Minimum reduzieren. Im Fokus steht hier deshalb die Gestaltung übersichtlicher, aber informativer Oberflächen, die auch Zugriff auf arbeitserleichternde Werkzeuge bieten, etwa auf eine interaktive Lösungsdatenbank, die dem Call-Center-Mitarbeiter bei der Beantwortung von Kundenfragen hilft.

Gestaltung eines informativen Key-Account-Manager-Portals

Im Unterschied zu Call-Center-Mitarbeitern nutzen die Key Account Manager die Software nur sporadisch. Aus diesem Grund fordern sie eine intuitive Bedienbarkeit des Portals. Um ihren Erwartungen gerecht zu werden, sollten auch die Key Account Manager frühzeitig im CRM-Projekt gehört werden.

Zur Unterstützung ihrer täglichen Arbeit benötigen Key Account Manager Zugriff auf eine Vielzahl an externen und internen Informationsquellen, z. B. Zugang zu Strombörsen, Geographic Information Systems (GIS) oder Routenplanungssystemen, die in das Portal eingebunden werden müssen. Da oft mehrere Key Account Manager gemeinsam ein komplexes Angebot ausarbeiten, muss weiterhin sichergestellt werden, dass allen Beteiligten eine einheitliche Sicht auf aktuelle und historische Kundendaten zuteil wird.

Aufbau von Reportingmöglichkeiten

Erst wenn Erfolge oder Mängel der Prozesse messbar sind, hat ein Unternehmen eine solide Entscheidungsgrundlage für weitergehende Strategien und die Ausschöpfung von Verbesserungspotenzialen. Bei der Implementierung einer CRM-Lösung sollte deshalb schon im Vorfeld entschieden werden, an welchen Stellen ein Reporting sinnvoll ist.

mySAP CRM ermöglicht verschiedenste Reportingmöglichkeiten, die weit über die Begutachtung der Mitarbeiterzufriedenheit hinausreichen, darunter eine Analyse der Vertriebspipeline oder die Erstellung von Win-/Loss-Auswertungen. Weitere Informationen zu analytischem CRM finden sich in [Buck-Emden/Zencke 2003].

10.2.7 Auswahl wichtiger kundenorientierter Geschäftsszenarios

Geschäftsszenario	Kurzbeschreibung
Serviceauftrags-abwicklung	Unterstützung der Abläufe im Servicebereich unter Berücksichtigung von Anfragen und Angeboten, Auftragserstellung, Ersatzteilplanung, Mitarbeitereinsatzplanung und Abrechnung
Lösungssuche	Kundenzugriff auf die Wissensbasis (Solution Database) des Unternehmens über eine intuitive Benutzungsoberfläche und mit Anfrageformulierung in natürlicher Sprache. Recherchemöglichkeiten nach bekannten Fragen und Antworten (Frequently Asked Questions, FAQ), gegebenenfalls mit direktem Produktbezug, mit schrittweiser Verfeinerung der Suche und direkter Interaktion mit dem Anbieter

Geschäftsszenario	Kurzbeschreibung
Customer Service und Support im Interaction Center	Beantwortung von Kundenfragen, Klärung technischer Probleme, Beschwerdemanagement, Retourenabwicklung, Erfassung von Serviceaufträgen und Unterbreitung von Vorschlägen zu weiteren Serviceprodukten durch Online-Zugriff auf die Lösungsdatenbank und alle relevanten Kundendaten
Reklamations- und Beschwerdemanagement im Interaction Center	Erfassung von Produktreklamationen, Retouren und Serviceleistungen durch Interaction-Center-Agenten für eingehende Kundenbeanstandungen
Marketing Analytics	Verbesserung der Effizienz und Effektivität von Marketingmaßnahmen, ausgehend von Marktanalysen über die vorausschauende Beurteilung von Marketingprogrammen bis hin zur abschließenden Erfolgsanalyse
Sales Analytics	Verbesserung der Effizienz und Effektivität von Vertriebsprozessen, ausgehend von der Vertriebsplanung über die vorausschauende Analyse der Geschäftsentwicklungen und entsprechende Pipeline-Analysen bis hin zur abschließenden Erfolgsanalyse im Vertrieb
Customer Analytics	Analyse des Kundenverhaltens und Kundenwertes zur persönlicheren und gezielten Ansprache von Kunden
Kampagnenmanagement für Versorgungsunternehmen	Ergänzung des Kampagnenmanagements um Kampagnenausführung über industriespezifische Kommunikationskanäle (z. B. Marketing durch Rechnungsbeilage)
Verkaufsmanagement für Gewerbe- und Sonderkunden in der Versorgungsindustrie	Abbildung des Vertriebsprozesses für Gewerbe- und Sonderkunden von der Kundenakquise bis zur Pflege dauerhafter Kundenbeziehungen
Verkaufsmanagement für Tarifkunden in der Versorgungsindustrie	Unterstützung des Vertriebszyklus für Tarifkunden inklusive Bestandskundenbetreuung und Erstellung von Serviceverträgen

11 Professional Services

»Der Erfolgreichste im Leben ist der, der am besten informiert wird.«
Benjamin Disraeli

Unter der Bezeichnung *Professional Services* fasst man Dienstleistungsangebote zusammen, wie sie von Beratungsunternehmen (z. B. für IT-, Strategie-, Management-, Personal- und Technologiefragestellungen), Wirtschaftsprüfungsunternehmen und Anwaltskanzleien angeboten werden. Der Begriff »Professional Services« wird allerdings in Literatur und Veröffentlichungen häufig unterschiedlich verwendet. Einige Kriterien, die diesen Begriff einheitlich prägen, sind die Folgenden [Hertel-Szabadi/Häberle/Przewloka 2003]:

▶ Professional Services werden von hoch qualifizierten Personen bereitgestellt; die Anwendung und Weitergabe dieses Wissens prägt die angebotene Dienstleistung. Der Mensch steht als Schlüsselressource und Wissensträger im Mittelpunkt.

▶ Professional Services sind im Regelfall eher komplex und individuell, denn standardisierbar. Sie werden oftmals in Projektform angeboten und abgewickelt.

▶ Der Kunde als Abnehmer von Professional Services erwartet qualitativ hochwertige und individuell auf ihn zugeschnittene Dienstleistungen. Zwischen Dienstleistungsanbieter und -abnehmer herrscht ein ausgeprägtes Vertrauensverhältnis.

Die Größe von Unternehmen, die Professional Services anbieten, variiert ausgesprochen stark. So findet man zahllose Kleinstorganisationen mit weniger als 50 Mitarbeitern bis hin zu Großunternehmen mit mehreren 10 000 Mitarbeitern, die ausschließlich Professional Services anbieten.

Ähnlich unterschiedlich sind die Organisationsformen, die man für Professional-Services-Anbieter beobachtet. Diese Dienstleistungen offerieren entweder eigenständige Unternehmen, die *Professional Services Organizations (PSO).* Alternativ sind die Anbieter zwar rechtlich selbstständig, agieren aber aus historischen Gründen eingebettet in einen Konzern oder Konzernverbund. Oftmals verkaufen sie einen Großteil ihrer Dienstleistungen an den Konzern selbst. Derartige *Embedded Services Organizations (ESO)* findet man beispielsweise in der gesamten Fertigungsindustrie sowie bei Banken, Versicherungen und Versorgungsunternehmen. Eine weitere Organisationsform stellen die *Internal Services Organizations (ISO)* dar. Hierbei handelt es sich um rechtlich unselbstständige Anbieter von Professional Services, die ihre Leistungen an andere Organisationseinheiten innerhalb des Unternehmens, aber durchaus auch an externe Kunden vertreiben.

Allen drei Unternehmensformen ist gemeinsam, dass sie ihre Dienstleistungen im immer stärker werdenden Wettbewerb anbieten müssen. Der Unterschied zwischen unternehmensinternen und -externen Kunden verschwindet dabei zunehmend. Auch der interne Dienstleister muss seine Leistungen marktgerecht anbieten, andernfalls werden seine Abnehmer die entsprechenden Leistungen über den freien Markt beziehen.

Während die Bedrohung durch Konkurrenten in allen Organisationsformen gegenwärtig ist, verändert sich die Dienstleistungsabwicklung mit der Unternehmensform. Beispielsweise wird für externe Kunden der Prozess der Rechnungsstellung durchlaufen, während für unternehmens- oder konzerneigene Kunden eine interne Verrechnung üblich ist.

11.1 Herausforderungen für Professional-Services-Unternehmen

Professional-Services-Unternehmen verändern immer wieder ihre Organisationsform: Sie gliedern Unternehmensteile aus oder verkaufen sie, kaufen andere Unternehmen auf, machen frühere Outsourcinginitiativen rückgängig oder verschmelzen mit anderen Unternehmen. Damit ist häufig ein Wechsel zwischen PSO, ESO und ISO verbunden. Darüber hinaus müssen sich diese Dienstleister den folgenden Herausforderungen stellen:

▶ Erwartung eines immer effektiveren Kundenmanagements

▶ Voranschreitender Technologiefortschritt

▶ Globalisierung und damit eine Verschärfung des Wettbewerbs im Professional-Services-Sektor

▶ Wissensmanagement mit Know-how-Erhalt, -Sicherung und -Aktualisierung

▶ Service-Portfolio-Management und Flexibilität der angebotenen Dienstleistungen bzw. Angebotsentwicklung neuer und kreativer Dienstleistungen

▶ Optimierung der internen Prozesse, z.B. des Projekt- und Ressourcenmanagements sowie der Fakturierung, teilweise durch Evaluierung von Make-or-Buy-Alternativen

Um diesen Herausforderungen begegnen zu können, müssen Professional-Services-Unternehmen dazu übergehen, sowohl interne als auch externe Prozesse mit ganzheitlicher IT-Unterstützung weiterzuentwickeln. Isolierte Insellösungen, beispielsweise für Kunden- und Projektmanagement, Fakturierung oder Buchhaltung, führten in der Vergangenheit zu unverhältnismäßig hohem Administrationsaufwand, der Ressourcen für kundenferne Tätigkeiten bindet, anstatt sie für das Kerngeschäft, d.h. das Angebot erstklassiger Dienstleistungen, freizusetzen.

11.1.1 Eine typische Dienstleistungs-»Liefer«kette

Die nachfolgende Abbildung zeigt einen typischen Professional-Services-Geschäftsprozess, der als geschlossener Kreislauf (Closed Loop) zu verstehen ist (Abbildung 11.1). Als ganzheitlicher Ablauf deckt er alle wesentlichen operativen Teilprozesse von der Akquise bis hin zum Zahlungseingang ab:

▶ Kundenakquisition mit Lead- und Kontaktmanagement

▶ Opportunity Management

▶ Projekt- und Ressourcenmanagement

▶ Angebots- und Vertragsverwaltung

▶ Projektabwicklung

▶ Zeit- und Spesenmanagement

▶ Fakturierung (Rechnungsstellung) und Zahlungsabwicklung

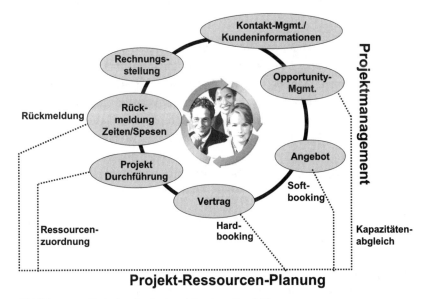

Abbildung 11.1 Typischer Professional-Services-Geschäftsprozess

Beginnend mit der Kundenakquise als Teil eines proaktiven Kundenbeziehungs-managements entwickeln sich aus Interessenten bzw. Leads konkrete Verkaufs-chancen (Opportunities). Bereits in dieser Phase kann es für den Dienstleister von entscheidender Bedeutung sein, mit der – zunächst groben – Projektplanung zu beginnen und Projektphasen, -aufgaben, -rollen, -termine sowie Eigen- und Fremdressourcen festzulegen. Diese Plandaten können später für die Angebots-erstellung und -kalkulation herangezogen werden. Professional-Services-Unter-nehmen gleichen die prognostizierten Ressourcenbedarfe mit ihrer tatsächlichen

Ressourcensituation ab und initiieren bei Deckungsungleichheiten beispielsweise Ausbildungs- bzw. Umschulungsmaßnahmen oder gar Neueinstellungen, um ein anstehendes Großprojekt annehmen zu können.

Die kundenindividuelle Angebotserstellung basiert auf den hinterlegten Plandaten, z.B. dem notwendigen Beratungsaufwand bezüglich Zeitbedarf und Qualifikationen. Kunden erwarten heutzutage eine flexible Angebotserstellung, die ihren Wünschen weitestgehend entgegenkommen und je nach ihren Erwartungen z.B. festpreisbasierte, aufwandsabhängige, meilensteinbasierte oder erfolgsabhängige Angebote einschließt. Diese Flexibilität bedeutet für den Dienstleister einen klaren Wettbewerbsvorteil, er darf sich dabei aber auch nicht »verkalkulieren«, damit eine Mindestprojektprofitabilität gewährleistet bleibt. Mit der Angebotserstellung reservieren Professional-Services-Anbieter häufig bereits die benötigten Ressourcen. Die Reservierungen enthalten teilweise bereits konkrete Personen- und Terminvorgaben, ebenso sind kapazitive Reservierungen denkbar, etwa an einer gewissen Anzahl von Tagen innerhalb eines vorgegebenen Zeitraumes.

Das nachfolgende Vertragsmanagement fußt im Falle der Angebotsannahme auf dem Angebotsmanagement. Die verbindliche Auftragsannahme führt meist zu einer verfeinerten Projektplanung und zur festen Buchung der benötigten Ressourcen. Der Vertrag ist entweder mit dem Projekt fest verknüpft, oder die Beziehungen zwischen Verträgen und Projekten sind komplexerer Natur. So können etwa mehrere Projekte einem Vertrag oder einzelne Projektabschnitte unterschiedlichen Verträgen zugeordnet sein. Je nach Projektumfang steigen die Anforderungen an eine IT-Lösung, beispielsweise bezüglich der Möglichkeit zur Meilensteindefinition, Projektabschnittsplanung oder Budgetierung.

Während der Projektdurchführung müssen alle Aufwände den Projektabschnitten verursachungsgerecht zugeordnet werden, unabhängig davon, ob sämtliche oder nur Teilaufwände dem Kunden in Rechnung gestellt werden. Ein effektives Projektcontrolling setzt voraus, dass die projektrelevanten Zeiten, Spesen, Fremdkosten und sonstigen Aufwände lückenlos und verzögerungsfrei erfasst und korrekt kontiert werden. Eine dezentrale und gegebenenfalls auch mobil nutzbare Lösung sorgt auch an dieser Stelle für entscheidende Wettbewerbsvorteile.

Die Fakturierung schließt sich unmittelbar an die zuvor beschriebenen Prozesse an. Unabhängig von der Art des ausgehandelten Vertrags (z.B. Festpreis, Geschäft nach Aufwand etc.), muss der Professional-Services-Dienstleister die Rechnungen zeitnah erstellen, um seine Liquidität zu sichern. Ein dezentral nutzbares Rechnungs- und Zahlungsmanagement führt erfahrungsgemäß zu erheblich beschleunigten Abläufen.

Abgerundet werden diese Dienstleistungsprozesse durch ein integriertes internes und externes Rechnungswesen, eine Personaladministration und -abrechnung sowie ein hochwertiges Wissensmanagement (Knowledge Management).

11.2 Der ganzheitliche Lösungsansatz

Die SAP-Branchenlösung, *SAP for Professional Services* knüpft exakt an die oben dargelegten Anforderungen an und liefert eine vollständig integrierte umfangreiche Lösung zur Abbildung aller relevanten Prozesse. Die Solution Map in Abbildung 11.2 von *SAP for Professional Services* zeigt das konkrete Lösungsportfolio auf.

Enterprise Management	Strategic Enterprise Management	Management Accounting	Financial Accounting	Corporate Governance	Financial Supply Chain Management	Business Analytics
Client & Order Management	Account & Contact Management	Lead Generation	Opportunity Management	Conflict & Risk Check	Quotation & Order Management	Client Service
Project Management	Project Planning	Project Execution	Client Collaboration	Project Accounting	Portfolio Management	
Resource Management	Recruitment	Personnel Development	Training	Workforce Deployment	Payment & Benefits	
Time & Expense Management	Time Management	Time Recording	Travel Management	Travel Expense Recording	Work in Process	
Invoice Management	Resource Related Billing	Fixed-Price Billing	Billing Plan	Inter-Company Billing		
Partner & Collaboration Management	Partner Selection	Contract Management	Services Procurement	Partner Collaboration	Partner Self-Services	
Knowledge & Practice Management	Historical Data Management	Knowledge Development	Knowledge Transfer	Practice Management		
Business Support	Procurement	Travel Management	Incentive & Commission Management	Fixed Asset Management		

Abbildung 11.2 Solution Map von SAP for Professional Services

SAP for Professional Services unterstützt hierbei die gesamten operativen Prozesse, wie Kontakt-, Opportunity-, Ressourcen-, Angebots-, Auftrags- und Projektmanagement, verschiedenste Varianten zur Zeiten- und Spesenrückmeldung sowie sämtliche gängigen Szenarios und Varianten zur Rechnungserstellung. Hinzu kommen Rechnungs- und Personalwesen, die auch den Ansprüchen global agierender Dienstleister gerecht werden. Zusätzlich liefert SAP branchenspezifische Reportinganwendungen aus.

Zur Einführungsunterstützung ist eine vollständig Best-Practices-basierte Lösung (*mySAP All-in-One for Service Providers*) mit dem Fokus auf Professional Services erhältlich. Sie liefert vordefinierte und vorkonfigurierte Geschäftsszenarios zusammen mit umfangreicher Dokumentation und automatisierten Testroutinen aus. Diese Best-Practices-Lösungen haben insbesondere bei kleinen und mittleren Unternehmen erheblich zur Reduktion des Einführungsaufwands beigetragen.

11.2.1 Die Architektur von SAP for Professional Services

SAP for Professional Services ist modular aufgebaut (Abbildung 11.3). Wesentliche Prozesse wurden in mySAP CRM abgebildet. Hierzu zählen insbesondere das Kontakt- und Opportunity-Management sowie das operative Projekt- und Ressourcenmanagement. Das Ressourcenmanagement ist mit einer zentralen Verfügbarkeitsdatenbank integriert, um zu gewährleisten, dass auch über andere Applikationen verplante Ressourcen zu einer Reduzierung der verbleibenden Verfügbarkeit führen. SAP Human Ressources (HR) lässt sich optional einsetzen, um neben Ressourcen- und Verfügbarkeitsinformationen auch Daten zur Mitarbeiterqualifikation zu integrieren. Alternativ können auch Fremdsysteme anderer Hersteller zum Einsatz kommen. Die wahlweise nutzbare Groupware-Integration, die Groupware-Systeme mit der Verfügbarkeitsdatenbank (verfügbare Mitarbeiterressourcen) verbindet, stellt eine bidirektionale Schnittstelle zu den gängigen Office-Kalendersystemen bereit.

Die Auftrags- und Projektabwicklung findet in der Lösungskomponente mySAP ERP statt. Hierzu zählen erweiterte Funktionen im Projektsystem, z.B. Projektplanung und Projektbudgetierung, das Vertragsmanagement sowie umfassende Funktionen zur Rechnungsstellung. Das System ermöglicht sowohl online als auch offline Zugriff auf die Zeit- und Spesenrückmeldung, wobei die Offline-Variante von mobilen Endgeräten aus nutzbar ist.

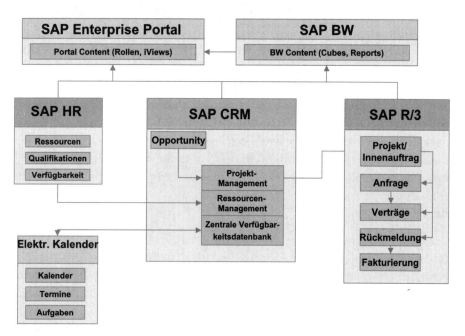

Abbildung 11.3 Architektur von SAP for Professional Services

Professional-Services-Dienstleister können ihre Lösung mit Hilfe des branchenindividuell ausgeprägten SAP Business Warehouse zur Abbildung analytischer Funktionen erweitern oder eine ebenfalls mit industriespezifischen Inhalten versehene Portallösung ergänzen. Business Packages der SAP enthalten beispielsweise vordefinierte Rollen für den Projektleiter, Ressourcenmanager oder Berater (Consultant). Weitere Details zu Architektur und Funktionalität von *SAP for Professional Services* finden sich bei [Hertel-Szabadi/Häberle/Przewloka 2003].

11.2.2 Geschäftsszenario: Professional Services

Ein typisches mit der Branchenlösung *SAP for Professional Services* abgebildetes Dienstleistungsszenario folgt dem Kernprozess aus Abschnitt 11.1.1. Eine besondere Betonung liegt im Folgenden auf den Prozessen des Opportunity-, Projekt- und Ressourcenmanagements, die auf mySAP CRM zurückgreifen.

Das dargestellte Prozessbeispiel geht von einem Dienstleister aus, dessen Hauptgeschäft in der Durchführung von Beratungsprojekten höherer Komplexität besteht. Ausgeprägte Projektprofitabilität, eine maximale Ressourcenauslastung und schlanke Verwaltungsprozesse stehen für diesen Dienstleister im Vordergrund.

Rollen

Alle Zugriffe auf die gesamten Prozesse der Lösung *SAP for Professional Services* können portalbasiert erfolgen. In einem fiktiven Beispielszenario seien die folgenden Rollen beteiligt:

▶ Der vertriebsorientiert arbeitende *Projektleiter* ist maßgeblich für das erfolgreiche und profitable Projektmanagement der ihm zugeordneten Projekte verantwortlich und an den Projektschritten 1 bis 3, also Sichtung der Projektpipeline, Anlage eines neuen Projekts und Verbindung von Projekt und Opportunity, beteiligt (siehe Abbildung 11.4). Oftmals findet man in Unternehmen auch die Rolle des *Beratungsleiters* vor, der gegenüber dem Projektleiter einen erweiterten Verantwortungsbereich wahrnimmt, darunter etwa allgemeine Managementaufgaben, Überwachung der Projektpipeline, erweiterte Projektplanung und -budgetierung sowie Auftragsfakturierung. In beiden Rollen steht kundenorientiertes Handeln im Vordergrund. Nicht zuletzt ergeben sich neue Verkaufschancen direkt aus einem erfolgreichen Projektmanagement. Die von diesen Rollen maßgeblich benötigten Funktionen liegen im Bereich Opportunity-, Projekt- und Ressourcenmanagement, im flexiblen Angebots-, Vertrags- und Rechnungsmanagement sowie in diversen Analyse- und Berichtswerkzeugen.

► Der *Ressourcenmanager* kann abhängig von der Unternehmensorganisation entweder als eigenständige Rolle oder zusammengelegt mit der Rolle des Beratungsleiters vorkommen. Seine Aufgabe besteht darin, aktuelle und zukünftige Ressourcenbedarfe bestmöglich sowohl für den Kunden als auch für das eigene Unternehmen zu befriedigen. Er ist im Beispielszenario an den Prozessschritten 4 bis 6 beteiligt. Häufig wird ihm auch die Aufgabe übertragen, Projekte für aktuell nicht verplante Ressourcen zu finden. Er nutzt dazu die Funktionen des Opportunity-, Projekt- und Ressourcen- sowie des Qualifikationsmanagements.

► Der *Berater* ist für die effektive und kundenorientierte Projektdurchführung verantwortlich (siehe Prozessschritt 7). Er muss in diesem Zusammenhang sicherstellen, dass alle von ihm zu verantwortenden Aufwände – ob sie dem Kunden weiterberechnet werden oder nicht – zeitnah und korrekt erfasst werden. Viele Unternehmen übertragen bereits heute ihren Beratern die Aufgabe, im Falle von reiseintensiven Tätigkeiten auch die Reiseplanung – entsprechend den Unternehmensvorgaben – selbst durchzuführen. Schließlich muss ein erfolgreicher Berater sicherstellen, dass er sein Beratungs-Know-how kontinuierlich gemäß den Marktanforderungen anpasst und erweitert.

► Der *Projektleiter* trägt üblicherweise die fachliche und inhaltliche Verantwortung des Projekts und nimmt zusätzlich vertriebliche Aufgaben zur Projektakquise und -neuanlage wahr. Der Einfachheit halber obliegen diese Tätigkeiten im Beispielszenario dem Berater.

Abbildung 11.4 Geschäftsszenario SAP for Professional Services

Ablauf des Geschäftsszenarios

Opportunity Management

Leads und Opportunities sind für den Dienstleister im Beispielszenario von entscheidender Bedeutung. Sie sichern und bestimmen nicht nur den kurz- und mittelfristigen Unternehmenserfolg, sondern sind auch ein wichtiger Ansatzpunkt für die langfristige strategische Unternehmensplanung. Charakteristisch für Professional Services sind insbesondere im komplexeren Beratungsgeschäft länger andauernde Verkaufsprozesse. Oftmals erweisen sich viele Kundengespräche, spezielle Kundenpräsentationen, Referenzbesuche usw. als notwendig, um eine Opportunity erfolgreich in ein konkretes Projekt zu überführen. Nicht zuletzt aus diesem Grund erwachsen dem Dienstleister Wettbewerbsvorteile aus einem strukturierten begleitenden Verkaufsprozess.

Der Projektleiter sichtet daher regelmäßig die Projekt- bzw. Vertriebs-Pipeline (Opportunity Pipeline) mit Hilfe der für ihn in der Rolle eingerichteten Portaloberfläche. Mittels diverser Analysen verschafft er sich zunächst einen Überblick über die Anzahl und den aktuellen Stand der Opportunities. Er prüft, welche Opportunities seinem Verantwortungsbereich zugeordnet sind und in welcher Phase sich diese befinden. Parallel dazu nutzt er Win-/Loss-Analysen, um sich genauer über bereits gewonnene und verlorene Opportunities zu informieren. Die Erfahrungen der Vergangenheit helfen ihm, die Gewinnchancen für aktuelle Opportunities zu erhöhen, weil er kurzfristige Folgeaktionen, beispielsweise zusätzliche Kundentermine, veranlassen kann.

Mit Hilfe weiterer Kundendaten wie Umsatz, Einteilung nach A-, B- und C-Kunden, Ansprechpartner usw. klassifiziert der Projektleiter die Opportunities. Er erkennt, dass sich aus einer aktuellen Opportunity eine konkrete Projektchance für sein Unternehmen ergeben könnte. Deshalb entschließt er sich, das Projekt im System anzulegen, um bereits vorab die Eckdaten des Projekts zu planen (Abbildung 11.5). Er gibt die Projektstruktur und Rahmentermine ein, reserviert die Schlüsselressourcen für Projekt- und Teilprojektleiter und erstellt eine grobe Kostenplanung.

Projektmanagement

Der Begriff *Projekt* wird bei beratungsintensiven Dienstleistern häufig uneinheitlich verwendet. So sprechen einige bei jedem auszuführenden Auftrag von einem Projekt, andere verstehen darunter nur hochkomplexe Aufträge mit einer Gesamtdauer von mehren Monaten oder Jahren. Beiden Auffassungen ist gemein, dass ein Projekt – im Gegensatz zu einem einfachen Auftrag – ein Projektziel, Start- und Endtermine sowie starke planerische Elemente besitzt. Im Regelfall sind Projekte aufgrund ihrer Komplexität und ihres unterschiedlichen Projektrisikos auch einzigartig, d.h. in exakt der gleichen Form nicht ein zweites Mal durchführbar.

Der Projektleiter legt zunächst die Stamm- bzw. Rahmendaten des Projekts an. Er bedient sich dazu einer Projektvorlage, die unternehmensweit für verschiedene Arten von Beratungsprojekten zur Verfügung steht. So müssen lediglich wenige Angaben, wie Projektbezeichnung, Kunde, Start- und Enddatum sowie Organisationsdaten eingegeben werden. Die Vorlage enthält bereits die für diesen Projekttyp charakteristischen Phasen und Aufgaben bzw. Bearbeitungsschritte, sodass sie lediglich Änderungen und Ergänzungen erfassen muss. Dies betrifft auch Projektrollen, wie beispielsweise Projektleiter, Anwendungs- oder Integrationsberater, die die Projektvorlage ebenfalls mitbringt. Danach pflegt der Projektleiter projektspezifische Berechtigungen ein, d.h. er vergibt – sofern notwendig – für dieses neu angelegte Projekt besondere Berechtigungen für bestimmte ihm zugeordnete Mitarbeiter.

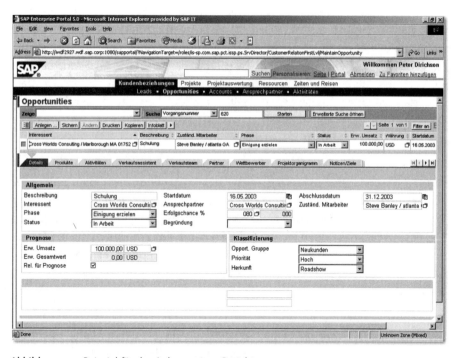

Abbildung 11.5 Beispiel für das Anlegen eines Projekts

Schließlich beauftragt der Projektleiter den Ressourcenmanager mit der Reservierung der Schlüsselressourcen und verknüpft das soeben angelegte Projekt mit der zugrundeliegenden Opportunity. Dem Kunden unterbreitet er ein konkretes Angebot, das auf die bereits eingegebenen Projektplandaten zurückgreift, aber auch unabhängig davon erstellt werden kann.

Ressourcenmanagement

Der Ressourcenmanager ist in diesem Fallbeispiel zentral für die Planung und den Einsatz der Beraterressourcen verantwortlich. Er trägt auch die Verantwortung für eine optimale Kapazitätsauslastung der Personalressourcen und veranlasst gegebenenfalls die erforderlichen Neueinstellungs-, Umschulungs- oder Weiterbildungsmaßnahmen, um künftigen Personalbedarfen besser gerecht werden zu können.

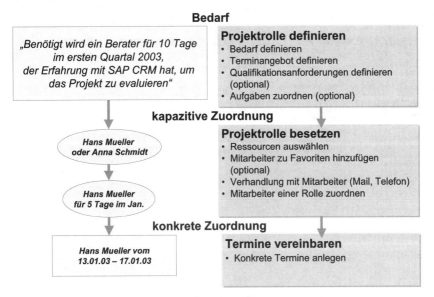

Abbildung 11.6 Ressourcenmanagement mit SAP for Professional Services

Per Workflow erhält er in seiner Portalsicht die Reservierungsanfrage für das soeben von dem Projektleiter angelegte Projekt. Entsprechend den darin hinterlegten Anforderungen, d.h. den Rollen, Qualifikationen, zeitlichen Rahmendaten und Einsatzorten, startet er eine elektronische Suchanfrage nach verfügbaren Ressourcen. Das System erstellt eine Vorschlagsliste verfügbarer Ressourcen und zeigt die prozentuale Übereinstimmung mit den Suchkriterien an (siehe Abbildung 11.6. und 11.7). Diese Wertung hilft ihm, schnell die korrekte Entscheidung für die Ressourcenwahl zu treffen. Entsprechend reserviert er nun die zu involvierenden Mitarbeiter, informiert diese mit Hilfe der integrierten Mailfunktion über das neue Projekt oder befragt diese bzw. den zugehörigen Beratungsleiter, ob ein Einsatz möglich und gewünscht ist.

Wenige Tage später vermeldet der Projektleiter, dass der Kunde dem Unternehmen den Zuschlag für das Projekt erteilt hat. Kleinere Angebotsanpassungen hat er bereits durchgeführt und bittet nun die Ressourcenmanagerin um eine verbindliche Buchung der Berater. Während in diesem Beispielfall der Ressourcenmanager die verbindliche Terminbuchung vornimmt, ist es auch denkbar, dass der Kunde die Termine direkt mit dem Berater abspricht. Die Groupware-Integration gewährleistet eine bidirektionale Terminintegration, d.h. die Berater finden alle angelegten Termine in ihren elektronischen Kalendern. Andererseits reduzieren die Kalendereinträge je nach Terminklassifikation und Systemeinstellung die Verfügbarkeit des Beraters.

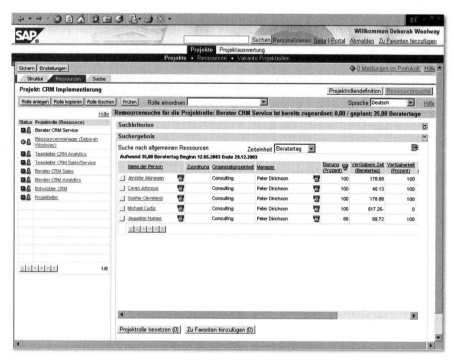

Abbildung 11.7 Beispiel für eine Vorschlagsliste nach erfolgter Ressourcensuche

Auftragsabwicklung

Der für das Projekt vorgesehene Berater erhält über seinen Maileingang Nachricht von den anstehenden Kundenterminen. Einer dieser Termine findet beim Kunden vor Ort statt, deshalb reserviert der Berater über seine Portalsicht Flug, Mietwagen und Hotelübernachtungen gemäß den Firmenrichtlinien und unter Ausnutzung günstiger Rahmenverträge des Dienstleisters. Er informiert sich eingehend über das ihm zugeteilte Projekt und den Kunden und identifiziert die zuständigen Ansprechpartner auf Kundenseite.

Das Dienstleistungsunternehmen erwartet von allen Beratern eine verzögerungsfreie Rückmeldung der geleisteten Tätigkeiten. Hierdurch konnte insbesondere die Zeit für die Rechnungsstellung, aber auch die Rechnungsgenauigkeit erheblich verbessert werden. Der Berater erfasst deshalb noch vor Ort beim Kunden die erbrachten Leistungen mit Hilfe der mobilen Zeit- und Spesenerfassungsapplikation auf seinem Laptop. Bei der nächsten Online-Verbindung in Hotel oder Büro synchronisiert er die Laptopdaten mit dem Backendsystem, wo sie für die weitere Bearbeitung, insbesondere zur Rechnungsstellung, zur Verfügung stehen.

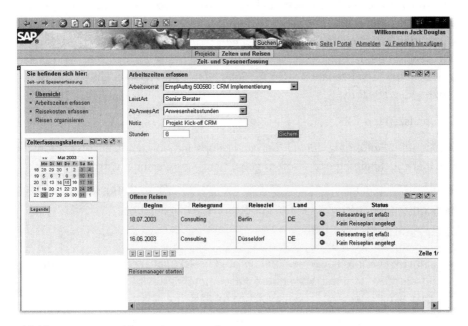

Abbildung 11.8 Beispiel für ein Beraterportal

Weitere Details, speziell zu Varianten möglicher Rechnungsstellungs- oder interner Verrechnungsszenarios finden sich in [Hertel-Szabadi/Häberle/Przewloka 2003].

11.2.3 Kritische Erfolgsfaktoren bei der CRM-Einführung

CRM-Einführungsprojekte können bei Professional-Services-Dienstleistern fehlschlagen oder nicht den erhofften Nutzen bringen. Der Grund hierfür ist oftmals weder in der Software selbst noch im Projektmanagement zu finden, welches mit der Einführung der Lösung betraut wurde. Vielmehr schenken die Unternehmen den Aspekten des Change Management zu wenig Aufmerksamkeit. Ein integriertes softwaregestütztes Opportunity Management wird nur dann seine Vorteile voll ausspielen können, wenn allen zukünftigen Prozessbeteiligten, darunter Vertriebsbeauftragte, Vertriebsleitung und Controlling-Abteilung, die neuen Chancen aufgezeigt und die betrieblichen Prozesse angepasst werden. Mehr Transparenz und Effizienz in der Vertriebsabwicklung und -steuerung darf nicht mit mehr Kontrolle verwechselt werden, um nur eines der häufig aufkeimenden Vorurteile zu nennen.

SAP bietet für die Branche Professional Services mehr als eine reine CRM-Front-endlösung, sondern eine umfangreiche Anwendung, die die gesamte Wertschöpfungskette der Dienstleister unterstützt (Services Value Chain). Es hat sich in der Praxis gezeigt, dass *SAP for Professional Services* besonders erfolgreich zum Einsatz kommt, wenn es schrittweise eingeführt wird. Der modulare Aufbau der Lösung ist wie geschaffen für ein derartiges Einführungsszenario, wobei die getroffenen Investitionsentscheidungen nicht zu einem späteren Zeitpunkt revidiert werden müssen, sondern den sukzessiven Ausbau der Lösung ermöglichen. Von vielen möglichen Beispielszenarios seien im Folgenden zwei typische Einführungssituationen kurz erwähnt:

Beispielszenario 1

▶ Schritt 1: Einführung der Auftragsabwicklung mit vollständiger Integration zur Finanzbuchhaltung und – sofern gewünscht – zur Personalwirtschaft

▶ Schritt 2: Erweiterung der Landschaft um Ressourcen- und Projektmanagement

▶ Schritt 3: Inbetriebnahme des Opportunity Management

Beispielszenario 2

▶ Schritt 1: Einführung der Ressourcen- und Projektmanagementlösung, optional mitsamt SAP Business Warehouse für ein integriertes taktisches und strategisches Berichtswesen, das auch Nicht-SAP-Systeme einbindet

▶ Schritt 2: Implementierung von Opportunity Management

▶ Schritt 3: Ergänzung des Szenarios um eine Applikation zur Auftragsabwicklung

11.2.4 Auswahl wichtiger kundenorientierter Geschäftsszenarios

Geschäftsszenario	Kurzbeschreibung
Kampagnen-management	Optimierung der Kampagnenabwicklung von der Marktanalyse bis zur Ergebnisprüfung
Lead Management	Automatisierung der verkaufsvorbereitenden Schritte. Konzentration auf die aussichtsreichsten Kaufinteressenten und Verkaufschancen
Marketing-planung	Planung und Steuerung aller Marketingaktivitäten von der Budgetierung bis zur Ergebnisanalyse
Kunden-segmentierung	Einteilung des Kundenbestands in Segmente zur Differenzierung und Personalisierung der Produkt- und Dienstleistungsangebote (ohne Programmieraufwand)
Opportunity Management	Begleitung des Vertriebszyklus von der Identifikation von Verkaufschancen bis zum erfolgreichen Abschluss. Einheitliche Sicht auf zugeordnete Vorgänge, Historie, Termine, Fortschritte und zuständige Entscheidungsträger

Geschäftsszenario	Kurzbeschreibung
Aktivitäts-management	Planung, Durchführung und Management von Vertriebsaktivitäten und Organisation des Vertriebstagesgeschäfts zur schnelleren Erzielung von Verkaufsabschlüssen
Account and Contact Management	Bereitstellung aller wichtigen Informationen über Kunden, Interessenten und Partner für Interaktionshistorie, Aktvitätenverfolgung und Analyse erfolgreicher oder kritischer Geschäftsbeziehungen
Professional Services	Management projektbasierter Serviceleistungen mit Projektierung, Planung, Ablieferung, Abwicklung, Abrechung und Projektauswertung
Partnermanagement	Management der Partnerbeziehungen über den gesamten Kooperationszyklus von Partnerrekrutierung, -registrierung, -planung, -segmentierung, -training bis hin zur Partnerzertifizierung
Sales Analytics	Verbesserung der Effizienz und Effektivität von Vertriebsprozessen, ausgehend von der Vertriebsplanung über die vorausschauende Analyse der Geschäftsentwicklungen und entsprechende Pipeline-Analysen bis hin zur abschließenden Erfolgsanalyse im Vertrieb

12 Finanzdienstleister

Bei Finanzdienstleistungsunternehmen ist durch die immaterielle Natur der Leistung sowie durch die Ähnlichkeit der Produkte die Qualität der Kundenbeziehung besonders bedeutsam für den Vertriebserfolg. Banken, Versicherungen und Leasingunternehmen benötigen als notwendiges Fundament für jeden Vertragsabschluss ein enges Vertrauensverhältnis zwischen Kunde und Unternehmen, denn aus der Sicht des Kunden geht es meist um hohe Investitionen oder wichtige Absicherungen – kurz gesagt um viel Geld.

Der Gedanke der Kundenorientierung sowie die Pflege und Stärkung der Kundenbeziehung ist nicht neu. Individuelle Kundenbetreuung wurde bislang jedoch aus Kosten- und Kapazitätsgründen nur für eine überschaubare Anzahl von Kunden bzw. mit hohem Filialaufwand praktiziert. Mit Customer-Oriented Banking kann die Intensivierung der Kundenbeziehung in völlig neuer Qualität und Quantität umgesetzt werden. Moderne Kommunikations- und Informationstechnologien ermöglichen es, Wissen zu einer Großzahl von Kunden zu erheben, zu verwalten und zu analysieren.

Der Kunde möchte sich von seinem Finanzdienstleister oder seinem Versicherer verstanden wissen. Um auf dieser Basis Kundenbeziehungen zu pflegen, wurde in der Vergangenheit viel Vertriebs- und Schalterpersonal eingesetzt. Leistungsfähige Informationstechnologie ermöglicht es den Mitarbeitern heute, den Kunden noch effizienter bei seinen Bankgeschäften zu betreuen (siehe Abschnitt 12.1), individuelle Leasing- oder Versicherungsangebote zu erstellen und treffender zu beraten (siehe Abschnitt 12.2 und 12.3). Die von Routinetätigkeiten wie der Informationsbeschaffung entlasteten Mitarbeiter gewinnen mehr Zeit für den Aufbau von Vertrauensverhältnissen mit ihren Kunden.

12.1 Banken

»In a financial institution, for example, Backoffice applications are the repository for customer transactions and portfolio information. A customer service representative will need to use this information as an integral part of solving a customer's problem or making an investment recommendation, making tight integration between the front- and backoffice data repositories a mandatory requirement. The CRM application will continue to provide a single repository for customer marketing, sales, and support transactions...«
Aberdeen Group [Aberdeen 2003]

Kein Kunde macht einem Unternehmen das Geschäft einfach, aber in kaum einer anderen Branche sind Kunden so sensibel wie im Bankenbereich. Wenn es um Geld geht, möchte sich keiner in die Karten schauen lassen und vertraut sein Vermögen nicht dem erstbesten Anbieter von Finanzdienstleistungen und selten nur einer einzigen Bank an. Eine Umfrage der SAP unter 22 europäischen Großbanken hat gezeigt, dass mehr als 50 % aller Kunden weniger als drei Produkte einer Bank nutzen. Allerdings streben 72 % der Banken, die eine Wachstumsstrategie verfolgen, an, ihr Geschäft durch Cross-Selling von Produkten und Dienstleistungen an bestehende Kunden auszuweiten. Um dies zu erreichen, ist das Verständnis der Kundenwünsche und -ziele entscheidend. Die befragten Banken wollen daher in den nächsten drei Jahren verstärkt Kundendaten analysieren und kundenorientierte Prozesse optimieren [SAP 2003].

Kunden möchten von ihrer Bank verstanden und individuell entsprechend der finanziellen Lebenssituation betreut werden. Daher sollte eine Bank folgende Kundenstrategie verfolgen:

▶ Individuell auf den Kunden zugeschnittene Beratungsangebote

▶ Gewissenhafte, schnelle und fehlerfreie Bearbeitung der Kundenanliegen

▶ Korrekte Informationsvermittlung über alle Kontaktkanäle hinweg

Eine mit den operativen Systemen der Bank integrierte CRM-Lösung kann dazu einen wesentlichen Beitrag leisten, sofern sie die im Folgenden beschriebenen Anforderungen an Kundenbetreuung, produktbezogene Dienstleistungen und Kommunikationskanäle erfüllt.

12.1.1 Profilgerechte Kundenbetreuung

Die Kundenbetreuung in Banken gliedert sich üblicherweise in drei große Segmente:

▶ Retail Banking

▶ Private Banking

▶ Firmenkundengeschäft

Das Retail- und das Private-Banking-Kundensegment unterscheiden sich in der Einteilung der Kunden nach Vermögensgruppen. Während Retail Banking das Massengeschäft bezeichnet, betreut Private Banking vermögende Privatkunden. Auch das Firmenkundengeschäft unterteilt die Klienten üblicherweise nach Kundenwert, z. B. gemessen an der Bilanzsumme ihrer Unternehmen, an Eigenkapital oder Mitarbeiterzahl. Je nach Kundengruppe ist eine unterschiedlich intensive Kundenbetreuung erforderlich.

Unterschiedliche Kundensegmentierung

Neben den Banken als klassische Vertriebsunternehmen im Finanzbereich treten neuerdings auch andere Unternehmen als Anbieter von Finanzprodukten auf.

Versicherungsunternehmen oder sogar Automobilfirmen bieten mit ihren Finanztöchtern neben Leasingprodukten auch Bankdienstleistungen an. Die Kundensegmentierung bei diesen »Quereinsteigern« sieht natürlich anders aus als bei Banken, die traditionell einen transaktions- und produktbezogenen Segmentierungsansatz wählen. Der traditionelle Ansatz berücksichtigt beispielsweise das Umsatzvolumen auf dem Konto und die Höhe und Zusammensetzung des Produktportfolios der Kunden. Für einen Automobilkonzern dagegen ist es wichtig, diejenigen Kunden herauszufiltern, deren Auto ein gewisses Alter überschreitet, ab dem erfahrungsgemäß die notwendigen Reparaturleistungen zunehmen, und die bestimmte Gehaltseingänge vorweisen können, um ihnen dann eine geeignete Finanzierung für ein neues Modell anzubieten.

Zentrale Ablage der Kundendaten

Um aber überhaupt Kunden profilgerecht zu betreuen, bedarf es einer einheitlichen zentralen Kundendatenbasis. Banken speichern heute die Kundendaten häufig getrennt nach Geschäftsbereichen. So kann ein Kunde beispielsweise mehrfach in den Geschäftsbereichen Girokonten, Kredite und Investments abgelegt sein. Die verteilt abgelegten Kundendaten führen möglicherweise dazu, dass ein Kunde nicht bedarfsgerecht betreut wird, dass z. B. ein Kunde, der sein Girokonto überzogen und gerade einen Kredit aufgenommen hat, von seiner Bank eine interessante Anlagemöglichkeit angeboten bekommt. Angesichts seiner finanziellen Situation wird der Kunde wenig Verständnis für das Angebot seiner Bank haben. Erfolgreiches Cross-Selling und individuelle Produktangebote benötigen also als Grundlage eine zentrale Kundendatenablage. Dies kann durch ein CRM-System auf der Basis eines Data Warehouse realisiert werden.

Kundenanalyse

Mit Hilfe einer zentralen Kundendatenablage lassen sich unter Verwendung analytischer Werkzeuge folgende Aufgaben lösen [Moormann/Roßbach 2001]:

▶ Segmentierung der Kunden nach verschiedenen Attributen

▶ Verhaltensanalyse und -vorhersage bei bestehenden und potenziellen Kunden

▶ Untersuchung der aktuellen Kundenprofitabilität, aber auch des Kundenwertes, der die zukünftigen Entwicklungsmöglichkeiten des Kunden einschließt

▶ Entwicklung von Marketingstrategien und -aktivitäten

▶ Analyse des Erfolgs von Marketing- und Vertriebsmaßnahmen

Auch zusätzliche Kundeninformationen, die aufgrund der künftigen, weltweit geltenden Eigenkapitalvorschriften für Finanzinstitute (Basel II) gespeichert werden müssen, lassen sich nutzen, um Kundenverhalten zu analysieren. Basel II legt fest, dass Banken je nach Kreditwürdigkeit des Kunden unterschiedliche Kreditanteile mit Eigenkapital absichern müssen [Bundesbank 2004]. Dies führt zu einer Strukturierung und Formalisierung der Kreditwürdigkeitsprüfung, was wiederum hohe Anforderungen an die zu liefernden Informationen und damit an die IT-Infrastruktur der Banken stellt. Die Data-Warehouse-Systeme müssen daher nicht nur die Berechnung der Kreditrisiken unterstützen, sondern auch das Testen und die Abbildung bankspezifischer, interner Modelle erlauben. Weitere Informationen zu den IT-Anforderungen an Banken, die sich aus der Umsetzung der Basel-II-Vorschriften ergeben, finden sich bei [Jensen 2003].

12.1.2 Finanzprodukte

Bei den Produkten im Finanzdienstleistungsbereich handelt es sich um immaterielle Güter, die vielfältig und dynamisch ausgeprägt werden. Die Palette reicht von standardisierten Produkten, beispielsweise Konten, bis hin zu hoch komplexen individuellen Produkten, wie syndizierten Krediten oder Akkreditiven bei Firmenkunden. Der Lebenszyklus eines Finanzprodukts, beispielsweise eines Darlehensvertrages oder eines Kontos, ist in der Regel sehr lang, wobei das Produkt ständig verändert und an Kunden- wie Marktanforderungen angepasst wird. Den »Einmalverkauf« wie bei einem Möbelstück gibt es bei Banken nur selten. Nach Vertragsabschluss unterliegt das Finanzprodukt häufig noch vielfältigen Änderungen. Der Zinssatz eines Darlehens kann sich beispielsweise in Abhängigkeit vom Marktzinssatz ändern. Die Tilgungsraten werden möglicherweise auf Kundenwunsch erhöht oder ein anderes Mal aufgrund von Zahlungsschwierigkeiten ausgesetzt. Diese Veränderungen haben sowohl Einfluss auf die Zahlungsprozesse – etwa variiert die Höhe der Rückzahlungsraten des Darlehens – als auch auf die Serviceprozesse – z. B. ist der Kunde über eine Erhöhung des Marktzinssatzes und damit die Anpassung der Darlehenskonditionen zu informieren. Daraus ergeben sich wiederum Einflüsse auf Prozesse in Profitabilitätsanalyse und Risk Management. Die Information über den Kunden und die ihm zugeordneten Produkte muss für jeden Geschäftsprozess der Bank transparent, zugänglich und verwertbar sein. Nicht nur global tätige Firmenkunden, die in verschiedenen Filialen einer Bank Konten unterhalten und von unterschiedlichen Teams betreut werden, sondern auch Privatkunden verlangen von ihrer Geschäftsbank eine koordinierte und abgestimmte Betreuung über die Filialebene hinaus.

Produktstammdaten

Eine bereinigte Datenbasis ist die Voraussetzung, um in einer komplexen IT-Landschaft eine vereinheitlichte und konsolidierte Verteilung von Stammdaten zu ermöglichen und die jeweiligen Prozesse konsistent mit Daten zu versorgen. Zur Datenbasis gehören Kunden-, Produkt-, Markt- und Konditionsdaten, die sowohl in operativen Vertriebs- oder Serviceprozessen wie auch in unterstützenden Analysen (z. B. Deckungsbeitragsermittlung der Produkte) verwendet werden. Das Finanzprodukt, z. B. das Darlehen, findet sich dann in unterschiedlichen Ausprägungen in verschiedenen Geschäftsprozessen wieder.

Die Produktstammdaten liegen in der Regel in den Abwicklungssystemen der Bank, wobei bestimmte für die Kundenbetreuung relevante Daten mit dem Frontoffice abgeglichen werden. Die Daten für die Antragsstellung eines Darlehens sollten idealerweise in einem CRM-System erfasst werden und dann bei Vertragsabschluss an das Backofficesystem zur operativen Abwicklung weitergegeben werden. Umgekehrt muss der Kundenbetreuer bei Fälligkeit einer Festgeldanlage durch einen Workflow vom Backoffice- an das CRM-System informiert werden. Er benötigt Zugriff auf die Details dieses fälligen Vertrags, um dem Kunden gemäß seines Kundenprofils beispielsweise eine Verlängerung des Festgeldes oder eine alternative Geldanlage anbieten zu können. Dabei passt er die Daten gegebenenfalls selbst an. Am Bankschalter oder im Call Center müssen Informationen über Aktivitäten des Kunden im Internet und über andere Kanäle ebenfalls zeitnah zur Verfügung stehen.

Produktberatung

Insbesondere bei Firmenkunden sind die Produkte oft so komplex, dass sie keineswegs standardisiert und ohne persönlichen Kontakt vom jeweiligen Firmenkundenbetreuer vertrieben werden können. Meist werden Rahmenverträge aufgesetzt, unter denen dann größere und lang andauernde Projekte wie Finanzierungen von Unternehmensimmobilien oder Im- und Exportgeschäfte vereinbart werden. Die Abwägung der Risiken bei der Kreditvergabe sowie die Konditionen und Produktausprägungen spielen dabei eine entscheidende Rolle. Eine Bank wird beispielsweise zunächst einen internen Evaluationsprozess aufsetzen, bevor sie eine Anfrage für eine Export-Auslandsfinanzierung in ein Hochrisikoland genehmigt. Opportunity- und Aktivitätsmanagement helfen, Beratung und Verkaufsprozess zu strukturieren und den Mitarbeitern über alle Kommunikationskanäle hinweg die benötigten Informationen zur Verfügung zu stellen.

12.1.3 Kommunikationskanäle

Bei der Wahl des richtigen Kommunikationskanals gibt es, je nach Vermögenssituation, Alter und Innovationsfreudigkeit des Kunden, große Unterschiede. Der im Internetzeitalter aufgewachsene Kleinanleger ist eher bereit, seine Bankgeschäfte über elektronische Medien abzuwickeln, als der vermögende Privatkunde, der oft weiterhin das Gespräch mit seinem persönlichen Kundenbetreuer sucht und die Eingabe seiner Finanzdaten ins Internet scheut. Einen individuellen

Portfolio-Management-Vertrag für einen vermögenden Kunden mit nicht unbeträchtlichen Einlagen- und Finanzierungssummen abzuschließen, wird auch in naher Zukunft sicher nicht im Fokus der elektronischen Beratung liegen.

Ein weiterer Aspekt ist das Ziel, die Prozesskosten im Massengeschäft zu senken. Anstatt der kostenintensiven persönlichen Betreuung am Schalter versuchen Banken, ihre Privatkunden zur Nutzung personalärmerer Kanäle wie Online Banking, Geldautomaten und Call Center zu animieren.

Online Banking

Im Retailkundengeschäft ersetzen Internet oder auch Servicemaschinen im Eingangsbereich der Banken immer häufiger den persönlichen Kontakt am Schalter. In Europa gibt es derzeit 60 Millionen Online-Bankkunden, wobei Forrester Research bis zum Jahr 2007 mit einer Verdoppelung auf 130 Millionen rechnet [Freimark 2003]. Durch Online Banking wird dem Kunden die Möglichkeit gegeben, seine Bankgeschäfte von zu Hause aus zu tätigen, sodass ihm unnötige Wege zur Bank erspart bleiben. Andererseits steigern Transparenz und Vergleichsmöglichkeiten der Bankangebote im Internet auch die Wechseltendenz des Kunden. Innovative Kanäle wie das Internet sind auf der einen Seite ein Grund für sinkende Kundenloyalität, bieten aber umgekehrt auch die Chance, neue Kunden zu gewinnen oder existierende noch stärker an das eigene Haus zu binden. Kunden ohne persönliches Gespräch in der Filiale gezielt anzusprechen und bezüglich ihrer Servicewünsche zufrieden zu stellen, stellt die Herausforderung an die elektronischen Medien dar.

Call Center

Das Call Center hat sich zu einem Kommunikationsmedium entwickelt, das je nach Kundenprofil und Art der Anfrage verschiedene Kanäle abdeckt. Einfache standardisierte Kundenanfragen, z.B. zum Kontostand, werden mit Hilfe von Lösungen wie Interactive Voice Response (IVR) oder automatisierten Routingverfahren beantwortet. Der Kundenbetreuer im Call Center wird so bei Standardanfragen entlastet und erhält die Möglichkeit, sich mehr auf das gewinnbringende Beratungsgespräch zu konzentrieren.

Synchronisation der Kommunikationskanäle

Bei komplexeren Produkten, wie beispielsweise der Hausfinanzierung, beschränkt sich der Einsatz von Internet und Call Center meist auf die Informationsversorgung. Auch betreuungsintensivere und sensible Kunden, insbesondere im Private-Banking-Bereich, suchen meist noch den persönlichen Kontakt zu ihrer Bank. Daher besteht die große Herausforderung in der Verschmelzung der verschiedenen Kommunikationskanäle [Moormann/Roßbach 2001]. Der Kunde sollte über jeden beliebigen Kanal mit der Bank in Verbindung treten können und die gewünschten Informationen bekommen. Die Beratung des Kunden bzw. die Betreuung seines Anliegens muss unabhängig vom Kommunikationskanal auf den selben aktuellen Daten beruhen und über die verschiedenen Kanäle hinweg konsistent sein.

Wenn der Kunde die Eröffnung eines Kontos über das Internet beantragt, kann er beispielsweise eine automatische Zwischenbestätigung per E-Mail erhalten. Der Bankmitarbeiter, der diesen Antrag bearbeitet, könnte den Kunden daraufhin per Telefon zurückrufen, den Antrag mit Hilfe eines internen Workflow an den zuständigen Sachbearbeiter weiterleiten und später dem Kunden die Kontoeröffnung schriftlich bestätigen.

12.1.4 Konsolidierte Systemlandschaften

Viele Banken haben sehr komplexe IT-Landschaften aufgebaut, insbesondere bei den Abwicklungssystemen. Hier gibt es – über Jahrzehnte gewachsen – eine Vielzahl von Individualsoftware, und es kommt nicht selten vor, dass es im ganzen Unternehmen kaum noch jemanden gibt, der sich im Detail mit einer bestimmten Software auskennt, geschweige denn, sie in einem Implementierungsprojekt an eine andere Applikation anbinden oder das Altsystem ablösen kann.

Diese komplexe Systemlandschaft, in der Kunden- und Prozessdaten über zahlreiche Systeme verteilt sind, erschwert die Einführung neuer Systeme mit einer einheitlichen und bereinigten Datenbasis. Die großen Investitionen der Banken in den vergangenen Jahren zum Einstieg in Online Banking oder Internethandel haben oft nur zu weiteren Applikationsinseln geführt, ohne zu einer Verbesserung der beschriebenen Probleme beizutragen. Die neuen Plattformen müssen nun mit den bereits vorhandenen Abwicklungssystemen auf eine integrierte Basis gebracht werden, um die operationalen Kosten zu senken [Bennet/Hoppermann/Peynot 1002].

Während der Kundenservice über möglichst viele Kommunikationskanäle ausgebaut wird, um die Kundenbindung zu verbessern, ergeben sich Kostensenkungspotenziale durch neue Zahlungsverkehrs- und Handelsplattformen. Diese Abwicklungssysteme, z.B. für die Konto- und Zahlungsverwaltung, stellen das Herz einer Bank dar. Sie durch eine Standardsoftware abzulösen, bedarf es eines äußerst sensiblen und langfristigen Implementierungsprojekts, auf das sich bislang nur wenige Banken eingelassen haben. Dazu gehört die deutsche Postbank, die seit Oktober 2003 die Bankenlösung *SAP for Banking* im Einsatz hat. Die neue Software ersetzt 14 Altsysteme und reduziert die Anzahl der Kernbankenprozesse von 120 auf 35. Die Transaktionen von 11,5 Millionen Kunden, sechs Millionen

Kreditkarten und fünf Millionen Girokonten werden jetzt über eine zentrale Platt-form verwaltet. Die Postbank erwartet Einsparungen bei den operativen Kosten für betriebsinterne Prozesse von 30 % [Spinger 2004].

Im Frontendbereich wurden bereits einige CRM-Projekte bei Banken realisiert, die bezüglich ihrer Projektgröße und ihrer Bedeutung für das Unternehmen sehr unterschiedlich waren. Die Spanne reichte von einer einfachen Kundendatei, in der bestimmte Attribute am Kundenstammsatz zusammengeführt und gehalten werden, bis hin zu ganzheitlichen Projekten, in denen Schritt für Schritt Software für Marketing-, Vertriebs- und Serviceprozesse im gesamten Unternehmen imple-mentiert wurden.

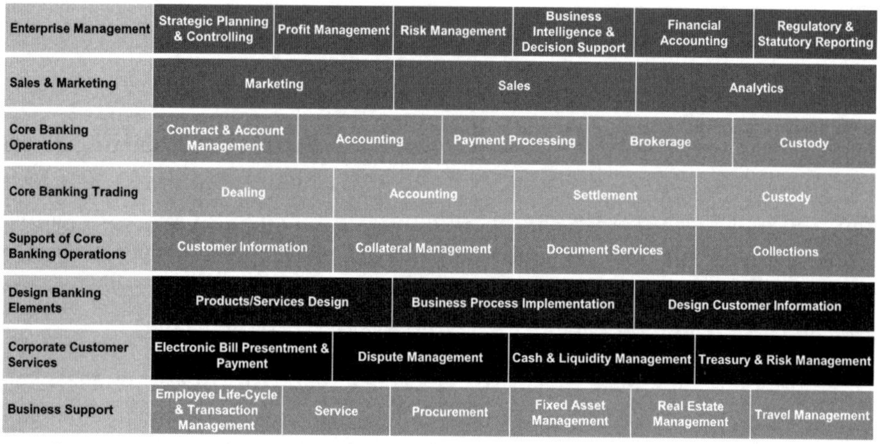

Enterprise Management	Strategic Planning & Controlling	Profit Management	Risk Management	Business Intelligence & Decision Support	Financial Accounting	Regulatory & Statutory Reporting
Sales & Marketing	Marketing		Sales		Analytics	
Core Banking Operations	Contract & Account Management	Accounting	Payment Processing		Brokerage	Custody
Core Banking Trading	Dealing	Accounting		Settlement		Custody
Support of Core Banking Operations	Customer Information	Collateral Management		Document Services		Collections
Design Banking Elements	Products/Services Design		Business Process Implementation		Design Customer Information	
Corporate Customer Services	Electronic Bill Presentment & Payment	Dispute Management		Cash & Liquidity Management	Treasury & Risk Management	
Business Support	Employee Life-Cycle & Transaction Management	Service	Procurement	Fixed Asset Management	Real Estate Management	Travel Management

Abbildung 12.1 Solution Map von SAP for Banking

Banken sehen sich vor die Aufgabe gestellt, die verschiedenen Kommunikations-kanäle »Schalter«, »Call Center« und »Online Banking« über ein CRM-System zusammenzufassen. Dieses wiederum benötigt eine enge Integration mit den operativen und analytischen Anwendungen, damit die Geschäftsprozesse, die alle beim Kunden beginnen, nahtlos in den Abwicklungssystemen fortgesetzt werden.

SAP for Banking bietet eine derartige integrierte Lösungsplattform, die Geschäfts-prozesse anwendungsübergreifend unterstützt. Die SAP Solution Map in Abbil-dung 12.1 liefert einen Überblick über die Geschäftsszenarios und Lösungen, die *SAP for Banking* bereitstellt.

Der Aufbau der Lösung unterscheidet dabei die Bereiche »Business Support«, »Strategiemanagement«, »Vertrieb und Service« sowie die zentralen Abwick-lungssysteme (siehe Abbildung 12.2).

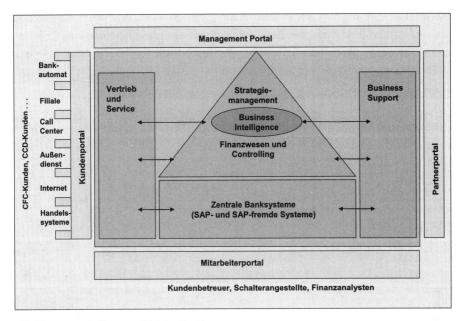

Abbildung 12.2 Aufbau von SAP for Banking

Das Mitarbeiterportal stellt hierbei den anwenderfreundlichen Arbeitsplatz dar, der die unterschiedlichsten Systeme wie beispielsweise verschiedene SAP- und SAP-fremde Backendsysteme (z. B. wie bei der Postbank realisiert) sowie CRM-Anwendungen miteinander vereint, ohne dass der Anwender die Oberfläche wechseln muss. Ebenso können auch der Kunde sowie verschiedene Partnerunternehmen (z. B. Schufa, Rating-Institute) mit Hilfe von auf sie zugeschnittenen Portalen in die Geschäftsprozesse mit eingebunden werden. Die Vertriebs- und Servicekomponenten werden durch ausgereifte analytische Methoden in der Business Intelligence unterstützt.

12.1.5 Geschäftsszenario: Kontoeröffnung

Die folgende betriebswirtschaftliche Darstellung eines kundenorientierten Geschäftsszenarios zeigt, wo und wie der Kunde direkt oder indirekt an den Teilprozessschritten teilnimmt.

In diesem Zusammenhang ist es hilfreich, sich zu vergegenwärtigen, dass eine Kundenbeziehung erst über die Lebensdauer der Beziehung (*Customer Life Cycle*) für die Bank profitabel ist. Demzufolge können Cross-Selling und Up-Selling – und zwar entlang des »Lebenszyklus« eines Kunden – als Schlüsselkomponenten für den Erfolg betrachtet werden« [Moormann/Roßbach 2001]. Es ist daher wichtig, den gesamten Lebenszyklus zu berücksichtigen, selbst dann, wenn die Bank zunächst nur Teile davon durch Software unterstützen will. Am Ende muss ein integrierter und lückenloser Prozess stehen, der zu einer erhöhten Profitabilität und zu Kostensenkungen der Bank führt. Nach der Identifizierung der Soll-Prozesse der Bank lassen sich Schlussfolgerungen für die Softwareauswahl ziehen. Abbildung 12.3 zeigt exemplarisch die Soll-Prozesse einer deutschen Großbank [Keller & Rößner 2002].

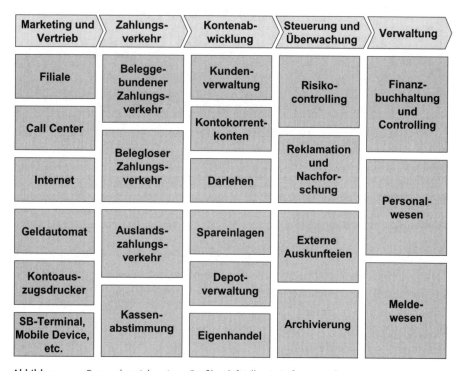

Abbildung 12.3 Prozessbereiche einer Großbank [Keller & Rößner 2002]

Ablauf des Geschäftsszenarios

Eine Kontoeröffnung besteht beispielsweise aus den in Abbildung 12.4 dargestellten Teilprozessen.

Der Kunde kontaktiert die Bank und muss sich zunächst identifizieren. Das Bankgeheimnis im Finanzsektor erfordert in vielen Ländern eine sensible Kontaktaufnahme. Die Bank darf nicht ohne vorherige Feststellung der Kundenidentität Angaben über die Geschäftsbeziehung machen. Bankmitarbeiter müssen von der Software beim gesetzeskonformen Datenzugriff unterstützt werden. In einem Call Center sollten beispielsweise bereits beim Eintreffen des Anrufs durch die automatische Rufnummererkennung die entsprechenden Kunden- und Identifizierungsdaten angezeigt werden.

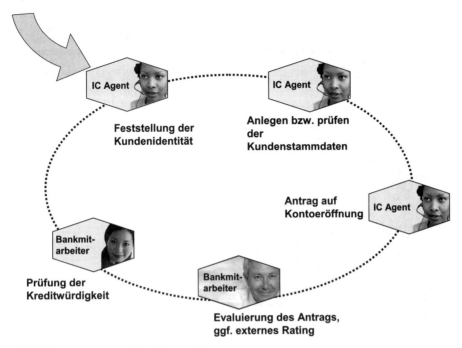

Abbildung 12.4 Szenarioablauf Kontoeröffnung

Handelt es sich um einen Neukunden, muss der Agent zunächst die Kunden-stammdaten anlegen, um alle weiteren Vorgänge an diesen Stammsatz zu knüp-fen und die Neukundenverbindung somit von Anfang an transparent werden zu lassen. Beispielsweise könnte dieser Neukunde dann zu einem späteren Zeitpunkt auch in einer Marketinganalyse in die Zielgruppe für ein bestimmtes Produkt auf-genommen und dementsprechend kontaktiert werden.

Bei einem Stammkunden wird der Bankmitarbeiter versuchen, sich ein Bild von seinem Kunden zu machen. Idealerweise findet er die wichtigsten Daten auf einen Blick in seiner Arbeitsoberfläche vor. *SAP for Banking* ermöglicht an dieser Stelle die Konsolidierung, Auswertung und Anzeige aller Kundendaten, unabhän-gig davon, in welchem operativen System sie liegen. Beispielsweise sind die Kre-ditdaten bei großen Kunden auf verschiedenen Abwicklungssystemen der Bank verteilt. Das integrierte SAP Business Warehouse konsolidiert die Kreditobligen aus den einzelnen Core-Applikationen und bringt sie gemeinsam zur Anzeige.

Während des Gesprächs werden dem Bankmitarbeiter sofort Informationen zur Kundenprofitabilität und zum Produktportfolio des Kunden angezeigt, damit er sich zeitnah auf dessen Bedürfnisse und Fragen einstellen kann (Abbildung 12.6).

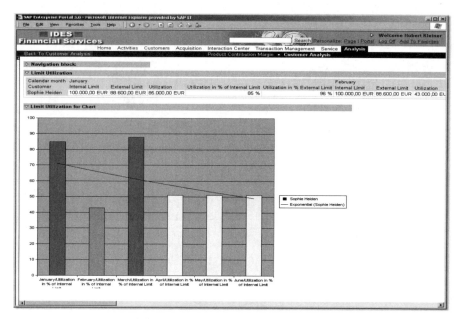

Abbildung 12.5 Kundenkreditengagement

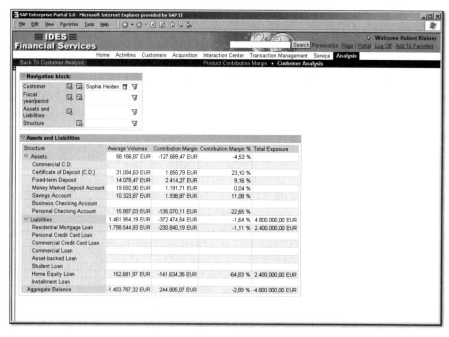

Abbildung 12.6 Produktportfolio

Zusammen mit dem Kunden gibt der Mitarbeiter dann die Kontoeröffnungsdaten in einen Kontoeröffnungsantrag ein. Dazu gehören die Art des Kontos (Einzel- oder Gemeinschaftskonto), der Zinssatz und die Abschlussperiode. Eine Anpassung der Benutzungsoberflächen an länderspezifische oder bankindividuelle Anforderungen ist problemlos möglich. In einem Dokumentenmanagementsystem, das ebenfalls Bestandteil der kundenorientierten Banking-Lösung der SAP ist, wird der Antrag dann am Stammsatz des Kunden abgelegt und kann hier jederzeit wieder eingesehen werden.

Mit Hilfe von Workflows, die von *SAP for Banking* bereitstellt oder entlang der spezifischen Bankprozesse konfiguriert werden, lassen sich die nächsten Evaluationsprozesse über den Antrag des Kunden steuern. Möglicherweise ist ein anderer Mitarbeiter zu informieren oder zu beauftragen, ein externes Rating über den Kunden einzuholen – in Deutschland beispielsweise die Auskunft der Schufa bei Retail- und Privatkunden. Beantragt der Kunden einen zusätzlichen Überziehungskredit, müssen der Genehmigungsprozess und die Kreditwürdigkeitsprüfung über die verantwortliche Kreditabteilung geleitet werden. Wichtig hierbei ist vor allem, dass all diese Vorgänge transparent und von den autorisierten Mitarbeitern einsehbar sind, sodass dem Kunden jederzeit der aktuelle Status der Kontoeröffnung mitgeteilt werden kann.

Wird der Antrag positiv bewertet und genehmigt, erfolgt die Übernahme der Antragsdaten in einen Vertrag. Systemseitig stellt dieser Vorgang hohe Anforderungen an die Integration von Front- und Backoffice-Systemen. In der Praxis geht damit immer ein nicht zu unterschätzender Aufwand bei der Anbindung der bankeigenen Backendsysteme an das Frontendsystem einher.

Auch bei vielen Serviceprozessen muss der jeweilige Mitarbeiter administrative Änderungen am Produkt eines Kunden vornehmen. *SAP for Banking verfügt* hierzu über diverse Anbindungsmöglichkeiten von Fremdsystemen an die SAP-Lösung. Abbildung 12.7 zeigt die Integration des SAP-Backendsystems (SAP Core Banking) in die Interaction-Center-Lösung von mySAP CRM am Beispiel einer Schecksperre; die Anbindung anderer Fremdsysteme ist ebenfalls auf diese Weise möglich.

SAP for Banking umfasst neben den Komponenten, durch die alle operativen Marketing-, Vertriebs- und Serviceprozesse einer Bank unterstützt werden, auch umfassende analytische Bestandteile. Die Auslieferung beinhaltet insbesondere auch bankenspezifische Analyseinstrumente.

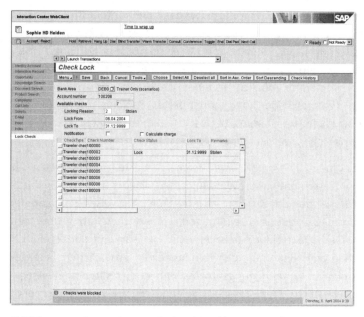

Abbildung 12.7 Integration von Backend-Applikationen in das Interaction Center

12.1.6 Praxisbeispiel: Banco Urquijo

Das spanische Bankunternehmen Banco Urquijo ist eine Tochtergesellschaft der KBL Group und sowohl im Privat- als auch im Geschäftskundenbereich aktiv. Um im Wettbewerb der spanischen Finanzdienstleister durch hohe Kundenzufriedenheit hervorzustechen, hat Banco Urquijo im Jahr 2001 innerhalb von fünf Monaten mySAP CRM und SAP Enterprise Portal als Teil von *SAP for Banking* eingeführt.

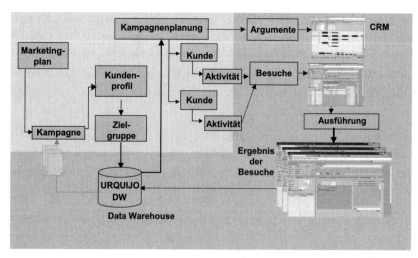

Abbildung 12.8 SAP-Lösung bei Banco Urquijo (Quelle: Banco Urquijo)

Die Anwender aus den Kundenbetreuungs- und Marketingabteilungen der Bank greifen über das SAP-Unternehmensportal auf SAP CRM und weitere, bereits in der Bank vorhandene Softwareanwendungen zu. Ausgehend von Aufgabenbereich und Funktion wurden den Mitarbeitern Rollen zugewiesen, die festlegen, auf welche Transaktionen der Anwender Zugriff hat. Für die Abteilung Geschäftskundenbetreuung hat das Implementierungsteam folgende Rollen definiert:

▶ Abteilungsleiter

▶ Geschäftsbereichsleiter

▶ Außendienstleiter

▶ Büroleiter

▶ Kundenbetreuer

Das Kampagnenmanagement trägt zu effizienteren Marketingplanungsprozessen bei. Durch die Anbindung der SAP-Lösung an das bankeigene Data Warehouse wurden Entscheidungsprozesse im Marketing optimiert. Das Verfolgen der Kampagnen über alle am Prozess beteiligten Mitarbeiter führte zu erhöhter Transparenz und verbesserter Zielverfolgung.

Über besondere Aktivitäten und Vorkommnisse mit dem Kunden werden die Mitarbeiter nun mit Hilfe der Eskalationsmechanismen informiert. Entsprechende Werkzeuge von mySAP CRM wurden in das Warnmeldungssystem der Bank integriert. Im Fall von ruhenden Konten, Negativsalden oder einer rückläufigen Auftragslage versendet das System entsprechende Nachrichten an verantwortliche Mitarbeiter. Rechtzeitiges Eingreifen führt zu einer erhöhten Kundenzufriedenheit und damit zu einer intensiveren Kundenbindung an die Bank.

Das gesamte Kundenbeziehungsmanagement der Bank wird nun durch das Aktivitäts- und Opportunity-Management unterstützt. Auch zur Neukundengewinnung setzt die Bank ihre SAP-Lösung erfolgreich ein.

12.1.7 Kritische Erfolgsfaktoren bei der CRM-Einführung

Bisher durchgeführte CRM-Projekte im Bankensektor haben gezeigt, dass insbesondere folgende Faktoren für eine erfolgreiche Umsetzung kundenorientierter Geschäftsprozesse zu beachten sind.

Kundenzentrierte Geschäftsprozesse identifizieren

Banken tendierten in der Vergangenheit zu einer stark produktbezogenen Sicht auf Geschäftsprozesse (Spartenorganisation), die jetzt sukzessiv durch eine verstärkte Kundenorientierung abgelöst wird. Bei der Durchführung eines CRM-Projekts ist es daher essenziell, zuerst die Prozesse zu identifizieren, in denen der

Kunde eine zentrale Rolle spielt. Diese Prozessidentifizierung zu Beginn der Softwareauswahl wird von vielen kleinen und mittleren Banken unterschätzt und aus Kostengründen nur mangelhaft durchgeführt. Das wiederum führt zwangsläufig zu einer eingeschränkten Sicht auf die Unternehmensprozesse und damit auf die zu erbringende Leistung der ausgewählten Software.

Startpunkt ist der Geschäftspartner

Um eine einheitliche Datenbasis für die kundenorientierten Prozesse zu schaffen, müssen zunächst die vorhandenen Geschäftspartnerdaten in einer Bank konsolidiert und an zentraler Stelle zur Verfügung gestellt werden. Dieser erste Schritt eines Implementierungsprojekts stellt vor dem Hintergrund einer bereits vorhandenen komplexen Systemlandschaft, in der Kundendaten meist in mehreren Systemen uneinheitlich oder redundant vorliegen, eine enorme Herausforderung dar. Wichtig ist, zunächst das führende System bei der Eingabe oder Änderung der Geschäftspartnerdaten zu bestimmen. Da mySAP CRM normalerweise mehr Daten über Kunden enthält als das SAP-Backendsystem, ist es sinnvoll, dieses auch als das Führende zu definieren.

Die neuen Möglichkeiten mit Augenmaß einsetzen

Insbesondere in den USA und in Großbritannien wurden nach der Einführung von CRM-Softwarelösungen die neu gewonnenen Marketing- und Vertriebsfunktionen zu aggressiven Vertriebsaktionen genutzt, wobei manche Banken bei ihren Kunden einiges an Vertrauen verspielt haben [Taylor 2002]. Die Beziehung zwischen Bank und Kunden bleibt unabhängig von der Einführung einer Softwarelösung sensibel. CRM-Anwendungen bieten operative Unterstützung in Marketing, Vertrieb und Service. Die CRM-Strategie der Bank muss aber auch die menschlichen Komponenten in einer Kundenbeziehung berücksichtigen.

12.1.8 Auswahl wichtiger kundenorientierter Geschäftsszenarios

Geschäftsszenario	Kurzbeschreibung
Kampagnen-management	Optimierung der Kampagnenabwicklung von der Marktanalyse bis zur Ergebnisprüfung
Kunden-segmentierung	Einteilung des Kundenbestands in Segmente zur Differenzierung und Personalisierung der Produkt- und Dienstleistungsangebote (ohne Programmieraufwand)
Opportunity Management	Begleitung des Vertriebszyklus von der Identifikation von Verkaufschancen bis zum erfolgreichen Abschluss. Einheitliche Sicht auf zugeordnete Vorgänge, Historie, Termine, Fortschritte und zuständige Entscheidungsträger

Geschäftsszenario	Kurzbeschreibung
Account and Contact Management	Bereitstellung aller wichtigen Informationen über Kunden, Interessenten und Partner für Interaktionshistorie, Aktivitätenverfolgung und Analyse erfolgreicher oder kritischer Geschäftsbeziehungen
Case Management	Zusammenfassung aller Informationen eines laufenden Vorgangs zu einem Fall sowie zur Strukturierung und Überwachung des Vorgehens bei der Abarbeitung des Falls
Interaktiver Verkauf	Internetgestützte Bearbeitung komplexer Kundenanfragen, -angebote oder -aufträge. Kundenführung durch den Produktkonfigurationsprozess und Sicherstellung der Einhaltung vorgegebener Geschäftsregeln
Customer Service und Support im Interaction Center	Beantwortung von Kundenfragen, Klärung technischer Probleme, Beschwerdemanagement, Retourenabwicklung, Veranlassung von Umtauschaktivitäten, Erfassung von Serviceaufträgen und Unterbreitung von Vorschlägen zu weiteren Serviceprodukten durch Online-Zugriff auf die Lösungsdatenbank und alle relevanten Kundendaten
Product Analytics	Untersuchung der von Kunden bevorzugten Produkte und Produkteigenschaften sowie der Produktprofitabilität
Marketing Analytics	Verbesserung der Effizienz und Effektivität von Marketingmaßnahmen, ausgehend von Marktanalysen über die vorausschauende Beurteilung von Marketingprogrammen bis hin zur abschließenden Erfolgsanalyse
Customer Analytics	Analyse des Kundenverhaltens und Kundenwertes zur persönlicheren und gezielten Ansprache von Kunden

12.2 Leasing und Finanzierung

»The successful 21st Century lessor must make a fundamental transformation in the application of information technology, shifting from reactive portfolio servicing to proactive portfolio management.«
Denis J. Stypulkoski, Alta Group

Warum sind Polizeiwagen in einigen deutschen Bundesländern nicht mehr weiß/grün, sondern silber/grün? Diese Fahrzeuge sind geleast, die grünen Streifen sind nur aufgeklebt und werden zum Ende des Leasingvertrags wieder abgelöst. Das Auto wird dann wie jedes andere Gebrauchtfahrzeug auf dem Markt angeboten. Die Grundfarbe Silber garantiert einen besseren Restwert und damit günstigere Leasingkonditionen.

Leasing und Finanzierung entwickeln sich immer mehr zu einer Alternative zum Barkauf. Ursprünglich wurden im Wesentlichen Investitionsgüter wie Maschinenparks und Gebäude von Unternehmen geleast oder finanziert. Dabei spielen vor allem die steuerlichen Vorteile eine zentrale Rolle, da Leasingraten vollständig in den Aufwand gebucht werden können.

12.2.1 Leasinggesellschaften als integrierte Dienstleistungs-anbieter

Heute greifen auch immer mehr Privatkunden zu Leasing und finanzieren ihre Käufe. Zuerst setzten sich Leasingformen in der Automobilindustrie durch. Viele Privatkunden waren nicht mehr in der Lage, den Wunsch nach einem neuen Auto oder einem frühzeitigen Wechsel auf ein neues Modell aus der eigenen Tasche zu bezahlen. Heute werden etwa 75 % aller Neuzulassungen finanziert oder verleast [Mummert 2003].

Marktforschungsstudien zeigen außerdem, dass die Finanzierung für die Automobilhersteller zusätzlichen Mehrwert aufweist, da die Kunden entweder früher oder zu einem höherwertigen Fahrzeug greifen als beim Barkauf [Autobanken 1999]:

▶ 27 % der Kunden konnten sich das Auto früher als geplant anschaffen
▶ 21 % leisteten sich einen Neuwagen anstelle eines Gebrauchten
▶ 17 % gönnten sich eine bessere Ausstattung
▶ 9 % wählten ein größeres Modell

Neben dem hochpreisigen Automobilsegment – der durchschnittliche Neuwagenpreis in Deutschland liegt immerhin bei 22 000 EUR – nehmen Leasing und Finanzierung aber auch bei Kleingeräten bis hin zu Haushaltswaren, Fernsehern und Heimelektronik zu. Beinahe alle Warenhäuser und Elektronikdiscounter bieten mittlerweile Finanzierungsdienstleistungen an, um Kunden mit niedrigen monatlichen Raten die Kaufentscheidung zu erleichtern.

Für den Kunden stellt sich die Leasinggesellschaft immer mehr als ein ganzheitlicher Dienstleistungsanbieter rund um das zu finanzierende Objekt dar. Ein Indiz dafür sind Kombinationsverträge, in denen Leasing zusammen mit zusätzlichen Leistungen angeboten wird, wie beispielsweise:

▶ Dienstleistungen, etwa Wartung und Reparatur
▶ Zusätzliche Services bei Kfz-Leasing wie Tankkarten und Reifenwechsel
▶ Sach-, Lebens- oder Arbeitslosigkeitsversicherungen
▶ Bankprodukte wie Kreditkarten oder Girokonten, die Finanzierungskunden zu speziellen Konditionen angeboten werden

Das Ziel ist es, die Kunden mit diesen Zusatzleistungen enger an die Leasinggesellschaft zu binden. Um dabei die individuellen Bedürfnisse ihrer Kunden möglichst gut abzudecken, müssen die Gesellschaften ihr Kundenbeziehungsmanagement ausbauen.

12.2.2 Integrierte Geschäftsprozesse als Herausforderung

Auch im Backoffice warten neue Herausforderungen auf die Leasinggesellschaften. Die internationale Harmonisierung von Rechnungslegungsvorschriften, etwa durch die International Accounting Standards (IAS), zwingt häufig zu einer parallelen Rechnungslegung gemäß verschiedener Bilanzierungsvorgaben oder zu einer zeitnahen Anpassung der Software an neue Anforderungen. Auch die unter der Bezeichnung Basel II vom Baseler Ausschuss für Bankenaufsicht verabschiedeten Regeln zur Sicherung von Finanzierungsgeschäften haben großen Einfluss auf das Geschäft der Leasinggesellschaften und zwingen sie zu einem eher bankenorientierten Reporting, beispielsweise in Form von Kennzahlen zur Eigenkapitalrendite und Liquidität.

Profitable Leasingverträge sind zudem nur dann möglich, wenn der Restwert des verleasten Objektes richtig eingeschätzt und während der Laufzeit des Leasingvertrages regelmäßig kontrolliert wird. Die Frage der Marktgängigkeit eines bestimmten Produktes, z.B. eines neuen Pkw-Modells, lässt sich nur mit detailliertem Branchenwissen und einer langen Erfahrung beantworten. Hierzu müssen in der Regel Daten externer Dienstleister in die eigene Anwendung eingebunden werden, um zu einer verlässlichen Aussage zu kommen. Sollte sich der Restwert während der Laufzeit eines Leasingvertrags deutlich verändern, müssen Leasinggesellschaften nicht nur steuerliche Anpassungen vornehmen, sondern auch Rückschlüsse auf das derzeitige Operativgeschäft und die Optionen zu laufenden Objektleasingverträgen ziehen.

Es wird deutlich, dass in der Leasing- und Finanzierungsbranche ein sehr breites Spektrum an operativen, strategischen und analytischen Aktivitäten, gepaart mit substantiellem und immer wieder zu aktualisierendem Branchen-Know-how notwendig ist, um profitabel und zukunftssicher agieren zu können.

Diesen Anforderungen des Marktes und der Finanzbehörden an die Leasinggesellschaften stehen in vielen Fällen veraltete, über die Jahre gewachsene Softwaresysteme gegenüber. Häufig findet man Eigenentwicklungen, Insellösungen einzelner Anbieter nach dem Best-of-breed-Ansatz und beliebige Mischformen von beiden. Die Lösungen decken zwar meist noch die aktuellen Anforderungen ab, weisen aber unter anderem folgende Probleme auf:

▶ Neue Dienstleistungen und Finanzierungsmodelle lassen sich häufig nur mit umfangreichen Entwicklungen realisieren und damit nicht zeitnah vermarkten. Eine schnelle Reaktion auf geänderte Marktanforderungen (time to market) ist damit nicht möglich.

▶ Die vielen isolierten Lösungen müssen über kosten- und pflegeintensive Schnittstellen miteinander verbunden werden. Häufig ist keine Datenkonsistenz über die Systeme hinweg gewährleistet.

- Für die Wartung der selbstentwickelten oder -erweiterten Software müssen Leasinggesellschaften riesige IT-Abteilungen mit zahlreichen Entwicklern vorhalten.

- In einigen Fällen ist das Softwarehaus, das die Anwendung programmiert hat, entweder nicht mehr am Markt vertreten oder kann aufgrund mangelnder Ressourcen die Software nicht mehr an geänderte funktionale oder legale Anforderungen anpassen.

Integrierte Anwendungsplattformen helfen, alle notwendigen Kunden-, Produkt- und Vertragsinformationen zentral zusammenzuführen und werkzeuggestützt die richtigen strategischen Entscheidungen aus diesen Daten abzuleiten.

Die integrierte Lösung von SAP

SAP hat basierend auf seiner Anwendungsplattform mySAP Business Suite mit *SAP Asset Finance and Leasing* eine integrierte Lösung für die Finanzierungsbranche entwickelt. Sie erweitert etablierte Anwendungskomponenten, beispielsweise die für das interne und externe Rechnungswesen sowie das Kundenbeziehungsmanagement, um leasingspezifische Funktionen und Prozesse. Das Ergebnis deckt den gesamten Lebenszyklus eines Leasing- und Finanzierungsvertrags ab, angefangen bei der Anfrage über Angebote bis hin zu Verträgen und Vertragsänderungen (siehe Abbildung 12.9).

Alle Schritte der Vertragsverwaltung mit Vertragsaktivierung, -änderung und -anpassung sowie regulärer oder vorzeitiger Beendigung der Vereinbarung sind nahtlos in das Rechnungswesen integriert. Die notwendigen Buchungen und Aktivitäten in den Bereichen Anlagenverwaltung, Debitoren- und Kreditorenverwaltung nimmt das System selbstständig vor. Unterschiedliche Rechnungslegungsvorschriften werden gleichzeitig bedient, sodass keine nachgelagerten Umbuchungen notwendig sind. In separaten Büchern lassen sich Konsolidierungen soweit automatisch vorbereiten, dass sie per Knopfdruck gestartet werden können. Die notwendige Klassifizierung der Leasingverträge, die je nach Rechnungslegungsvorschrift verschiedene Ausprägungen von Leasingverträgen festlegt, geschieht automatisch.

Die Integration des Leasingvertragsmanagements in das Vertragsmanagement von mySAP CRM ermöglicht neue Dimensionen im Kundenservice. So ist das Vertragsmanagement zum Beispiel direkt in eine Call-Center-Anwendung integriert, in der Kundenanfragen effektiv und kundenorientiert bearbeitet werden können. Die Prozessintegration in Marketingfunktionalitäten erlaubt den Finanzierungsgesellschaften, gezielt neue Märkte anzugehen. Herstellereigene Leasinggesellschaften (Captives) können die zur Absatzförderung auslaufender Artikel notwendigen Kampagnen zielgerichtet im System verwalten und dem Vertriebs-netzwerk zur Verfügung stellen.

Abbildung 12.9 Leasinglebenszyklus

Die Abwicklung operativer Aufgaben des Leasing- und Finanzierungsgeschäfts wird umrahmt von Funktionen zur strategischen Unternehmensführung und Ana-lyse. Hierbei kann *SAP Asset Finance and Leasing* auf eine Vielzahl der Berichte und Werkzeuge der Standardkomponenten von SAP R/3 und SAP CRM zurückgreifen. Eingeschlossen sind auch Tools zur Konsolidierung der Ergebnisse verschiedener Landesgesellschaften oder Geschäftsbereiche in einer einheitlichen Unterneh-mensbilanz (z. B. im Strategic Enterprise Management).

Für das Unternehmensreporting stehen leasingspezifische Inhalte zur Verfügung, mit denen die strategische Ausrichtung des aktuellen Portfolios jederzeit kontrol-liert und zukünftige Strategien abgeleitet werden können. Die Berichte stellen sowohl Daten des Vertragsmanagements wie der Leasingbuchhaltung in einem Blick auf den Leasingvertrag bereit.

Die in Abbildung 12.11 gezeigte Solution Map fasst die Vielzahl der Funktionen noch einmal zusammen und verdeutlicht den umfassenden Charakter von *SAP Asset Finance and Leasing*.

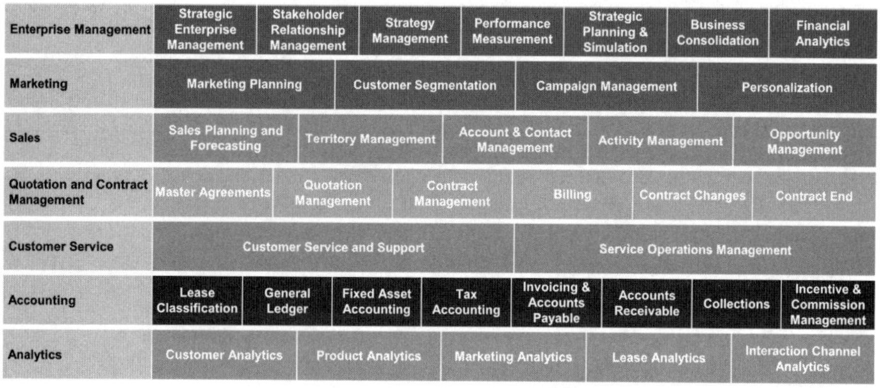

Enterprise Management	Strategic Enterprise Management	Stakeholder Relationship Management	Strategy Management	Performance Measurement	Strategic Planning & Simulation	Business Consolidation	Financial Analytics
Marketing	Marketing Planning		Customer Segmentation		Campaign Management		Personalization
Sales	Sales Planning and Forecasting	Territory Management	Account & Contact Management		Activity Management		Opportunity Management
Quotation and Contract Management	Master Agreements	Quotation Management	Contract Management		Billing	Contract Changes	Contract End
Customer Service	Customer Service and Support				Service Operations Management		
Accounting	Lease Classification	General Ledger	Fixed Asset Accounting	Tax Accounting	Invoicing & Accounts Payable	Accounts Receivable	Collections	Incentive & Commission Management
Analytics	Customer Analytics		Product Analytics		Marketing Analytics		Lease Analytics	Interaction Channel Analytics

Abbildung 12.10 Solution Map von SAP Asset Finance and Leasing

12.2.3 Leasing- und Finanzierungsprodukte

In der Finanzierungsbranche spielt das finanzierte Objekt in allen kundenbezogenen Aktivitäten nur eine untergeordnete Rolle. Für eine Autobank ist bei einem Kundenkontakt von minderem Interesse, welches Modell in welcher Ausstattungsvariante und Motorisierung er gewählt hat. Dies ist eher im Backoffice von Bedeutung, da die Merkmale des Finanzierungsobjekts Marktgängigkeit und Restwert des Objekts bestimmen.

Im Kontakt mit dem Kunden handeln Leasing- und Finanzierungsgesellschaften mit einem anderen Produkt, der *Finanzierung* oder dem *Leasing*. Dieses Produkt beschreibt, wie das Auto, der PC oder die Industriemaschine finanziert werden soll und bestimmt den Zahlungsplan des Kunden. Um dieses Produkt herum finden die eigentlichen Verhandlungen mit dem Kunden statt, denn hier werden unter anderem

▶ Zinssätze einer Finanzierung ausgehandelt

▶ Anzahlungen, Laufzeiten und weitere Vertragsmerkmale, wie z.B. Kilometerleistungen, diskutiert, um aus der Kombination zu einer für den Kunden vertretbaren Ratenhöhe zu kommen

▶ Besondere Tilgungs- und Zahlungsformen oder Ratenprofile eingeplant, etwa eine saisonale Zahlung bei der Finanzierung von landwirtschaftlichen Maschinen

Selbstverständlich könnten alle diese Parameter auch pro Vertrag oder Angebot hinterlegt werden. Allerdings führt dies zu aufwändigen Eingaben bei jedem neuen Vertrag oder zu fehleranfälligem Kopieren bestehender Angebote und Verträge. Zusätzlich ermöglicht dieses Verfahren dem einzelnen Sachbearbeiter oder dem Verkäufer der Finanzierung einen sehr großen Spielraum bei der Wahl der

Konditionen, der heute gerade im Massengeschäft nicht mehr erwünscht ist. Große international agierende Unternehmen sind darauf bedacht, ihr Geschäft in den einzelnen Ländern und Niederlassungen weitestgehend zu harmonisieren. Nur so lassen sich hohe Volumina kostengünstig bewältigen sowie strategische Produktportfolios aufbauen und kontrollieren.

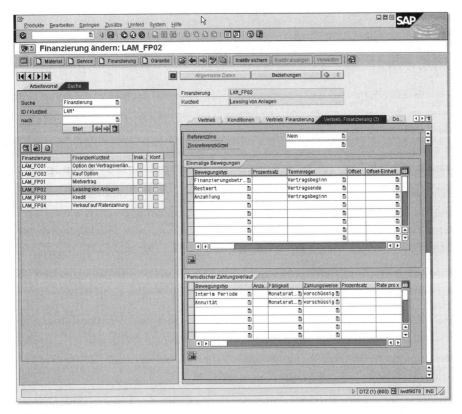

Abbildung 12.11 Das Produkt »Finanzierung«

Die in der SAP-Lösung abgebildeten Finanzierungsprodukte (siehe auch Abbildung 12.11) unterstützen die Unternehmen bei der Angleichung der Geschäftsabläufe, behalten aber gleichzeitig eine ausreichende Flexibilität bei, die notwendig ist, um dem Kunden ein maßgeschneidertes Angebot zu unterbreiten. Dazu können Leasinggesellschaften unter anderem folgende Einstellungen vornehmen:

▶ In der Finanzierungsvorlage lässt sich der Zahlungsplan des Kunden regelbasiert definieren. Zu einmaligen wie periodischen Zahlungen werden Regeln hinterlegt, wie wichtige Kalenderdaten (Vertragsstart, Vertragsende, Zahlungstermin) berechnet werden sollen und welche Zahlungen an diesen Terminen fällig sind. Für alle Regeleinträge kann entschieden werden, in welchem Ausmaß sie im Angebot oder Vertrag verändert werden dürfen.

- Im Finanzierungsprodukt sind erlaubte Laufzeiten, Zahlungsrhythmen und -formen der späteren Finanzierung voreinstellbar.

- Soll sich die spätere Finanzierung an einem Referenzzinssatz orientieren, so wird auch dieser bereits im Finanzierungsprodukt hinterlegt.

- Für die Klassifizierung der Leasingverträge können Voreinstellungen eingerichtet und gegebenenfalls als verbindlich gekennzeichnet werden.

- Finanzierungsprodukte legen die Vertragsklasse der Finanzierung fest, d.h. ob es sich zum Beispiel um einen Leasingvertrag, einen Ratenkredit oder einen Mietkauf handelt.

Für die Erstellung und Bewertung von Finanzierungsprodukten stehen Simulationstools zur Verfügung, mit deren Hilfe sich die Auswirkungen von Parameteränderungen direkt verfolgen lassen.

12.2.4 Geschäftsszenario: Angebots- und Vertragsverwaltung

Die Verwaltung von Angeboten und Verträgen für Leasing und Finanzierung ist das tägliche Geschäft der Leasinggesellschaften und der angeschlossenen Händlernetzwerke. Die Beherrschung der damit verbundenen Transaktionskosten beeinflusst maßgeblich die Profitabilität dieser Unternehmen.

Die Angebots- und Vertragsverwaltung stellt die wichtigste Schnittstelle zum Kunden dar und stellt folgende Anforderungen an eine integrierte IT-Lösung:

- Nutzung als ein Point-of-Sales-System (POS), mit dem Vertriebsmitarbeiter dem Kunden vor Ort Angebote erstellen und Aufträge erfassen

- Integration in Werkzeuge zum Kundenbeziehungsmanagement wie Interaction Center und Kundeninformationsmanagement

- Möglichkeit zum direkten Erstellen verschiedener Änderungs- und Alternativangebote und weitestgehend automatisierte Durchführung von Vertragsänderungen

- Integration in Marketingfunktionalitäten zur Abwicklung von Kampagnen

Zudem erwartet man von einem integrierten System, dass alle hier vorgenommenen Änderungen nahtlos in die Leasingbuchhaltung und Objektverwaltung integriert sind. Die Anforderungen beziehen sich auf:

- Automatische buchhalterische Darstellung des Leasingvertrages gemäß unterschiedlicher Rechnungslegungsvorschriften

- Komfortable Handhabung des verleasten Objektes

- Berücksichtigung aller Vertragsänderungen in der buchhalterischen Sicht

Im Folgenden wird die Umsetzung dieser Anforderungen in *SAP Asset Finance and Leasing* an einem Beispiel aus der Praxis verdeutlicht.

Rollen

Für den Zugriff auf die integrierte Leasinganwendung steht die Rolle des *Leasing-Sachbearbeiters* zur Verfügung. Er entwickelt neue Finanzierungsprodukte, betreut aber auch Kunden in Vertragsangelegenheiten, wie zum Beispiel nachträglichen Vertragsänderungen.

Daneben gibt es reine Vertriebsmitarbeiter, die ausschließlich die vorbereiteten Produkte der Leasinggesellschaft verkaufen. Diese sind normalerweise regional aufgestellt und treten direkt mit dem Kunden in Kontakt.

Ablauf im Detail

Nachfolgend werden die einzelnen Schritte der Angebots- und Vertragsverwaltung im Detail am Beispiel des fiktiven Leasingunternehmens Leasing4You beschrieben.

Angebotsfinanzierungen mit angeschlossener Simulation

Angebotsfinanzierungen und Kampagnen spielen eine herausragende Rolle in der Finanzierungsbranche, um einerseits mehr Kunden für die Finanzierung zu gewinnen und auf der anderen Seite den Absatz bestimmter Artikel, beispielsweise Auslaufmodelle, zu fördern.

Das fiktive Leasingunternehmen Leasing4You beschließt, als Lockangebot die Finanzierung eines bestimmten Pkw-Modells zu einem Effektivzinssatz von 0 % zu bewerben. Bei der Ausarbeitung des Angebots gilt es, die Händler- und Herstellersubventionen zu berücksichtigen, die eine solche Sonderzinskondition erst ermöglichen. Hierzu erstellt die Finanzierungsgesellschaft ein neues Finanzierungsprodukt und legt es im System ab. Mit Hilfe der Simulationsfunktion findet Leasing4You leicht heraus, welche Parteien Subventionen in welcher Höhe leisten müssen, um dem Kunden einen Effektivzinssatz von 0 % anbieten zu können. Gleichzeitig zeigt die Simulation auch die eigene Profitabilität für ein solches Produkt.

Im zweiten Schritt kommuniziert Leasing4You das Angebot an das Vertriebsnetzwerk und direkt an eine ausgewählte Kundengruppe. An dieser Stelle profitiert die Leasinggesellschaft von der Integration von *SAP Asset Finance and Leasing* in die Marketingfunktionalität von mySAP CRM. Leasing4You kann hier auf einfache Weise Zielgruppen für die Kampagne anlegen, die Kampagne verwalten und Verlauf sowie Profitabilität der Kampagne kontrollieren.

Zu den Kunden, die Leasing4You per Post angeschrieben hat, gehört auch Karl Resper. Er entschließt sich, das Angebot anzunehmen und sucht ein Vertriebsbüro von Leasing4You auf, um den Vertrag abzuschließen.

Respers Finanzierung wird das für diese Kampagne neu angelegte Finanzierungsprodukt zugrunde gelegt. Die Händler- und Herstellersubventionen ermittelt das System automatisch und bietet Resper eine Finanzierung zu 0 % an. Der zuständige Vertriebsmitarbeiter kann weitere Sondervereinbarungen treffen, im System hinterlegen und ihre Auswirkungen simulieren. Außerdem hat er die Möglichkeit, die eigene Händlerprovision zu senken, um das Angebot weiter zu verbessern.

Mit dem Sonderangebot, das Leasing4You Herrn Resper unterbreitet, sind allerdings auch Einschränkungen bezüglich der möglichen Vertragsänderungen verbunden. Möchte Resper zum Beispiel noch während der Vertragslaufzeit in einen anderen Vertrag oder auf ein anderes Leasingobjekt wechseln, so gelten neue Konditionen. Auch dies berücksichtigt der Vertriebsmitarbeiter im Vertrag und weist Herrn Resper auf die Einschränkung hin. Da er die Bedingung im System hinterlegt, ist sichergestellt, dass der Kunde immer das richtige Angebot für eine eventuelle spätere Vertragsänderung erhält.

Anpassung des Zahlungsplans
Häufig möchten Kunden während der Laufzeit des Leasingvertrages die Vertragsbedingungen ändern. Zu den unterstützten Änderungsprozessen während der Vertragslaufzeit, deren Auswirkungen in der Buchhaltung einschließlich einer vielleicht notwendigen Umklassifizierung automatisch vorgenommen werden, gehören unter anderem:

▶ Vertragsaufteilung (Split)

▶ Vorzeitige Vertragsbeendigung mit und ohne Rückgabe des finanzierten Objektes. Besondere Abläufe sind für Sonderfälle wie Bankrott des Leasingnehmers oder Totalschaden vorgesehen.

▶ Verlängerung oder Verkürzung der Vertragslaufzeit

▶ Wechsel des Leasingnehmers oder eines anderen Partners im Leasing- oder Finanzierungsvertrag

▶ Aufkauf des Leasingobjektes seitens des Leasingnehmers vor Ablauf der regulären Vertragslaufzeit

▶ Änderungen des Zahlungsplans

▶ Wechsel in einen anderen Leasing- oder Finanzierungsvertrag

Nehmen wir an, dass Karl Resper bislang eine monatliche Rate von 500 EUR zu zahlen hatte. Aufgrund von aktuellen Zahlungsschwierigkeiten sollen die Raten der folgenden beiden Monate gestundet werden. Anschließend wird ihm drei

Monate lang eine reduzierte Rate von 400 EUR berechnet. Für den Rest der Leasingdauer ermittelt das System automatisch anhand des dann noch ausstehenden Kapitals eine neue monatliche Rate (Abbildung 12.12).

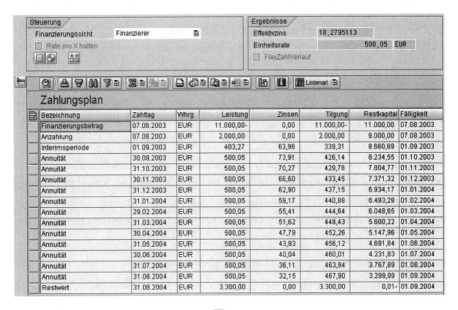

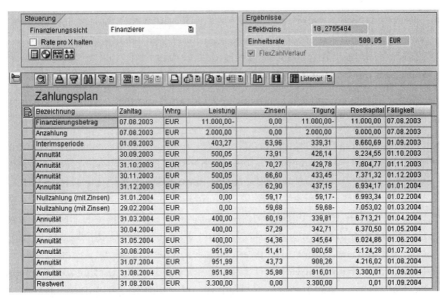

Abbildung 12.12 Anpassung des Zahlungsplans (vorher/nachher)

Hierzu trägt der Vertriebsmitarbeiter in das Angebot zur Vertragsänderung zwei Ratenstundungen ein. Er entscheidet, dass während der Ratenstundungen keine Zinsen kapitalisiert werden. Anschließend gibt er die reduzierten Raten in den Ratenplan ein und lässt das System die übrigen Raten selbstständig berechnen.

Den veränderten Zahlungsplan gibt das System automatisch an die Buchhaltung weiter, wo die Abgrenzungen für die Erlösrealisierung angepasst werden. Sind weitere Beträge, wie zum Beispiel anfallende Gebühren, vorhanden, so werden auch die Abgrenzungen entsprechend Zahlungsplan oder Zinsverlauf im Zahlungsplan abgeglichen. Sollte die Vertragsanpassung zu einer neuen Klassifizierung führen, beispielsweise bei Vertragsverlängerungen, so gibt das System eine Warnung aus oder verhindert die Aktivierung der Vertragsanpassung.

Vertragsendebearbeitung

Die Beendigung eines Leasing- oder Finanzierungsvertrags verursacht bei Leasinggesellschaften einen hohen Aufwand, da sie mit zahlreichen Folgeaktivitäten verbunden ist. Zunächst einmal stehen dem Kunden meist verschiedene Optionen zur Verfügung, wie er sich am Ende des Vertrags verhalten will:

▶ Das geleaste Objekt kann einfach zurückgegeben werden.

▶ Der Kunde möchte das Objekt kaufen oder sich zumindest ein Angebot für einen Ankauf machen lassen. Bei bestimmten Leasingverträgen ist ein solches Andienungsrecht sogar von Beginn an vereinbart.

▶ Der Kunde schließt eine Anschlussfinanzierung für den noch ausstehenden Wert des Fahrzeugs ab.

▶ Die Leasinggesellschaft berechnet dem Kunden auch nach Ablauf der regulären Vertragslaufzeit weiterhin die bisherigen Raten. In diesem Szenario wird der Kunde nicht explizit über das Ende des Vertrags informiert, sondern muss selbst auf die Leasinggesellschaft zugehen.

Auf Seiten der Leasinggesellschaft sind mit diesen Optionen verschiedene Aufgaben verbunden:

▶ Gibt der Kunde das Objekt zurück, muss die Leasinggesellschaft zunächst mit dem Kunden eine Endabrechnung abschließen. Sie prüft eventuelle Objektschäden und im Falle eines Kfz-Leasing zum Beispiel auch die Kilometerleistung. Im nächsten Schritt kümmert sich die Leasinggesellschaft um die Verwertung des Objektes, schließt eine Rücknahmevereinbarung mit Händler bzw. Hersteller ab oder vermarktet das Produkt als gebrauchtes Objekt per Leasing oder Verkauf – eventuell über einen elektronischen Marktplatz – selbst weiter. In speziellen Fällen, etwa bei IT-Equipment, werden die Leasingobjekte nicht als Ganzes weitervermarktet, sondern auseinandergebaut und als Einzelteile verwertet.

▶ Will der Kunde das Fahrzeug kaufen, muss die Leasinggesellschaft einen Verkaufspreis mit ihm verhandeln. Teilweise enthält bereits der ursprüngliche Vertrag den späteren Verkaufspreis.

▶ Wählt der Kunde eine Anschlussfinanzierung, stehen erneute Risikobetrachtungen und Kreditwürdigkeitsprüfungen an, wobei auch das beobachtete Zahlungsverhalten des Kunden im zurückliegenden Vertrag eine Rolle spielt.

▶ Die Weiterführung des Vertrags zu den bisherigen Konditionen ist seitens der Leasinggesellschaft mit dem geringsten Aufwand verbunden. Die Integration des Vertragsverwaltungssystems in das Rechnungswesen stellt sicher, dass Abschreibung und Erlösrealisierung angepasst werden und unterstützt auch variierende Verlängerungszeiträume (z. B. jeweils um eine Periode oder um ein Jahr).

SAP Asset Finance and Leasing bietet eine umfassende Automatisierung aller Vertragsendeaktivitäten an. Über einplanbare Aktionen in mySAP CRM kann die Vertragsverwaltung schon eine bestimmte Zeit vor dem regulären Vertragsende automatisch Angebote für Anschlussfinanzierungen oder Ankauf erstellen und an den Kunden verschicken. Optionen, die an die Finanzierung gebunden sind, legen bereits vorab fest, welche Angebote und Konditionen dem Kunden zur Verfügung stehen. Am Vertragsende führt das System ohne weitere Interaktion diejenige Option aus, die als Standard definiert wurde. Weitere Details zu Aktionen finden sich in [Buck-Emden/Zencke 2003].

Die Integration in das Workflow- und Aktivitätsmanagement von mySAP CRM sichert bei allen Vertragsendeaktivitäten, dass ein reibungsloses Weiterreichen des Vertrages an verschiedene Mitarbeiter gewährleistet ist. Über die Vertragshistorie und den angeschlossenen Belegfluss kann jeder Sachbearbeiter und Händler auf einen Blick erkennen, welche Angebote dem Kunden bereits zugegangen sind und welche Anfragen oder Entscheidungen der Kunde schon geäußert hat.

Karl Resper möchte das Auto nach Ablauf des Leasingvertrags gerne übernehmen, da eine Erbschaft seine Zahlungsschwierigkeiten behoben hat. Der Vertriebsmitarbeiter von Leasing4You erstellt aus dem Leasingvertrag heraus ein Verkaufsangebot, das die im Vertrag vereinbarte Restwertgarantie und die aktuelle Kilometerleistung berücksichtigt. Mit dem Abschluss des Kaufs endet Respers Leasingvertrag.

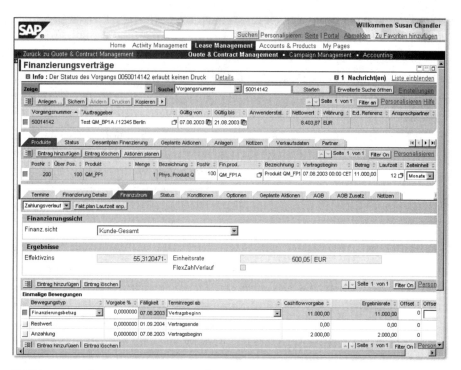

Abbildung 12.13 Finanzierungsoptionen auf einem Vertrag

12.2.5 Kritische Erfolgsfaktoren bei der CRM-Einführung

Definition und Harmonisierung der Prozesse

Leasing und Finanzierung sind in vielen Unternehmen zu sehr ausgefeilten und spezialisierten Prozessen geworden. Gerade bei international agierenden Unternehmen unterscheiden sich die Vorgehensweisen der einzelnen Niederlassungen deutlich. Die Ursache dieser Prozessvielfalt liegt aber nicht immer in den Kunden- oder Marktanforderungen, sondern in gewachsenen Traditionen oder Beschränkungen der derzeitigen Systemwelt. Vor einer Implementierung eines neuen Systems sollten diese Prozesse genau untersucht und validiert werden. Nur mit harmonisierten und vereinheitlichten Prozessen lassen sich Einsparpotenziale realisieren und die Vorteile einer integrierten Softwarelösung in vollem Umfang ausnutzen.

Datenkonsistenz und -migration

Die integrierte Leasing- und Finanzierungslösung der SAP sorgt für einen konsistenten Datenbestand zwischen Vertragsmanagement (Frontoffice) und Buchhaltung (Backoffice). Dies bedingt jedoch auch, dass Daten, die aus einem Altsystem geladen werden, die gleiche Qualität aufweisen müssen, um nicht in einem der neuen Systeme zu Fehlern zu führen. Mit dieser Datenbereinigung ist in der Regel ein erheblicher Aufwand verbunden, der in vielen Implementierungen unterschätzt wird. Sind einmal »falsche« Daten in das System transportiert worden und wurden mit diesen Daten eventuell auch Geschäftsprozesse ausgeführt, so sind die daraus resultierenden Fehler nur mit großem Arbeitseinsatz zu korrigieren.

Einbindung in die CRM-Gesamtstrategie

Gerade in der Absatzfinanzierung, z.B. in der Automobilindustrie, ist die CRM-Gesamtstrategie im Unternehmen nur selten mit der Auswahl einer Finanzierungslösung seitens der Bank verbunden, sondern wird ausschließlich durch den reinen Produktvertrieb motiviert. Durch die hohe Kundenbindung, die sich durch einen Finanzierungsvertrag ergibt, und die bereichsübergreifenden Prozesse im Bereich der Finanzierung (zum Beispiel eine Kampagne für ein bestimmtes Modell in Verbindung mit einer speziellen Finanzierungsform) lassen sich hier jedoch hohe Synergien im Unternehmen erzielen. Wo bislang Dokumente und E-Mails zwischen verschiedenen Abteilungen verschickt wurden, können jetzt Workflows mit unterschiedlichen Sichten auf ein und denselben Datenbestand zu einer deutlichen Steigerung der Effizienz führen.

Identifikation von Schwachstellen

Die zahlreichen Änderungen, die an Leasingverträgen während der Laufzeit vorgenommen werden müssen, erzeugen hohe Kosten. Mit den Hilfsmitteln des analytischen CRM können hier schon während der Implementierung interne Schwachstellen aufgedeckt und adressiert werden. Auch in der weiteren Arbeit lassen sich Prozesse zum Beispiel durch gezielte Analyse der Angebots- und Vertragsdurchlaufzeiten optimieren, um Kosten zu sparen.

Effektives Change Management

Mit der Einführung einer integrierten IT-Lösung sind zahlreiche Änderungen der Arbeitsumgebung und interner Prozessabläufe verbunden. Ein wesentlicher Erfolgsfaktor für die Akzeptanz einer neuen Lösung ist ein erfolgreiches Change Management, das alle Beteiligten auf diese Veränderungen vorbereitet. Dazu gehört neben Training auch ein internes Marketing für die neue Lösung und die Notwendigkeit der Umstellung. Der aktive Support seitens der Unternehmensführung stellt einen Schlüsselfaktor zum Erfolg dar.

12.2.6 Auswahl wichtiger kundenorientierter Geschäftsszenarios

Geschäftsszenario	Kurzbeschreibung
Kontrakt-management	Funktionen für die Erstellung und Bearbeitung von Mengen- und Wert-kontrakten, d.h. langfristigen Kundenverträgen mit Einräumung indivi-dueller Preise und Lieferbedingungen
Aktivitäts-management	Planung, Durchführung und Management von Vertriebsaktivitäten und Organisation des Vertriebstagesgeschäfts zur schnelleren Erzielung von Verkaufsabschlüssen
Fakturierung	Inrechnungstellung der Auftragspositionen und Verfolgung der Rech-nungsbearbeitung
Forderungs-management	Bearbeitung und Verfolgung ausstehender Zahlungen sowie komfortable Handhabung des Mahnwesens
Partner-management	Management der Partnerbeziehungen über den gesamten Kooperations-zyklus von Partnerrekrutierung, -registrierung, -planung, -segmentierung und -training bis hin zur Partnerzertifizierung
Aktivitätsmanage-ment mit Channel-Partnern	Unterstützung der Planung, Koordination und Dokumentation der (gemeinsamen) Vertriebsaktivitäten
Product Analytics	Untersuchung der von Kunden bevorzugten Produkte und Produktei-genschaften sowie der Produktprofitabilität
Leasing	Unterstützung des Leasingprozesses von Angebotserstellung und Ver-tragsmanagement über Änderung laufender Leasingvereinbarungen bis zu End-of-Lease-Transaktionen für Rücknahme, Verlängerung oder Kauf. Finanzierungsprodukte werden ebenfalls berücksichtigt.

12.3 Versicherungen

> »SAP is ready for Insurance with Vertical Applications. SAP has shown a strong commitment to providing solutions for the insurance vertical industry and, therefore, it stands out from the traditional ERP vendors.«
> K. Harris, Gartner Group [Harris 2002]

12.3.1 Kundentreue ist das Kapital

Anspruchsvolle Kunden sowie eine große Anzahl Mitbewerber, die Druck auf die Ertragsmargen ausüben und intensiv um Kunden konkurrieren, kennzeichnen heute das Geschäftsumfeld von Versicherungen [GDV 2003]. Die Schadenbear-beitung vieler Versicherungszweige war in den letzten Jahren überdurchschnitt-lich kostenintensiv, etwa aufgrund immenser Erstattungsforderungen bei Asbest-schäden oder aufgrund der Folgen der Terroranschläge des 11. September 2001 [Harris/Fenn/Oliva 2003]. In der stark umkämpften Versicherungsbranche reichen hochwertige Produkte allein nicht mehr aus, um sich auf dem Markt zu behaupten. Deshalb müssen Versicherungsunternehmen ihren Privat- und Geschäftskunden nicht nur einen erstklassigen Service bieten, sondern gleichzeitig ihre Kosten senken und eine attraktive Rentabilität erreichen.

»Empirische Untersuchungen zeigen, dass die Kosten für das Aufrechterhalten von bestehenden Kundenbeziehungen (bei Versicherungen) etwa fünf- bis siebenmal niedriger sind als der Aufwand für die Gewinnung von Neukunden. Da in der Regel jeder verlorene Kunde durch einen Neukunden ersetzt werden muss, kann ein Unternehmen desto profitabler wirtschaften, je mehr seiner Kunden Stammkunden sind.« [CTP 2003]

Neben Kostenreduktion und Rentabilitätssteigerung sind demgemäß insbesondere die Erhöhung von Kundenbindung und -zufriedenheit geeignete Maßnahmen, um die Zukunft eines Versicherungsunternehmens langfristig zu sichern. Hinter dem Schlagwort der Ausschöpfung von Cross-Selling-Potenzialen verbergen sich die Auswertung von Kundendaten zur Aufdeckung neuer Bedarfe, die zielgruppengerechte Produktentwicklung und die erfolgreiche Angebotsplatzierung im Rahmen laufender Kundenkontakte, etwa während eines Serviceanrufs oder eines Gesprächs mit einem Außendienstmitarbeiter. Allerdings erschwert die fehlende Informationskonsolidierung heutzutage oft eine zielgerichtete Aufbereitung der Kundendaten.

Individualisierung des Angebots

Während in Ländern wie den USA die Eigenabsicherung von Lebensrisiken seit langem gang und gäbe ist, führen die gesellschaftlichen Umfeldentwicklungen in Europa dazu, dass eine ganze Generation mehr und mehr gehalten ist, die Absicherung ihrer Lebensphasen selbst zu planen und zu gestalten [Pohl 2002]. Rechtliche Neuregelungen und Änderungen der sozialen Rahmenbedingungen als Folge der demografischen Entwicklung erfordern beispielsweise in der privaten Kranken- und Altersvorsorge mehr Selbstverantwortung und Eigeninitiative. Versicherungen haben die Chance, an dieser Tendenz aktiv zu partizipieren, indem sie ihre Produkte der veränderten Situation ihrer Klientel anpassen.

So entdecken viele Versicherer die Zielgruppe der Senioren als attraktiven Markt. Diese Zielgruppe verfügt einerseits über eine attraktive finanzielle Basis und ist andererseits geprägt durch den Wunsch nach finanzieller Absicherung, da sie sich folgenden Lebensbedingungen gegenüber sieht:

▶ Abnahme des Vertrauens in die gesetzliche Rentenversicherung

▶ Eingeschränkte Mobilität im Alter

▶ Abhängigkeit durch Pflegebedürftigkeit

▶ Furcht vor einer ungeregelten und unwürdigen Bestattung

Hieraus lassen sich Ansatzpunkte für neue Versicherungsprodukte ableiten. Wichtig ist, dass neue Produkte schnell auf dem Markt verfügbar sind – eine Anforderung, die in der Branche noch keineswegs selbstverständlich ist. Einführungszeiten von sechs bis neun Monaten für neue Produkte sind keine Seltenheit. Innovative Versicherungsangebote müssen aber nicht nur zeitnah platziert werden. Sie müssen auch flexibel in dem Sinne sein, dass sie den differierenden Wünschen und Bedürfnissen einzelner Kunden entgegenkommen und diese individuell absichern.

Während einerseits Erwartungshaltung und Ansprüche der Kunden steigen, sinkt andererseits ihre Loyalität dem Versicherer gegenüber. Kunden sind heute viel eher zu einem Wechsel der Versicherungsgesellschaft bereit. Ausschlaggebend ist meist das Preis-/Leistungsverhältnis. Für Versicherungen bedeutet dies, dass die Differenzierung allein über den Preis zu kurz greift. Sie müssen zudem leistungsseitig bedarfsgerechte Produkte, umfassenden Service sowie schnelle und individuelle Betreuung bieten.

Flexibilität und Prozesseffizienz

Produkt- und Prozessflexibilität sind gefordert, müssen aber nicht zwingend mit höheren Kosten verbunden sein. Vielmehr kann die Notwendigkeit zur Reorganisation auch als Chance zur Steigerung der Prozesseffizienz und Rentabilität begriffen werden:

Das zur Bedarfsdeckung individueller Kundenanforderungen notwendigerweise breite Produktportfolio erfordert detaillierte Erläuterungen durch kompetente Berater. Der Zeitaufwand für einen erfolgreichen Abschluss steigt. Um dennoch die vorgegebenen Abschlussquoten zu erreichen, müssen Berater möglichst effizient arbeiten und dazu von allen vertriebsfernen Tätigkeiten entlastet werden. Eine Steigerung der Prozesseffizienz, verbunden mit deutlichen Kosteneinsparungen, wird zusätzlich durch die direkte Bearbeitung von Kundenvorgängen in Kundenservicecentern begünstigt. Im besten Fall kann das Interaction Center die Anfrage bearbeiten, ohne das Kundenanliegen an den Außendienst weiterzuleiten oder hoch spezialisierte Innendienstfachkräfte zu beauftragen (siehe hierzu auch das Beispielszenario im Abschnitt 12.3.5).

12.3.2 Kundenorientierte Prozesse erfordern Integration auf allen Ebenen

Die Beziehungen zwischen Versicherungen und ihren Kunden entfalten sich in unterschiedlichen Lebenssituationen, nutzen mannigfaltige Kommunikationskanäle und erzeugen bzw. benötigen verschiedenste Daten. Professionelles Customer Relationship Management erfordert daher eine Integration auf Kunden-, Kommunikations- und Systemebene.

Integration auf Kundenebene entlang des gesamten Kunden-lebenszyklus

Für Versicherungen ist das Vertrauensverhältnis zwischen Kunde und Unternehmen von ganz besonderer Bedeutung. Es beeinflusst in starkem Maße die Bereitschaft des Kunden, ein Versicherungsgeschäft abzuschließen bzw. bei einem Versicherungsunternehmen zu verbleiben. Um ein Vertrauensverhältnis zu einem Klienten aufzubauen und seinen Bedürfnissen zu entsprechen, muss die Versicherung über den Kunden und seine Historie mit dem Unternehmen informiert sein. Sie benötigt ein Gesamtbild des Kunden, das sich im Laufe der Geschäftsbeziehung immer wieder an veränderte Gegebenheiten anpassen lässt. Eine CRM-Software begleitet daher den gesamten Kundenlebenszyklus, konsolidiert die Daten daraus und macht sie verfügbar.

Integration auf Kommunikationsebene über alle Kommunikations-kanäle hinweg

Da sich die Kommunikation mit dem Kunden über unterschiedliche Kanäle erstreckt, macht ein arbeitserleichterndes Beziehungsmanagement den Mitarbeitern alle vorhandenen Informationen umfassend, konsistent und kanalgerecht verfügbar. Nur dann fühlt sich der Kunde ernst genommen und richtig betreut. Mitarbeitern mit Kundenkontakt sichert das CRM-System die optimale Informationsgrundlage für einen erfolgreichen Kontakt. Es unterstützt dazu die unterschiedlichsten Kommunikationskanäle, wie Telefon, E-Mail etc., aber auch ein effizientes Partnermanagement für persönliche Kundenkontakte über Agenten und Makler.

Integration auf Systemebene in einer heterogenen Systemlandschaft

Die Systemlandschaften von Versicherungsunternehmen sind heute gekennzeichnet durch Komplexität und Heterogenität. Zahlreiche Bestands- und Schadensysteme auf unterschiedlichen Plattformen – zumeist Individualentwicklungen – prägen das Bild. Vordringliches Anliegen der IT-Bereiche ist es, Datenbestände, insbesondere Kunden- und Produktdaten, zu zentralisieren sowie die Systeme zu homogenisieren, zu standardisieren und zu integrieren. Diese Maßnahmen schaffen die Voraussetzung für effiziente Prozesse und reduzierten TCO (Total Cost of Ownership).

12.3.3 SAPs Lösung für das Kundenbeziehungsmanagement von Versicherungsunternehmen

SAP unterstützt Versicherungsunternehmen auf zweierlei Weise. Die Komponenten von SAP NetWeaver bieten eine Infrastruktur, die eine Integration heterogener Systemlandschaften ermöglicht. Darüber hinaus beinhaltet die SAP-Branchenlösung für Versicherungen eine gesamtheitliche Lösung für die Versicherungswirtschaft. *SAP for Insurance* umfasst alle erforderlichen Komponenten, um die versicherungsspezifischen Kern- und Supportprozesse zu unterstützen: Mit FS-CD (Financial Services – Collections and Disbursements), der versicherungsspezifischen Nebenbuchhaltung, ist SAP seit Jahren international im Versicherungsbereich aktiv. Die Komponente FS-CM (Financial Services – Claims Management) stellt ein integriertes Schadenmanagement, FS-RI (Financial Services – Reinsurance) Funktionen für das aktive und passive Rückversicherungsgeschäft zur Verfügung. Derzeit wird mit der Entwicklung von FS-PM (Financial Services – Policy Manager), dem spartenübergreifenden Bestandssystem, das Lösungsportfolio für die Versicherungsbranche abgerundet. Außerdem ermöglicht SAP Commission Management ein professionelles Provisionsmanagement zur flexiblen Steuerung der Vertriebsaktivitäten.

Die SAP Solution Map in Abbildung 12.14 zeigt überblickartig die Geschäftsszenarien und Lösungen für Versicherungen.

Enterprise Management	Strategic Enterprise Management	Management Accounting	Financial Accounting	Corporate Governance	Financial Supply Chain Management	Insurance Analytics
Sales	Sales Management	Marketing & Acquisition	Selling		Sales Processing	Sales Accounting
Claims	Proactive Claims Management	Loss Notification	Claims Handling & Fulfillment		Recovery	Claims Accounting
Product & In-Force Business Management	Market Research	Product Management	After Sales		In-Force Business Administration	In-Force Business Accounting
Reinsurance	Risk Management	Reinsurance Underwriting		Reinsurance Administration		Reinsurance Accounting
Asset Management	Asset Allocation	Portfolio Management		Portfolio Accounting		Portfolio Controlling
Business Support	Employee Life-Cycle Management	Employee Transaction Management	HCM Service Delivery	Travel Management	Fixed Asset Management	Real Estate Management	Procurement

Abbildung 12.14 Solution Map von SAP for Insurance

SAP ist seit vielen Jahren als führender Anbieter von ERP-Software anerkannt. Außerdem verfügt SAP als Branchenanbieter für Versicherungslösungen über mehrjährige Erfahrung und hat heute eine breite internationale Kundenbasis. Zum Kundenkreis in Europa zählen beispielsweise acht der zehn umsatzstärksten Versicherungen.

Multi-Channel-Management

Im Kampf um den Kunden setzen Versicherer zunehmend auf eine Mehrkanalstrategie, binden in ihre Vertriebsaktivitäten Makler, Agenten, aber auch branchenfremde Partner ein, z. B. aus der Automobilindustrie, und nutzen Telefon und

Internet zum Abschluss von Versicherungen. Der Kunde wählt gemäß seinen Präferenzen, dem konkreten Anliegen, etwa Vertragsauskunft, Schadensmeldung oder Produktinformation, und der aktuellen Situation einen Kanal aus. Komplexere Sachverhalte erstrecken sich gegebenenfalls über mehrere Kanäle. Interessiert sich ein Kunde zum Beispiel für eine Lebensversicherung, beschafft er sich etwa erste Informationen über die Internetseiten der Versicherung. Wecken diese sein Interesse, bemüht er sich um einen Gesprächstermin mit einem Außendienstmitarbeiter. Die Terminvereinbarung übernimmt ein Kundenservicecenter, das den ersten Kontakt zwischen den Parteien vermittelt. Rückfragen im Verlauf der Antragsbearbeitung stellt der Kunde an den Außendienstmitarbeiter oder direkt an das Versicherungsunternehmen. Von zentraler Bedeutung in einem solchen Prozess sind vollständige und konsistente, aktuelle und historische Kundendaten des Außendienstlers sowie jeder anderen Kontaktperson. mySAP CRM ermöglicht es, trotz unterschiedlicher Vertriebswege den Überblick über alle Kundeninformationen zu behalten und sie bedarfsgerecht aufzubereiten.

Für einfachere standardisierte Produkte, wie im Reiseversicherungsbereich oder teilweise auch in der Sach- und Kfz-Versicherung, setzt sich aufgrund der geringeren anbieterseitigen Kosten allmählich das Internet als Vertriebsweg durch [Mintel 2001].

Wenngleich die Akzeptanz des Internetvertriebs vor allem in angelsächsischen Ländern steigt, zeigen Untersuchungen, dass es in absehbarer Zeit wohl nicht zu einer gravierenden Änderung des Kaufverhaltens kommen wird. Zwar nutzen Kunden das Internet für die Informationsbeschaffung, z. B. Produktinformationen oder Preisvergleiche; Abschlüsse werden dort aber nur in sehr geringem Umfang getätigt. Kunden bevorzugen weiterhin die traditionellen Vertriebswege, allen voran den personengebundenen Vertrieb durch Versicherungsagenten oder neutrale Makler.

Dem Kunden den gewünschten Service jederzeit über das von ihm bevorzugte Medium zu bieten, erweist sich als wichtiges Wettbewerbskriterium. Doch auch hier bietet sich die Gelegenheit zur Kostenoptimierung, denn die Prozesskosten variieren je nach Prozess und Medium erheblich. Dabei bemühen sich die Versicherer darum, den Kunden zur Wahl der jeweils kostengünstigsten Kombination aus Vertriebsprozess und -medium zu motivieren. Am Beispiel des Internetvertriebs wurde deutlich, dass dies aufgrund kurzfristig kaum änderbarer Kundenpräferenzen nicht immer umgesetzt werden kann. Doch gibt es auch andere Beispiele. So bieten die meisten Versicherungen in der Sachsparte heute an, Schadenmeldungen selbst im Internet zu erfassen. Dies verbessert Prozesseffizienz und Kostensituation allerdings nur, wenn die Meldungserfassung direkt in die weitere Bearbeitung des Falles integriert ist und alle erfassten Daten zeitnah im Schadensystem verfügbar sind.

Analytisches CRM

Ein Hauptziel von Versicherungsunternehmen ist es, die so genannte *Combined Ratio* kontinuierlich zu verbessern. Diese Kennzahl stellt die Prämieneinnahmen den Ausgaben für Schadensregulierungen, Verwaltung und Provisionen gegenüber. Es liegt auf der Hand, dass sich die Combined Ratio verbessern lässt, indem entweder die Prämieneinnahmen gesteigert oder die Ausgaben für Schäden bzw. Administration gesenkt werden. Analytisches CRM stellt quasi ein Bindeglied zwischen dem strategischen Ziel einer Verbesserung der Combined Ratio und der konkreten vertrieblichen Umsetzung dar. Dieser Zusammenhang wird im Folgenden an den Beispielen Cross-Selling und Stornoprophylaxe verdeutlicht.

Cross-Selling

Obwohl Versicherungsunternehmen heutzutage meist über große Kundenbestände verfügen, tritt die Verbesserung der Kundenbindung sowie der Aufbau von Wissen, z.B. über Kundenbedürfnisse, häufig im Tagesgeschäft hinter der Neukundengewinnung zurück. Gezielte Cross-Selling-Aktivitäten werden vernachlässigt und Kunden zur Versicherung ihres Risikos von Konkurrenzanbietern abgeworben. Data-Mining-Werkzeuge machen Cross-Selling-Potenziale transparent und nutzbar.

Die Anwendung von Data-Mining-Methoden im Rahmen des analytischen CRM ist jedoch nicht auf Cross-Selling-Prozesse beschränkt. Vor dem Hintergrund eines zunehmenden Verdrängungswettbewerbs erwächst der Arbeit mit Bestandskunden und der Stärkung der Kundenbindung eine existenzielle Bedeutung, um den Bestand des eigenen Versicherungsunternehmens vor dem Zugriff durch Konkurrenten zu sichern. Dies setzt ein profundes Wissen über die Kunden, etwa ihre Bedürfnisse, ihren Wert für das Unternehmen oder ihre typischen Verhaltensmuster voraus. Data-Mining-Methoden helfen, dieses Wissen aufzubauen.

Data-Mining-Werkzeuge geben Antwort auf typische Vertriebsfragestellungen, darunter:

▶ Wer sind die profitabelsten Kunden und welche Eigenschaften zeichnen sie aus?

▶ Welche Versicherungen passen am besten zu welchen Kunden?

▶ Wie reagieren bestimmte Zielgruppen auf ausgewählte Kampagnen?

▶ Welche wertvollen Kunden zeigen eine hohe Abwanderungs- oder Stornowahrscheinlichkeit?

▶ Welche Kunden haben ein besonders hohes oder außergewöhnlich geringes Schadensrisiko?

▶ Wie kann eine möglichst homogene Zielgruppe für eine Kampagne zusammengestellt werden?

Letztlich tragen analytisches CRM und die darin enthaltenen Data-Mining-Methoden dazu bei, den richtigen Kunden zum passenden Zeitpunkt adäquate Produkte anzubieten.

Stornoprophylaxe

Weitere wichtige Aspekte bei der Anwendung der Analysemöglichkeiten sind die Integration der Ergebnisse in das operationale CRM sowie die Kombinierbarkeit der Methoden. Kunden werden zum Beispiel mittels ABC-Klassifikation in Gold-, Silber- und Bronze-Kunden eingeteilt und Kundenbewertungen im Call Center bei Kundenanruf angezeigt. Die Möglichkeiten, die sich durch Kombination mehrerer Methoden ergeben, verdeutlicht das praxisrelevante Beispiel der Stornoprophylaxe. Während Cross-Selling dazu dient, neue Policen zu verkaufen bzw. bestehende Verträge um bestimmte Bausteine zu erweitern, zielt die Stornoprophylaxe (Churn Management) darauf, wertvolle Kunden mit einer hohen Stornowahrscheinlichkeit zu identifizieren, um rechtzeitig geeignete Gegenmaßnahmen zu ergreifen.

Die Stornoprophylaxe, die Bestandteil des Standard Business Content von mySAP CRM ist, kombiniert mehrere Data-Mining-Methoden. Zunächst hilft die Ermittlung des Customer Lifetime Value bei der Beurteilung, welche Kunden dem Unternehmen weiterhin verbunden sind und welche als verloren betrachtet werden können. Die Ergebnisse lassen sich durch Anwendung der Decision-Tree-Methode oder Berechnung der Stornowahrscheinlichkeit der Kunden weiter verfeinern. Das Scoring berechnet auf der Basis der Kundendaten einen Kundenwertindex (Customer Value Index) und fasst Stornowahrscheinlichkeit sowie Kundenwert in einem weiteren Index zusammen, dem Value Churn Index. Dessen Wert steigt mit dem Wert des Kunden und seiner Stornowahrscheinlichkeit. Üblicherweise legt man den Index so an, dass er Werte zwischen 0 und 100 einnehmen kann. Kunden mit einem hohen Wert sind sehr unzufrieden und zeigen eine hohe Abwanderungswahrscheinlichkeit (siehe Abbildung 12.15).

Genutzt werden die berechneten Indices im Vertrieb, etwa als unmittelbare Selektionsattribute bei der Zielgruppenerstellung oder im Rahmen des Clustering, das eine homogene Zielgruppe aus der Gesamtmenge der stornogefährdetsten Kunden bildet. Für die Kunden der Zielgruppe, die alle ein ähnliches Profil aufweisen, schneidet der Vertrieb schließlich passende Kampagnen und Produkte zu.

Neben den Data-Mining-Methoden umfasst analytisches CRM eine Vielzahl an Berichten, die beispielsweise den Erfolg von Kampagnen oder den Akquiseerfolg bei der Kundengewinnung darstellen. Insgesamt erkennt Data Mining relevante Zusammenhänge aus Kundendaten. Dieses »Profiling« dient als Grundlage zur Kundendatensegmentierung. Im Rahmen von Auswertungen werden statistische

Analysen und aussagekräftige Aufbereitungen von Einzeldaten zur Steuerung und Entscheidungsvorbereitung bereitgestellt.

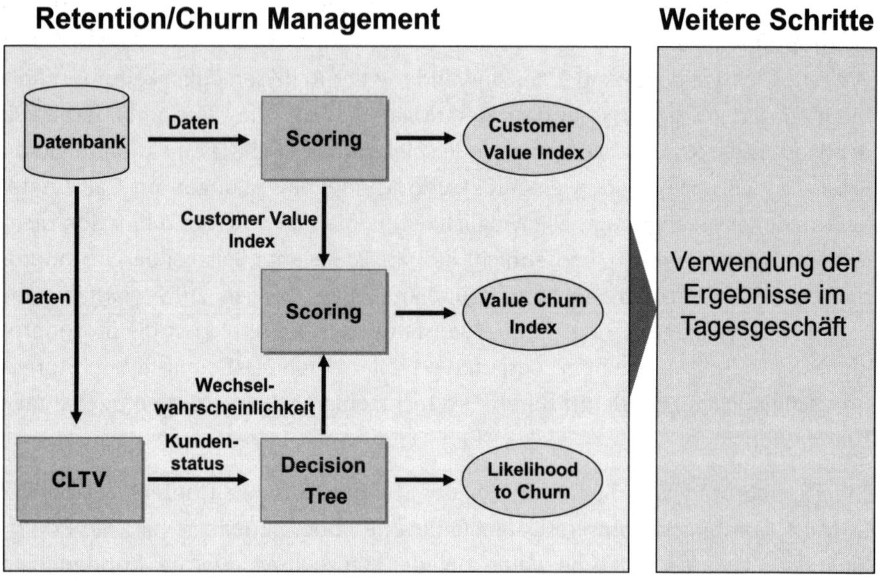

Retention/Churn Management · Weitere Schritte

Abbildung 12.15 Schematische Darstellung der Stornoprophylaxe

12.3.4 Praxisbeispiel: AOK

Ein aktuelles Beispiel für ein Versicherungsunternehmen, das mySAP CRM für das Kundenbeziehungsmanagement nutzt, ist die AOK, Deutschlands größte gesetzliche Krankenversicherung, die auf Länderebene mit 17 selbstständigen AOK-Versicherungen arbeitet. Die AOK ist aufgrund ihres gesamtheitlichen SAP-Ansatzes und nicht zuletzt auch wegen ihrer Größe von Interesse (ca. 15 Millionen Transaktionen täglich, potenziell bis zu 64 000 Benutzer). Die AOK Systems, eine 100 %ige AOK-Tochter, die 1999 als System- und Softwarehaus für den Gesundheitsmarkt gegründet wurde, entwickelt im Auftrag der AOK zusammen mit der SAP eine Branchenlösung für die gesetzlichen Krankenkassen in Deutschland, die Add-Ons zu FS-PM enthält.

Die AOK Mecklenburg-Vorpommern setzte im Mai 2003 im Rahmen der ersten Pilotierung wichtige CRM-Funktionalitäten erfolgreich produktiv, darunter eine zentrale Geschäftspartnerverwaltung, Beziehungsmanagement für Firmenkunden, allgemeine CRM-Funktionalitäten, etwa Kontakt- oder Kampagnenmanagement, sowie das Interaction Center (IC). Das Interaction Center bietet den Anwendern Zugriff auf alle Informationen, die nötig sind, um Kundenanfragen schnell und kompetent zu beantworten. Die neue Lösung stieß bei den Anwendern sofort auf breite Akzeptanz, weil die einheitliche Sicht auf die Datengrundlage allen Mitarbeitern einen gleich hohen Informationsstand sichert.

An die erfolgreiche Pilotphase in Mecklenburg-Vorpommern schließt sich nun der allgemeine Roll-Out in die AOK-Geschäftsstellen der übrigen Bundesländer an.

12.3.5 Geschäftsszenario: Adressänderung im Kundenservicecenter

Viele Versicherungsunternehmen betreiben ein Kundenservicezentrum, das die Außendienstmitarbeiter bei einfachen Prozessen wie Adressänderung, Anforderung von Produktinformationen u.ä. entlastet. Kunden schätzen die einfache Erreichbarkeit in großzügigen Zeitfenstern, die schnellere Erledigung von Vorgängen sowie eine Prozessbearbeitung, bei der ihr Anliegen während eines einzigen Anrufs abschließend geklärt wird.

Das folgende Beispielszenario aus einem Kundenservicecenter in der Versicherungsbranche zeigt eine Adressänderung mit Folgeaktivitäten. Besonders berücksichtigt werden die operativen Bestandssysteme der unterschiedlichen Versicherungssparten.

Rollen

An der Adressänderung ist neben dem Kunden selbst ein Mitarbeiter des Interaction Centers beteiligt.

▶ Der *Kunde des Versicherungsunternehmers* löst als Anrufer den Prozess der Adressänderung aus, indem er dem Versicherungsunternehmen seine neue Adresse mitteilt. Daneben hält er genauere Daten zu seiner neuen Wohnung bereit, die zur Aktualisierung seiner Versicherung benötigt werden.

▶ Der *Mitarbeiter des Kundenservicecenters* nimmt Kundenanfragen entgegen und ist weitgehend für deren Abarbeitung zuständig. Daneben nutzt er seine Telefonkontakte, um interessierten Kunden Cross-Selling-Angebote zu unterbreiten.

Ablauf des Geschäftsszenarios im Detail

Ein Kunde ruft im Kundenservicecenter (KSC) der Versicherung Eusecura an. Der Servicecentermitarbeiter Chris Winter nimmt den Anruf entgegen.

Annahme eines eingehenden Anrufs und Identifikation des Kunden
Chris Winter arbeitet mit dem Interaction Center von mySAP CRM und identifiziert den Anrufer mit Hilfe der über zertifizierte Schnittstellen angebundenen Rufnummernerkennung als den Gold-Kunden Robert Schmidt. Alternativ greift er auf die Kundensuchfunktion von mySAP CRM zurück.

Chris Winter erhält daraufhin auf dem Versicherungsinfoblatt eine komprimierte Übersicht über sämtliche für das KSC relevanten Kunden- und Vertragsinformationen, die aus unterschiedlichen Quellen stammen. Auf diese Weise kann er sich schnell und problemlos ein Bild über Robert Schmidt machen. In unserem Beispiel verfügt Herr Schmidt über eine Kranken- und eine Hausratversicherung. Handelt es sich beim Anrufer lediglich um einen Interessenten, könnte Chris Winter dessen Daten neu in mySAP CRM hinterlegen. Eine Hinweisfunktion macht Chris Winter automatisch auf Besonderheiten aufmerksam, etwa dass es sich bei Herrn Schmidt um einen wertvollen »Gold-Kunden« handelt.

Adressänderung mit Hilfe des Interaktiven Skripts

Ein Gesprächsleitfaden, das Interaktive Skript, schlägt Chris Winter vor, wie er das Gespräch mit Herrn Schmidt führen soll, strukturiert den Gesprächsverlauf und führt den Servicecentermitarbeiter mit Hilfe standardisierter Gesprächsbausteine durch das Telefonat, die sicherstellen, dass Chris Winter keine wesentliche Frage an Herrn Schmidt vergisst. Herr Schmidt teilt Chris Winter mit, dass er vor kurzem Eigentum erworben hat und umgezogen ist. Geführt vom Interaktiven Skript ändert Chris Winter während des Telefonats die Kundenadresse von Herrn Schmidt im CRM-System ab (Abbildung 12.16). Als Folgeprozess können die Adressdaten in alle weiteren relevanten Systeme verteilt werden.

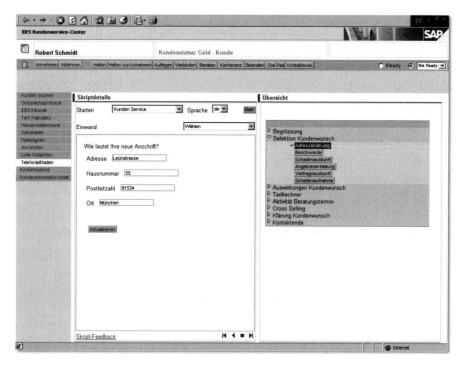

Abbildung 12.16 Skriptbasierte Adressänderung

Mit Einverständnis des Kunden wird ihm gemäß der aktualisierten Adressdaten ein neuer Außendienstmitarbeiter zugeordnet. Außerdem leitet das System über das Kundeninformationsblatts die veränderte Adresse an die bestehende Hausratversicherung weiter und löst eine Neuberechnung der Versicherungsprämie aus. Chris Winter befragt Herrn Schmidt zur Wohnfläche seiner neuen Immobilie und ergänzt die Daten der Hausratversicherung entsprechend.

Wahrnehmen von Cross-Selling-Möglichkeiten

Chris Winter erhält weiterhin Hinweise zu Cross-Selling-Potenzialen, die das System aus der Analyse der Kunden- und Vertragsdaten ableitet. Daraufhin schlägt Chris Winter Herrn Schmidt ein Informationsgespräch über Lebensversicherungen vor und legt eine Aktivität »Kundenbesuch« für den zuständigen Außendienstmitarbeiter an.

Nutzung einer Wissensdatenbank zur Beantwortung von Kundenanfragen

Gegen Ende des Gesprächs fällt Herrn Schmidt ein, dass er noch eine Frage zum Thema Riester-Rente hat, einer staatlich geförderten Form der zusätzlichen Altersvorsorge in Deutschland. Chris Winter gibt den Begriff »Riester« in der Wissensdatenbank ein, um die Kundenfrage nach Kriterien zur Riester-Förderung zu beantworten. Er gibt die Informationen, die er aus der Wissensdatenbank erhält, an den Kunden weiter und bereitet eine E-Mail mit demselben Inhalt zum späteren Versand vor.

Nachbereitung des Kundenkontaktes

Nachdem Herr Schmidt das Telefongespräch beendet hat, stößt Chris Winter den Versand der E-Mail mit Informationen zur Riester-Förderung direkt aus der Wissensdatenbank heraus an und komplettiert das Gesprächsprotokoll, damit sich auch Kollegen jederzeit ein vollständiges Bild von der Historie vorangegangener Kontakte mit Herrn Schmidt machen können (Abbildung 12.17).

Bei vielen Serviceprozessen müssen die Interaction-Center-Mitarbeiter Aktivitäten in den Operativsystemen des Versicherungsunternehmens durchführen. *SAP for Insurance* ermöglicht die Anbindung von SAP- wie Nicht-SAP-Systemen an mySAP CRM. Die benötigten Informationen und Dateneingabefelder sind dabei unmittelbar in die Benutzungsoberfläche des Interaction Center integriert.

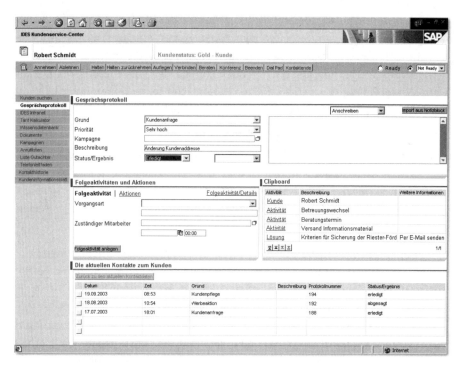

Abbildung 12.17 Gesprächsprotokoll

12.3.6 Kritische Erfolgsfaktoren bei der CRM-Einführung

Bisher durchgeführte CRM-Projekte und begleitende Studien im Versicherungsbereich (siehe z. B. [IDC 2003]) haben gezeigt, dass insbesondere folgende Faktoren für eine erfolgreiche Umsetzung zu beachten sind:

Change Process: CRM ist mehr als nur die Implementierung von Software

CRM ist zunächst eine Philosophie – der Kunde steht im Zentrum. CRM bedeutet für die Mitarbeiter, sich auf diese Philosophie einzulassen, sie zu verinnerlichen und zu leben. Ein Beispiel: Es kann nicht im Sinne eines Kundenbeziehungsmanagements sein, wenn ein Kunde, der im Servicecenter anruft, schnellstmöglich (weil vermeintlich effizient) »abgefertigt« wird. Dieser Kunde ist an einem Kontakt mit der Versicherung interessiert und widmet ihr seine Aufmerksamkeit. Diese nicht zu nutzen, um zusätzliche Kundeninformationen zu gewinnen, sein Interesse für weitere Angebote zu wecken usw., entspricht nicht dem umfassenden Effizienzverständnis im Sinne eines CRM.

Mit der Einführung von CRM-unterstützenden IT-Lösungen ändern sich auch Aufgaben und Arbeitsabläufe. Zumeist werden Potenziale frei, die sich anderweitig nutzen lassen. Dies führt zu ganz konkreten Änderungen im Umfeld der einzelnen Mitarbeiter. Mittlerweile belegen Untersuchungen [CTP 2003, Child 2003], dass der einzelne Mitarbeiter ein bedeutsamer, ja sogar entscheidender Erfolgsfaktor für CRM ist. Daher genügt es nicht, ihm in einigen Schulungen das System zu erklären. Bereits in der Konzeptionsphase sollten Mitarbeiter, die in die entsprechenden Prozesse integriert sind und später mit dem System arbeiten, einbezogen werden. Professionelles Change Management hilft, die Veränderungen, die die Einführung von CRM in einem Unternehmen zweifelsfrei bedeuten, aktiv zu gestalten und erfolgreich umzusetzen.

Erfolg messbar machen: ROI-Kriterien definieren

Aktuelle Studien haben gezeigt, dass bei CRM-Projekten in Versicherungen Bedarf besteht, die Sicherheit bei der Investitionsplanung zu steigern und die Wirtschaftlichkeit von CRM-Investitionen messbar zu machen [CTP 2003, Cournoyer 2003]. Hierzu müssen Versicherungsunternehmen insbesondere die Auswirkungen der CRM-Lösung auf ihre Geschäftsprozesse analysieren. Diese Wirkungszusammenhänge bilden die Grundlage für die Definition von Kennzahlen und für die ROI-Prognose.

In einem Kundenservicecenter kommen als Prozesselemente beispielsweise der transparente und einfache Zugriff auf Partnerdaten sowie die Gesprächssteuerung bzw. die skriptgeleitete Prozessführung in Frage. Die positive Erfahrung des Kunden schlägt sich in einer geringeren Stornobereitschaft, die Realisierung von Cross-Selling-Möglichkeiten in den Umsatzzahlen der Versicherung nieder. Als Leistungsindikatoren bieten sich also die Stornoquote und das Umsatz- bzw. Prämienvolumen an. Weitere Indikatoren sind die Wartezeiten des Kunden oder die Bearbeitungszeiten bzw. die Zahl bearbeiteter Vorgänge pro Mitarbeiter.

Dieses Beispiel zeigt, dass die Messgrößen für die ROI-Bestimmung und die Messung des Projekterfolgs direkt von den unterstützten Prozessen und dem Leistungsumfang der zu implementierenden CRM-Lösung abhängen. Eine ROI-Messung kann also nur projektspezifisch erfolgen.

Think big – start small: Implementierung in Phasen

Die bisherigen Ausführungen verdeutlichen, dass Customer Relationship Management ein Ansatz ist, der das gesamte Unternehmen und seine Mitarbeiter einbezieht. Bedenkt man weiterhin, dass die Gefahr eines Scheiterns für ein Projekt mit der Projektlaufzeit steigt, dann kann die Empfehlung nur lauten: stufenweise Umsetzung von CRM. In einer vorgelagerten Scope-Phase werden alle Anforderungen aufgenommen und dann unter strenger ROI-Betrachtung priorisiert. Die Erfahrung zeigt, dass das Thema Kundendaten einen guten Einstieg darstellt. Verteilte, oft mehrfach vorhandene Kundendaten zusammenzuführen und zu konsolidieren, bildet die Grundlage jeder CRM-Strategie. Hierauf aufbauend können dann je nach der Dringlichkeit der zu beseitigenden Schwachstellen weitere Bereiche, etwa analytisches CRM, Marketing oder ein Kundenservicecenter, angegangen werden.

CRM ja, aber Kundeninteraktion in Maßen

Die von Vertrauen geprägte Beziehung zwischen Versicherung und Kunden bildet die sensible Grundlage jeder CRM-Strategie. Dies darf sich auch nach der Einführung eines CRM-Systems nicht zum Negativen verändern. In der Vergangenheit war immer wieder festzustellen, dass Versicherungen diesem Grundsatz nicht genügend Beachtung schenken. Vielmehr kam es auch nach der CRM-Einführung zu einerseits sehr eindringlichen und hochfrequenten – nahezu aggressiven – und andererseits zu anonymen und wenig auf die Bedürfnisse des einzelnen Kunden ausgerichteten Kundenansprachen. Die vielfältigen Möglichkeiten, die eine gute CRM-Anwendung bietet, sollten jedoch im Operativgeschäft zum Ausbau des Vertrauensverhältnisses und zur Individualisierung der Kundenbeziehung genutzt werden.

Mit diesem ganzheitlichen CRM-Ansatz ist es Versicherungsunternehmen möglich, die eingangs beschriebenen Zielsetzungen einer Kostenreduzierung bei gleichzeitiger Rentabilitätserhöhung sowie der Steigerung von Kundenbindung und -zufriedenheit zu erreichen sowie langfristig zu sichern.

12.3.7 Auswahl wichtiger kundenorientierter Geschäftsszenarios

Geschäftsszenario	Kurzbeschreibung
Kampagnenmanagement	Optimierung der Kampagnenabwicklung von der Marktanalyse bis zur Ergebnisprüfung
Kundensegmentierung	Einteilung des Kundenbestands in Segmente zur Differenzierung und Personalisierung der Produkt- und Dienstleistungsangebote (ohne Programmieraufwand)
Vertriebs- und Absatzplanung	Mehrdimensionale Planung, z. B. für Verkaufsgebiete, Produktgruppen und Kundenhierarchien, auf der Basis beliebiger Kennzahlen, etwa Absatzmengen, Umsatz oder Kundenzufriedenheit, mit entsprechenden Auswertungsmöglichkeiten und grafischen Analysen
Opportunity Management	Begleitung des Vertriebszyklus von der Identifikation von Verkaufschancen bis zum erfolgreichen Abschluss. Einheitliche Sicht auf zugeordnete Vorgänge, Historie, Termine, Fortschritte und zuständige Entscheidungsträger

Geschäftsszenario	Kurzbeschreibung
Account and Contact Management	Bereitstellung aller wichtigen Informationen über Kunden, Interessenten und Partner für Interaktionshistorie, Aktvitätenverfolgung und Analyse erfolgreicher oder kritischer Geschäftsbeziehungen
Inbound Telesales	Bearbeitung eingehender Kunden- oder Interessentenanfragen im Interaction Center mit Angebots- und Auftragserfassung, Produktinformationssuche und Verfügbarkeitsprüfung sowie Unterstützung der Agenten bei der Generierung von zusätzlichem Umsatz durch Cross- und Up-Selling-Strategien
Information Help Desk	Unterstützung der Interaction-Center-Agenten bei der Beantwortung von Fragen zu Produkten und Dienstleistungen durch skriptgestützte Gesprächsführung und Zugriff auf Lösungsdatenbanken, z. B. als IT Help Desk für interne und externe Meldungsbearbeitung oder als Employee Interaction Center bzw. interner HR Help Desk für Mitarbeiter
Partnermanagement	Management der Partnerbeziehungen über den gesamten Kooperationszyklus von Partnerrekrutierung, -registrierung, -planung, -segmentierung, -training bis hin zur Partnerzertifizierung
Sales Analytics	Verbesserung der Effizienz und Effektivität von Vertriebsprozessen, ausgehend von der Vertriebsplanung über die vorausschauende Analyse der Geschäftsentwicklungen und entsprechende Pipeline-Analysen bis hin zur abschließenden Erfolgsanalyse im Vertrieb
Customer Analytics	Analyse des Kundenverhaltens und Kundenwertes zur persönlicheren und gezielten Ansprache von Kunden

13 Öffentlicher Sektor

»Ultimately, customer relationship management (CRM) is the engine that enables government to change how work is performed.«
Gartner Group [John Knost 2003]

13.1 Der öffentliche Sektor im Überblick

Der öffentliche Sektor als »Branche« stellt ein vielschichtiges Gebilde mit verschiedenen Ebenen und funktionalen Ausrichtungen dar. Regierungs- und Verwaltungstätigkeit in den Formen Exekutive, Legislative und Judikative spielt sich auf zentraler, regionaler und lokaler Ebene ab, jeweils mit unterschiedlichen Aufgaben und Schwerpunkten. Entsprechend vielfältig sind die öffentlichen Aufgaben, die meist von spezialisierten Behörden wahrgenommen werden, z. B.:

▶ Öffentliche Sicherheit und Ordnung

▶ Steuern und öffentliche Finanzen

▶ Sozialwesen

▶ Bildung und Kultur

▶ Internationale Angelegenheiten

▶ Bauwesen

▶ Umweltschutz

▶ Gerichtswesen

Gemäß ihres grundsätzlichen staatlichen Auftrags haben alle Institutionen des öffentlichen Sektors gemeinsam die Aufgabe, Dienstleistungen für Bürger zu erbringen. »Kunden« sind dabei nicht nur Bürger, sondern auch Unternehmen oder andere öffentliche Einrichtungen. Sowohl Bürger als auch Unternehmen erwarten kurze Bearbeitungszeiten und qualitativ hochwertige Dienstleistungen. Die Bereitstellung aller Dienstleistungen erfolgt unter Berücksichtigung der jeweils aktuellen gesetzlichen Bestimmungen und unter Wahrung der Vorschriften zu Datenschutz und -sicherheit.

Die Öffentlichkeit betrachtet das Preis-Leistungs-Verhältnis des Öffentlichen Dienstes zunehmend kritisch. Weltweit ist ein zunehmender Druck auf Regierungen und Verwaltungen zu beobachten, besseren Service zu geringen Kosten zur Verfügung zu stellen. Auch wurden im Öffentlichen Dienst noch bis vor kurzem Aufgabenbereiche isoliert von anderen Abteilungen und Behörden betreut. Behörden gaben zu wenig Informationen weiter, sodass benötigte Daten mühsam über Anfragen beschafft werden mussten. Dieselben Daten wurden häufig in verschiedenen Systemen verwaltet, was den Aufwand bei der Datenpflege und -konsolidierung erhöht hat. Der Druck, mehr Leistung mit geringeren Mitteln zu erbringen, sowie die Forderung nach mehr Transparenz im staatlichen Handeln hat zu einer engeren Zusammenarbeit innerhalb des Öffentlichen Dienstes geführt.

Im Wesentlichen lassen sich die Erwartungen der Öffentlichkeit in folgenden Punkten zusammenfassen:

▶ Qualitativ hochwertige Dienstleistungen

▶ Schlanke Verwaltung bei niedrigen Kosten

▶ Mehr Transparenz bei der Durchführung öffentlicher Aufgaben

Organisatorische Neuordnung, Vereinfachung von Prozessen und der Einsatz von Informationstechnologie sind die Hilfsmittel, um diesen Anforderungen gerecht zu werden. So gibt der öffentliche Sektor weltweit 46,6 Milliarden EUR pro Jahr für Informationstechnologie aus und stellt mit einem Marktanteil von über 11 % den viertgrößten Markt für Informationstechnologie dar [Tornbohm/Redshaw 2003]. Software-unterstütztes Kundenbeziehungsmanagement ist somit nicht nur ein Thema für die Privatwirtschaft.

13.2 E-Government: Kundenorientierte Prozesse im öffentlichen Sektor

Die Vernetzung über das Internet eröffnete auch im öffentlichen Sektor neue Möglichkeiten, um die Bedürfnisse der Bürger zu adressieren [Di Maio 2002a]. Der erste Schritt bestand darin, Websites mit Informationen über Behörden und öffentliche Einrichtungen bereitzustellen. Heute gibt es kaum noch eine öffentliche Organisation, die auf einen Internetauftritt verzichtet.

Im nächsten Schritt begannen Verwaltungen, die Informationsportale im Internet um online abrufbare Bürgerservices zu erweitern. So bieten beispielsweise Internetportale von Städten meist neben Informationen zur Stadtgeschichte und einem Veranstaltungskalender interaktive Stadtpläne, einen Behördenindex, ergänzt um das Lebenslagenkonzept, sowie die Möglichkeit, per E-Mail mit der Stadt Kontakt aufzunehmen.

Das Angebot bürgerorientierter Dienstleistungen mit Hilfe moderner Informationstechnologie wird unter dem Begriff E-Government zusammengefasst. Dabei meint E-Government weit mehr als webbasierte Services, wie die folgende Definition deutlich macht: »E-Government ist ein Sammelbegriff für Maßnahmen des öffentlichen Sektors in Bund, Ländern und Kommunen, die sich des Internets und anderer elektronischer Medien bedienen, um Verwaltungsprozesse für Bürger, Unternehmen und weitere Zielgruppen transparenter und effektiver zu gestalten sowie den verwaltungsinternen Datenaustausch zu optimieren« [Friedrichs 2002, vgl. Holmes 2001].

E-Government eröffnet so nicht nur einen weiteren Kommunikationskanal, der zusätzliche Kosten für den öffentlichen Haushalt bedeutet. Voraussetzungen für erfolgreiches E-Government ist die Entwicklung einer Strategie, die die Zufriedenheit der Bürger und zugleich die Effizienz der Arbeitsabläufe im Blick hat. Neben der Auswahl und Implementierung einer geeigneten Softwarelösung gehören organisatorische Änderungen, Optimierung von Verwaltungsprozessen und die übergreifende Zusammenarbeit zwischen den beteiligten Ämtern zu den Aufgaben. Behörden müssen die Art und Weise überdenken, mit der sie Bürgern Dienstleistungen anbieten. Grundsätzlich versprechen sich öffentliche Einrichtungen durch die Einführung von E-Government folgende Vorteile:

▶ Neue Möglichkeiten für Bürger zur Interaktion mit öffentlichen Einrichtungen und zur Partizipation am öffentlichen Geschehen. Neben Zeitersparnis und mehr Bequemlichkeit vermitteln die neuen Transaktionsformen dem Bürger auch ein tieferes Verständnis für das staatliche Handeln.

▶ Chance zur Prozessvereinfachung und zum Aufbrechen bestehender Strukturen. Realistische Ziele sind Effizienzgewinne und finanzielle Einsparungen.

▶ E-Government als Standortfaktor, wobei die Internetnutzung für Bürger wie Industrie selbstverständlicher wird.

Um die Nutzung der Informationstechnologie im öffentlichen Sektor gezielt voranzutreiben, wurde von der Europäischen Union die Initiative »eEurope« ins Leben gerufen. Die Mitgliedsländer der EU verpflichten sich, in einem Aktionsplan bis zum Jahr 2005 bestimmte Anforderungen zu erfüllen. Im Bereich E-Government streben sie an, einen bestimmten Anteil öffentlicher Dienstleistungen über eine interaktive Multi-Channel-Plattform anzubieten. Im Wesentlichen fallen dabei die folgenden Serviceszenarios unter E-Government:

▶ Bürgerservices, z.B. Anträge zur Eheschließung, Beantragung von Personalausweisen, Parkausweisen und Genehmigungen

▶ Abrechnung von Steuern, z.B. Lohnsteuerjahresausgleich, Hunde- oder Gewerbesteuer

▶ Soziale Dienstleistungen, z.B. Antrag auf Arbeitslosenhilfe, Ausbildungs- oder Wohnbauförderung

Um derartige Services anzubieten, genügt es nicht, nur eine einfache Webanwendung zu entwickeln. Eine E-Government-Lösung muss eine Kommunikationsplattform für öffentliche Einrichtungen und ihre Klientel bieten, die in der Lage ist, behördenspezifische Arbeitsabläufe abzubilden.

13.3 Besondere Anforderungen des E-Government

Bürger und Unternehmen schätzen die persönliche Beratung von Behörden, sind aber unzufrieden mit deren Erreichbarkeit. Über den Kanal »Internet« ist es einfach und komfortabel, Informationen und Dienstleistungen abzurufen. Die gestiegene private Nutzung von Internet und PC führen zu der Erwartung, ähnliche elektronische Dienstleistungen auch von Behörden und Ämtern bereitgestellt zu bekommen. Andererseits entsteht gleichzeitig eine digitale Kluft zwischen den Bürgern, die Zugriff auf die neue Technologie haben, und denen, die nicht über die nötigen Kenntnisse und die entsprechende Infrastruktur verfügen. Für die öffentlichen Einrichtungen besteht die Herausforderung darin, beiden Gruppen gerecht zu werden.

13.3.1 Kommunikationskanäle für E-Government

E-Government beschränkt sich daher nicht auf die Bereitstellung webbasierter Dienstleistungen, sondern setzt auf die Einführung von Plattformen, die mehrere Kommunikationskanäle unterstützen [Kolding 2003]. Dazu zählen:

▶ Telefon

▶ E-Mail

▶ Internet

▶ Brief

▶ Fax

▶ Persönlicher Kontakt

Telefon- und persönliche Kontakte sind die häufigsten – und für die Behörden zugleich teuersten – Wege, um mit öffentlich Bediensteten in Kontakt zu treten [Knost 2003]. Komplexe Dienstleistungen erfordern vom Antragsteller die Angabe detaillierter Antragsdaten. Oft werden derartige Dienstleistungen, wie zum Beispiel die Genehmigung zum Hausbau, von Bürgern nur einmal im Leben beantragt und sind daher beratungsintensiv. In diesem Fall ist der direkte Kontakt also nach wie vor optimal. Die Bereitstellung von webbasierten Bürgerservices eignet sich insbesondere für einfache Dienstleistungen, wie z.B. die Beantragung von Parkausweisen, die Ummeldung des Wohnsitzes oder das Anmelden eines Gewerbes.

Unabhängig vom Kommunikationskanal erwartet der Bürger, der einen Antrag über das Internet stellt, selbstverständlich, dass er über das Internet die gleichen Auskünfte zu seiner Angelegenheit erhält, als wenn er sich telefonisch beim Call Center meldet oder direkt bei der Behörde vor Ort nachfragt.

13.3.2 Formular

Wenn ein Bürger oder ein Unternehmen von einer Behörde eine angebotene Dienstleistung in Anspruch nehmen möchte, beginnt der damit verbundene Vorgang im Regelfall mit dem Ausfüllen eines Formulars. Das Formular dient dazu, alle notwendigen Informationen für die Bearbeitung des Antrags zu sammeln. Dabei ist Folgendes zu beachten:

▶ Das Formular muss verständlich und einfach auszufüllen sein, da nur korrekt ausgefüllte Formulare effizient weiterverarbeitet werden können.

▶ Da Formulare auf die jeweilige Dienstleistung zugeschnitten sind und zudem von Behörde zu Behörde variieren, ist es wichtig, dass der Aufbau, die Felder und das Layout der Formulare leicht angepasst werden können.

Dabei muss die Erfassung von Antragsinformationen über alle unterstützen Kommunikationskanäle in gleicher Weise konsistent möglich sein. Die Eingabefelder im elektronischen Formular, das über das Internet angeboten wird, müssen dieselben sein, die der Call-Center-Agent oder der Behördenmitarbeiter ausfüllt, wenn er mit dem Bürger spricht.

13.3.3 Unterschrift und Beglaubigung

Der Großteil behördlicher Dienstleistungen könnte bereits heute vollständig digital abgewickelt werden. Es ist jedoch nicht damit zu rechnen, dass die traditionellen Kommunikationswege gänzlich verdrängt werden. Bis Anfang dieses Jahrtausends war für die Inanspruchnahme behördlicher Dienstleistungen die handschriftliche Signatur des Antragstellers zwingende Voraussetzung, was zu einer Vielzahl papiergebundener Prozesse führte. Des Weiteren mündet das Ergebnis behördlicher Dienstleistungen meist in schriftlichen Dokumenten, die durch ein Behördensiegel und die entsprechenden Unterschriften als echt beurkundet werden.

Sicherer Datentransfer sowie die Verwendung der digitalen Signatur gehören zu den Voraussetzungen für die Abwicklung behördlicher Dienstleistungen über das Internet. Die digitale Signatur gewährleistet die eindeutige Identifizierbarkeit des Signierenden und stellt sicher, dass nachträgliche Änderungen am Originaldokument erkannt werden. Für alle Dienstleistungen, die bisher der handschriftlichen Unterschrift bedurften und zukünftig papierlos abgewickelt werden sollen, ist die digitale Signatur somit zwingende Voraussetzung. Weltweit werden durch Signaturgesetze die Rahmenbedingungen für den Einsatz fortschrittlicherer Kommunikationskanäle geschaffen. Neuen Interaktionsformen wie der Antragstellung über das Internet sowie dem Einsatz von E-Mail in der Kommunikation mit Behörden wird der Weg bereitet. Aufgrund der derzeit geringen Verbreitung stellt die digitale Signatur gleichzeitig ein Haupthemmnis zur großflächigen Einführung von Bürgerservices dar [Di Maio 2002b].

13.3.4 Vorgangsbearbeitung und Aktenverwaltung

Die Bearbeitung eines Antrags oder Anliegens variiert von Behörde zu Behörde. Der Ablauf eines Vorgangs hängt von der Art des Antrags, den jeweiligen Zuständigkeiten und gegebenenfalls auch von regionalen Vorschriften ab. Eine E-Government-Lösung muss grundsätzlich in der Lage sein, behördenspezifische Abläufe abzubilden. Vorgänge müssen flexibel den zuständigen Mitarbeitern zuzuordnen sein. Große Vorteile bietet es auch, wenn alle Informationen zu einem Vorgang zusammen abgelegt und angezeigt werden. Dies geschieht im Öffentlichen Dienst in der Regel über Akten. Neben gesetzlich vorgeschriebenen Dokumentationspflichten dienen Akten zur Steuerung der Prozessabläufe. Nationale Standards, z.B. DOMEA (Dokumentenmanagement und elektronische Archivierung im IT-gestützten Geschäftsvorgang) in Deutschland, beschreiben detailliert die Anforderungen an ein elektronisches Aktenverwaltungssystem. Internationale Aktenverwaltungsstandards wurden bislang allerdings nicht geschaffen.

13.3.5 Beachtung lokaler Gesetzgebung

Software für den öffentlichen Sektor muss den gesetzlichen Vorschriften des jeweiligen Landes bzw. der Region genügen. Neben den jeweiligen Datenschutzrichtlinien (z.B. European Union Data Protection Directive, EU DPD) gehört in den USA beispielsweise die behindertengerechte Darstellung dazu (Rehabilitation Act Section 508).

13.3.6 Open-Source-Plattform

Vor allem der starke Kostendruck hat im öffentlichen Sektor das Interesse für Open-Source-Software geweckt. Aus diesem Grund wird Linux häufig als Server-Betriebssystem favorisiert [Thibodeau 2003]. Der Bedarf an länderspezifischen Entwicklungen und der Wunsch nach einer gewissen Unabhängigkeit gegenüber einzelnen IT-Unternehmen fördern die Popularität von offenen Standards und Open-Source-Software im öffentlichen Sektor. Die Plattformunabhängigkeit von Softwarelösungen ist daher eine grundsätzliche Anforderungen im Öffentlichen Dienst.

13.4 E-Government mit SAP for Public Sector

SAP for Public Sector bietet eine E-Government-Plattform, die die oben genannten Anforderungen erfüllt. Darüber hinaus leistet *SAP for Public Sector* wertvolle Unterstützung für folgende allgemeine Aufgaben des öffentlichen Sektors:

► Rechnungswesen

► Akten- und Vorgangsbearbeitung

► Personalwirtschaft

► Aus- und Weiterbildung

► Beschaffung

► E-Government

Hinzu kommt die Unterstützung für Fachverfahren des öffentlichen Sektors, wie Steuern- und Einnahmenverwaltung, Sozialleistungen oder Justiz. Alle unterstützten Aufgabenbereiche des öffentlichen Sektors werden in der Solution Map von *SAP for Public Sector,* (siehe Abbildung 13.1) dargestellt.

Strategic Program Management	Strategic & Capital Planning	Decision Support & Data Warehousing	Program Formulation & Evaluation	Budget Preparation	Performance Results Measurement
Financial Management	Financial Accounting	Management Accounting	Budget Execution	Grants Management	Cash Management & Treasury
Operations Management	Records Management	Technical Assets Management	Real Estate Management	Facility & Fleet Management	Program & Project Management	Travel Management
Human Resource Management	Employee Life-Cycle Management	Employee Transaction Management	Time Management	Payroll Accounting	Position Budgeting & Control	HCM Service Delivery	Strategic Planning & Alignment
Procurement & Supplier Relationship Management	Define Requirement	Market Research	Synopsis & RFx	Evaluate Responses	Issue Purchase Order or Contract	Monitor Performance/Contract Administration	Inventory Management
Constituent Services	Multi-Channel Service Request	Request Processing	Service Delivery	Billing & Accounting	Renewal & Periodic Processes	Inquiries	Security & Authentication
Tax & Revenue Management	Registration	Tax Filing	Return Processing	Payments & Collections	Taxpayer Accounting & Services	Compliance Case Investigation & Enforcement	Revenue Accounting
Public Security	Border & Transportation Security	Emergency Personnel Preparedness	Incident Response & Case Management	Stockpile Management	Information Sharing & Analysis	Enterprise Architecture
Government Programs	National Defense	Energy, Water & Waste Management	Airport & Port Authority Services	Public Health	Insurance	Fuels Management	Education	Service Providers	e Government	Social Services

Abbildung 13.1 Solution Map von SAP for Public Sector

SAP for Public Sector ist ein Lösungsportfolio aus verschiedenen Softwarekomponenten, die entsprechend der Aufgabenstellung zu individuellen Lösungen kombiniert werden. Für die Abbildung kunden- und bürgerorientierter Prozesse nutzt *SAP for Public Sector* mySAP CRM und mySAP ERP als E-Government-Plattform (siehe Abbildung 13.2). Dabei übernehmen die eng miteinander integrierten Lösungskomponenten folgende Aufgaben:

- mySAP CRM für die Verwaltung der Bürgerdaten sowie als Servicezentrale und Kommunikationsschnittstelle zum Bürger

- mySAP ERP mit der branchenspezifischen Erweiterung *SAP Public Sector Collection and Disbursement* (SAP PSCD) für die Abwicklung von Prozessen im Rechnungswesen

Interne Prozesse werden über mySAP CRM nach außen verlängert und dem Bürger angeboten. mySAP CRM dient in dieser Architektur als Kommunikations- und Prozesssteuerungszentrale, in der alle Kanäle zusammenlaufen.

Des Weiteren beinhaltet *SAP for Public Sector* eine Portalkomponente zum Aufbau eines Bürgerportals mit Benutzerverwaltung, Content Management und rollenbasiertem Zugriff. Als Rollen kommen beispielsweise Bürger, Unternehmen oder Behördenmitarbeiter in Frage, die dann jeweils auf sie zugeschnittene Services und Informationen angeboten bekommen. Das Content Management erleichtert das Angebot und die Verwaltung von allgemeinen Informationen, Ratgebern, Informationsbroschüren zu Behörden oder Antragsabwicklungen usw.

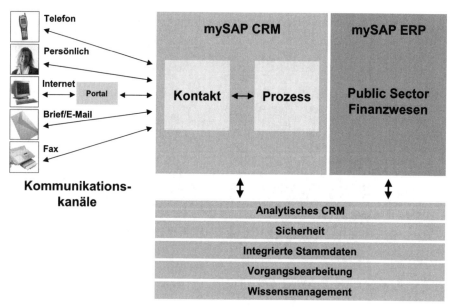

Abbildung 13.2 E-Government-Architektur von SAP for Public Sector

Web Request als elektronisches Formular

Behördenprozesse werden oft von externen Antragstellern über einen beliebigen Kanal angestoßen. Nach erfolgreichem Ausfüllen eines Formulars beginnt die behördeninterne Vorgangsbearbeitung. Bei der softwaretechnischen Abbildung von Bürgerservices gilt es daher, Formular und Vorgang entsprechend umzusetzen.

SAP for Public Sector bietet den so genannten *Web Request* als interaktives Formular, das abhängig vom jeweiligen Einsatzzweck über eine HTML-Oberfläche im Internet-Browser oder als Formular im Portable Document Format (PDF) im Acrobat Reader ausgefüllt werden kann. Acrobat Reader ist ein kostenloses Programm von Adobe, das es erlaubt, Dokumente im PDF-Format anzuzeigen und Formulare im entsprechenden Format auszufüllen. Bei Dienstleistungen mit Authentifizierung (User-Logon) kann das Formular bereits antragstellerbezogene Informationen enthalten. Erfasste Daten werden soweit möglich auf ihre Richtigkeit geprüft. Optional kann das Formular vor dem Versenden mit einer digitalen Signatur versehen werden. Der Web Request reduziert Fehler bei der Datenerfassung, also am Ort der Entstehung. Ein möglichst fehlerfrei ausgefülltes Formular ist die Grundvoraussetzung für einen effizienten Prozessablauf.

Die kundenspezifische Formularerstellung gestaltet sich denkbar einfach mittels der integrierten Entwicklungsumgebung. Verfügt der Kunde bereits über geeignete PDF-Formulare, können diese direkt in den Prozess eingebunden werden.

Der Web Request speichert Nutzdaten, d.h. alle Informationen, die ein Antragsteller oder Sachbearbeiter in Formularfeldern erfasst hat, in Form des zugehörigen XML-Dokumentes. Dies erlaubt die einfache Weiterverarbeitung in nachfolgenden Prozessschritten. Die Layoutinformation wird in beiden Fällen getrennt davon verwaltet. Die Bearbeitung eines ausgefüllten Formulars erfolgt durch die entsprechenden Sachbearbeiter. Der Ablauf der Bearbeitung unterscheidet sich von Behörde zu Behörde. Teilweise können die potenziellen Sachbearbeiter im Vorfeld festgelegt werden, es ist aber generell die Möglichkeit der flexiblen Abarbeitung und Weiterleitung erforderlich. Neue Bearbeitungsschritte müssen kurzfristig veranlassbar sein, beispielsweise wenn in einem speziellen Fall zur Genehmigung ein zusätzlicher Mitarbeiter hinzugezogen werden muss.

Das Berechtigungswesen erlaubt es, dem Sachbearbeiter nur die für ihn relevanten Informationen anzuzeigen. Häufig ist der Bearbeitungsprozess in ein elektronisches Aktenverwaltungs- oder Case-Management-System eingebettet. Dies ist insbesondere dann sinnvoll, wenn Dokumentationspflichten einzuhalten sind und es sich um komplexere Vorgangssteuerungen handelt, bei denen die Weitergabe von einzelnen Objekten oder Dokumenten nicht ausreicht, sondern die gesamte Akte weitergegeben werden muss.

Web Requests, die im Internet als webbasierter Bürgerservice bereitgestellt werden, lassen sich um die digitale Signatur erweitern, sodass eine sichere Authentifizierung des Antragstellers möglich ist.

Vorgangsbearbeitung

Für eine möglichst flexible Vorgangsbearbeitung nutzt *SAP for Public Services* das Case Management von mySAP CRM. Ein Vorgang (Case) fasst eine Sammlung von Geschäftstransaktionen, Dokumenten, Geschäftspartnerinformationen und Aktivitäten zusammen, die untereinander in Beziehung stehen. Typische Beispiele, die sich als Fälle in mySAP CRM beschreiben lassen, sind:

▶ Sozialdienstleistungen, z.B. Unterhaltsansprüche von Kindern

▶ Angelegenheiten im Steuerwesen, etwa Betriebsprüfung oder Einspruch zu Steuerbescheiden

▶ Anträge auf Aus- und Weiterbildung

Bei gut strukturierbaren Bearbeitungsprozessen können die jeweiligen Bearbeitungsschritte für einen Vorgang bereits im Vorfeld festgelegt werden. Dies bietet sich insbesondere bei vielen Genehmigungsprozessen an, die in der Regel immer dem selben Ablauf folgen.

Bei komplexen Vorgängen lassen sich nicht alle Bearbeitungsschritte im Voraus planen. Häufig ist es notwendig, den Vorgang an einen Kollegen weiterzuleiten, der für die jeweiligen Folgeschritte zuständig ist oder weiterhelfen kann. Dazu legt der Sachbearbeiter eine Aktivität für den Kollegen an und ordnet sie dem Vorgang zu. Die Einbindung weiterer Kollegen aus der eigenen Abteilung oder Behörde, aber auch aus anderen Behörden ist so möglich.

Während der Bearbeitung wird der Vorgang um zusätzliche Informationen und Arbeitsschritte ergänzt. Notizen, aber auch beliebige elektronische Dokumente wie MS-Office-Dateien, Fotos oder E-Mails, lassen sich anfügen. Der Vorgang kann auch mit anderen Vorgängen oder Personen, die im System abgelegt sind, verknüpft werden. Um ähnliche Vorgänge auffinden zu können, die bei der Bearbeitung des aktuellen Vorgangs helfen, ist eine Suchfunktion integriert.

Die durchgeführten Bearbeitungsschritte werden mitprotokolliert, sodass jeder Sachbearbeiter die vorausgegangenen Arbeitsschritte nachzuvollziehen kann. Nach Abschluss aller Bearbeitungsschritte ist damit der genaue Prozessablauf dokumentiert und im Falle einer Revision nachvollziehbar.

Viele Prozesse im Öffentlichen Dienst sind durch Fristen reglementiert. Zur Gewährleistung einer straffen Durchführung und zur Überwachung der Einhaltung von Fristen gibt es eine Trackingfunktionalität, die auf einer flexiblen fallspezifischen Statusverwaltung basiert.

Weitere Details zum Case Management in mySAP CRM finden sich in [Buck-Emden/Zencke 2003].

13.4.1 Geschäftsszenario: Bürgerservice und anschließende Vorgangsbearbeitung

Auf der Basis von mySAP CRM und mySAP ERP ermöglicht *SAP for Public Sector* die Implementierung von E-Government-Prozessen. Für das Angebot von Bürgerservices und deren Bearbeitung stehen speziell zwei Geschäftsszenarios zur Verfügung: *Bürgerservice* (Constituent Services) und *Vorgangsbearbeitung* (Case Management). *Bürgerservice* umfasst die Erfassung und Bearbeitung eines elektronischen Formulars, während *Vorgangsbearbeitung* die Bearbeitung komplexer Vorgänge innerhalb einer Behörde beschreibt. Beide Szenarios können kombiniert werden, sodass ausgehend von einem elektronischen Formular eine Vorgangsbearbeitung eingeleitet wird. Im Folgenden werden beide Szenarios ausführlich dargestellt. Als Interaktionskanal ist das »Internet« gewählt, da das Szenario so die meisten Prozessschritte umfasst.

Rollen

Der Zugriff auf *SAP for Public Sector* erfolgt rollenbasiert über das Portal. Die folgenden Rollen sind an den Szenarios *Bürgerservice* und *Vorgangsbearbeitung* beteiligt:

▶ *Antragsteller* sind Personen, die Dienstleistungen einer Public-Sector-Organisation für sich oder andere in Anspruch nehmen wollen. Der Antragsteller kommuniziert mit der jeweiligen Behörde über einen oder mehrere der angebotenen Kanäle.

▶ *Sachbearbeiter* (Vorgangsbearbeiter) sind Behördenmitarbeiter. Sie nehmen Anträge entgegen und führen Prüf- und Bearbeitungsschritte durch. Ihre Hauptaufgabe ist die Antragsbearbeitung. Sachbearbeiter sind im Regelfall professionelle Systembenutzer.

▶ *Rechnungswesenmitarbeiter* sind ebenfalls Behördenmitarbeiter. Neben Funktionen der Vorgangsbearbeitung im Rahmen von Case Management führen sie für das Rechnungswesen spezifische Funktionen aus.

▶ *Call-Center-Mitarbeiter* nehmen Anfragen und Anträge in der Behörde telefonisch entgegen und legen bei komplexeren Aufgaben neue Fälle an.

▶ *Case Manager* sind für die Zuordnung und Einbeziehung geeigneter Mitarbeiter sowie für die fristgerechte Durchführung von Vorgängen verantwortlich. Daneben gehört die Analyse durchgeführter Vorgänge in der Behörde zu ihren Aufgaben.

Bürgerservice

Das Szenario *Bürgerservice* wird im Rahmen der SAP-Lösung in folgende Hauptprozessschritte zerlegt:

▶ Registrierung und Authentifizierung

▶ Antragstellung

▶ Antragsbearbeitung

▶ Rechnungsstellung und Integration ins Finanzwesen

Registrierung und Authentifizierung

Der Self-Registration-Prozess ermöglicht es Antragstellern, sich über das Internet bei einer Behörde zu identifizieren, um personenbezogene Services nutzen zu können. Hierzu werden, abhängig vom Sicherheitslevel, verschiedene Alternativen bereitgestellt. Bei einem einfachen Registrierungsprozess für Personen und Firmenmitarbeiter werden die vom Antragsteller angegebenen Daten von einem Sachbearbeiter geprüft und gegebenenfalls genehmigt. Es besteht aber auch die Möglichkeit, die Daten automatisch gegen bereits vorhandene Stammdaten, z.B. aus einem Einwohnermeldesystem, zu validieren.

Antragstellung

Im Gegensatz zu Verfahren, bei denen Anträge und Formulare über E-Mail entgegengenommen, ausgedruckt und dann weiterverarbeitet werden, ist die Antragstellung mit mySAP CRM ein vollständig integrierter Prozess. Die Antragstellung erfolgt mittels eines im Inter- oder Intranet angebotenen Antrags, dem so genannten *Web Request* (Abbildung 13.3). Als fester Bestandteil des Multi-Channel-Konzeptes ist der Web Request über verschiedene Kommunikationskanäle zugänglich. Das elektronische Formular kann auch von einem Interaction-Center-Mitarbeiter oder einem Sachbearbeiter ausgefüllt werden.

Antragsbearbeitung

Nach der erfolgreichen Absendung des Formulars wird der verantwortliche Sachbearbeiter ermittelt und automatisch dem Web Request zugeordnet. Da alle Antragsdaten in strukturierter Form vorliegen, können beliebige Prozessschritte an SAP- oder an Fremdsysteme delegiert werden. Ohne Medienbruch gelangen die Daten des Antragsformulars zum zuständigen Sachbearbeiter. Aufgrund des integrierten Sichtenkonzeptes sieht jeder Sachbearbeiter nur die für ihn relevanten Daten und Erfassungsfelder des Antragsformulars.

Bei Beantragung einer komplexen Dienstleistung bietet sich zur internen Abarbeitung das Case Management von mySAP CRM an.

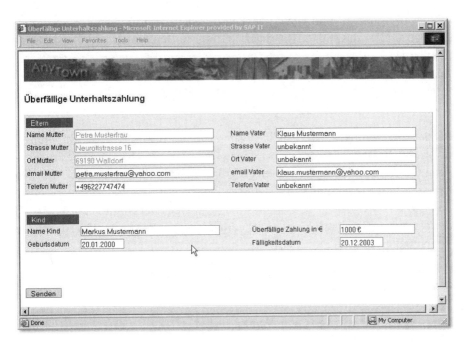

Abbildung 13.3 Webformular (Web Request)

Da Behördenvorgänge aufgrund vorgeschriebener Fristen teilweise sehr lange Laufzeiten haben, sind der aktuelle Bearbeitungsstatus und die erwartete Restlaufzeit von hohem Interesse für den Antragssteller und die Antragsüberwachung durch Behördenmitarbeiter. Die integrierte Statusverwaltung ermöglicht es allen Beteiligten, den aktuellen Stand der Bearbeitung unabhängig vom Kommunikationskanal abzurufen.

Der Prozess endet im Regelfall mit der Bereitstellung der Dienstleistung in Form eines oder mehrerer Dokumente. Die Dokumenterstellung kann ebenfalls unter Nutzung der vorhandenen Informationen automatisiert werden.

Bestimmte Dienstleistungsprozesse wiederholen sich periodisch. So werden Berechtigungen häufig für einen festen Zeitraum beantragt und können danach verlängert werden. Beispielsweise erfordert die jährliche Verlängerung eines Parkausweises oder eines Fischereischeines eine periodische Rechnungsstellung. Wird die Rechnung bezahlt, verlängert die Behörde die Berechtigung und sendet dem Antragssteller das entsprechende Dokument zu. Mit *SAP for Public Service* sind diese Prozesse vollständig automatisierbar.

Rechnungsstellung und Integration ins Finanzwesen

Bürgerservices sind im Regelfall kostenpflichtig. Gebühren werden mittels der Business Rules Engine (BRE) berechnet. Die Business Rule Engine ist ein Bestandteil des CRM-Servers und erlaubt es, Berechnungsregeln für Gebühren zu konfigurieren und anzuwenden. Die anschließende Rechnungsstellung und Überleitung ins Finanzwesen erfolgt über die Rechnungsabwicklung in mySAP CRM. Der Antragssteller kann die angefallenen Gebühren auch direkt über das Internet, beispielsweise mit Kreditkarte, begleichen. Solche elektronischen Zahlungsvorgänge wickelt die Komponente SAP Biller Direct ab.

Bei der Bearbeitung von Geschäftsvorgängen im CRM wird jedem fakturierungsrelevanten Vorgang eine der vorhandenen Geschäftsvereinbarungen des zugehörigen Geschäftspartners zugeordnet. Aufgrund der dort abgelegten Informationen kann der Vorgang fakturiert und die Rechnung an das SAP Public Sector Collection and Disbursement (PSCD) in mySAP ERP übergeleitet werden. Entsprechend der gewählten Geschäftsvereinbarung wird der offene Posten auf das zugehörige Vertragskonto des Geschäftspartners verbucht.

Die automatisierte Rechnungsstellung sowie die Integration ins Rechnungswesen reduziert Prozesslaufzeit und -kosten.

Vorgangsbearbeitung (Case Management)

Das Vorgangsbearbeitungsszenario wird im Rahmen der SAP-Lösung in folgende Hauptprozessschritte zerlegt (siehe Abbildung 13.4):

▶ Vorgangserstellung

▶ Vorgangsbearbeitung

▶ Rückmeldung (optional)

▶ Abschluss des Vorgangs

▶ Rechnungsstellung (optional)

Vorgangserstellung
Ein Vorgang kann manuell durch einen Sachbearbeiter oder einen Call-Center-Mitarbeiter erstellt werden. Vorgänge lassen sich aber auch automatisch auf der Basis der ausgefüllten Formularfelder eines Web Request erzeugen.

Vorgangsbearbeitung
Nach erfolgreicher Vorgangserstellung wird dieser direkt von den zugehörigen Sachbearbeitern abgearbeitet. Bei großen Behörden werden eingehende Vorgänge zuerst durch einen hierfür zuständigen Mitarbeiter an die verantwortlichen Sachbearbeiter verteilt. Meist hängen die Aktivitäten des zugeordneten Sachbearbeiters vom Status des Vorgangs ab. Der Sachbearbeiter prüft daher zuerst die bereits vorliegenden fallabhängigen Informationen und führt die notwendigen Aktionen durch. Wichtige Arbeitsschritte sind die Erstellung neuer Dokumente bzw. die Erweiterung bestehender Dokumente. Neue Dokumente, wie z. B. Standardantwortschreiben, können unter Nutzung der bereits vorliegenden Informa-

tionen automatisiert erstellt werden. Neben der Dokumentbearbeitung stellt der Sachbearbeiter Beziehungen zu anderen Objekten her. Im Fall des Unterhaltsanspruches für Kinder wird durch den Sachbearbeiter etwa der Geschäftspartner, der den Vater repräsentiert, dem Vorgang zugeordnet. Dies ermöglicht zu einer späteren Zeit Auswertungen über die zugeordneten Objekte. Nachfolgende Tätigkeiten können geplant und selbst durchgeführt oder an andere Mitarbeiter delegiert werden. Die Prozessabarbeitung wird durch die Notizverwaltung abgerundet.

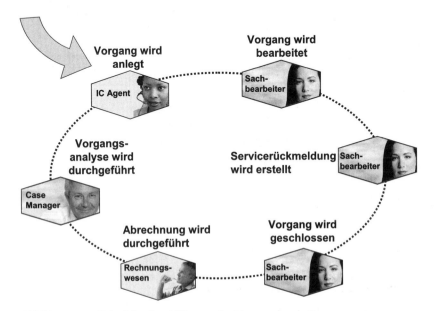

Abbildung 13.4 Ablauf des Geschäftsszenarios Vorgangsbearbeitung

Die Fortschrittskontrolle beschleunigt die Prozessabarbeitung und verhindert unnötig lange Liegezeiten. Sie wird durch das Aktivitätsmanagement einschließlich Statusverwaltung bzw. das workflowgetriebene Eskalationsmanagement unterstützt.

Rückmeldung von Servicevorgängen
Außer der Planung von Servicevorgängen spielt die Zeit- und Kostenüberwachung auch bei der Public-Sector-Vorgangsbearbeitung eine immer größere Rolle. Sachbearbeiter melden Servicevorgänge zurück, um die Vorgangszeiten und -kosten transparent zu machen.

Rechnungsstellung
Alle kostenpflichtigen Leistungen eines Vorgangs können in mySAP CRM fakturiert und die Zahlung über das PSCD in mySAP ERP verfolgt werden. Die Begleichung der Rechnung kann auch online mittels SAP Biller Direct erfolgen.

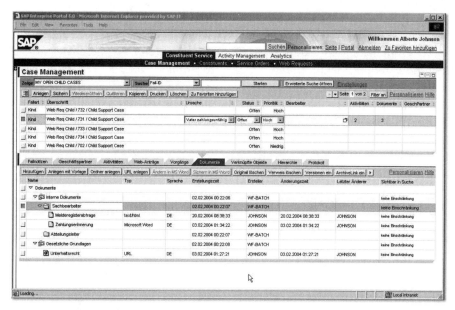

Abbildung 13.5 Vorgangsbearbeitung

Fall abschließen

Nachdem alle Aktivitäten aller Beteiligten abgeschlossen sind, wird der Fall abgeschlossen. Änderungen sind danach nicht mehr möglich, der Fall ist aber für Audits oder Recherchen weiterhin zugänglich.

13.4.2 Praxisbeispiel: E-Government in Biel

Das zentrale E-Government-Geschäftsszenario ist die Bereitstellung von Dienstleistungen für Bürger oder Unternehmen über alle erforderlichen Kommunikationskanäle. In *SAP for Public Services* wird dieses Geschäftsszenario als *Bürgerservices* umgesetzt. Mögliche Anwendungsszenarios für Bürgerservices sind zahlreich. So hat die Stadt Mannheim beispielsweise mit SAP folgende webbasierten Dienste realisiert:

▶ Beantragung von Anwohnerparkausweisen

▶ Genehmigung von Straßenaufgrabungen

▶ Beantragung von polizeilichen Führungszeugnissen

Auch die Schweizer Stadt Biel setzt das Szenario *Bürgerservices* von *SAP for Public Sector* ein. Mit knapp 50 000 Einwohnern ist Biel die größte bilinguale Gemeinde der Schweiz. Mit Hilfe von *SAP for Public Sector* hat die Bieler Stadtverwaltung ein zweisprachiges Portal realisiert, über das sich verschiedene Dienstleistungen der Stadtverwaltung abwickeln lassen (Abbildung 13.6). Ein Beispiel ist die Hundesteuer. Früher gingen die Beamten von Haus zu Haus und verkauften die Hunde-marken. Heute kann man seinen Vierbeiner über das Internet anmelden und eine Marke beantragen. Der Prozess ist vollständig automatisiert. Der zuständige Sach-bearbeiter bekommt eine Nachricht, überprüft die Sachlage und bestätigt den Antrag. Mit der Bestätigung wird die Rechnungsstellung ausgelöst, und die Daten werden automatisch ins Rechnungswesen gebucht. Nach Zahlungseingang erhält der Antragsteller die Hundemarke per Post.

Bürgerservices sind nicht nur auf kommunaler Ebene, sondern auch auf Landes- oder Bundesebene einsetzbar. So verwendet in Großbritannien das Metropolitan Borough Council für die Region Trafford die Interaction-Center-Lösungen von mySAP CRM, um einen IT Help Desk für Schulen, einen Businformationsservice sowie soziale Bürgerservices anzubieten.

Abbildung 13.6 Bürgerportal der Stadt Biel (Quelle: Stadt Biel)

13.4.3 Kritische Erfolgsfaktoren bei der CRM-Einführung

Auswahl der Bürgerservices

In der neueren Literatur ist eine Vielzahl von Artikeln über Auswahlstrategien geeigneter Bürgerservices zu finden [z. B. BSI 2004, Accenture 2003). Letztendlich ist die Entscheidung stark von der konkreten Situation der jeweiligen Behörde abhängig. Die exakte Definition des Projektumfanges ist für die erfolgreiche Durchführung eines E-Government-Projekts eine zwingende Voraussetzung. Es ist zudem sicherzustellen, dass die Durchführung des Projektes von den entsprechenden politischen Entscheidungsträgern unterstützt wird.

Durchführung der Implementierung

Im Gegensatz zu relativ stark standardisierten Geschäftsabläufen sind behördeninterne Prozessschritte im Rahmen von Bürgerservices bei unterschiedlichen Verwaltungen sehr verschieden ausgeprägt. Die Analyse der Ist-Prozesse und die Entwicklung des Business Blueprint, der den zukünftigen Prozessablauf beschreibt, nimmt daher oft deutlich mehr Zeit in Anspruch als die systemseitige Implementierung. Die strikte Trennung zwischen Business Blueprint und Implementierungsphase wird dringend empfohlen. Eine Implementierung in mehreren Teilprojekten ist möglich. Im einfachsten Fall nimmt der Sachbearbeiter nur den Antrag des Bürgers über das Internet entgegen. In Folgeprojekten können Prozessschritte durch den Einsatz von SAP Business Workflow erweitert und durch die Nutzung von Records oder Case Management abgerundet werden. Als Ausbaustufen bieten sich die Implementierung des Interaction Centers, die Integration ins Rechnungswesen sowie die Analyse der Daten im SAP Business Warehouse an.

Verwaltung von Bürgerdaten

Bürger- und Unternehmensdaten sind bei öffentlichen Unternehmen in vielfältigster Form auf den unterschiedlichsten Rechnerplattformen zu finden. Sie sind für viele Bürgerservices von hoher Wichtigkeit, da sie steuernd auf die Ablauforganisation Einfluss nehmen und wichtiges Integrationsglied zwischen unterschiedlichen Fachverfahren und Fachbereichen sind. Die Umsetzung eines E-Government-Projektes bietet generell die Chance einer Stammdatenkonsolidierung und Harmonisierung, was allerdings die Implementierungszeit erhöht. Insbesondere die Umsetzung des Einheitsdebitorkonzeptes, das heißt die Zuordnung von einem Geschäftspartnerstammsatz zu allen Fachverfahren anstatt wie bisher einem Stammsatz pro Fachverfahren, wirkt sich mittelfristig positiv aus. Es erleichtert die Kommunikation sowohl mit dem Bürger, z.B. in Form von Statusabfragen, als auch die Integration ins Rechnungswesen.

Berücksichtigung des Datenschutzes

Generell ist auf die Einhaltung von Datenschutzrichtlinien zu achten, wobei der Grundsatz der Datenminimierung berücksichtig werden muss. Nur wirklich für die Vorgangsbearbeitung benötigte Informationen sind zu speichern. Der Schutz der Bürgerdaten ist durch ein geeignetes Berechtigungskonzept und sichere Zugriffsmechanismen zu gewährleisten.

Sicherer Internetauftritt

Der Zugriff auf Bürgerservices über das Internet mittels *Hypertext Transfer Protocol over Secure Socket Layer* (https), der sicheren Variante des http-Protokolls, ist obligatorisch. Neben solch grundlegenden Verfahren ist auf eine sichere Authentifizierung zu achten. Die Sicherheitsanforderungen an die Authentifizierung müssen passend zu den geplanten Bürgerservices gewählt werden. Viele Bürgerservices setzten den Einsatz einer digitalen Signatur zwingend voraus. Dies ist bereits im Rahmen der Konzeption zu berücksichtigen. Es ist zudem sicherzustellen, dass die potenziellen Antragsteller bereits über die hierfür notwendige Infrastruktur verfügen, da sonst trotz hoher Investitionen nur mit einer minimalen Nutzung der Services zu rechnen ist.

13.4.4 Auswahl wichtiger kundenorientierter Geschäftsszenarios

Geschäftsszenario	Kurzbeschreibung
Account and Contact Management	Bereitstellung aller wichtigen Informationen über Kunden, Interessenten und Partner für Interaktionshistorie, Aktivitätenverfolgung und Analyse erfolgreicher oder kritischer Geschäftsbeziehungen
Forderungsmanagement	Bearbeitung und Verfolgung ausstehender Zahlungen sowie komfortable Handhabung des Mahnwesens
Case Management	Zusammenfassung aller Informationen eines laufenden Vorgangs zu einem Fall sowie zur Strukturierung und Überwachung des Vorgehens bei der Abarbeitung des Falls
Mobile Service: Serviceauftragsabwicklung	Unterstützung der Abläufe im Servicebereich mit Anfragen und Angeboten, Auftragserstellung, Ersatzteilplanung, Mitarbeitereinsatzplanung und Abrechnung für Außendienstmitarbeiter mit Laptops. Abgleichmöglichkeit zum zentralen CRM-System sowie Online- und Offline-Arbeitsmöglichkeiten, auch im besonderen Format für Handheld-Geräte zum zeitnahen Abruf von Einsatzänderungen (*Mobile Service für Handhelds*)
Information Help Desk	Unterstützung der Interaction-Center-Agenten bei der Beantwortung von Fragen zu Produkten und Dienstleistungen durch skriptgestützte Gesprächsführung und Zugriff auf Lösungsdatenbanken, z.B. als IT Help Desk für interne und externe Meldungsbearbeitung oder als Employee Interaction Center bzw. interner HR Help Desk für Mitarbeiter

Geschäftsszenario	Kurzbeschreibung
Customer Service und Support im Interaction Center	Beantwortung von Kundenfragen, Klärung technischer Probleme, Beschwerdemanagement, Retourenabwicklung, Veranlassung von Umtauschaktivitäten, Erfassung von Serviceaufträgen und Unterbreitung von Vorschlägen zu weiteren Serviceprodukten durch Online-Zugriff auf die Lösungsdatenbank und alle relevanten Kundendaten
Bürgerservice in der Branche Public Services	Angebote von Online-Dienstleistungen für Bürger und Unternehmen von Behörden und öffentlichen Einrichtungen über Selbstregistrierung im Internet oder mit Hilfe eines Interaction Centers

14 Serviceorientierte Softwarearchitektur als Basis für unternehmensindividuelle Anwendungen

Geschäftsprozesse bleiben heute nicht mehr über fünf oder zehn Jahre hinweg stabil. Firmen vernetzen sich vielmehr in vielfältiger Weise mit ihren Kunden und Lieferanten und benötigen die Sicherheit, alle Abläufe jederzeit flexibel an veränderte Rahmenbedingungen anpassen zu können. Starre generische oder auch branchenspezifische Einheitslösungen reichen in Zukunft nicht mehr aus. Vielmehr wird die leichte Anpassbarkeit an unternehmensindividuelle Anforderungen zu einer unverzichtbaren Eigenschaft erfolgreicher Softwarelösungen.

Auch in Zukunft werden Softwareprodukte nach allen Regeln der Kunst auscodierte Programmkomponenten enthalten, die das betriebswirtschaftliche Kern-Know-how repräsentieren und bei denen es auf hohe Performance, Stabilität und Wiederverwendbarkeit ankommt. Um speziell das letztgenannte Ziel zu erreichen, stellen diese Komponenten Softwarefunktionen, die in verschiedensten Anwendungen nutzbar sind, als standardisierte (Web-)Services zur Verfügung. Beispiele sind die Preisberechnung, die Produktkonfigurierung und die Fakturierung. Ergänzt werde diese Softwarekomponenten durch eine zweite Schicht von Composite Applications (siehe Abschnitt 3.4.3), deren Erstellung viel stärker modellgetrieben erfolgt und die die vorhandene Standardservices zu neuen, flexiblen Abläufe kombinieren. Dies ist der Kerngedanke der Enterprise Services Architecture [Woods 2003a].

Ein Beispiel für die Möglichkeiten, neue Anwendungen in einer serviceorientierten Welt auf der Basis von SAP NetWeaver modellgetrieben zu konfigurieren, zeigt Abbildung 14.1. Der Benutzer des *SAP NetWeaver Visual Composer* kann allein durch Verwendung der Maus sowohl das Aussehen der Benutzungsoberfläche als auch die funktionalen Zusammenhänge festlegen. Dazu muss er lediglich die gewünschten Services aus der angebotenen Liste auswählen und konfigurieren. So wird beispielsweise in Abbildung 14.1 die Benutzungsoberfläche für die Anzeige von Kundenaufträgen modelliert. Nach der Eingabe der Suchkriterien wird der Service für Abfrage der Kundenaufträge aufgerufen. Das Suchergebnis soll in einer Liste mit mehreren Spalten angezeigt werden. Die funktionale Abfolge – erst Suche, dann Anzeige des Suchergebnisses – wird grafisch als Prozess entworfen.

SAP NetWeaver Visual Composer erzeugt den gesamten notwendigen Programmcode. Die Anpassung und Erweiterung von Geschäftsprozessen oder Benutzungsoberflächen nach unternehmensspezifischen Anforderungen wird durch eine derartige grafische, modellgetriebene Konfiguration erheblich erleichtert.

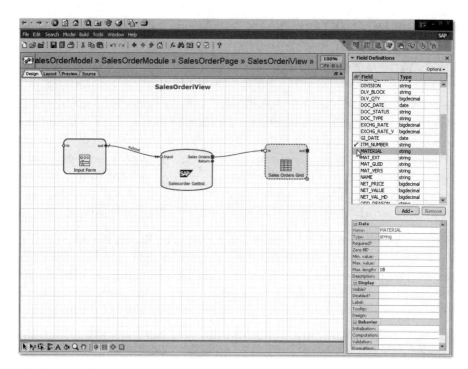

Abbildung 14.1 Anwendungskonfiguration mit SAP NetWeaver Visual Composer

SAP-Branchenlösungen im Zusammenspiel mit den skizzierten Möglichkeit zur Komposition von neuen Anwendungen aus vorhandenen Services sowie die in Abschnitt 3.4.2 beschriebenen Wege zur Konfigurierung von SAP-Lösungen geben Unternehmen leistungsfähige Möglichkeiten an die Hand, um ihre kundenorientierten Prozesse nicht nur branchenspezifisch, sondern auch flexibel gemäß ihren individuellen Anforderungen auszuprägen.

A   Literatur

[Aberdeen 2003] Aberdeen Group: *Vertical CRM Applications: CRM for the »Real World«*, Executive White Paper, *http://www.aberdeen.com/ab_abstracts/2003/03/030318061.htm*, March 2003

[Abrams 2003] C. Abrams, *VWs Parts Divisions Creates Value in the Supply Chain*, Gartner Group, Case Study CS-19-3069, March 21, 2003

[Accenture 2001] Accenture, *The Daunting Dilemma of Trade Promotion: Why most Companies Continue to Lose the Battler – and How Some are Winning the War*, 2001

[Accenture 2002] Accenture, *Reaching New Heights in Customer Relationship Management – What Every Utility CEO should know*, Report, RS10107890, 2002

[Accenture 2003] Accenture, *E-Government 2003 – Ergebnisse einer internationalen Vergleichsstudie*, *http://www.accenture.de/4publika/4studien/index.jsp?link=/4publika/4studien/st_pps_egovernment_0603.jsp*, Juni 2003

[Arnold u.a.] O. Arnold, W. Faisst, M. Hirtling und P. Sieber, *Virtuelle Unternehmen als Unternehmenstyp der Zukunft?*, in: Handbuch der modernen Datenverarbeitung – Theorie und Praxis der Wirtschaftsinformatik, Volume 185, Hiithig-Verlag, Heidelberg, 1995

[Artschwager/Fischer 2001] A. Artschwager, T. Fischer u. a., *Neue Formen des Prozessmanagements in der Produktentwicklung*, Köln 2001

[ATW 2003] Air Transport World, *FAA forecasts modest growth through 2014*, March 18, 2003

[ATW 2003a] Transport World, *Do airlines really know their customers?*, April 22, 2003

[Autobanken 1999] Arbeitskreis der Banken und Leasinggesellschaften der Automobilwirtschaft, *Leasingstudie – Management Summary*, *http://www.autobanken.de/presse-mitteilungen.php?idx=9*, 15. September 1999

[AWA 2000] Institut für Demoskopie Allenbach, *Allensbacher Markt- und Werbeträgeranalyse 2000*, Allenbach, 2000

[Barth 2002] Klaus Barth, Michaela Hartmann, Hendrik Schröderm *Betriebswirtschaftslehre des Handels*, 5. überarbeitete Auflage, Gabler, Wiesbaden, 2002

[Bennet/Hoppermann/Peynot 2002] Martha Bennet, Jost Hoppermann und Richard Peynot, *The Keys to Successful CRM and Multi-Channel Strategies in European Financial Services*, Giga Information Group, December 31, 2002

[Binggeli/Gupta/de Pommes 2002] Urs Binggeli, Sanjay Gupta and Carlos de Pommes, *CRM in the air*, in: The McKinsey Quarterly No. 3, 2002

[Borgerding 2002] Stefan Borgerding, *Coop Schweiz – Shoppen im Online Supermarkt,* in: Retail Technology, März 2002

[Boland/Morrison/O'Neill 2002] Declan Boland, Doug Morrison, Sean O'Neill, *The Future of CRM in the airline industry: A new paradigm for customer management*, IBM Institute for Business Value, November 2002

[BP 2003] BP, *Statistical Review of World Energy, www.bp.com,* June 2003

[Brelis 2002] Matthew Brelis, *Airlines expected to get hit hard again in quarter,* in: Boston Globe online, October 16., 2002

[Brittain, Kolsky 2002] Kris Brittain, Esteban Kolsky, *E-Service Doesn't Eliminate the Support Staff,* Gartner Research 104837, March 1, 2002

[Brother 2003] Brother International Corp. USA, *Presentation: Customer Relationship Management One Year Later*, ASUG Annual Conference 2003, New Orleans, 2003

[BSI 2004] Bundesamt für Sicherheit in der Informationstechnik, *Klassifikationsschema für E-Government-Verfahren., http://www.bsi.de/fachthem/egov/6.htm*, 2004

[Buck-Emden/Böder 2003] Rüdiger Buck-Emden, Jochen Böder, *Integrierte Geschäftsanwendungen – Serviceorientierte Architektur als zukunftsweisendes Modell*, in: Informatik Spektrum, Band 26, Nr. 5, Oktober 2003

[Buck-Emden/Zencke 2003] Rüdiger Buck-Emden und Peter Zencke, *mySAP CRM – Kundenbezogene Geschäftsprozesse mit SAP CRM 4.0*, SAP PRESS, Galileo, Bonn, 2003.

[Bundesbank 2002] Deutsche Bundesbank, Statistische Veröffentlichungen der Bundesbank 2002, *http://www.bundesbank.de/stat/download/stat_sonder/stats01.pdf*, 2002

[Bundesbank 2004] Deutsche Bundesbank, *Basel II – the new Capital Accord, http://www.bundesbank.de/bank/bank_basel.en.php*, 2004

[Burkitt 1998] Frank Burkitt, *Are You Reaching Your Customers With the Right Channels?*, in: PRTM Insights, May 1998

[Business 2003] Electronic Business, *Relying on Others, The New Industry Model, Mostly Driven by Economics and Time-To-Market Issues, has Semiconductor Companies Turning to Others for Product Design, Testing and Packaging,* February 1, 2003

[BusinessWeek 2003] BusinessWeek, *The 100 Top Brands*, Special Report, August 4, 2003

[Canon 2002] Jeff Canon, *Southwest Airlines: Service for Smiles and Profits*, crm-guru.com, 10. Oct, 2002

[Carlzon 1989] John Carlzon, *The Moment of Truth*, HarperColling, New York, 1989.

[Child 2003] Meredith Child, *Tech Spending Summary: Insurance*, Forrester Research, No. 16837, June 20, 2003

[Claunch 2002] Carl Claunch, *Gartner Predicts the Future of IT*, Symposium/ITxpo 2002, Gartner Group, October 7, 2002

[Cole 2002] George Cole, *Turbulent market driven by continual innovation*, Financial Times Special Reports, *http://specials.ft.com/ftit/march2002/cebit.html*, March 11, 2002

[Coop 2002] Coop, *Geschäftsbericht der COOP-Gruppe 2002*, Basel, 2002

[Cournoyer 2003] Susan Cournoyer, *Financial Services Providers Steer IT Spending Toward Outsourcing and Business Process Expertise*, Executive Summary ITSV-WW-EX-0307, May 9, 2003

[CTP 2003] Cambridge Technology Partners, *Time to ROI – Wirtschaftlichkeitsberechnungen von CRM-Systemen in der Versicherungsbranche 2003*, *http://www.cambridge-germany.com/index.php?mid=2&smid=3*, 2003

[Datamonitor 2001] Datamonitor, *Automotive CRM. Loyalty and Profitability through Information and Technology*, Reference DMAU0177, June 25, 2001

[Davenport/Short 1991] D.H. Davenport, J.E. Short, *The new industrial engineering: Information Technology and Business Process Design*, Sloan Management Review, Vol. 31, No. 4, 1991

[Delhagen 2003] Kate Delhagen, *Five Retail Predictions for 2003*, Forrester Research, Brief, January 28, 2003

[Delphi-Studie 2002] Delphi-Studie, *Der Transportmarkt im Wandel*, Wagener&Herbst, Lehrstuhl für BWL-Logistik der TU Dresden, Juni 2002

[Die Welt 2003] o.V., *Schwarz-Pharma streitet um Magenmittel*, Die Welt, 3 September 2003

[Di Maio 2002a] Andrea DiMaio, *Net-Liberating the Public Sector*, Gartner Symposium ITxpo, Florenz, April 2002

[Di Maio 2002b] Andrea Di Maio, *Government Insights: Will Smart Cards Make Governments Smart?*, Gartner Research Note, April 5, 2002

[Doganis 2001] Rigas Doganis, *The airline business of the 21st century*, Routledge, London, 2001.

[Donoghue 2003] J.A. Donoghue, *Blind Spot*, in: Air Transport World Editorial, April 2003

[ECC 2004] E-Commerce-Center Handel, *Die E-Commerce-Umsätze 2003 boomten nicht nur im Weihnachtsgeschäft*, *http://www.ecc-handel.de/aktuelles/ cont_layout.php?id=1074761886*, 22 Januar 2004

[Economist 2003] The Economist, *As bad as it gets?*, February 21, 2003

[EECA 2001] European Electronic Component Manufacturers Association (EECA), *Market Situation Report*, *http://www.eeca.org/pdf/market_sit_2001.pdf*, May 2001

[EIA 2003] Energy Information Administration, *International Energy Annual 2001*, *www.eia.doe.gov/iea*, March 2003

[Eisenfeld 2002] Beth Eisenfeld, *Canada Post Delivers on Its CRM Strategy*, Gartner Group, Research Note CS-16-7100, July 12, 2002

[Elling 2002] Martin E. Elling et al., *Pharmaceutical Companies Have Lost Their Focus on Doctors – The Key to Higher Sales is Regaining It*, in: The McKinsey Quarterly, No. 3, 2002

[Elling/Fogle/McKhann/Simon 2002] Martin E. Elling, Holly J. Fogle, Charles S. McKhann, and Chris Simon, *Making more of pharma's sales force*, in: The McKinsey Quarterly, No. 3, 2002

[EMEA 2004] European Agency for the Evaluation of Medicinal Products (EMAE), *EMEA Guidelines*, http://pharmacos.eudra.org/F2/eudralex/vol-4/home.htm, 2004

[Energy Intelligence 2003] Energy Intelligence Group, Inc., *PIW's Top 50: How The Firms Stack Up*, *www.energyintel.com*, 2003

[Families 2002] Families USA, *Profiting from Pain: Where Prescription Drug Dollors Go*, Families USA Publication 02-105, July 2002

[FDA 2003] US Food and Drug Administration, *DTC Prescription Drug Promotion Update from FDA DTC National 2003*, *http://www.fda.gov/cder/ddmac/presen-tations.htm*, June 2003

[Freiberg 1998] Kevin and Jackie Freiberg, *Nuts! Southwest Airlines Crazy recipe for Business and Personal success*, Broadway Books, New York, 1998

[Freimark 2003] Alexander Freimark, *Online-Banking auf dem Vormarsch*, in: Computerwoche, Nr. 13, 28. März 2003

[Friedrichs 2002] Stefan Friedrichs etc., *Balanced E-Government: Visionen und Prozesse zwischen Bürgernähe und Verwaltungsmodernisierung*, in: Aus Politik und Zeitgeschichte, 30. September 2002

[Gammel 2002] Robert Gammel, *CRM à la VW: Eine Basis für alle*, in: Computerwoche, Nr. 27, 5. Juli 2002

[GDV 2003] Gesamtverband der deutschen Versicherungswirtschaft e.V., *Jahrbuch 2003*, Karlsruhe 2003

[Geffken 2000] Michael Geffken, *Gewicht der Marken*, in: Wirtschaftswoche, Nr. 42, 12. Oktober 2000

[Geiger 2003] Kerstin Geiger, *In Massen fertigen für den Einzelnen. Autobau beruht auf hochkomplexer IT*, in: Computerwoche, Nr. 36, 5. September 2003

[Gillar 2002] Johannes Gillar, *Information at the touch of a Button. Brother and mySAP CRM: Boosting Customer Satisfaction*, in: SAPinfo, No. 101, December 2, 2002

[Gläsener-Cipollone 2003] Gaby Gläsener-Cipollone, *eBase@Lufthansa based on SAP Enterprise Portal 6.0*, Presentation on SAP NetWeaver Conference, Basel, October 1, 2003

[Hagemeyer/Berg 2003] D. Hagemeyer, T. Berg, *CRM and the Consumer Goods Industry*, Gartner Group, Strategic Analysis Report R-19-8607, June 23, 2003

[Hammer 1996] Michael Hammer, *Beyond Reengineering: how the process-centered organization is changing our work and lives*, HarperCollins Publishers, New York, 1996

[Busse 1999] Aliki Busse, *Wenn Zeichen zu Marken werden*, in: Handelsblatt, 17./18. Juli 1999

[Handelswissen 2002] Handelswissen.de, *Objektgeschäft*, *http://www.handelswissen.de/servlet/PB/menu/1005422/index.html*, 2002

[Harris 2002] K. Harris, *SAP Is Ready for Insurance With Vertical Applications*, Gartner Group, Research Note C-16-4550, July 2, 2002

[Harris/Fenn/Oliva 2003] K. Harris, J. Fenn und V. Oliva, *The Changing Landscape of the Insurance Industry*, Gartner Group, Research Note COM-20-3476, September 30, 2003

[Hawkins 2001] Gary E. Hawkins, *Retail Loyalty Marketing – the power of information*, Green Hills Farms, DataWorks Marketing Group LLC, *www.nacson-line.com/NACS/resource/consumers/loyalty_programs_nt2001.htm*, 2001

[HDE 2002] Hauptverband des Deutschen Einzelhandels, *IT im Einzelhandel – Wertschöpfung, Kommunikation, E-Commerce*, 11. November 2002

[Henkel / Thiede 2003] Imke Henkel, Meite Thiede, *Die Fluggesellschaften haben ihre Kunden unterschätzt*, in: Süddeutsche Zeitung, Nr. 239, 17. Oktober 2003

[Hertel-Szabadi/Häberle/Przewloka 2003] Martin Hertel-Szabadi, Tilman Häberle, Martin Przewloka, *mySAP Professional Services. Professional Services Automation und Dienstleistungsmanagement mit der integrierten Lösung von SAP*, Bonn, SAP PRESS, 2003

[Holliday 2002a] Hill Holliday, *Brother Pursues Fully Integrated CRM Strategy to Develop Customer Loyalty, Projected 129 % ROI*, The ROI Report, Volume 6, No. 3, June 2002

[Holliday 2002b] Hill Holliday, *Canada Post Powers Business Transformation with mySAP CRM, Projected to Deliver 26 % ROI*, The ROI Report, Volume 6, No. 1, June 2002

[Holmes 2001] Douglas Holmes, *eGovernment: eBusiness Strategies for Government*, Nicholas Brealey Publishing, London, 2001

[Hopp 2003] Dennis Hopp, *Implementierung von Funktionalitäten eines Customer Interaction Centers im Rahmen von CRM zur Erhöhung der strategischen Wettbewerbsfähigkeit dargestellt am Beispiel der Germanwings GmbH*, Diplomarbeit für Fachhochschule Südwestfalen – University of Applied Sciences, Iserlohn, 2003

[Hudetz 2003] Kai Hudetz, *E-Business im Handel*, in: E-f@cts, Nr. 14, Juli 2003

[IATA 2001] International Air Transport Association (IATA), *Airline Management Integration Programme*, Training Material, 2001

[IBM 2002] IBM Business Consulting Services, *Pharma 2010: The Threshold of Innovation*, *http://www.ibm.com/services/strategy/industries/lifesciences.html*, 2002

[IEA 2002a] International Energy Agency (IEA), *World Energy Outlook 2002*, *www.worldenergyoutlook.org*, 2002

[IEA 2002b] International Energy Agency (IEA), *Key World Energy Statistics 2002*, *www.iea.org*, 2002

[IMS Health 2001] IMS Health, *US leading products by DTC spend, January 2000-December 2000*, Fairfield, CT: IMS Health, 2001

[ITU 2002] International Telecommunication Union, *World Telecommunication Development Report 2002. Reinventing Telecoms*, http://www.itu.int/ITU-D/ict/publications/wtdr_02/, March 2002

[Jammernegg/Reiner/Trcka 2000] W. Jammernegg, G. Reiner, M. Trcka, *Gestaltung von reaktionsschnellen Produktionsnetzwerken*, in: Bernd Kaluza, Thorsten Blecker (Hrsg), *Produktions- und Logistikmanagement in Virtuellen Unternehmen und Unternehmensnetzwerken*, Berlin u.a. 2000

[Jensen 2003] Jens-Peter Jensen, *Basel II: Wie Banken die Risiken bearbeiten*, in: Computerwoche, Nr. 48, 28. November 2003

[Kagermann/Keller 2001] Henning Kagermann und Horst Keller (Hrsg.), *SAP-Branchenlösungen. Business Units erfolgreich managen*, SAP PRESS, Galileo, Bonn, 2001

[Keller 2003] Hermann S. Keller, Vorsitzender des Deutschen Apothekerverbandes e.V. (DAV), *Auswirkungen des GKV-Modernisierungsgesetzes auf die Arzneimittelversorgung*, Pressekonferenz des DAV, Berlin, 27. November 2003

[Keller & Rössner 2002] Dr. Gerhard Keller, Götz Rössner, Katja Bornschein, Claus Wilhelm, *Ausgewählte Prozessbausteine einer Universalbank*, Präsentation, Walldorf, November 2002

[Keltz/Scott 2002] Heather Keltz, Fenella Scott, *The CRM Application Spending Report 2002-2004*, AMR Research, August 2002

[Knost 2003] John Knost, *Re-engineering the Face of Government*, Gartner Symposium ITxpo, San Diego, März 2003

[Kolding 2003] Marianne Kolding etc., *IT Services for eGovernment in Western Europe, 2001-2006*, IDC, 2003

[Kolsky 2002] E. Kolsky, *CRM in the Utility Industry: Impact of Deregulation*, Gartner Group, Research Note COM-18-0518, October 7, 2002

[Kotler 2002] Philip Kottler, *Marketing Management*, Prentice Hall, 2002

[Lehman 2001] Lehman Brothers, *The Analysts' Viewpoint – Pharma R&D Directions*, Vortrag European Centre for Pharmaceutical Information Conference, Barcelona, 2001

[Maslow 1970] Abraham H. Maslow, *Motivation and Personality*, 2. Auflage, New York, 1970

[Masson/Scott 2003] Colin Masson, Fenella Scott, *Chemical Insider: IT Spending Profile, 2003-2004*, AMR Research, September 11, 2003

[McCluskey/Bijesse/Sodano 2002] Marc McCluskey, Judy Bijesse, Lindsey Sodano, *Service Lifecycle Management (Part 1): The Approaches and Technologies To Build Sustainable Competitive Advantage for Services*, AMR Research, August 27, 2002

[McKenzie 2002] Ray McKenzie, *Making CRM for Airlines Fly: The Platinum Breakfast Card*, in: Internet World, September 23, 2002

[McKinsey 2001] McKinsey, The False Promise of Mass Customization, in: The McKinsey Quarterly, No. 3, 2001

[Merkel/Franz 2003] Helmut Merkel und Thorsten Franz, *Customer Relationship Management im Warenhaus – Hype oder Königsweg*, in: Manfred Bruhn, Christian Homburg, *Handbuch Kundenbindungsmanagement*, 4. Auflage, Gabler, Wiesbaden, 2003

[Metro 2003] Metro Group, *Kundenakzeptanz der FSI-Anwendungen, Ergebnisse der Marktforschung, www.metrogroup.de*, 2. Oktober 2003

[Mintel 2001] Mintel Int. Group, *Interactive Insurance*, October 15, 2001

[Millar 2002] Bill Millar, Chris Helm, Joseph Daly, Lisa Larsson, Philippe Payard, *Deregulation & Commoditization: The Customer Holds the Key*, in: CRM ROI Review, Vol. 2, No. 1 (09/2002), Peppers and Rogers Group, 2002

[Moore 1965] Gordon E. Moore, *Cramming more components onto integrated circuits*, in: Electronics, Vol. 38, No. 8, April 19, 1965

[Moormann/Roßbach 2001] Jürgen Moormann und Peter Roßbach (Hg.): *Customer Relationship Management in Banken*, Frankfurt am Main, 2001.

[Müller 2003] Götz-Michael Müller, *Coca-Cola: Eine Milliarde Flaschen täglich*, in: Die Welt, 26. Juni 2003

[Mummert 2003] Mummert Consulting AG und F.A.Z.-Institut für Management-, Markt- und Medieninformationen, *Branchenkompass Mobilienfinanzier*, Frankfurt, Hamburg 2003

[NACE 1990] NACE-Code 1990, Verordnung (EWG) Nr. 3037/90 des Rates vom 9. Oktober 1990 betreffend statistische Systematik der Wirtschaftszweige in der Europäischen Gemeinschaft, *http://www.top500.de/nace4-d.htm*, 1990

[NACE 2002], NACE-Code Revision 1.1 – abschließender Entwurf 2002, *http://www.fifoost-org/database/nace/nace-de_2002c.php*, 2002

[Nagel 2003] Iris Nagel, *The Future of Retail. Consumer products: RFID technology revolutionizes retail in the Metro Future Store*, in: SAP Info, No. 108, August 2003

[NDC 2003] NDC, *Pharma Trends 2002: »Steady but not Stellar«*, Industry Forum, Updated Presentation, IMS Health, Business Watch, *http://www.ims-health.com*, April 4, 2003

[Nichols/Haggerty 2002] Aaron Nicols, Lynn Haggerty, *Transforming the Business with CRM at the Core*, in: CRM Project, Vol. 3, October 30, 2002

[Oswald 2003] Gerhard Oswald (Hrsg.), *SAP Service und Support*, SAP PRESS, Galileo, Bonn, 2003

[Paine 2002] Laura Paine, *Creating Competitive Advantage: A Study into the Implementation of Airline CRM for the Business Travel Market*, Dissertation at The London Institute, 2002

[Pohl 2002] Detlev Pohl, *Ist der Lebensstandard im Alter zu halten?*, in: Versicherungsjournal, 20. Dezember 2002

[Puleo 2002] Paula Puleo, *How Retailers are Using Customer Insight to Build Competitive Advantage*, Whitepaper, Peppers and Rogers Group, 2002

[Quack 2003] Karin Quack, *Wo der Kunde nicht hinsieht...Im Future Shop testet Metro unter anderem Radiofrequenz-Identifikation*, in: Computerwoche, Nr. 19, 9. Mai 2003

[Rademacher 2003] Rochus Rademacher, *BMW-IT steuert ins Utility-Computing*, in: Computer Zeitung, Nr. 47, 17. November 2003

[Reichheld/Schefter 2000] Frederick F. Reichheld, Phil Schefter, *E-Loyalty. Your Secret Weapon on the Web*, in: Harvard Business Manager, July-August 2000

[Rensmann 2000] F.-J. Rensmann, *Direct- und Relationship-Marketing im Handel*, in: THEXIS, Fachzeitschrift für Marketing, Nr. 1, 2000

[SAP 2002] SAP, *Funktionen im Detail: SAP für die Versorgungswirtschaft*, Walldorf, 2002

[SAP 2002a] SAP, *Finnforest*, SAP Customer Success Story, Walldorf, 2002

[SAP 2002b] SAP, *Multi-Channel Retailing*, *www.sap-retail.de/unternehmen/pdfs/MCR_D.pdf*, Walldorf, 2001

[SAP 2002c] SAP, *SAP IS-T Supports Sonera's Customer oriented Strategy*, Customer Success Story, Walldorf, 2002

[SAP 2003] SAP, *SAP EMEA Retail Banking Study*, Walldorf, 2003

[Scharmacher 2002] Thorsten Scharmacher, *Forschungsprojekt Multichannel Retailing*, Präsentation, 25 November 2002

[Scheckenbach/Zeier 2003] Rainer Scheckenbach, Alexander Zeier, *Collaborative SCM in Branchen*, SAP PRESS, Galileo, Bonn, 2003

[Sims 2001] David Sims, *Customer Loyalty – not for sale, for rent* CRMguru, May 31, 2001

[Spinger 2004] Uta Spinger, *Positive Bilanz. Postbank startet mit Standardsoftware für Banken*, in: SAPinfo, Nr. 113, Februar 2004

[Standard & Poor 2003] Standard & Poor's Industry Survey, *Chemicals*, January 2003

[Statistisches Bundesamt 2002] Statistisches Bundesamt, *http://www.destatis.de/cgi-bin/printview.pl*, 2002

[Statistisches Bundesamt 2003] Statistisches Bundesamt 2003, *http://www.destatis.de/allg/d/klassif/wz2003.htm*, 2003

[Stengl 2001] Britta Stengl, *CRM mit Methode – Intelligente Kundenbindung in Projekt und Praxis mit iCRM(r)*, Galileo Business, Bonn, 2001

[Taylor 2002] Graham Taylor, *CRM in Financial Services: Your Customers Want More R, less M*, Gartner Group, GartnerG2, Report RPT-0602-0102, June 2002

[Temkin 2002] Bruce D. Temkin, Bob Chatham, H. Drohan, Katherine M.Gardiner, *Mastering Online Customer Service*, Forrester Research, July 2002

[Thibodeau 2003] Patrick Thibodeau, *The Worldwide Code Rebellion*, in: Computerworld, March 17, 2003

[Thornbohm/Redshaw 2003] Cathy Tornbohm and Peter Redshaw, *Vertical Market Trends: Western Europe, 2001-2006*, Gartner Group, Market Analysis ITGI-WW-MT-0108, March, 21, 2003

[Trevelyan 2002] Bob Trevelyan, CRM.Talk, No. 165, CRMGuru.com, May 18, 2002

[UN 1998] United Nations Department of Economic and Social Affairs, *Statistics Division, NAICS and ISIC – Now and the Future*, New York 1998

[VCI 2003] Verband der Chemischen Industrie e.V., *Standort Deutschland: Im Wettbewerb mit der Welt*, Frankfurt a. Main, 2003

[VDI/EBC 2001] VDI, EBC, *E-Services in der Investitionsgüterindustrie*, 2001

[VDMA 2001a] Verband Deutscher Maschinen und Anlagenbau (VDMA), *Differenzierung vom Wettbewerb durch innovative E-Service-Leistungen*, Frankfurt a. Main, 2001

[VDMA 2001b] Verband Deutscher Maschinen und Anlagenbau (VDMA), *Einfüh-rung eines eService-Systems zur Online-Bestellung von Ersatz- und Verschleißtei-len bei der Hans Lingl Anlagenbau und Verfahrenstechnik GmbH*, Frankfurt a. Main, 2001

[VDMA 2003] Verband Deutscher Maschinen und Anlagenbau (VDMA), *VDMA-Kennzahlen Kundendienst 2002*, Frankfurt a. Main, 2003

[Visintin 2003] Gabi Visintin, *Ernüchterung im Telematiksektor. Endgeräte sind noch zu teuer*, in: Computerwoche, Nr. 36, 5. September 2003

[Weber/Datar 2003] Matthias Weber, Neetin Datar, *Clearing Customs Hurdles. New SAP Global Trade Services component: SAP Customs Management*, in: SAPinfo, Nr. 111, November 2003

[Wiedmann/Greilich 2002] Klaus-Peter Wiedmann und Jürgen Greilich, *Customer Relationship Management (CRM) in der Chemischen Industrie – Forschungsergeb-nisse und Tendenzen*, in: Matthias Uebel, Stefan Helmke, Wilhelm Dangelmaier, *Praxis des Customer Relationship Management*, Wiesbaden, 2002

[Woods 2003] Dan Woods, *Packaged Composite Applications*, O'Reilley, Sebasto-pol, California, 2003

[Woods 2003a] Dan Woods, *Enterprise Service Architecture*, O'Reilley, Sebastopol, California, 2003

[Zeier 2002] Alexander Zeier, *Identifikation und Analyse branchenspezifischer Fakto-ren für den Einsatz von Supply-Chain-Management-Software, Teil II: Betriebs-typologische Branchensegmentierung*, FORWIN-Bericht-Nr.: FWN-2002-003, 2002

B   Autoren

Agrawal, Sameer

Sameer Agrawal hat Informatik studiert und arbeitet seit 1998 in der High-Tech Industry Business Unit der SAP AG. Gegenwärtig ist er als Solution Manager für den Roll-Out von mySAP CRM und SAP NetWeaver für die High-Tech-Branche verantwortlich.

Andermann, Dorothee

Dorothee Andermann studierte Mathematik mit den Nebenfächern Betriebswirtschaftslehre und Informatik an der Universität Göttingen und an der University of California in Irvine. Sie kam 1991 zu SAP, zunächst als Beraterin für die Industrielösung Cable Solution, dann arbeitete sie im Solution Management der Industry Business Unit Mill Products. Heute ist Dorothee Andermann im Business Development für die Baustoff- und für die Textilindustrie verantwortlich. In der Industry Business Unit Mill Products ist sie insbesondere auch für das Thema CRM zuständig.

Böder, Jochen

Jochen Böder hat Mathematik, Geschichte und Informatik studiert, bevor er als Berater im Bereich E-Commerce für die SAP-Tochterunternehmen e-SAP und SAP Portals beschäftigt war. Bei SAP ist er in Produktmanagement und Entwicklung, unter anderem für Architektur und Technologie von mySAP CRM, tätig. Er ist Mitautor des Buches »mySAP CRM – Kundenorientierte Geschäftsprozesse mit SAP CRM 4.0«.

Buck-Emden, Rüdiger

Dr. Rüdiger Buck-Emden ist Diplom-Informatiker und bekleidet bei der SAP AG seit 1990 leitende Funktionen in den Bereichen Entwicklung, Produktmanagement und Strategische Planung, unter anderem im Vorstandsstab von Prof. Dr. Hasso Plattner und als Vice President für den Bereich CRM Architecture & Technology. Bevor er zur SAP AG kam, war Dr. Buck-Emden im Entwicklungsbereich Business Systems der Nixdorf Computer AG als Fachgebietsleiter für netzwerkbasierte Anwendungslösungen tätig. Dr. Buck-Emden studierte Wirtschaftsingenieurwesen und Informatik und promovierte an der Technischen Universität Braunschweig auf dem Gebiet rechnergestützter Informationssysteme. Er ist Lehrbeauftragter an der technischen Universität Hamburg-Harburg sowie Autor zahlreicher Fachbücher und -publikationen.

Diepenbrock, Felix

Dr. Felix Diepenbrock ist Solution Manager der IBU Insurance der SAP AG. Seit dem Jahr 2000 arbeitet er im Bereich des CRM für Versicherungen mit dem Hauptfokus auf die Bereiche Marketing und CRM-Analytics. Bevor er in die SAP eintrat, war er als Finanzberater bei einem großen deutschen Finanzdienstleister für drei Jahre tätig. Seine Kenntnisse über die Bedürfnisse der Kunden und Versicherungsunternehmen bilden die Grundlage für sein Verständnis von CRM.

Ebert, Martin

Martin Ebert hat Wirtschaftingenieurwesen studiert und war bei Siemens Automation & Drives in der SIMATIC-Entwicklung tätig. Seit 1998 ist er bei der SAP AG in der Industry Business Unit Automotive beschäftigt, wo er gegenwärtig für das Produktmanagement der Lösungen im Bereich Fahrzeugvertrieb und Distribution sowie Fahrzeugservice verantwortlich ist.

Eichmann, Guido

Guido Eichmann hat Handelsmanagement an der FH Worms studiert und ist seit dem Jahr 2001 bei der SAP Deutschland AG und Co. KG als Berater für die Branche Consumer Products/ Retail tätig. Er berät die SAP-Lösungen mySAP CRM und mySAP BI/BW.

Engelhardt, Anja

Anja Engelhardt ist Dipl.-Betriebswirtin und arbeitet seit 1998 in der Industry Business Unit Utilities der SAP AG. Im Product Management der IBU war sie verantwortlich für den Bereich CRM und in dieser Rolle maßgeblich an der branchenspezifischen Ausprägung von mySAP CRM für die Versorgungswirtschaft beteiligt. Seit dem Jahr 2002 arbeitet Frau Engelhardt im Business Development der IBU Utilities.

Gärtner, Manfred

Manfred Gärtner absolvierte von 1982 bis 1984 eine Ausbildung als Datenverarbeitungskaufmann. Anschließend begann er ein berufsbegleitendes Studium der Betriebswirtschaft an der Verwaltungs- und Wirtschaftsakademie in Stuttgart, das er 1998 als Betriebswirt (VWA) abschloss. Nach mehreren Stationen als Anwendungsprogrammierer und Produktmanager im Bereich Logistik begann er 1992 seine Tätigkeit bei der SAP AG in Walldorf als Projektleiter für die Entwicklung eines Anzeigen- und Werbemanagementsystems innerhalb der Branchenlösung *SAP for Media*. 1998 übernahm er die Verantwortung für das weltweite Produktmanagement der SAP-Branchenlösung für die Medien- und Unterhaltungsindustrie. Seit Anfang des Jahres 2002 ist Manfred Gärtner der zuständige Vice President für die Industry Business Unit Media.

Grigoleit, Uwe

Dr. Uwe Grigoleit ist Diplom-Chemiker und seit dem Jahr 1999 bei der SAP im Bereich strategischer Entwicklungsprojekte tätig. In dieser Aufgabe leitet er derzeit das Produktmanagement für die Lösung SAP Asset Finance and Leasing. Uwe Grigoleit ist Autor und Herausgeber zahlreicher Publikationen im Bereich Informationstechnologie.

Herzberg, Nils

Nils Herzberg ist seit dem Jahr 1997 bei der SAP. Zuvor war er in der Luftfahrtindustrie und in der Strategieberatung tätig. Er hat einen Abschluss in Luft- und Raumfahrttechnik an der Technischen Universität Berlin erworben, zudem einen Master of Science in Aerodynamik am Cranfield Institute of Technology in England und einen Master of Business Administration am INSEAD in Frankreich. Bei SAP ist Nils Herzberg Vice-President für Solution Management im Bereich Fertigungsindustrie. Zu seinen Zuständigkeitsbereichen gehören globale Lösungen, Umsatz und Kundenzufriedenheit in der Fertigungsindustrie.

Huff-Huebner, Werner

Werner Huff-Huebner ist Diplom-Kaufmann und begann bei der SAP AG im Jahr 1998 als Berater in internationalen Projekten bei Versicherungen. Gegenwärtig befasst er sich im Rahmen seiner Tätigkeit als Solution Architect schwerpunktmäßig mit den Themen CRM und Architektur des Verkaufsprozesses bei Versicherungen.

Klaas, Gaby

Gaby Klaas ist seit Juli 2003 Solution Architect für die operationalen Bankprozesse in der SAP Industrielösung Financial Services. Zuvor war sie drei Jahre lang als Produktmanagerin für die CRM-Lösung *Customer-Oriented Banking* bei der SAP tätig. Ihre Erfahrungen mit Bankprozessen hat sie aus ihrer langjährigen Tätigkeit im Privat- und Firmenkundengeschäft als auch in der Betreuung von asiatischen Kooperationsbanken bei der Dresdner Bank AG gewonnen. Studiert hat sie an der Universität Mainz den Diplomstudiengang Angewandte Sprach- und Kulturwissenschaften Englisch/Chinesisch mit dem Schwerpunkt Wirtschaft.

Nürnberg, Oliver

Dr. Oliver Nürnberg ist Diplom-Chemiker und seit dem Jahr 1993 in verschiedenen Funktionen im Presales, Sales und Consulting im pharmazeutischen Umfeld tätig. Dr. Nürnberg ist seit dem Jahr 1997 bei SAP und hat zunächst in Walldorf, später bei SAP Labs Palo Alto an der Erstellung von pharma-spezifischen Lösungen für den Mittelstand gearbeitet. Seit dem Jahr 2000 ist Dr. Nürnberg im Solution Management für die Pharmazeutische Industrie tätig, zunächst im Headquarter der SAP America in Newtown Square, PA, seit dem Jahr 2001 in Walldorf.

Ott, Michael

Michael Ott ist Diplom-Wirtschaftsinformatiker und begann im Jahr 1993 seine Laufbau bei SAP als Berater im Bereich Logistik. Nach mehrjähriger Beratungserfahrung im In- und Ausland wechselte er im Jahr 1999 in den Entwicklungsbereich Public Services, wo er für die Gebiete Logistik und E-Government als Produktmanager verantwortlich war. Gegenwärtig ist er als Solution Manager für den Bereich Public Sector tätig.

Przewloka, Martin

Dr. Martin Przewloka ist seit August 2003 als Senior Vice President bei der SAP AG global für das mySAP ERP (Enterprise Resource Planning) Solution Management verantwortlich. Von Beginn des Jahres 2000 bis August 2003 hat er die Industrie Business Unit Service Providers als Senior Vice President geleitet. In diesem Zusammenhang gehörten zu seinem Verantwortungsbereich unter anderem die Industrielösungen für die Branchen Professional Services und Logistic Services. Dr. Martin Przewloka besitzt Universitätsabschlüsse in Physik, Wirtschaftswissenschaften und Medizinischer Physik.

Roe, Eva-Maria

Eva-Maria Roe hat in Deutschland Angewandte Sprachwissenschaft und in den Vereinigten Staaten Liberal Arts studiert. Seit elf Jahren ist sie in verschiedenen Funktionen bei SAP tätig. Derzeit ist sie Solution Managerin in SAPs Industry Business Unit Aerospace & Defense und als solche global für das Industriesegment Airline Management verantwortlich.

Roth, Gabriele

Dr. Gabriele Roth ist seit Mitte des Jahres 2003 im Produktmanagement von mySAP CRM im Bereich CRM Architecture & Technology beschäftigt. Seit ihrem Eintritt in die SAP AG im Jahr 1994 hat sie Entwicklungserfahrung in verschiedenen R/3-Modulen gesammelt und war ab dem Jahr 2000 als Projektleiterin für anwendungsübergreifende Entwicklungen und Kundenprojekte der Branchenlösung Public Services der SAP AG tätig. Sie ist Diplom-Physikerin und hat in Betriebswirtschaft promoviert.

Seitz, Edda-Leonore

Edda-Leonore Seitz hat an der Universität Hannover Maschinenbau studiert und erste Industrieerfahrungen bei einem großen Automobilzulieferer gesammelt, bevor sie als Beraterin im Bereich Automotive bei der SAP tätig war. Gegenwärtig ist sie im Solution Management der IBU Automotive für alle CRM-Themen zuständig.

Scholl, Frank

Frank Scholl hat Betriebswirtschaft in Fulda und San Berna-
dino, Kalifornien, mit den Schwerpunkten Marketing und Personalwirtschaft studiert. Im Anschluss war er als Vorstands-
assistent und im Marketing über sechs Jahre in der Konsumgüterindustrie beschäftigt. Seit dem Jahr 2000 ist er bei der SAP
AG als Marketing Manager für die Branche der Konsumgüterindustrie im Bereich Marketing/Business Development und Customer Relationship Management (CRM) tätig.

Schwiebert, Kai

Kai Schwiebert hat Betriebswirtschaft mit Schwerpunkt Mar-
keting und Unternehmensführung studiert. 1996 begann er als
Berater bei Kiefer & Veittinger, wo er zahlreiche »Sales Force
Automation«-Projekte durchführte. Mit der Übernahme von
Kiefer & Veittinger durch die SAP AG wechselte er in das CRM-
Produktmanagement und war somit seit den Anfängen von
mySAP CRM beteiligt. Im Jahre 2000 wechselte er in die IBU
Telecommunications. Dort ist er seither als Produktmanager für CRM zuständig.

Shirk, Tom

Als Präsident des Bereichs Global Public Services ist Tom Shirk
bei der SAP weltweit verantwortlich für Produktstrategie und
-entwicklung, Marktanalyse, Business Development und
Gesamtgeschäft. Der Bereich Public Services entwickelt
maßgeschneiderte Lösungen für Staats- und Bundesregierun-
gen, Gemeindeverwaltungen, Verteidigungsorganisationen,
Gesundheitseinrichtungen, Universitäten und Forschungsinsti-
tute sowie gemeinnützige Organisationen überall auf der Welt. Hauptsitz der Entwicklung ist Washington, D.C. Tom Shirk ist seit 1989 für die SAP AG tätig. Er
erwarb einen Master Degree in Computer Information Systems an der Universität
Boston.

Stiehl, Joachim

Joachim Stiehl ist Diplom-Wirtschaftsingenieur und arbeitet
seit dem Jahr 1997 im SAP Produktmanagement für die Öl-
und Gasindustrie. Seit dem Jahr 2001 ist er als CRM Solution
Manager für diese Industrie tätig. Seine Verantwortung liegt in
der Positionierung des CRM-Produktportfolios in der Öl- und
Gasindustrie sowie im Roll-In von Kundenanforderungen.
Zuvor war er unter anderem für das Öl- und Gas-Kurscurricu-
lum inklusive der Schulungsentwicklung verantwortlich.

Weiner, Jürgen

Dr. Jürgen Weiner, Vice President der Industry Business Unit (IBU) Machinery, Enineering & Construction, arbeitet seit dem Jahr 1995 bei SAP. Zuvor war er als Projektmanager für die Entwicklung und Einführung eines Produktkonfigurators sowie eines Angebots- und Kalkulationssystems für den Anlagenbau bei Mannesmann Dematic zuständig. Darüber hinaus lehrt Dr. Weiner an der Fachhochschule Gengenbach. Er studierte Wirtschaftsingenieurwesen an der Technischen Hochschule Karlsruhe und promovierte an der Universität Duisburg. Gemeinsam mit einem globalen Team ist er verantwortlich für die Industrielösungen SAP for Industrial Machinery & Components und SAP for Engineering, Construction & Operations. Die Aufgaben der IBU umfassen Business Development, Solution Management und weltweite Industrieunterstützung aller SAP Landesorganisationen sowie der TeamSAP-Partner.

Wenzel, Thorsten

Dr. Thorsten Wenzel ist Diplom-Ingenieur der Chemie und arbeitete nach seiner Promotion am Max-Planck-Institut für Biochemie drei Jahre bei der Deutschen SHELL AG im Bereich Marketing und Produktionsplanung Schmierstoffe. Danach war er drei Jahre als SAP-Berater der KPMG Consulting in Frankfurt und Madrid tätig. Bei der SAP AG ist er gegenwärtig als Solution Manager CRM für die Chemieindustrie engagiert.

Index